新文科建设教材
保险学系列

EMPLOYEE BENEFITS PLANNING

员工福利规划

刘钧　徐晓华◎主编

清华大学出版社
北京

图书在版编目（CIP）数据

员工福利规划 / 刘钧，徐晓华主编. -- 北京 ：清华大学出版社, 2024.9. -- (新文科建设教材).

ISBN 978-7-302-67367-5

Ⅰ．C913.7

中国国家版本馆 CIP 数据核字第 2024NL5160 号

责任编辑：胡　月
封面设计：李召霞
责任校对：王荣静
责任印制：杨　艳
出版发行：清华大学出版社
　　　　　网　　　址：https://www.tup.com.cn，https://www.wqxuetang.com
　　　　　地　　　址：北京清华大学学研大厦 A 座　　　　邮　　编：100084
　　　　　社 总 机：010-83470000　　　　　　　　　　　邮　　购：010-62786544
　　　　　投稿与读者服务：010-62776969，c-service@tup.tsinghua.edu.cn
　　　　　质 量 反 馈：010-62772015，zhiliang@tup.tsinghua.edu.cn
　　　　　课 件 下 载：https://www.tup.com.cn，010-83470332
印 装 者：大厂回族自治县彩虹印刷有限公司
经　　销：全国新华书店
开　　本：185mm×260mm　　　　印　张：16.25　　　字　数：399 千字
版　　次：2024 年 9 月第 1 版　　　　　　　　　　　印　次：2024 年 9 月第 1 次印刷
定　　价：55.00 元

产品编号：095400-01

序

　　随着我国经济的发展和劳动关系立法的逐步完善，劳动用工制度在党和政府的领导下也不断地发展和完善。员工福利作为员工劳动报酬的重要组成部分，在用人单位的发展中正在发挥越来越重要的作用。员工福利已经成为用人单位吸引人才、留住人才的重要方式之一，是劳动者人身安全的重要保障机制。

　　按照实施方式，员工福利可以分为法定员工福利和用人单位自定员工福利。其中，法定员工福利是政府依据法律法规和部门规章的规定强制实施的；用人单位自定员工福利是用人单位根据本单位的经营效益自愿实施的。用人单位自定员工福利的发展需要统筹规划，在各种可供选择的保障方式之间寻求最佳的效用组合。企业年金、职业年金作为用人单位自定员工福利的重要组成部分，在保障员工退休后安度晚年、体面生活、提高生活水平等方面发挥着重要的作用。当前，我国企业年金、职业年金的发展，亟待政府出台法律法规加以完善，以促进企业年金、职业年金的规范发展。

　　商业保险产品也是用人单位向员工提供福利的重要媒介，用人单位在各种保险产品之间如何选择最佳的产品组合，以满足员工对各项福利保障的需求，是用人单位管理者需要长期规划的重要内容。

　　本书是为适应社会发展、高等院校和用人单位培训的需要而编写的。本书通过介绍员工福利管理的基本理论和具体管理实务，使读者从整体上掌握员工福利规划的规定，为员工福利计划的投资理财提供切实可行的指导。本书的编写借鉴了国内外相关领域的研究成果，在介绍基本理论的基础上，注重员工福利规划管理的实用性、可操作性。本书附有同我国员工福利发展联系密切的案例分析和复习思考题，以及线上拓展阅读、即测即练供读者参考、复习使用。同时，本书增加了课程思政元素，以体现党和政府保障民生、发展员工福利的历程。

　　本书第四章、第八章由徐晓华老师编写，其余部分由刘钧老师编写。

　　本书原名《员工福利与退休计划》，第一版于 2009 年由清华大学出版社出版；第二版于 2015 年由中国劳动社会保障出版社出版。为适应教学、时代发展需要，本次再版更名为《员工福利规划》。

　　本书适合劳动与社会保障、保险、人力资源管理专业的本科、专科学生使用。

　　本书写作的时间比较仓促，如有不妥之处，恳请同行专家、学者批评指正。

刘　钧　徐晓华

二〇二四年四月六日

目录

第一章

员工福利的概念和构成

员工福利是用人单位保障员工生活、激励员工努力工作、满足员工安全保障需要的重要福利，是员工劳动薪酬的重要组成部分。合理规划的员工福利计划，可以激发员工努力工作、满足员工的安全保障需求，以及有效地管理员工，同时可以进一步促进用人单位的经营和发展，吸引、留住人才。规划员工福利、规范员工福利管理是人力资源管理的重要组成部分。

第一节 员工福利的特点和内容

一、员工福利的概念

员工福利有广义和狭义之分。广义的员工福利是指用人单位、政府或社会为了满足员工的生活需要，向员工及其家属提供各种形式非工资性补偿的制度或计划。员工福利提供的补偿，可以以货币的形式支付，也可以以非货币的形式支付。例如，用人单位发给员工的补充养老金是以货币形式支付的；用人单位提供给员工的免费午餐、免费旅游、心理咨询等，就是以非货币形式支付的。员工福利可以是政府作出的制度安排，即法律法规要求用人单位必须提供的员工福利；也可以是用人单位自愿作出的员工福利计划。狭义的员工福利是指工资以外，由用人单位、政府或社会有组织、有计划地向遭遇死亡、意外事故、疾病、退休或者失业等风险的员工提供经济安全保障的制度或计划。狭义的员工福利仅指社会保险、补充保险和商业保险提供的保障。本书介绍的员工福利是广义的员工福利。

对于员工福利的概念，可以从以下几个方面理解。

（一）建立劳动关系是员工享受福利待遇的前提条件

用人单位和劳动者在劳动的过程中建立的社会经济关系是劳动关系。员工只有同用人单位建立劳动关系，才有资格享有员工福利待遇，建立劳动关系是劳动者享受员工福利待遇的前提条件。例如，《中华人民共和国劳动合同法》（以下简称《劳动合同法》）第七条规定，用人单位自用工之日起即与劳动者建立劳动关系；第十条规定，建立劳动关系，应当订立书面劳动合同。劳动合同是劳动者和用人单位建立劳动关系、明确双方权利和义务的协议。从这一角度来看，员工福利可以是劳动合同约定的，也可以是用人单位自愿提供的。尽管用人单位可以自愿提供员工福利，但是必须在法律法规允许的范围内，通过集体协商或者个人协议的方式确定。

（二）员工福利不属于工资的范畴

员工福利是劳动报酬的一部分，但不属于工资的范畴。劳动报酬也称为薪酬，是指员工因从事用人单位的劳动而得到的货币形式和非货币形式的补偿，是用人单位支付给员工的劳动补偿。薪酬是用人单位按照劳动要素的贡献和劳动者的需求进行的分配和补偿。薪酬主要包括工资和员工福利两部分（图 1-1）。工资也称为直接薪酬，是指用人单位在一定时期内根据劳动者提供劳动的数量和质量直接支付给员工的货币报酬。员工福利也称为间接薪酬，是指工资以外，由用人单位向员工及其家属提供的各种形式的补偿，是对员工劳动贡献的间接补偿和分配，是员工劳动报酬的一部分。正是因为如此，工资、员工福利、劳动报酬、收入等概念是有区别的（图 1-2）。

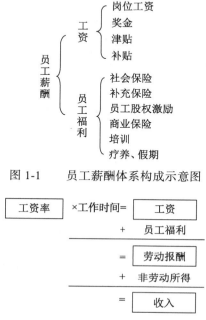

图 1-1　　员工薪酬体系构成示意图

图 1-2　　工资率、工资、员工福利、劳动报酬和收入之间关系示意图

从图 1-2 可以看出，工资率是劳动者每工作 1 小时可以获得的工资，工资率与工作时间的乘积即为工资，工资加上员工福利是劳动者获得的劳动报酬，劳动报酬加上非劳动所得即为收入。有些教材经常讲"工资收入"实际上是对工资的不规范表述。

（三）员工福利的受益者是员工及其家属

如果说，工资直接支付给劳动者本人的话，员工福利则不同。员工福利覆盖的对象，既包括员工本人，也包括员工家属。员工家属获得相应的福利待遇，不仅可以增强员工的忠诚感，激发员工工作的热情，而且可以消除员工的后顾之忧。例如，用人单位帮助员工解决子女上学、入托、照顾老人等方面的问题，有助于帮助员工节约时间、安心工作，有助于激发员工在工作中作出更大的贡献。

（四）员工福利是依据员工需求分配的报酬

员工福利分配的原则通常是员工的需求。如果说，员工工资是按照员工的劳动、能力或者业绩支付的，不同岗位的员工以及同一岗位不同员工之间往往存在着工资的差别，体现着按劳分配的原则。员工福利则不同，员工福利在很大程度上是依据用人单位的工

延伸阅读 1-1：我国企业职工的薪酬结构

作需要和员工的需求支付的，员工福利的差别并不很大。

二、员工福利的特点

（一）均等性

员工只要履行了劳动义务，就有权利享有各项福利，员工福利具有均等性。由于劳动能力、技能和个人贡献等方面的差异，员工工资存在着一定的差距。如果工资差距过大，就会对员工工作的积极性，以及用人单位的凝聚力产生不利的影响。员工福利在一定程度上平衡了员工之间的工资差距。例如，对于高工资者使用较低的养老金替代率，对于低工资者使用较高的养老金替代率，就会缩小员工未来享受养老金待遇的差距。值得注意的是，员工福利的均等性通常是对一般性员工而言的，对于一些较高层次的员工，也可以采取差别对待的方式。例如，用人单位对有特殊贡献的员工提供住宅、专车、旅游、度假等高福利待遇，可以留住人才，激发员工工作的积极性。

（二）稳定性

员工福利通常按照法律法规、用人单位的规章制度或者员工的福利需求确定。员工福利一旦确定，不能随意改变，具有稳定性，这体现了法律法规和用人单位规章制度的特点。员工福利与奖金的区别在于，奖金通常是一次性给付的，是工资的一部分，是不享受税收优惠的；而员工福利通常是长期性给付的，属于非工资性劳动报酬，可以享受税收优惠，具有较强的稳定性。例如，企业年金计划的建立虽然是用人单位自主决定的，但如果已经建立企业年金计划，就不能随意终止，这体现了员工福利的稳定性。

（三）集体性

员工福利是针对用人单位全体员工建立的福利项目，具有集体性。员工福利通常同员工的工作时间无关，同员工人数有关。员工工作的时间越长，其工资就越高，而员工福利则同员工的工作时间无关，同用人单位员工的人数有关。用人单位雇用的员工越多，员工福利支付的金额就越大；反之，员工福利支付的金额就越小。

（四）补偿性

工资是用人单位直接支付给员工的劳动报酬，而员工福利则是工资以外，用人单位对员工提供劳动的补偿，具有补偿性。一些劳动报酬不宜以货币的形式支付，可以以非货币的形式支付；不宜以个体的形式支付，可以以集体的形式支付。员工福利作为工资报酬的补充，一方面增加了员工的收入，另一方面又避免了一部分税收。

（五）保障性

员工福利提供的待遇，可以补偿员工现在或者未来可能面临的各种风险造成的损失，具有保障性。例如，法定员工福利就是用人单位或政府为员工现在或者未来可能面临的年老、疾病、工伤、生育、失业、失能等风险提供的安全保障。又如，人身保险中的人寿保险、人身意外伤害保险、健康保险是以被保险人的死亡、伤残、疾病、年老等事故或者生存至保险期满给付保险金的保险业务，人身保险不仅为用人单位提供转移员工损失的风险管理方式，而且为员工家庭提供了补充安全保障。

三、员工福利的内容

（一）经济性员工福利项目

经济性员工福利项目是指除了工资、奖金之外，由用人单位向员工提供的经济性补助的福利项目，如养老金、住房补贴、丧葬费等。经济性员工福利项目可以保障员工的基本生活需要、减轻员工的负担、增加员工的收入，进而提高员工工作的积极性，经济性福利项目是员工福利的主要方面。

（二）设施性员工福利项目

设施性员工福利项目是指用人单位向员工提供设施性服务的福利项目，如员工免费宿舍、阅览室、健身房、浴室等设施。设施性员工福利项目从关心员工的日常生活需要出发，提供相应的硬件服务设施，以方便员工生活、减少员工福利费用支出。

（三）娱乐性员工福利项目

娱乐性员工福利项目是指用人单位提供的满足员工社交和娱乐需要、促进员工的身心健康的一些娱乐性员工福利项目，如免费旅行、免费电影、舞会等。娱乐性员工福利项目可以增进员工间的交流和友谊，也可以增进员工协作的意识。

（四）服务性员工福利项目

服务性员工福利项目是指用人单位为员工提供丰富生活、职业发展等方面的服务性福利项目，如健康检查、外派进修学习、企业培训等，可以满足员工自我价值实现和进一步发展的需要。服务性员工福利项目是基于服务员工的管理理念，以满足员工参与感、被接纳、被认同的社会性需求而设立的。

（五）其他员工福利项目

其他员工福利项目是指以上所列福利项目中未包含的员工福利项目，如以本用人单位员工的名义向大学捐助专用奖学金等荣誉性福利项目，这类员工福利项目有助于增强员工的荣誉感，激发员工承担社会责任的意识。

四、员工福利的类型

划分员工福利的标准不同，员工福利的类型也不同。根据目前比较流行的划分方法，员工福利的类型主要有以下几方面。

（一）当期支付的员工福利和延期支付的员工福利

依据福利待遇支付的时间，员工福利可以分为当期支付的员工福利和延期支付的员工福利。

1. 当期支付的员工福利

当期支付的员工福利是指当前承诺、当前兑现的员工福利项目，通常以日、周、月或年为周期支付。当期支付的员工福利通常不超过 1 年。例如，用人单位提供的免费午餐、降温费、培训费等，都属于当期支付的员工福利项目。

当期支付的员工福利通常具有以下特点。

（1）当期兑现。用人单位当期承诺支付的福利待遇，当前就兑现。在用人单位承诺福利待遇的同时，员工就获得了一定的补偿或者权益。

（2）等价交易。当期支付的员工福利通常是劳动合同约定内容的一部分，是用人单位同员工讨价还价的结果，是用人单位同员工之间按照等价交换的原则确定的。当期支付的员工福利，既满足了用人单位吸引人才、经营发展的需要，又满足了员工个人发展的需要。

（3）直接补偿。当期支付的员工福利是对员工贡献的直接补偿，可以以货币形式支付，也可以采取非货币形式支付。

2. 延期支付的员工福利

延期支付的员工福利是指按照预先承诺的时间或者条件，1年后支付的员工福利待遇。例如，期股期权、企业年金、职业年金等，就属于延期支付的员工福利。

延期支付的员工福利通常具有以下特点。

（1）延期支付。用人单位当期承诺的福利待遇，当期并不兑现，而是经过较长的一段时间（通常为1年以上）才兑现当初承诺的福利待遇。

（2）员工福利的兑现是有条件的。只有员工达到用人单位规定的条件或者法律法规规定的支付条件后，用人单位当初承诺的员工福利待遇才会兑现。一般来说，当法律法规明确规定的条件、劳动合同约定的条件、用人单位制订员工福利计划规定的条件出现时，用人单位当初承诺的员工福利待遇就可以兑现。显然，员工要达到法定的条件、劳动合同约定的条件等是有风险的，需要员工积极、努力地工作，争取达到兑现员工福利的条件，因此，延期支付的员工福利也是用人单位激励员工、约束员工的重要方式之一。

（3）延期支付的员工福利是对员工及其家属未来面临风险的补偿，主要满足员工现期不确定的保障需求和未来的保障需求。例如，企业年金就具有满足员工未来养老需求的作用。又如，健康保险就具有补偿员工疾病损失的作用。

（二）法定员工福利和用人单位自定员工福利

依据强制性，员工福利可以分为法定员工福利和用人单位自定员工福利。

1. 法定员工福利

法定员工福利也称为强制性员工福利，是指根据法律法规的规定，在一国境内注册的所有用人单位必须向员工提供的福利。法定员工福利主要包括基本养老保险、基本医疗保险、死亡抚恤、遗属抚恤、失业保险、工伤保险等强制实施的社会保险和劳动安全卫生保护等。

法定员工福利的特点主要有以下几个方面。

（1）强制实施。法定员工福利是法律法规强制用人单位提供的员工福利，用人单位和员工个人不具有选择是否参加的权利。

（2）公平性。法定员工福利覆盖所有劳动者，只要员工的工作年限或者缴费年限达到规定的受益资格条件，就可以获得相应的保障，法定员工福利强调制度的统一性和给付的公平性。

（3）法定员工福利提供基本生活保障。一般来说，法定员工福利提供保障的水平不高，主要保障面临风险的员工，并提供满足基本生活需要的保障。

2. 用人单位自定员工福利

用人单位自定员工福利也称非法定员工福利，是指用人单位自主决定、有目的、有针对性地向员工提供的一些福利项目。一般来说，政府对于用人单位自定员工福利并没有明确的规定，也没有强制性的要求。用人单位自定福利是用人单位自愿提供的，主要包括企业年金计划、公共年金计划、补充医疗保险、员工认股、员工持股、员工持股信托、员工福利信托、上班时非生产时间的给付、带薪缺勤或固定假日的福利、员工子女补助、购买商品折扣、福利住房等福利项目。

用人单位自定员工福利的特点主要有以下几个方面。

（1）自愿实施。用人单位是否愿意提供员工福利，主要取决于用人单位的经营效益和财务状况，取决于用人单位的决策，用人单位可以自主决定是否提供某项员工福利。

（2）效率性。如果说，法定员工福利比较强调员工获得保障的公平性的话，用人单位自定员工福利则比较注重效率性，注重同员工的工作绩效挂钩，注重对员工的激励。

（3）用人单位自定员工福利提供较高水平的保障。如果说，法定员工福利旨在保障员工现期或远期基本生活需要的话，用人单位自定员工福利则提供较高层次的保障，保障员工提高现期或远期生活水平的需要，是对法定员工福利的补充保障。

（三）全员性员工福利和特殊性员工福利

依据保障的对象划分，员工福利可以分为全员性员工福利和特殊性员工福利。

1. 全员性员工福利

全员性员工福利是指用人单位为所有员工均提供的福利项目。一般来说，全员性员工福利在用人单位的所有员工中普遍实施，强调员工获得福利待遇的公平性，不强调员工福利的差异性和效率性。

2. 特殊性员工福利

特殊性员工福利是指用人单位为高层次人才或者生活困难员工提供的福利项目。特殊性员工福利在特殊员工中实施，实施的范围比较窄，强调员工福利待遇的差异性和效率性，不强调员工福利的公平性。

（四）固定性员工福利和弹性员工福利

依据选择性，员工福利可以分为固定性员工福利和弹性员工福利。

1. 固定性员工福利

固定性员工福利是指由用人单位提供、员工只能被动接受的福利项目。一般来说，固定性员工福利不考虑不同文化层次、不同收入层次员工对于员工福利待遇的需求。固定性员工福利具有相对的固定性，不强调福利待遇的多样化和个性化。

2. 弹性员工福利

弹性员工福利又称为自助餐式的员工福利，是指由用人单位提供、允许员工按照自己的意愿选择的员工福利项目。员工在用人单位规定的时间或金额范围内，可以按照自己的意愿选择合适的员工福利项目组合，大致可分为现金补贴类、休假类、保险类、服务类等四个大类（表1-1）。

表 1-1　用人单位自定弹性员工福利项目

员工福利类型	员工福利项目
现金补贴类	住房补助、交通补贴、工作餐补贴、期股期权等
休假类	各种补助、带薪休假等（法定带薪休假除外）
保险类	视力保险、牙科保险、人寿保险、意外伤害保险、雇主责任险等
服务类	免费体检、免费通勤班车、托儿所、免费照顾老人等

弹性员工福利主要有三种类型：全部自选、部分自选和小范围自选。一般来说，弹性员工福利不仅考虑不同文化、不同收入层次员工对于员工福利的需求，而且考虑员工福利未来的变化，可以根据员工需求和生活方式的变化不断地进行调整，具有可变性。同时，弹性员工福利具有灵活性，员工具有选择权，可以满足员工个性化需求、增进员工福利、提高员工满足感。

发展弹性员工福利通常会出现以下几个方面的问题。

（1）员工福利预算增加。弹性员工福利通常可以满足员工最迫切的福利需求，因而容易导致员工福利预算的增加。

（2）员工福利管理成本增加。多样的员工福利项目虽然可以满足员工多样的福利需求，但是却带来了复杂的行政管理工作，容易增加员工福利的管理成本和用人单位的经济负担。

（3）员工福利计划的逆选择风险比较高。员工通常会针对自己最容易出问题的方面选择最有利的员工福利组合，这有可能会增加用人单位的福利支出。

（五）基本员工福利和补充员工福利

依据待遇给付水平，员工福利可以分为基本员工福利和补充员工福利。

1. 基本员工福利

基本员工福利是指提供基本生活保障的员工福利项目。法定员工福利项目通常属于提供基本生活保障的基本员工福利项目。

2. 补充员工福利

补充员工福利是指提供较高水平生活保障的员工福利项目。用人单位自定的员工福利通常属于提供较高生活水平保障的补充员工福利。

（六）集体员工福利和个人员工福利

依据保障的范围，员工福利可以分为集体员工福利和个人员工福利。

1. 集体员工福利

集体员工福利是指用人单位或者社会服务机构，提供给员工集体享受的福利性设施和服务。例如，俱乐部、健身房、食堂、免费午餐等，这些员工福利项目属于集体员工福利。

2. 个人员工福利

个人员工福利是指由用人单位或者福利基金以货币形式支付给员工个人的福利项目。例如，员工两地分居的探亲假期补贴、上下班交通补贴、冬季生火取暖补贴、生活困难补贴等，这些员工福利项目属于个人员工福利。

（七）实物型员工福利和货币型员工福利

依据提供福利的方式，员工福利可以分为实物型员工福利和货币型员工福利。

1. 实物型员工福利

实物型员工福利是指用人单位直接以发放实物的形式或者提供服务的方式提供的员工福利项目。

用人单位为员工发放实物或者提供服务，会造成用人单位对物品和服务的需求量相对较大，用人单位可以采取团体采购的方式集中购买，这样，在采购价格上就比员工个人购买具有优势。在同样的预算支出下，员工就可以享受更多的福利待遇，用人单位就可以支付更少的福利成本。

实物型员工福利的缺点是，主要满足员工较低层次的需求，很难满足员工较高层次的需求；用人单位提供的福利不一定适合所有的员工。同时，实物型员工福利需要用人单位采购和发放大量的物品，增加了用人单位的工作量，提高了员工福利的管理成本。

2. 货币型员工福利

货币型员工福利是指用人单位向员工提供的福利主要以货币或者准货币的形式支付。例如，用人单位提供的股权激励，就是以准货币形式提供的员工福利。

货币型员工福利由于不再直接向员工发放各种物品或者各项服务，也就失去了用人单位集中、统一采购的价格优势。同时，以货币形式发放的员工福利，在一定程度上改变了员工福利原有的形式，从而削弱了员工福利在凝聚员工队伍、融洽员工关系方面的作用。

货币型员工福利的优点有：不需要用人单位直接发放物品或者提供服务，大大降低了员工福利的管理成本；员工福利以货币的形式提供给员工，员工可以根据自身的实际情况购买自己需要的物品和服务，满足了员工不同层次的需求；用人单位提供的期股、期权等员工福利待遇，是对员工工作成绩的肯定，满足了员工自我实现的需要。

五、员工福利的构成

员工福利的构成是指组成员工福利的各个项目。下面以我国为例，说明主要员工福利的构成（图 1-3）。

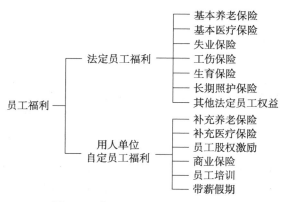

图 1-3　我国员工福利构成示意图

从图 1-3 可以看出,我国员工福利主要包括法定员工福利和用人单位自定员工福利两大项。其中,法定员工福利主要包括基本养老保险、基本医疗保险、失业保险、工伤保险、生育保险、长期照护保险和其他法定员工权益等项目。用人单位自定员工福利主要包括补充养老保险、补充医疗保险、员工股权激励、商业保险[①]、员工培训和带薪假期等项目。在本书以后的章节中,将详细介绍这些员工福利项目的概念、特点、作用和提供的保障。

延伸阅读 1-2:员工福利为何无法实现预期的目标

第二节　员工福利的作用

员工福利犹如一把"双刃剑",对于政府、用人单位和员工具有积极和消极两方面的作用。下面分别从政府、用人单位和员工的角度介绍员工福利的作用,以加深对员工福利的理解。

一、员工福利对政府的作用

(一)员工福利对政府的积极作用

1. 员工福利可以缓解政府的后顾之忧

员工福利的核心部分是法定员工福利。法定员工福利是一项重要的风险保障机制,为面临各种风险的员工提供安全保障,同时,法定员工福利保障员工的基本生活需要,可以维护社会稳定、缩小员工之间的贫富差距。用人单位自定员工福利可以满足员工退休后的补充保障需求,从而提高员工退休后的生活水平。

2. 员工福利是政府调节经济的手段之一

员工福利对经济的作用具有双重性。在宏观经济面临困境、出现经济危机或者经济萧条时,政府可以运用政策,扩大法定员工福利支出、减少法定员工福利缴费,促进经济的恢复和发展;相反,在宏观经济过度繁荣时,政府可以运用政策,减少法定员工福利支出、扩大员工福利缴费,以此来抑制超前、过度的消费需求,抑制恶性的通货膨胀。

3. 员工福利可以保障劳动力的再生产

员工福利除了保障劳动者本人的基本生活需要外,还保障劳动者家属的基本生活需要,保障了劳动力的再生产。劳动者由于各种原因中断收入或者收入减少,势必影响劳动者的家庭生活和劳动力的再生产。员工福利通过对劳动者本人或者家庭的资助,保证劳动再生产的顺利进行,可以提高劳动力再生产的素质和质量。

[①] 我国对补充养老保险、补充医疗保险划定了专门的范围以示同商业保险的不同。因此,商业保险作为员工福利的一部分,需要单独列明。

（二）员工福利对政府的消极作用

1. 员工福利影响政府的宏观决策

一般来说，员工福利消费具有刚性，政府或者用人单位提供的福利待遇水平只能不断地提高，不能降低。如果员工福利筹集的资金不能满足员工的需求，就会影响政府的宏观决策。例如，目前我国基本养老保险筹集的资金，就不能完全满足退休人员对于养老金的需求，这就会影响财政资金的支付结构，进而影响政府的宏观决策。

2. 员工福利影响政府的税收

为了鼓励用人单位提供员工福利计划，政府对于提供员工福利的用人单位给予一定的政策扶持，例如免税、减税、延税等税收优惠政策，这在一定程度上减少了政府的税收收入。对于各项员工福利，是否提供税收上的优惠，优惠的额度有多大，需要政府管理部门不断地权衡利弊，以寻求员工福利的税收优惠同征税之间的平衡。

二、员工福利对用人单位的作用

（一）员工福利对用人单位的积极作用

1. 员工福利可以降低用人单位的劳动成本

由于所得税采取累进税制，一些用人单位为了控制成本，不能提供较高的工资；一些用人单位为了减轻单位和员工的税收负担，将年度奖金的一部分纳入员工福利计划延期支付，员工在规定的时间或者退休后才能获得这笔收入，这时员工的个人应税收入减少了，税率降低了，个人需要缴纳的所得税税额也相应地减少了。例如，根据法律法规的规定，用人单位缴纳社会保险费是以工资为计征基数的，工资增加，用人单位向社会保险的缴费随之增加。假设员工增加工资 100 元，给用人单位带来的成本增加

延伸阅读 1-3：员工福利的延税优惠

不仅仅 100 元。假设社会保险缴费率为 20%，则用人单位的社会保险缴费为 20 元，增加员工工资给用人单位带来的劳动成本增加额为 120 元。又如，用人单位、员工向社会保险以及政府规定的补充性保障计划缴纳的费用属于允许税前列支项目，免缴所得税。虽然有些员工福利项目在领取最终的收益额时需要纳税，如企业年金，在员工退休后领取补充养老保险金时，才需要缴纳个人所得税。但是，由于员工退休后的收入要低于在职时的收入，同时个人所得税具有累进的性质，且具有免征额，在很大程度上起到了延税或减税的作用。

案例分析 1-1：用人单位、职工缴纳的社会保险费计入个人所得税应税额吗？

2. 员工福利具有吸引人才、留住人才的作用

用人单位建立员工福利的目的是吸引人才，留住人才，增进员工的福利和经济安全。在现代社会，人才是公司最宝贵的财富，但人才也具有很大的流动性。具有特殊能力的人力资本，通常是

对用人单位业绩产生重大影响的人才，这类人不容易在劳动市场上被挑选出来，用人单位通常需要以高价或者优厚的福利待遇，吸引这类人才到自己的单位工作。一般来说，高薪只是短期内人才资源供求的体现，在人才过剩时，一些用人单位通常最先解雇高薪人才，以降低用人单位的生产成本。员工福利则不同，员工福利反映了用人单位对员工的长期承诺。用人单位要想长期、稳定地吸引人才，必须提供优厚的员工福利，员工福利是用人单位进行人力资源投资的重要方面。

3. 员工福利具有激励员工的作用

员工福利以丰富灵活的形式，发挥着对员工的激励作用。员工福利不仅可以提供安全保障，而且可以使员工分享用人单位的经营成果，提高员工的实际收入水平。丰厚的员工福利是员工实现自我价值、产生归属感的重要体现，也可以激发员工努力工作、尽心尽职，提高劳动生产率，增强员工对用人单位的忠诚感。

4. 员工福利具有改善和优化劳动条件的作用

员工工作的环境对员工的工作效率具有很大影响。员工福利提供的集体生活设施和服务，如浴室、健身房、育儿室等，具有改善劳动条件、优化劳动条件、增强员工凝聚力的作用。

5. 员工福利具有提高用人单位信誉和知名度的作用

用人单位给予员工提供的福利待遇直接影响其信誉和知名度，提高企业文化的知名度，提高用人单位的人才竞争力。

（二）员工福利对用人单位的消极作用

1. 加重用人单位的经济负担

一般来说，员工福利的成本是用人单位承担，当用人单位承担的员工福利项目比较多时，会消耗用人单位大量的时间和资金，也会影响用人单位经济效益的发挥，最终成为用人单位沉重的经济负担。

2. 员工福利分配不公平，会提高员工的流动率

如果员工福利分配不公平，会提高员工的流动率，增加用人单位重新招聘员工、培训员工的成本。

3. 员工福利分配不公平，会降低员工的出勤率

员工福利分配不公平、不合理，会带来消极的影响，促使员工产生怠工的心理，降低员工的出勤率，使用人单位的总工时降低，间接增加用人单位的产品成本，进而影响用人单位的发展。

4. 员工福利的给付缺陷也会影响用人单位的信誉

当前，我国一些用人单位在为员工提供福利待遇方面侵害员工权益，例如，员工持股奖励不设置受益期限，这一问题在员工之间传播就会损害用人单位的信誉。

三、员工福利对员工的作用

（一）员工福利对员工的积极作用

1. 员工福利可以消除劳动者的忧虑和恐惧心理

对于生老病死的恐惧使人们常常处于无所依靠的忧虑和恐惧之中，这种忧虑和恐惧来自生命的风险。当人类面临这些风险时，往往感到个人是无能为力的。例如，随着年老的到来和收入的减少甚至中断，人们就会害怕年老、害怕生病、害怕生活缺乏保障，员工福利为劳动者提供了规避这些风险的安全保障机制，可以解除劳动者对于各种风险和伤害的忧虑，减轻劳动者的心理负担，使劳动者在年老、生病后依然能够体面地生活。

2. 员工福利可以减轻家庭其他成员的负担

家庭成员承担其他成员的人身风险是以一定的血缘关系为基础的，血缘关系是维系家庭成员互济互助的基础。然而，随着家庭结构的逐步缩小，以及传统宗法观念的淡薄，维系家庭成员互济互助的基础越来越薄弱，个人面临的人身风险不断增加。员工福利的建立和发展，使面临风险的家庭成员有了保障，适应了家庭结构的变化，同时也减轻了家庭其他成员的经济负担。

3. 员工福利可以缓解工作的压力

员工福利有释放压力、缓解紧张情绪的功能。一般来说，员工的工作压力越大、紧张程度越高，对于员工福利保障的需求越大，员工福利的作用也就越明显；反之，员工福利的作用就不明显。在快节奏的工作、生活压力下，员工更需要生活和保健等方面的服务，更关注生活质量的提高，更需要释放工作的压力，员工福利提供的生活、娱乐服务等，发挥缓解员工心理压力的作用。

（二）员工福利对员工的消极作用

1. 员工福利容易助长员工的依赖心理

员工福利提供的待遇水平过高，容易使员工产生依赖心理。例如，病假工资提供员工生病时过高的保障，会使员工宁愿在家里休病假，也不愿意工作。又如，如果失业保险给付的保险金过高，会导致劳动者宁愿失业也不愿意找工作。

2. 员工福利会使员工失去对部分劳动报酬的处置权

在其他条件相同的情况下，如果不存在税收优惠，人们更愿意得到即期的现金收入，而不愿意得到实物或者延期支付的员工福利。因为拥有现金，员工就可以随心所欲地购买各种商品，满足自身的消费需求，实现个人效用组合的最大化；相反，如果员工达不到员工福利的受益资格条件，就不能领取员工福利，这会使员工失去对部分劳动报酬的处置权，这也是员工无奈的选择。

3. 员工福利影响员工的流动性

员工福利的延期支付是用人单位约束员工流动的重要方式之一。例如，某企业年金计划规定，参加企业年金计划满 5 年的员工可以获得既得受益权，即员工只有为企业工作满 5 年，企业为员工缴纳的补充养老保险费才能够归属于员工个人。但是在实际工作中，存在着员工 4 年 6 个月死亡的情形，也存在着员工 4 年 6 个月跳槽的情形，还存在着员工 4 年 6 个月被解雇的情形，这会使员工丧失企业年金计划的受益资格。从这个角度来看，员工福利约束了员工的任意流动和跳槽，但也严重侵害了员工的权益，导致员工丧失对企业年金计划的受益权。

延伸阅读 1-4：花旗集团的员工福利

第三节　员工福利计划的概念和特点

目前，员工福利计划已经发展成为用人单位的普遍制度安排，但是在实践中，各用人单位的员工福利计划却各不相同。员工福利计划直接关系到员工的切身利益，直接影响着员工工作积极性和创造性的发挥。员工福利计划设计得是否科学、合理，直接影响着用人单位的经济效益。员工福利计划是用人单位人力资源管理是否健全的重要标志，其已经引起人力资源管理部门的高度重视。

一、员工福利计划的概念

员工福利计划是指用人单位为员工提供福利的一系列计划和安排的总称，主要包括员工福利项目、员工福利项目的比例构成、员工福利的成本和收益、员工福利资金使用的计划等。一般来说，员工福利计划由以下几部分组成。

（1）政府强制实施的社会保险计划，如基本养老保险计划、基本医疗保险计划、失业保险计划、工伤保险计划、生育保险计划、长期照护保险计划等。

（2）用人单位举办的补充养老保险计划（主要包括企业年金计划和职业年金计划）、补充医疗保险计划、人寿保险、意外及伤残等商业保险计划。

（3）股权、期权等员工福利计划。

（4）住房、交通、教育、培训、带薪假期等其他员工福利计划。

对于员工福利计划的概念可以从以下五个方面理解。

（一）员工福利计划的目标是员工福利的首要问题

员工福利计划的目标是用人单位设计员工福利计划需要首先考虑的问题。目的决定手段，用人单位向员工提供福利的目标不同，会导致用人单位对员工福利计划的决策也不同。员工福利计划的目标可以来自政府，由法律法规强制规定；也可以由用人单位自主决定。员工福利目标应当同用人单位的长期发展目标一致。一般来说，用人单位发展初期，资金相对不足，其提供的员工福利水平会低一些；但是，随着用人单位的发展，其提供的员工福利待遇水平也会逐步提高。如果用人单位提供员工福利计划的目标是保障员工基本生活需要，则可以按照国家法律法规的规定，参加社会保险计划；如果用人单位提供员工福利计划的目标是提高员工的生活水平、增强用人单位的吸引力，那么，员工福利水平就要依据用人单位所在地的生活水平确定，同时参考其他用人单位提供员工福利计划的情况。

（二）员工福利计划属于长期规划

员工福利给付大多数具有长期性，员工福利计划属于长期的规划，这就要求用人单位在规划员工福利时，必须审慎地考虑员工福利的成本，审慎地考虑用人单位的业务收入、利润、员工年龄、员工工作年限、员工计划的成本和收益，这样才能有计划地实施和运营员工福利。一般来说，用人单位利润的提取，可以采取固定比例制和累进比例制。固定比例制通常应用于税前利润，也可以以税后利润为基数。累进比例制下，利润越多，员工福利计划提取的资金越高。在设计员工福利计划的初期，有些用人单位并未考虑员工福利未来可能面临的风险，有可能导致用人单位未来不堪重负，也有可能导致员工福利计划资金不足。例如，当企业利润不能超过一定量或者亏损时，员工福利计划就有可能缺乏稳定的资金来源。

（三）员工福利计划属于动态的计划

员工福利计划属于动态的、发展的计划。员工福利计划是伴随着用人单位的成长、发展、生存环境和竞争力的变化而变化的福利计划。一般来说，员工福利计划的制订需要依据用人单位的发展战略，并随着用人单位发展战略的变化作出相应的调整。

（四）不同的员工福利计划产生不同的效果

员工福利计划可以是物质激励性计划，也可以是风险预防或保障性计划，还可以是成本利用性计划，不同的员工福利计划会产生不同的结果。一般来说，物质激励性员工福利计划主要强调员工福利计划产生的激励作用，以激发员工努力工作。风险预防或保障性员工福利计划主要强调计划的规避风险和经济补偿的功能，为员工提供规避和转移风险的保障，可以促使员工安心工作，解除员工的后顾之忧。成本利用性员工福利计划主要强调员工福利计划的节税作用，以降低用人单位的成本，以较少的成本使用人单位和员工获得更大的收益。员工福利计划的内容，直接影响员工福利计划实施的效果，直接影响员工对员工福利计划的满意度。在制订员工福利计划的过程中，有些单位对这个问题缺乏足够的重视，往往费力不讨好。例如，用人单位投入了大量的财力、物力实施员工福利计划，但是员工并不满意或者感到不公平，就无法充分发挥员工福利的功能。

（五）员工福利计划是综合计划

员工福利计划需要在法定员工福利的基础上考虑用人单位自定的员工福利计划，需要综合考虑影响计划的各种因素。如果员工对工作的满意度不高，对员工福利计划的满意度也不会很高；如果员工对工作的满意度比较高，对员工福利计划的满意度也会很高，员工对工作的满意度直接影响员工对福利计划的满意度。用人单位通常需要在工资支付制度比较合理的情况下设计员工福利计划，才能得到员工的普遍认同。

二、员工福利计划制订的原则

用人单位在制订员工福利计划的过程中，通常遵循以下四个方面的原则。

（一）合理性

在制订员工福利计划的过程中，用人单位应该提取和筹集占工资总额一定比例的资金，用于员工福利的发放和员工福利设施的建设。但是，这一比例的提取应该有一定的限度，控制在用人单位具有支付能力的限度内。在用人单位支付能力以内，还应该考虑用人单位增强竞争力的需要。随着人民生活水平的不断提高，以及居民消费结构和方式的变化，用人单位应当合理地设计、调整员工福利计划，争取以较低的成本获得最大的福利保障。

（二）统筹规划

在制订员工福利计划时，应当考虑用人单位的长远发展规划，做好员工福利的预算和决算工作。制订员工福利计划要讲求经济效益，避免员工福利设施的重复建设，以及各种形式的资源浪费。

（三）公平性

员工福利计划的制订应该以全体员工为对象，遵循公平性的原则，使员工产生公平的感觉，增强员工对用人单位的忠诚感，激发员工工作的积极性。同时，对于绩效好的员工，也可以通过员工福利计划方案设计的差别，体现员工的劳动贡献。例如，采取股权激励计划的方式奖励具有突出贡献的员工。

（四）合法性

在制订员工福利计划时，应当考虑国家各项法律法规及各部门规章制度，使员工福利计划具有合法性。员工福利计划的一个重要功能是使用人单位具有竞争优势，能够吸引人才、留住人才，使之为用人单位的发展作出更大的贡献，对此，需要员工福利计划的设计遵循合法性原则，防止运用员工福利计划过度地避免纳税。

三、规划员工福利计划的步骤

规划员工福利计划通常需要采取以下六个步骤。

（一）调查员工福利的需求

不同层次、不同收入的员工，会有不同的福利需求和期望；不同的员工福利计划，对于不同层次、不同收入员工的满足程度也不同。因此，规划员工福利计划的首要步骤就是调查员工的福利需求。对于员工需求比较普遍、比较迫切的福利项目，可以考虑优先提供；对于员工需求比较少、不感兴趣的福利项目，可以考虑暂不提供。

（二）设计员工福利计划

在调查员工福利需求的基础上，员工福利计划的管理者需要用较多的时间和精力进行员工福利计划的成本核算，其核算的过程是，通过销售量或者利润计算出用人单位可支配的福利支出预算。在充分考虑行业整体情况、竞争对手福利提供情况和法律法规的相关规定的基础上，进行主要福利项目的成本核算，确定每种员工福利项目的成本，确定每位员工可以获得的满足程度。在此基础上，制订相应的员工福利计划，争取在满足员工福利计划目标的前提下降低成本。

（三）论证员工福利计划的可行性

员工福利计划确定以后，需要论证员工福利项目的可行性，尤其是长期给付的员工福利计划，需要在充分论证其可行性的基础上，才能够实施。这主要是因为，一些国家的法律法规要求，员工福利计划一旦实施，不能随意终止。例如，美国政府规定，建立企业年金计划的单位，不得随意终止计划的实施。如果要终止企业年金计划，必须证明用人单位的财务状况确实比较差，同时必须经过政府管理部门的审批。只有在充分论证员工福利项目可行、用人单位具备充足财力的情况下，用人单位才能实施长期性员工福利计划；否则，不仅不能够享受税收优惠，而且要接受惩罚性的税收。

（四）实施员工福利计划

在论证员工福利计划可行的情况下，用人单位就可以组织实施该计划。在员工福利计划实施的过程中，应当根据员工福利的目标去实施，要落实预算，按照各福利项目的计划有步骤地实施，同时定期检查员工福利的实施情况。在执行员工福利计划的过程中，应当具有一定的灵活性，以防止计划实施的负效应，以防止损害员工工作的积极性，以防止漏洞的产生。例如，高成本的员工福利项目覆盖范围不宜过大，否则就会产生较大的负效应。

（五）反馈员工福利计划的意见

员工福利计划实施后，其实施效果如何，需要进行员工福利计划实施效果的反馈调查，这是员工福利计划最大限度地满足职工需要的必经步骤。反馈员工福利计划的意见，需要调查员工对某一福利项目的满意程度，是否需要取消某些员工福利项目，以及是否需要改进某些员工福利项目。反馈员工福利计划意见的方式有以下几种。

（1）用录像带介绍有关的员工福利项目。

（2）找一些员工谈话，了解某一层次或者某一类型员工的福利需求。

（3）公布一些员工福利项目让员工自己挑选。

（4）利用各种内部刊物或在其他场合介绍有关员工福利项目。

（5）收集员工对各类员工福利项目的反馈意见。

（6）让员工填写有关员工福利项目的调查表。

（7）发放员工福利需求调查表，分析员工的福利需求。

（六）修改员工福利计划

对于员工不需要的福利计划应当进行调整，修改已经实施的员工福利计划，以适应员工的福利需求。

四、影响员工福利计划的因素

规划员工福利需要考虑影响员工福利待遇水平的因素。一般来说，规划员工福利需要综合考虑影响用人单位发展的内部因素和外部因素，需要考虑员工的特点和人数，这样才能保证员工福利计划的持续性和有效性。

（一）影响员工福利计划的外部因素

1. 相关法律法规的规定

相关法律法规要求用人单位为员工的健康和安全提供保障，同时提供各种各样的福利，以弥补员工生病、工伤、失业、退休造成的经济损失。对于国家立法强制要求用人单位提供的员工福利，无论用人单位是否愿意提供，无论员工是否迫切需要，用人单位必须提供。一般来说，法律法规的相关规定影响着员工福利的保障水平和福利待遇的内容。

2. 消费物价指数

消费物价指数会影响员工福利的水平，也影响用人单位的福利支出。名义福利是指用人单位以货币形式向员工提供的福利待遇；实际福利是指员工福利的实际购买力，实际福利等于名义福利（或货币福利）与消费物价指数的比率。

$$实际福利 = \frac{名义福利}{消费物价指数} \tag{1-1}$$

从式（1-1）可知，消费物价指数越高，实际福利水平就越低；反之，实际福利水平则越高。在消费物价指数不断上涨的情况下，用人单位需要不断增加福利费用支出，以保持原有的员工福利水平；否则，就会影响到员工的福利水平。

3. 劳动力市场状况

劳动力市场状况影响员工福利的水平。员工福利同工资一样，属于薪酬的范畴。薪酬是指劳动力获得的劳动报酬，是受劳动力市场供求关系影响的。在其他条件不变的情况下，当劳动力供给大于需求时，劳动者在较低的工资水平下依然愿意就业，其员工福利水平就会降低；反之，其员工福利水平就会提高。

4. 竞争对手的员工福利水平

用人单位要吸引人才、留住员工，保持其在劳动市场的竞争力，必须考虑同行业其他竞争对手的员工福利水平，这是员工进行福利水平横向比较的重要参照依据。如果竞争对手的福利水平有所提高，用人单位也应当进行必要的调整；否则，就会造成人才的流失，就会影响员工工作的情绪。

5. 工会的态度和力量

工会在员工福利的发展中发挥了积极的推动作用。工会代表同用人单位通过集体谈判的方式决定着员工的工资水平，也决定着员工的福利水平。在集体谈判的过程中，员工福利水平的提高往往是谈判的重要目标，工会往往能够成功地实现员工在福利待遇方面希望达到的目标，这样可以提高工会的吸引力和凝聚力。工会对员工福利的态度和力量通常决定着员工福利水平。工会的态度越强硬、力量越强大，工会在推动员工福利水平提高方面的作用就越强；反之，工会在推动员工福利水平提高方面的作用就越弱。

（二）影响员工福利计划的内部因素

1. 用人单位的支付能力

用人单位不同发展阶段的经营的目标不同，盈利水平不同，其提供员工福利待遇的支付能力也不同。一般来说，支付能力强的用人单位，员工福利水平也比较高；支付能力弱的用人单位，员工福利水平也就比较低。

2. 员工工资水平

员工工资水平决定着员工对福利待遇的认可程度和对福利待遇的接受程度。一般来说，员工的工资水平越高，对员工福利水平认可的程度就越低；相反，员工的工资水平越低，对员工福利水平认可的程度就越高。在设计员工福利计划时，用人单位必须注意不同工资水平的员工对福利待遇的需求，用人单位提供的福利待遇应当同员工的工资水平相匹配。从这个角度来看，在职职工月平均工资水平是确定员工福利水平的重要参考依据之一。

3. 员工的工龄

许多企业的员工福利计划同员工工龄密切相关。通常，员工工龄越长，员工福利的给付水平越高；反之，员工福利的给付水平越低。

4. 员工的年龄和受教育程度构成

员工的年龄和受教育程度不同，也会导致员工福利需求的差异。一般来说，年轻员工比较偏好高工资、低福利的组合；年龄偏大的员工对员工福利的接受程度相对较高；有家庭的员工对员工福利的需求则更多。例如，年轻员工对照料小孩、子女上学等福利需求比较迫切；年龄较大的员工更加注重稳定的生活，倾向于获得更多的员工福利。因此，在设计员工福利计划时，用人单位应当考虑员工的年龄和受教育程度的构成。

五、员工福利计划的成本和收益

员工福利计划成本可以由用人单位全部承担，也可以由用人单位和员工共同承担。如果员工承担部分成本，则需要考虑员工对于缴费的承受能力。如果员工承担的负担过重，就会影响员工福利计划的吸引力。员工福利计划的实施会增加用人单位的成本，用人单位常常会考虑其经营的边际收益、竞争条件等方面的因素。

（一）员工福利计划的成本

员工福利计划成本的核算主要包括以下几个方面的内容。

1. 员工福利支出的总费用

规划员工福利，需要考虑用人单位大致需要支付的资金。一般来说，通过分析销售额或者利润，可以计算出用人单位可能支出的最高福利费用。例如，《中华人民共和国企业所得税法实施条例》规定，企业发生的职工福利费支出，不超过工资薪金14%的部分，准予扣除。企业拨缴的工会经费，不超过工资薪金总额2%的部分，准予扣除。除国务院财政、税务主管部门另有规定外，企业发生的职工教育经费支出，不超过工资薪金总额2.5%的部分，准予扣除；超过部分，准予在以后纳税年度结转扣除。这也就是说，用人单位可以税前扣除的福利经费为税前利润的18.5%。根据用人单位上一年的利润或销售额，就可以计算出用人单位员工福利计划可以支出的总预算费用。

2. 员工福利项目支出的预算

用人单位的员工福利计划到底需要多少资金，需要作出员工福利项目支出的预算。员工福利项目支出的预算规划大致需要经过以下几个步骤：①确定每一位员工获得福利的平均成本；②确定享受员工福利待遇的人员数量；③确定该项员工福利项目成本的预算，即确定相应的员工福利计划的成本。④在计算每一位员工福利项目的成本预算以后，确定员工福利项目的总成本。

3. 降低员工福利的成本

为了降低员工福利计划的成本，用人单位不必向所有职工都提供一样的福利待遇，可以根据具体情况，在考虑以下因素的基础上区别对待。

（1）以工龄为标准。以工龄为标准是指员工福利待遇水平与员工的工龄挂钩。随着员工工龄的增加，员工获得的福利待遇水平会逐步提高；也可以要求员工向用人单位提供一定年限的服务之后，才能够享受某些员工福利待遇。

（2）以员工在用人单位的贡献为标准。如果员工对用人单位的贡献比较大，就可以享受比较高的员工福利待遇；反之，就可以享受比较低的员工福利待遇；在以员工贡献设计员工福利时，需要注意的问题是，员工福利差别同工资差别一样，会引起福利待遇比较低的员工不满，会影响员工工作的积极性，因而不宜使这类员工福利待遇的差距过大。

（3）以在职和不在职为标准。退休人员或者由于经济不景气而临时解雇、下岗的职工可以不必享受在职职工享受的某些员工福利待遇，以在职和不在职为标准设计是否享有员工福利，有利于体现员工福利的公平性。

（4）以周、月工作时间为标准。全日制职工享受某些员工福利待遇，非全日制工作的员工可以不享受某些员工福利待遇，以周、月工作时间为标准设计员工福利待遇有助于体现员工的劳动贡献。

（二）员工福利计划的收益

员工福利计划的收益通常很难衡量，因为员工福利带给人的满足和安全是一种心理上的感觉，这种感觉很难具体地体现出来，所以要使员工福利项目最大限度地满足员工的需要，福利信息沟通很重要。一项员工福利计划成功与否，取决于员工信任、理解和赞同的程度，福利信息沟通可以让员工福利计划得到自上而下的普遍承认和统一。福利信息沟通可以采取问卷调查的方法。要了解员工对员工福利的满意程度，可以采取发放问卷的办法，通过分析员工对问卷的回答，分析员工对已经实施的员工福利计划的满足程度，以获得有关员工福利规划收益方面的信息。

第四节　员工福利的管理

一、员工福利管理的含义

员工福利管理是指用人单位采取各项管理措施对员工福利的规划、实施、发展和实施方式进行控制和调整的管理活动。对于员工福利管理的概念可以从以下几个方面理解。

（一）员工福利管理是一项全面的管理

员工福利管理是对员工福利从规划、建立、实施、发展到变更的全方位管理，主要包括员工福利计划设计管理、建立管理、实施管理、发展管理和变更管理。这种管理是一项长期、全面管理。在实施管理的过程中，员工福利逐步从低级阶段发展到高级阶段、从不成熟的阶段发展到成熟的阶段。

（二）员工福利管理受到管理理念的影响

员工福利管理理念是指体现在员工福利管理中的思想和观念，体现在员工福利管理中的资金配置、制度建设、管理方式和管理手段的运用等。不同的员工福利管理理念，会产生不同的管理效果。例如，某单位人力资源管理部门每年都组织员工打扑克、下象棋、跳大绳等简单、单一的娱乐活动，这种管理员工福利的观念就比较落后，其管理效果也不会很好。先进的员工福利管理理念能够不断适应员工福利需求的变化，适应国家法律法规和部门规章的变化，设计、制订适合员工需求的员工福利计划。

（三）员工福利管理具有灵活性

员工福利管理应当同用人单位的总体发展战略保持一致。一般来说，随着用人单位竞争力和发展战略的变化，员工福利的管理也应当作出相应的调整。员工福利管理只有具备这样的灵活性，才能适应用人单位长远发展的需要。

二、员工福利管理的原则

（一）平等性

员工福利管理的平等性是指员工拥有同等的权利，接受同等的管理方式，不会因为员工职位、级别的差别，使员工享受福利待遇的水平存在着比较大的差别。这就是说，员工福利管理的平等性要求以下两点：一是强调所有员工都应当享有员工福利；二是所有员工享受福利待遇的水平差别不大，即使有差异，也存在于较小的范围内。

（二）激励性

员工福利管理的激励性和平等性是不矛盾的。员工福利的激励性是指通过设置员工需要的员工福利项目、改进员工福利管理的方法、改善员工福利实施的效果，增强员工对员工福利待遇的满意度，以达到激励员工努力工作的效果。同时，员工福利的激励性也可以通过设置差别福利来激励员工努力工作。员工享受福利是有条件的，只有员工达到享受福利待遇的条件，才能享受员工福利。例如，股权激励机制就是有条件限制的员工福利待遇。

（三）经济性

员工福利管理也是要讲求经济效益的，其经济性主要表现在用人单位追求以较低的管理成本提供最大的福利保障，这是用人单位规划和管理员工福利的基本原则之一。

三、员工福利管理的注意事项

（一）明确告知全体员工

员工福利管理应当采取适当的传播渠道，将用人单位福利规划告知所有的员工，将员工福利制度明确地写进员工手册，可以采取通报、培训、服务热线等方式让员工知悉以下内容：①用人单位有什么样的员工福利项目；②员工享受福利待遇的条件是什么；③员工福利对个人的要求有哪些；④员工应该努力的方向。这是用人单位进行员工福利管理应尽的义务，也是尊重员工知情权的需要。

（二）公平兑现

公平兑现要求员工福利管理者做到以下两点。

（1）说到做到，言行一致，及时兑现当初的许诺。在时机、条件成熟时，用人单位一定要公平地兑现当初的承诺。不能在用人单位绩效不好时取消员工福利，要求员工理解、支持；而在用人单位绩效渐增时对员工的福利需求充耳不闻。

（2）在兑现员工福利时，用人单位应当让员工心服口服，让员工理解该项员工福利待遇确实是该员工应当享有的，可以将享有特别福利员工的名单公示。

（三）区分员工福利层次

按照员工对用人单位作出贡献的大小，将员工福利设定为不同的等级和层次。规定什么样的员工福利属于保障性福利，是全体员工都应该享有的；什么样的员工福利属于绩效性福利，只有员工工作绩效达到规定的条件时，才有资格享有，如果员工达不到规定的绩效，则不能享有该项绩效性员工福利。

（四）适时地增减员工福利项目

用人单位的经营会随着市场环境的变化而变化，员工福利也应当及时地反映用人单位绩效的变化。用人单位的经营绩效比较好时，可以适时地增加一些新的员工福利项目；用人单位的经营绩效不好时，可以相应地裁减部分员工福利项目。通过员工福利项目的变化，让员工感知用人单位生存环境的变化，取得员工对用人单位的认同感，增强员工与用人单位息息相关的责任感。

（五）发展特色员工福利

用人单位发展具有自身特色的员工福利，才会具有吸引力。用人单位有能力增加员工福利投入时，可以本着"人无我有，人有我精"的原则规划、设计员工福利项目。在投入资金既定不变的情况下，员工福利计划要根据"集中使用投资"的原则，创新一些不同于其他用人单位的员工福利项目，保持员工福利的新颖性。

（六）采取"自助餐"式分配

不同的员工有不同的需要，员工福利分配也应当尊重员工的需要，采取"自助餐"式的员工福利分配方式。这种"自助餐"式分配员工福利的计划，既可以满足员工的福利要求，也可以促使用人单位获得员工福利的收益。这样，员工可以发挥主动性，根据自己的需要选择员工福利项目；同样，用人单位可以不用强迫员工选择某项员工福利项目，而是提供"自助餐"式的服务，这种管理方式可以显著地提高员工的满意度。这种分配员工福利的方式，需要用人单位提供可选择、多样化的员工福利方案，这也就增强了员工福利管理的复杂性。

延伸阅读 1-5：上海贝尔公司的员工福利

复习思考题

1. 简述员工福利的概念。
2. 简述员工福利的特点。

3. 简述员工福利的作用。

4. 简述员工福利计划的概念。

5. 简述员工福利计划设计的原则。

6. 简述影响员工福利计划的外部因素。

7. 简述影响员工福利计划的内部因素。

8. 简述员工福利管理的步骤。

 即测即练

自学自测　　　　扫描此码

第二章

法定员工福利

员工福利计划中，大部分员工福利是用人单位依据法律法规建立的，是法律法规明确规定员工必须享有的福利待遇，是用人单位必须承担的责任，是法定的员工福利。我国法定员工福利主要有基本养老保险、基本医疗保险、失业保险、工伤保险、生育保险，以及员工必须享有的其他法定权益。下面逐一介绍这些法定员工福利项目。

第一节　基本养老保险制度

长生不老一直是人类追求的美好愿望，但是出生、发育、成熟、衰老和死亡是人类必须面对的生命历程。基本养老保险制度是面对人的衰老、死亡而建立的法定员工福利制度。德国于 1889 年颁布的《老年与残障社会保险法》，标志着法定养老保险制度的实施具有了明确的法律依据。

一、基本养老保险制度的概念和特点

（一）基本养老保险制度的概念

基本养老保险制度是指政府或者用人单位根据法律法规的规定，对劳动者达到法定退休年龄且从事劳动达到规定的年限后，由政府或者用人单位依法给予帮助，以维持老年人基本生活的社会保险制度，基本养老保险制度是法定员工福利的重要内容之一。对于基本养老保险制度的理解有以下几个方面：第一，养老保险制度是政府运用法律法规强制实施的制度，覆盖范围内的任何用人单位和员工都必须参加。第二，享受基本养老待遇给付的条件是必须达到法定退休年龄，并以这个年龄作为年老、丧失劳动能力的界限，依法解除劳动者的劳动义务。目前，我国男性的法定退休年龄是 60 周岁，女工人的法定退休年龄是 50 周岁，女干部的法定退休年龄是 55 周岁。第三，劳动者履行劳动义务或者缴费义务达到规定的年限。例如，目前我国城镇职工退休后获得基本养老保险待遇的条件是履行缴费义务（含视同缴费年限）满 15 年。第四，社会保险经办机构或者指定的其他单位（如用人单位）是管理基本养老保险制度的主体。

（二）基本养老保险制度的特点

基本养老保险制度作为法定员工福利的重要内容之一，主要具有以下几个方面的特点。

1. 基本养老保险是社会保险中最重要的项目

基本养老金是员工年老丧失劳动能力、退休后的基本生活来源，是适用广泛、运用资金最多、作用时间最长的社会保险项目。例如，我国社会保险资金使用结构中，基本养老保险制度使用的资金最多，大约相当于社会保险资金运用额的 1/2。对于生命个体来说，员

工从退休到生存期满需要经历很长的时间，这也决定了基本养老保险制度是一项长期发挥作用的法定员工福利。

2. 劳动者达到法定退休年龄

疾病、工伤等社会保险伴随着风险事故的发生而发挥作用，对劳动者通常没有年龄的限制，限定员工达到法定退休年龄是基本养老保险区别于其他社会保险项目的主要特征。劳动者达到法定退休年龄，被依法解除劳动的义务后，就有可能获得基本养老保险的保障。这也就意味着，退休人员将退出原来所从事的职业或工作岗位，不再承担劳动的义务。

3. 基本养老保险是一项经济补偿制度

确立基本养老保险制度的首要目标是使劳动者老有所养。向退休人员提供一定的资金帮助，可以保障劳动者年老退休后仍然有稳定的收入来源，可以得到社会的尊重，可以体面地生活，可以安享晚年。基本养老保险制度是对劳动者面临的年老风险进行经济补偿的制度。

4. 基本养老保险制度具有调节收入分配和使用的特点

基本养老保险制度调节收入分配和使用的特点主要体现在三个方面。

（1）调节退休人员和在职职工之间的收入分配，属于劳动者代际的收入分配。在基本养老保险资金使用的过程中，现收现付制是以调剂退休人员和在职职工之间的收入分配和使用为主要特征的。政府在运用在职职工的缴费支付已经退休人员基本养老金的时候，实际上是使用下一代人的缴费供养上一代退休的人，实现了社会成员之间的互济互助。

（2）调节社会贫困阶层和富裕阶层的收入分配。在国民收入分配和使用的过程中，政府凭借政权的力量强行参与，以社会保险税[①]、高额累进税、利息税、遗产赠与税等形式将高收入阶层的一部分收入集中到政府，然后通过养老金、失业保险金、社会救济、社会优抚等方式为生活困难的社会成员及其家属提供基本生活保障。政府采取的这些措施，对原有的收入分配格局产生了不同程度的影响，进而调节社会各阶层之间，尤其是低收入者和高收入者之间的收入差距，缓解社会贫困，为一部分社会成员提供基本生活保障或者最低生活保障。

（3）调剂劳动者年轻时期和年老时期收入的使用。基金全额积累制基本养老保险资金运行模式是以调剂个人生命周期的收入和使用为主要特征的。基金全额积累制在将劳动者工作时期的一部分收入调剂到退休时期使用的时候，虽然并不像现收现付制那样存在着社会成员之间的互济互助和收入的再分配，却将劳动者工作时期的一部分收入转移到退休以后使用，这实际上是工资的延期支付。

二、基本养老保险制度建立的原则

由于社会政治、经济和文化背景不同，世界各国基本养老保险制度的类型存在着比较大的差异，但各国政府建立基本养老保险制度遵循的原则大体是一致的，主要有以下几个方面。

---

① 目前，我国尚未开征社会保险税，是以社会保险缴费的形式筹集资金的。

（一）普遍性和选择性相结合

基本养老保险制度主要保障劳动者（或公民）年老、丧失劳动能力以后的生活，应当覆盖所有的劳动者（或公民），这是基本养老保险制度普遍性原则的要求。但是，基本养老保险也是有选择的社会保险制度，规定劳动者（或公民）工作或者缴费的时间达到最低年限，否则就无法获得基本养老保险制度的保障。例如，我国基本养老保险制度不仅覆盖到机关事业单位、国有企业、私营企业、三资企业、外资企业、中外合资企业等单位的职工，而且覆盖到了城镇无业居民、农民，扩大覆盖面是我国基本养老保险制度发展的长远目标。

（二）享受基本养老保险保障的权利与履行义务对应

劳动者（或公民）享受基本养老保险的权利，是以履行义务为前提的，这一原则体现了权利和义务的一致性。劳动者（或公民）有劳动能力时履行了劳动义务（或缴费义务），达到法定退休年龄时就可以获得应有的保障。

（三）享受基本养老保险待遇与工作贡献相联系

世界许多国家在制定基本养老保险法规时，将退休人员享受养老保险待遇与其工作期间的劳动贡献相联系。

（1）给予从事特殊行业或特殊工种员工养老金待遇上的优惠。例如，法国从事繁重和危险性工作的员工（如井下、高温和有毒条件下从事工作的员工），可以提前退休，不减发退休金。又如，国务院发布的《国务院关于工人退休、退职的暂行办法》规定，从事井下、高空、高温、特别繁重体力劳动或者其他有害身体健康的工作，男性年满 55 周岁、女性年满 45 周岁，连续工龄满 10 年的，不减发退休金，可以退休。我国基本养老保险制度改革以前，从事特殊工种的职工每工作 1 年其工龄按 1 年 6 个月计算；基本养老保险制度改革后，从事特殊工种职工则不再给予这样的优惠。政府管理部门强调，运用补充养老保险政策给予从事特殊工种的职工以补偿。

（2）给予有突出贡献的科学技术人员政府津贴。例如，我国政府规定，给予有突出贡献的人员国务院政府津贴。享受政府特殊津贴的专家、学者、技术人员，离休、退休后可以继续享受国务院政府津贴，金额不减。

（3）给予劳动模范、先进工作者提高养老保险待遇。例如，我国政府规定，获得全国劳动英雄、劳动模范、先进工作者称号的干部、职工，退休金提高 15%；获得省劳动模范、先进工作者、先进生产者称号的干部、职工，退休金提高 10%；在新民主主义革命和社会主义革命、社会主义建设中有特殊贡献的人员，如在科研、生产等方面有重大发明创造、成绩显著并由省政府或国务院各部委授予荣誉称号的人员，退休金提高 5%。

（4）给予军人特殊的养老保险待遇。例如，我国政府规定，在部队荣获军以上单位授予的英雄、模范称号的，提高养老金给付额。荣立一等功、特等功或者相当奖励的转业人员、复员人员，退休金提高 15%；荣立二等功、大功、三等功或相当奖励的复员、转业军人，退休金提高 10%。

（四）保障基本生活的原则

劳动者丧失劳动能力退出生产以后，基本养老保险制度为其提供基本生活需求方面保障。保障退休人员的基本生活应当考虑以下几个方面的因素。

（1）保障基本生活。基本养老保险保障的上限应该考虑退休人员原来的工资水平和生活水平，保障的下限应当高于社会贫困线。这也就是说，基本养老保险保障的标准必须高于社会救济金的标准。例如，美国的基本养老保险给付如下：①夫妻合领约为单个人工资的65%；②单身约为本人工资的40%，其给付额相当于社会贫困线标准的130%。

（2）长期保障。基本养老保险是老年人终身享受的保险，需要按照一定的周期、一定的标准连续地给付，不能一次性给付。一次性给付不仅无助于退休人员晚年的生活，而且资金可能瞬息之间化为乌有，不能起到保障老年人基本生活的作用。

（3）动态调整。老年人获得基本养老保险保障的过程，是一个长期的过程，这就要求退休人员获得的养老金给付，不受社会或经济因素变动的影响。为了保障退休人员的基本生活需要，必须适时、适当地调整养老金给付水平，建立养老金给付的工资指数化或者物价指数化动态调节机制，或者发放必须的生活费补贴，以保障退休人员的生活不受通货膨胀的影响。

三、基本养老保险资金的筹集

（一）基本养老保险资金的筹集渠道

基本养老保险资金主要来源于个人缴费、用人单位缴费和政府转移支付三个方面。这三个方面的不同组合，大致形成以下五种不同的资金筹集渠道。

（1）用人单位承担全部缴费。基本养老保险的缴费全部由用人单位负担，政府和个人不承担任何缴费。采用这种筹资方式的国家大多实行社会保险模式，用人单位承担着员工养老保险的责任，如巴基斯坦。这种形式的养老保险也称为企业养老保险，也是员工福利的重要组成部分。

（2）政府全额资助。基本养老保险资金的筹集、给付由政府负全责，不需要用人单位、个人缴费，基本养老保险所需要的资金全部由财政拨款，采取这种筹资方式的国家大多地广人稀，政府有能力调动丰富的资源，具备采取这种保障方式的实力，如澳大利亚、新西兰等国家。在这种类型的筹资方式中，由于用人单位不参与缴费，这种形式的基本养老保险不属于法定员工福利的范畴。

（3）个人缴纳、政府担保。基本养老保险的缴费全部由个人承担，政府只在个人投资失败的时候提供最低收益担保。具体地说，个人有劳动能力的时候，承担自己年老的消费支出。这种筹资方式聚集的资金主要运用于基本养老保险项目上。基金完全积累制国家大多采用这种筹集资金的方式，以智利、阿根廷等国家为代表。在这种类型的筹资方式中，由于用人单位不参与缴费，这种形式的养老保险不属于法定员工福利的范畴。

（4）用人单位与个人共同缴费。这是世界各国基本养老保险资金筹集的主要方式，可以充分地体现基本养老保险的保障原则。在用人单位与个人的缴费比例上，往往因不同的基本养老保险制度而有所不同。在以用人单位承担责任为主的国家中，用人单位缴费的比例高一些，个人缴费的比例低一些，如美国、新加坡。但是，这并不是说，用人单位、个人的缴费比例是一成不变的，双方缴费的比例还会根据宏观经济形势、基本养老保险制度等方面的变化而有所调整。在这种类型的筹资方式中，由于用人单位参与缴费，这种形式的基本养老保险也属于法定员工福利的范畴。

（5）用人单位、个人和政府共同负担缴费。在这种筹资方式中，政府可以承担一定比例的基本养老保险费用，也可以采取补贴的形式将资金划入基本养老保险基金。目前，我国政府采取的就是用人单位、个人、政府共同负担的缴费方式，用人单位缴纳的基本养老保险费为工资总额的 16%，职工缴纳的基本养老保险费为职工工资的 8%；当基本养老保险资金入不敷出时，财政拨付部分资金弥补基本养老保险资金的不足。在这种类型的筹资方式中，由于用人单位参与缴费，这种形式的养老保险属于法定员工福利的范畴。

（二）养老保险缴费

个人缴费率是个人缴纳的基本养老保险费与职工工资额的比率，职工工资额通常以上年度职工个人月平均工资为基数计算，其计算公式为

$$个人缴费率 = \frac{个人缴费}{职工工资额} \times 100\%$$

用人单位缴费率是用人单位缴纳的基本养老保险费与用人单位工资总额的比率，用人单位工资总额以用人单位上年度月平均发放的工资总额为基础计算，其计算公式为

$$用人单位缴费率 = \frac{用人单位缴费}{职工工资总额} \times 100\%$$

工资是指用人单位根据劳动者提供劳动的数量和质量，按照劳动合同的约定或者政府有关政策支付给职工的货币报酬。职工工资包括计时工资或计件工资、奖金、津贴、补贴、加班加点工资和特殊情况下支付的工资等六部分。除此之外，一概不能计入工资总额，也不能列入工资序列处理。根据国际上通行的做法，职工缴费工资可以从以下几方面理解。

（1）缴费工资是员工的劳动所得。工资是员工的劳动所得，劳动所得以外的其他所得，不能计入职工缴费工资总额。例如，员工的资本所得、股息所得、利息所得、租金所得等，不计入员工缴费工资总额。

（2）缴费工资不包含员工应得的福利费用。员工获得的福利费、劳动保护费、出差费等，不能计入员工的缴费工资。例如，用人单位支付给员工的洗理费补助、交通补助、出差补助、丧葬费、抚恤金等，也不计入员工的缴费工资。

（3）发明创造奖不列入缴费工资。发明创造奖是用人单位或者政府给予具有特殊贡献员工的奖励，这部分奖金也不纳入基本养老保险缴费的工资。例如，根据我国政府有关规定而支付的各类奖金，如发明创造奖、科学技术进步奖、合理化建议奖和技术改进奖等，不属于工资，不列入员工的缴费工资。这是因为，这些奖金不是劳动关系的必然权利和义务。但是，用人单位如果不按照政府的有关规定，瞒报缴费工资总额而发放的各种奖金，应该计入员工的缴费工资。

（4）缴费工资具有额度限制。员工工资过低或者过高时，低于某一界限或者高于某一界限的工资，不作为基本养老保险的缴费工资。例如，我国政府规定，职工工资低于当地上年度月平均工资 60% 时，按当地职工月平均工资的 60% 缴费；当职工工资高于当地平均工资 300% 时，其多出部分可以不缴费或者作为员工参加补充养老保险的缴费。

（5）缴费工资不允许宽免额或费用扣除。基本养老保险缴费以员工工资总额直接作为课征对象，没有宽免额或者费用扣除的规定，这是基本养老保险缴费或者基本养老保险税与个人收入所得税不同的地方。在征收个人收入所得税时，政府有关管理部门允许扣除个人为取得收入而发生的费用，也可以扣除一些个人宽免项目。但是，基本养老保险缴费或者养老保险税直接以员工工资为缴费费基或者纳税税基，基本养老保险缴费工资通常不允许有宽免额或者费用扣除。

（三）养老保险的缴费方式

基本养老保险缴费的方式决定着养老保险制度的运营效率，从世界各国养老保险的实践来看，缴纳养老保险费的方式主要有以下四种。

（1）固定比例制（或比例税率）。固定比例制是指员工工资高低与基本养老保险缴费比例无关，一律征缴固定比例的养老保险税或养老保险缴费。这种征缴方式的优点是，计算起来比较简单，易于管理。目前，世界上采取这一方式征缴养老保险税或养老保险费的国家有许多。例如，智利政府规定，不论职工从事哪种职业、职位高低、工资水平多寡，均采取统一的固定比例制，缴纳工资的 10%，计入员工个人账户。

（2）级差缴费比例制（或差别比例税率制、等级比例制）。级差缴费比例制是指先将缴费工资划分为若干等级，确定每一等级的标准，最后以每一等级的工资标准为基础，按规定的同一保险费率计算保险费。这种征缴方式的缺点是，计算比较烦琐，不容易管理；优点是公平性比较强。

（3）累进比例制（累进税率）。累进比例制是指根据参保人的工资，规定不同的养老保险缴费率。对于低工资者征收较低的养老保险费率，对于高工资者征收较高的养老保险费率，并且随着工资的增加，收费的费率也相应增加。一般认为，这种缴费方法充分体现了基本养老保险互济互助的原则，但管理的难度比较大。

（4）均一制。均一制是指不论个人工资水平的高低，一律按照统一金额缴纳养老保险费。这种缴费方法的优点是，计算方便，资金筹集方式简单。但是，由于低工资者与高工资者都负担同样的养老保险费，低工资者要比高工资者负担的比例高，不利于体现基本养老保险互济互助的功能。例如，1975 年英国修订的《国民保险法》规定，对自雇者采取均一制，其养老保险缴费为每周 2.1 英镑。

四、基本养老保险的给付

基本养老保险的给付是指政府管理部门按照法律法规规定的条件、项目、标准等，运用一定的方式，为保障范围内的退休人员支付基本养老保险金的制度安排。

（一）基本养老保险给付的条件

确定员工是否达到领取基本养老保险金的资格条件，是养老金给付的前提条件。一般来说，需要满足两个条件：一是达到法定退休年龄；二是工龄或者缴费年限，或者居住年限达到规定的标准。达到法定退休年龄只是享受基本养老保险待遇的一个必要条件，必须同时满足第二个条件的劳动者（公民），才有资格获得基本养老保险金。

1. 年龄条件

目前，世界各国对于劳动者退休年龄的规定是不同的，1952 年和 1967 年国际劳工大会通过的公约均规定，劳动者领取养老金的年龄不得超过 65 岁。一般来说，法定退休年龄是政府有关管理部门综合考虑以下因素确定的。

（1）劳动者的身体状况。劳动者在某一年龄段的体力、智力出现衰退，完成一定的工作任务面临比较大的困难，这一年龄段可以作为确定法定退休年龄的依据。如果法定退休年龄规定得过低，会迫使一部分尚有劳动能力的员工过早地退出劳动过程，失去大批具有工作经验的劳动者；反之，会影响劳动者的身心健康，不利于新增劳动力的就业。

（2）劳动力资源的供需状况。劳动力资源的长期供给和需求状况是影响确定法定退休年龄的一个重要因素。如果一个国家劳动力的长期供给远远超过劳动力需求，可以考虑降低法定退休年龄；反之，则可以提高法定退休年龄。

（3）社会人口平均寿命。如果一个国家人口平均寿命比较短，确定的法定退休年龄就比较低；反之，确定的法定退休年龄就比较高。

（4）劳动者的平均工作年限。一国政府通常以立法的形式规定劳动者工作年龄的上限和下限，员工退休年龄的上限通常是以劳动者平均劳动年龄的上限为依据确定的。

（5）社会经济发展状况。一个国家的经济发展比较稳定，就有足够的资金供养老年人，就可以维持原有的退休年龄；反之，就需要提高法定退休年龄。

2. 养老保险给付的合格期

劳动者从事某种劳动达到法定年龄，只是可能获得基本养老保险金的一个前提条件，同时必须达到政府规定的工作或缴费或居住年限等，这是获得养老保险保障的合格期。1952 年和 1967 年国际劳工大会通过的公约规定："受保护者在享受养老补助金以前，即已具有合格期的条件，这种合格期应是缴纳保险费或就业 30 年，或居住 20 年。"具体到世界各国主要有以下几种类型。

（1）工龄年限合格期。采用工龄年限合格期的国家主要有俄罗斯、法国等。例如，俄罗斯规定，女性工龄满 20 年，男性工龄满 25 年，退休后可以领取养老保险。我国机关事业单位基本养老保险制度改革前，实行工龄年限合格期。

（2）缴费年限合格期。采取这种方法的国家主要有德国、美国，我国的城镇企业职工养老保险给付也采用这种方法。在一些缺乏劳动力的国家，通常鼓励员工延长缴费年限或延长退休年龄[①]，并给予政策优惠。例如，《中华人民共和国社会保险法》（以下简称《社会保险法》）规定，参加基本养老保险的个人，达到法定退休年龄时累计缴费满 15 年的，按月领取基本养老金。参加基本养老保险的个人，达到法定退休年龄时，累计缴费不足 15 年的，可以缴费至满 15 年，按月领取基本养老金。可见，我国基本养老保险缴费（或视同缴费）年限的合格期为 15 年。

（3）居住年限合格期。采用居住年限合格期的国家主要有新西兰、加拿大、冰岛、瑞士、瑞典、丹麦等。例如，丹麦政府规定，国民年金的享受条件是年满 67 岁之前，在本国

---

① 一些国家规定，退休年龄可以提前或者推迟 3～5 年，即弹性退休年龄。提前退休者减发养老金，推迟退休者增发养老金。

连续居住 5 年的本国公民。加拿大政府规定，国民年金的享受条件是年满 65 岁，18 岁以后在加拿大每居住 1 年，可以获得 1/40 养老保险权益。新西兰政府规定，居民年满 65 岁，并在最近的 20 年内居住本国境内者，有权领取养老金。

（二）基本养老保险的给付方式

世界各国养老保险金的给付方式主要分为以下四种：绝对金额制、统一比例制、薪资比例制和收入关联制。

（1）绝对金额制。绝对金额制是指有关管理部门根据参保人及其供养的直系亲属，按不同标准划分为若干种类，对每一种类的人按照同一金额发放养老金，养老金的发放同参保人退休前工资水平无关。例如，1989 年修改后的日本国民年金制度规定，每人每月获得的养老金为 55 500 日元；1996 年荷兰政府规定，单身老人每月养老金为 1413.4 荷兰盾，养老金随工资指数的变化一年调整 2 次。

（2）统一比例制。统一比例制也称为固定比例制，是指按工资的一定比例或者某一确定标准的一定比例给付养老金，这也就是说，职工退休前的养老保险缴费与职工退休后获得的养老金之间没有多大联系。退休人员领取养老金的计算公式为

$$养老金 = 固定比例 \times 基期工资$$

（3）薪资比例制。薪资比例制是指以劳动者退休前某一段时期内的平均工资或最高工资额为基数，根据职工的工龄或投保年限确定养老金替代率，然后以这一比例为依据计发养老金。例如，中国人事部、财政部于 2006 年 6 月 20 日联合发布的《关于机关事业单位离退休人员计发离退休费等问题的实施办法》规定，2006 年 7 月 1 日后离退休的人员，在养老保险制度建立前，暂按下列办法计发离退休费：①离休人员。离休费按本人离休前职务工资和级别工资之和或岗位工资和薪级工资之和全额计发。②退休人员。公务员退休后的退休费按本人退休前的职务工资和级别工资之和的一定比例计发。其中，工作年限满 35 年的，按 90%计发；工作年限满 30 年不满 35 年的，按 85%计发；工作年限满 20 年不满 30 年的，按 80%计发。事业单位工作人员退休后的退休费按本人退休前岗位工资和薪级工资之和的一定比例计发。其中，工作年限满 35 年的，按 90%计发；工作年限满 30 年不满 35 年的，按 85%计发；工作年限满 20 年不满 30 年的，按 80%计发。机关技术工人、普通工人退休后的退休费分别按本人退休前岗位工资和技术等级工资之和、岗位工资的一定比例计算。其中，工作年限满 35 年的，按 90%计发；工作年限满 30 年不满 35 年的，按 85%计发；工作年限满 20 年不满 30 年的，按 80%计发。我国机关事业单位养老保险制度改革前，机关、事业单位的养老金给付是根据职工工龄的长短确定的薪资比例制。退休人员领取养老金的计算公式为

$$养老金 = 不同比例 \times 基期工资$$

（4）收入关联制。收入关联制是指退休人员领取养老金的比例与退休前的工资负相关。在这种支付制度下，职工退休前工资越高，领取养老金的比例就越低；相反，退休前工资越低，其领取养老金的比例就越高。例如，西欧国家对低收入者采取较高的养老金替代率，对中高收入者采取较低的养老金替代率。

（三）养老金给付的指数化管理

养老金给付的指数化管理是指养老金给付随着工资指数或物价指数变动而变动的管理

方式，实行养老金指数化管理的目的是防止退休人员由于高通货膨胀而陷入相对贫困，养老金给付指数化管理是养老保险管理的重要内容。

1. 养老金指数化管理的调节机制

自 20 世纪 70 年代以来，西方工业化国家养老保险制度发展的一个重要特点是普遍建立了养老金指数化调节机制，以克服通货膨胀产生的不利影响。1922 年，丹麦最先引入指数化调节机制。目前，世界各国主要形成了两种指数化调节机制。

（1）自动指数化调节机制。自动指数化调节机制也称为动态调节机制，即养老金随着物价指数或工资水平的变化而自动地调整。例如，1957 年德国最先确定了自动指数化调节机制，退休人员获得的养老金同劳动生产率挂钩。又如，美国国会从 1975 年起就以立法的形式确定按照物价指数逐年变化的具体情况相应地提高养老金的给付（表 2-1）。

表 2-1　　1975—2010 年美国通货膨胀率一览表　　　　　　　　　%

年　　份	1975	1976	1977	1978	1979	1980	1981	1982	1983
通货膨胀率	9.2	5.75	6.50	7.62	11.22	13.58	10.35	6.16	3.22
年　　份	1984	1985	1986	1987	1988	1989	1990	1991	1992
通货膨胀率	4.30	3.55	1.91	3.66	4.08	4.83	5.39	4.25	3.03
年　　份	1993	1994	1995	1996	1997	1998	1999	2000	2001
通货膨胀率	2.96	2.61	2.81	2.93	2.34	1.55	2.19	3.38	2.83
年　　份	2002	2003	2004	2005	2006	2007	2008	2009	2010
通货膨胀率	1.59	2.27	2.68	3.39	3.24	2.85	3.85	−0.34	1.64
年　　份	2011	2012	2013	2014	2015	2016	2017	2018	
通货膨胀率	3.2	2.1	1.5	1.6	0.1	1.26	2.13	2.44	

资料来源：（1）美国通货膨胀率 [EB/OL]．(2011-08-09)．http://wenku.baidu.com/view/122f4122af45b30-7e871974f.html；（2）世界银行网站．www.factfish.com/zh/%E7%BB%9F%E8%AE%A1-%E5%9B%BD%E5%AE%-B6/%E7%BE%8E%E5%9B%BD/% E9%80%9A%E8%B4%A7%E8%86%A8%E8%83%80%E7%8E%87.

（2）非自动指数化调节机制。非自动指数化调节机制是指退休人员领取的养老金不是每年自动地进行指数化调整，而是政府在特殊时期采取的政策调节措施，也称为临时补贴。目前，一些国家采用临时补贴的办法来缓解物价指数上涨对养老金购买力的冲击。自 1978 年改革开放以来，我国政府逐步放松了对物价的管制，物价指数增长幅度比较大，这同时也造成了退休人员养老金实际购买力的下降。对此，政府采取了非自动指数化的调节机制，为退休人员发放物价补贴，提高退休人员的养老金待遇。

2. 养老金指数化管理的方式

养老金指数化管理的方式主要有以下三种。

（1）零售物价指数化管理。零售物价指数化管理是指实行养老金给付与零售物价指数挂钩的调整养老金给付的方式。目前，世界各国实行零售物价指数化管理的国家有澳大利亚、丹麦、日本、美国、巴西、瑞典、加拿大等。零售物价指数化管理的计算公式如下：

当年月领取养老金 = 上年度月领取养老金 × （1 + 零售物价指数年增长率）

零售物价指数不仅统计零售生活用品消费的价格指数，而且统计零售生产用品消费的价格指数。养老金是退休人员晚年生活的主要来源，主要用于退休人员的生活消费。这种物价指数化调整的优点是透明度高、比较直观、易于被退休人员接受。虽然退休人员领取的养老金与零售物价指数有一定的联系，但是，这种联系并不十分紧密。

（2）消费价格指数化管理。消费价格指数化管理是指实行养老金给付与日常生活用品消费指数相联系的调整养老金给付方式。目前，世界各国实行消费价格指数化管理的国家主要有新西兰等。消费价格指数化管理的计算公式如下：

当年月领取养老金＝上年月领取养老金×（1＋消费价格指数年增长率）

延伸阅读 2-1：城镇企业职工如何划分"老人""中人"和"新人"

实行消费价格指数化管理的优点是，可以使养老金给付随着物价指数的变化不断地调整，可以稳定退休人员的生活水平。目前，在我国居民消费结构和消费水平发生很大变化的情况下，实行消费价格指数化管理可以保障退休人员的基本生活水平。

（3）工资指数化管理。工资指数化管理是指实行养老金给付与在职职工平均工资指数相联系的调整养老金给付的方式。目前，实行工资指数化管理的国家主要有荷兰、法国、意大利、秘鲁、中国等。工资指数化管理的计算公式如下：

当年月领取养老金＝上年月领取养老金×（1＋在职职工平均工资增长率×调整系数①）

实行工资指数化管理的优点是，养老金工资指数化调整既解决了物价上涨带来的问题，也使退休人员分享了经济发展的成果。一般情况下，在职职工平均工资的增长率高于物价指数的增长率，与在职职工的工资增长联系会导致养老保险资金支付的过快增长。

第二节　基本医疗保险制度

疾病的侵袭一直伴随着人类的发展，疾病带来的恐惧如同魔鬼的咒语令人不寒而栗。基本医疗保险制度是人类面对疾病的积极应对措施，是提高公民健康水平的重要措施。1883年 5 月 31 日，德国宰相俾斯麦主持颁布的世界上第一部《疾病社会保险法》标志着基本医疗保险制度的建立，标志着人类对于患者的医疗保障有了法律依据。

一、基本医疗保险制度的概念和特点

（一）基本医疗保险制度的概念

广义的基本医疗保险制度是指政府或用人单位对劳动者（或公民）因为保健、疾病、受伤和生育等需要去医疗机构进行诊断、检查和治疗时，提供必要的医疗费用和医疗服务的制度。狭义的基本医疗保险制度是指政府或用人单位对劳动者（或公民）由于疾病、非因工负伤引起的医疗费用给予补偿的制度。我国基本医疗保险制度采取了狭义基本医疗保险的概念，劳动者因工受伤被划到工伤保险制度的范畴，女职工生育的医疗费用被划分到生育保险的范畴。对于基本医疗保险制度的概念可以从以下几个方面进行理解。

（1）基本医疗保险资金必须专款专用。基本医疗保险资金必须确保用于劳动者（或公

---

① 目前，许多国家将调整系数确定为 40%～80%。

民）的基本医疗消费，必须专款专用，不能挪作他用。只有劳动者（或公民）患病、生育或者受伤时，才有资格享受基本医疗保险待遇给付。基本医疗保险制度可以有效地帮助患病的劳动者（或公民）从"因病致贫"或"因贫致病""贫困交加"的困境中解脱出来。

（2）劳动者（或公民）患病就医、接受治疗服务的机会均等。劳动者（或公民）接受医疗服务的机会均等，不会由于个人地位、身份的不同而有所差异。社会保险经办机构提供的医疗保障标准，只能根据患病者的病情来确定，不受患者经济地位、工资待遇、工龄长短的限制和影响。

（3）疾病津贴同患者的工资水平有直接的关系。基本医疗保险提供的疾病津贴与劳动者的工龄长短、患病时间长短、患病前工资水平有直接的关系。

（4）劳动者享受医疗服务的公平性和获得疾病津贴的差异性体现了基本医疗保险制度的公平和效率。

（二）基本医疗保险的特点

疾病风险的特征，以及医疗卫生供给和需求的特殊性，使基本医疗保险具有明显不同于其他社会保险项目的特点，主要有以下几个方面。

（1）基本医疗保险的管理具有复杂性。基本医疗保险是人类为了防范、规避疾病和减少疾病对个人造成的损失而设立的社会保险项目。在劳动者（或公民）患病时，提供医疗等就医服务，补偿患者的医疗费用支出。基本医疗保险制度是涉及面比较广、内部关系比较复杂、作用频繁、管理难度比较大的一项社会保险制度。

（2）基本医疗保险费用的支出具有不可预知性。人的一生中，不可避免地患上或大或小的疾病。人与人之间存在着个体差异，加上生活环境不同，很难预知疾病发生的状况。即使面对相同的致病因素，人们抵御疾病的能力也是不同的，因此很难对疾病发生的时间、类型、严重程度进行准确的预测。疾病发生的随机性、经常性和不可预知性，决定了医疗保险费用的支出具有随机性和不可预知性。

（3）基本医疗保险是风险转移和经济补偿的社会保险。基本医疗保险将个体承担的疾病风险转移给用人单位或政府，或由其他缴费人员分摊经济损失，并给予患有疾病的成员一定的经济补偿。尽管一个人的健康是不能用金钱计算的，但是，人们为治愈而发生的医疗费用却可以用货币衡量，可以作为转移风险和进行经济补偿的依据。补偿型医疗保险的特点是根据患者的实际支出进行补偿，但补偿额度不能超过实际花费的医疗费用。

（4）基本医疗保险的实施涉及三方关系人。基本医疗保险制度实施的三方关系人是医疗保险经办机构、被保险人和医疗服务提供方（或医疗机构或药店）。在社会保险其他项目中，各项目的实施仅涉及社会保险管理机构和受益人两个关系人，基本医疗保险则不同，基本医疗保险给付的实施必须有医疗机构或药店的共同参与，因为医疗卫生机构提供的是技术性很强的服务，仅仅依靠社会保险管理机构无法提供患者所需要的服务，为此必须设立各种医疗卫生机构和医药供应点，对需要治病的劳动者（或公民）提供相应的医疗服务。正因为如此，医院或药店所提供的服务直接影响医疗保险费用的支出。

二、基本医疗保险资金的筹集和管理

基本医疗保险资金是政府为实施基本医疗保险制度而建立的专项资金，是制度覆盖内的员工（或公民）发生疾病时给予基本医疗保障的经济基础。及时、足额地筹集基本医疗保险资金，是基本医疗保险制度顺利实施的条件。

（一）基本医疗保险资金的筹集

基本医疗保险资金的筹集不仅取决于制度的保障程度，而且取决于参加基本医疗保险人员的数量和经济状况。确定基本医疗保险资金筹集的原则、对象和方式，可以确保及时、足额地筹集基本医疗保险资金。

1. 基本医疗保险资金筹集的原则

基本医疗保险筹资的原则主要有以下几个方面。

（1）以支定收、收支平衡、略有结余。基本医疗保险资金的收付大多实行现收现付制，基本医疗保险资金的筹集是为了基本医疗保险措施的实施，基本医疗保险的缴费应该能够满足医疗保障的需要，而不以营利为目的。目前，我国基本医疗保险的社会统筹部分实行现收现付制，个人账户部分实行基金积累制。我国基本医疗保险基金的滚存结余大多来自个人账户，医疗保险社会统筹滚存结余所占的比重较小。

（2）保障基本医疗需求。基本医疗保险提供的保障是基本医疗保障，保障患者的基本医疗需求。基本医疗保险提供的保障水平不宜过高，否则会造成医疗费用支出上涨过快，造成基本医疗保险筹资比例的上升，给用人单位、政府带来较重的经济负担，进而会影响社会经济的发展。

（3）统一费率。基本医疗保险资金在统筹地区内统一管理、统一调剂、统一使用，以保障制度覆盖内群体的医疗费用支出。对此，基本医疗保险资金的筹集实行统一费率，这不仅有利于平衡用人单位的负担，促进用人单位间公平竞争，而且有利于发挥基本医疗保险互助互济的功能，提高基本医疗保险制度抵御风险的能力。

2. 基本医疗保险资金的筹集渠道

基本医疗保险是社会保障事业的重要组成部分，基本医疗保险资金的筹集主要来自政府、用人单位和个人。这三个筹资渠道的不同组合，会形成不同的资金筹集模式。我国基本医疗保险资金的筹资渠道主要有以下几个方面。

（1）财政拨款。财政拨款主要是指政府根据基本医疗保险制度的有关规定，为政府机关、文化、教育、科研、卫生等事业单位的工作人员筹措基本医疗保险资金。我国行政事业单位工作人员的医疗费主要由财政预算内拨款解决，在"公费医疗经费"中列支。

（2）用人单位缴费。用人单位根据本单位职工工资总额的一定比例，为本单位职工缴纳基本医疗保险费。

（3）个人缴费。职工（或公民）是基本医疗保险制度的受益人，个人有义务缴纳一部分医疗保险费。[①]

（4）医疗保险经办机构罚没的滞纳金。对于没有按照基本医疗保险管理机构的有关规定按时缴纳基本医疗保险费的单位和个人，医疗保险管理机构有权进行处罚，罚没的滞纳金应当纳入基本医疗保险基金管理。

（5）基本医疗保险费的利息收入。基本医疗保险资金除了支付即期医疗费以外，还有

---

① 目前，我国一些统筹地区的城镇职工基本医疗保险设置有合格期，规定男职工缴费满 25 年、女职工缴费满 20 年，其退休后才能获得城镇职工基本医疗保险制度的保障，这样的规定过于苛刻。

一小部分结余，这部分结余会形成一定的利息收入，这部分利息收入也是基本医疗保险基金的收入。例如，《北京市基本医疗保险规定》规定，基本医疗保险基金当年筹集的部分，按银行活期存款利率计息，上年结转的基金本息，按 3 个月期整存整取银行存款利率计息；存入社会保障基金财政专户的沉淀基金，比照 3 年期零存整取储蓄存款利率计息，并不低于该档次利率水平。

（6）其他方面。例如，社会团体和个人对基本医疗保险基金的捐款等。

3. 基本医疗保险的缴费基数

用人单位、员工及其家属的医疗保险缴费基数是员工工资，没有工作单位的居民则缴纳固定金额的基本医疗保险费。由于各国的国情不同，基本医疗保险的缴费基数也是不同的。例如，我国城镇职工基本医疗保险的缴费基数是分别确定的。

（1）职工个人缴费基数。职工个人以本人工资作为缴费基数，用人单位以在职职工工资总额作为缴费基数。职工工资高于当地平均工资 300%的，以当地职工平均工资 300%为缴费基数；职工工资低于当地平均工资 60%的，以当地职工平均工资的 60%为缴费基数。

（2）用人单位缴费基数。用人单位以全部职工缴费工资总额作为缴费基数。无法确定职工本人上一年度月平均工资的，以上一年当地职工月平均工资为缴费工资基数。用人单位应当按时向医疗保险经办机构如实申报职工上一年月平均工资，医疗保险经办机构按照规定核定基本医疗保险缴费工资基数。用人单位应缴纳的医疗保险费，由医疗保险经办机构委托用人单位的开户银行以委托银行收款的结算方式按月扣缴；职工个人应缴纳的基本医疗保险费，由用人单位按月从本人工资中代扣代缴。

4. 基本医疗保险的缴费比例

基本医疗保险的缴费比例直接影响基本医疗保险资金的筹集。缴费比例高，基本医疗保险筹集的资金就多；反之，基本医疗保险筹集的资金就少。一般来说，基本医疗保险的缴费由用人单位、个人承担，由此，也就产生了个人和用人单位缴费比例的问题。个人缴费比例是指社会保险经办机构或者税务部门按照职工个人工资确定缴费（或纳税）的比例。用人单位缴费比例是指社会保险经办机构或者税务部门按照用人单位工资总额确定缴费（或纳税）的比例。例如，我国基本医疗保险改革初期要求，员工个人缴纳工资总额的 2%，用人单位缴纳工资总额的 6%。

（二）基本医疗保险个人账户资金

基本医疗保险个人账户是个人缴纳基本医疗保险费的自我约束和储蓄积累的机制。建立职工基本医疗保险个人账户可以促使职工年轻时为年老时积累医疗保险费，可以缓解职工个人患重病、大病以及人口老龄化带来的医疗费用支出的压力。

个人账户的资金可以来源于职工个人缴费，也可以来源于用人单位缴费。例如，我国职工个人账户资金主要来源于两部分：一是职工个人缴纳的基本医疗保险费，缴费率为职工工资的 2%；二是用人单位缴纳的基本医疗保险费的一部分，一般来说，用人单位缴费的 30%左右划入职工个人账户。[①]此外，利息收入和依法纳入个人账户的其他资金，也是医疗

---

① 2021 年 4 月 22 日，国务院办公厅发布的《国务院办公厅关于建立健全职工基本医疗保险门诊共济保障机制的指导意见》规定，单位缴纳的基本医疗保险费全部计入统筹基金，并要求各省（区、市）在 2021 年 12 月底前出台实施办法，可设置 3 年左右的过渡期，逐步实现改革目标。

保险个人账户资金的来源。退休人员个人不缴费，但是要为其建立个人账户。纳入退休人员基本医疗保险个人账户的资金全部由用人单位缴费部分解决，且计入退休人员基本医疗保险个人账户的水平不得低于在职职工基本医疗保险个人账户的水平。例如，《北京市基本医疗保险规定》规定，个人账户存储额每年参照银行同期居民活期存款利率计息，个人账户的本金和利息为个人所有，只能用于基本医疗保险，但可以结转使用和继承。职工和退休人员死亡时，其个人账户存储额划入其继承人的基本医疗保险个人账户；继承人未参加基本医疗保险的，个人账户存储额可以一次性支付给继承人；没有继承人的，个人账户资金纳入基本医疗保险统筹基金。参加基本医疗保险的人员在参保的区县内流动时，只转移基本医疗保险关系，不转移个人账户存储额；参加基本医疗保险的人员在跨区、跨县或者跨统筹地区流动时，转移基本医疗保险关系，同时转移基本医疗保险个人账户存储额。

（三）基本医疗保险社会统筹资金

某一范围内（如省、市、区、县）统一使用的基本医疗保险资金，即社会统筹资金。基本医疗社会统筹资金通常只能现收现付，具有互济互助的功能。但是，有些国家的基本医疗保险也会结余巨额资金，形成基本医疗保险统筹基金。例如，我国基本医疗保险统筹资金主要来源于用人单位缴纳的一部分基本医疗保险缴费。用人单位缴费划入社会统筹范畴的比例大约为70%，即用人单位缴费的30%左右用于为员工建立基本医疗保险个人账户后剩余的部分。此外，基本医疗保险统筹资金还来源于利息收入、上级补助收入、下级上解收入、财政补贴和其他收入。

（四）基本医疗保险资金的管理

基本医疗保险资金是以法定或者约定的方式，由参加基本医疗保险的用人单位和个人缴纳的医疗保险费汇集而成，由医疗保险经办机构管理，用于补偿个人因病而花费的医疗费用。基本医疗保险资金的管理是指基本医疗保险资金从筹集到支付和使用的过程，它涉及多方经济利益关系的调整和平衡。下面结合我国基本医疗保险资金管理的问题，介绍基本医疗保险资金管理需要注意的问题。

（1）基本医疗保险资金应该分账核算。例如，《社会保险法》规定，社会保险基金专款专用，任何组织和个人不得侵占或者挪用。

（2）基本医疗保险资金管理要与医疗保险行政管理资金分开。医疗保险行政管理主要是制定有关的政策、法规和工作程序，并对基本医疗保险事业进行规划、调控、监督等。基本医疗保险业务经办主要由医疗经办机构负责，主要包括资金的筹集、管理、给付等。医疗保险经办机构作为政府授权的非营利性事业机构，接受政府委托，根据政府颁布的有关法律法规依法独立行使职能，负责基本医疗保险工作的顺利实施。医疗保险经办机构要建立、健全资金预决算制度、财务会计制度和内部审计制度，保证基本医疗保险资金的筹集、管理、支付等环节健康、有序运行。

（3）严格执行政府管理部门制定的基本医疗保险资金支出范围和标准的有关规定。各地区、各部门、各单位必须严格执行政府有关管理部门制定的基本医疗保险资金支出范围和标准的有关规定，任何地区、部门、单位和个人不得以任何名义擅自扩大开支范围、增加开支项目和提高支付标准。

（4）基本医疗保险社会统筹资金和个人账户基金分开管理。基本医疗保险社会统筹资金和个人账户基金要严格界定各自的支付范围和责任，要根据当地基本医疗保险基金的筹资水平、经济发展现状等，科学合理地确定统筹资金的起付标准和最高支付限额。基本医疗保险社会统筹资金和个人账户基金各自平衡，不得相互挤占。基本医疗保险社会统筹资金应当按照"以支定收、收支平衡、略有结余"的原则，加强支付管理，既要保障职工的基本医疗需求，又要量入为出，合理地使用基本医疗保险统筹资金。个人账户资金（本金和利息）全部归职工个人所有，可以转结和继承，不得提取现金或者挪作他用。

案例分析 2-1：医疗保险卡何以变成购物卡？

三、基本医疗保险的保障项目

基本医疗保险制度不仅补偿疾病给人带来的直接经济损失（如医疗费用），而且补偿疾病给人带来的间接损失（如误工费），还为员工（或公民）提供疾病预防、健康维护等公共医疗卫生服务。

符合基本医疗保险受益资格条件的劳动者，可以享受基本医疗保险待遇。劳动者享受基本医疗保险保障通常没有合格期的限制，基本医疗保险不像养老保险那样需要达到最低工龄或者最低缴费年限。基本医疗保险提供的保障由以下几个项目构成。

（一）医疗服务

基本医疗保险提供的医疗服务十分复杂，主要包括门诊、住院所需要的一切检查、治疗、给药、手术等服务项目，有些国家还包括就医所需要的路费，这些服务是基本医疗保险的主要保障项目。这种服务保障的主要特点是，依据病情进行诊治，直至病人治愈。

医疗服务主要有以下几项。

（1）医疗诊疗服务。医疗诊疗服务主要包括住院服务、通科医师服务、专科医师服务、治疗性服务、医疗技术服务（如 X 光、化验等）、视力检查和配镜、救护车服务、护理服务、康复服务等。例如，我国基本医疗保险提供的诊疗服务是基本医疗服务，提供临床诊疗必需、安全有效、费用适宜的诊疗项目，这些诊疗服务是由物价管理部门制定了收费标准的诊疗项目，主要是由定点医院提供的服务范围内的诊疗项目。基本医疗保险不予支付费用的诊疗项目主要是一些非临床诊疗必需的、效果不确定的诊疗项目，以及属于特需医疗服务的诊疗项目。基本医疗保险支付部分费用的诊疗项目，主要是一些临床诊疗必需、效果确定但是容易滥用或者昂贵的诊疗项目。排除基本医疗保险不予支付费用的诊疗项目，就是基本医疗保险准予支付费用的诊疗项目和部分支付费用的诊疗项目。

基本医疗保险不予支付费用的诊疗项目包括以下五类：①特殊服务类。特殊服务类主要包括挂号费、院外会诊费、病历工本费、出诊费、检查治疗加急费、点名手术附加费、优质优价费、自请特别护士等特需医疗服务。②各种美容、健美类项目以及非功能性整容、矫形手术等；各种减肥、增胖、增高项目；各种健康体检；各种预防、保健性的诊疗项目；各种医疗咨询、医疗鉴定等。③诊疗设备和医用材料类。应用正电子发射断层扫描装置（PET）、电子束 CT（计算机层析成像仪）、眼科准分子激光治疗仪等大型医疗设备进行的检查、治疗项目；眼镜、义齿、义眼、义肢、助听器等康复性器具；各种自用的保健、按摩、检查和治疗器械；各省物价部门规定不可单独收费的一次性医用材料，如输液器等。④治疗项目类。各类器官或组织移植的器官源或组织源；除肾脏、心脏瓣膜、角膜、皮肤、血管、骨、骨髓移植以外的其他器官或组织移植；近视眼矫形术；气功疗法、音乐疗法、保健性的营养疗法、磁疗等辅助性治疗项目。⑤其他。各种不育（孕）症、性功能障碍的诊疗项目；各种科研性、临床验证性的诊疗项目。

　　基本医疗保险支付部分费用的诊疗项目包括以下三类：①诊疗设备和医用材料类。应用 X 射线计算机体层摄影装置、立体定向放射装置（X-刀、γ-刀、心脏及血管造影机）、X 线机（含数字剪影设备）、核磁共振成像（MRI）装置、单光子发射电子计算机断层扫描装置（SPECT）、彩色多普勒仪、医疗直线加速器等大型医疗设备进行检查、治疗项目；体外震波碎石与高压氧治疗；心脏起搏器、人工关节、人工晶体、血管支架等体内置换的人工器官、体内置放材料；各省物价部门规定的可单独收费的一次性医用材料。②治疗项目类。血液透析、腹膜透析；肾脏、心脏瓣膜、角膜、皮肤、血管、骨、骨髓移植；心脏激光打孔、抗肿瘤细胞免疫疗法和快中子治疗项目。③其他。各省级劳动保障部门规定的昂贵的医疗仪器与设备的检查、治疗项目和医用材料。

　　除不予支付医疗费用和部分支付医疗费用的诊疗服务项目以外，其他诊疗项目纳入基本医疗保险支付的范围。

　　（2）预防保健服务。预防保健服务主要包括：牙科保健，妇女产前、产中、产后保健，计划免疫，健康体检，精神卫生等。例如，牙科保健主要包括牙科检查、牙齿修复术。精神卫生主要包括心理咨询、治疗和监护等。在国外，预防保健服务属于基本医疗保险保障的范围。我国预防保健大多不属于基本医疗保险保障的范围。我国《关于城镇职工基本医疗保险诊疗项目管理的意见》规定，非疾病治疗项目基本医疗保险不予支付费用。例如，参保人员发生的心理咨询费用，基本医疗保险不予支付。

　　（3）医疗药品费用。医疗药品费用主要包括药品费和医生处方费，医疗保险管理部门对患者发生的医疗药品费用分别从总量、种类和费用发生原因上加以控制。

　　总量控制是指在医疗、药品费用的总额度上加以控制。例如，我国基本医疗保险社会统筹基金支付起付线标准以上和最高支付限额以下的部分医疗费用。起付线原则上控制在当地职工年平均工资的 10% 左右，最高支付限额原则上控制在当地职工年平均工资的 6 倍左右。起付标准以下的医疗费用，从个人账户中支付或者由个人自付。起付标准以上、最高支付限额以下的医疗费用主要从统筹基金中支付，个人也要负担一定的比例。超过最高支付限额的医疗费用，也可以通过补充医疗保险、商业保险等途径解决。

　　药品种类控制是指从患者消费药品的种类上加以控制，防止医疗保险费用的过度支付。例如，我国《基本医疗保险用药管理暂行办法》规定，纳入《药品目录》的药品，应该是临床必需、安全有效、价格合理、使用方便、市场能够保证供应的药品，并具备下列条件之一：①《中华人民共和国药典》（现行版）收载的药品；②符合国家药品监督管理部门颁发标准的药品；③国家药品监督管理部门批准正式进口的药品。以下药品不纳入《药品目录》：①主要起滋补作用的药品；②含国家珍贵、濒危野生动植物药材的药品；③保健药品；④预防性疫苗和避孕药品；⑤主要起增强性功能、治疗脱发、减肥、美容、戒烟、戒酒等作用的药品；⑥因被纳入诊疗项目等原因，无法单独收费的药品；⑦酒制剂、茶制剂，各类果味制剂（特别情况下的儿童用药除外），口腔含服剂和口服泡腾剂（特别规定情形的除外）等；⑧其他不符合基本医疗保险用药规定的药品。《药品目录》中的药品分为甲类药品目录和乙类药品目录两种。甲类药品目录是临床治疗必需、使用广泛、疗效肯定，同类药品中价格合理的药品，是纳入基本医疗保险给付范围，并按基本医疗保险给付标准支付费用的药物。甲类药品目录由中央政府统一制定，各地不得调整。乙类目录的药品是可供临床治疗选择使用，疗效肯定、使用相对广泛、价格比较合理的药品。乙类药品的价格比甲类药品的价格略高，是基本医疗保险支付部分费用的药品。乙类药品目录由中央政府制定，各省、自治区、直辖市可以根据当地经济水平、医疗需求和用药习惯，适当进行调整，增加和减少的药品品种数量之和不得超过中央政府制定的乙类目录药品总数的15%。《药品目录》原则上每两年调整一次，各省、自治区、直辖市制定的《药品目录》也要进行相应的调整。《药品目录》的新药增补工作每年进行一次，各地不得自行进行新药增补。增补进入乙类目录的药品，各省、自治区、直辖市可以根据实际情况，确定是否纳入各省、自治区、直辖市乙类目录。参加基本医疗保险的劳动者使用《药品目录》中的药品，所发生的费用按以下原则支付：使用甲类目录药品所发生的费用，按基本医疗保险的规定支付；使用乙类目录药品所发生的费用，先由个人自付一定的比例，再按基本医疗保险的规定支付；使用中药饮片所发生的费用，除了基本医疗保险基金不予支付的药品外，均按基本医疗保险的规定支付。个人自付的具体比例，由统筹地区规定，报省、自治区、直辖市劳动保障行政部门备案。

医疗保险管理部门对医疗费用支出发生的原因进行控制，可以减少医疗保险基金的支出。例如，《北京市基本医疗保险规定》规定，基本医疗保险基金不予支付下列医疗费用：①在非定点医疗机构就诊的，但急诊除外；②在非定点零售药店购药的；③因交通事故、医疗事故或者其他责任事故造成伤害的；④因本人吸毒、打架斗殴或者因其他违法行为造成伤害的；⑤因自杀、自残、酗酒等原因进行治疗的；⑥在国外或者香港、澳门特别行政区以及台湾地区治疗的；⑦按照国家和本市医疗保险的有关规定应当由个人自付的。

（4）医疗生活设施。医疗生活设施是指与医疗技术活动非直接相关的辅助性医疗设施，如就诊环境、病房条件等。例如，我国基本医疗设施以综合医院的普通病房的平均床位费为标准，此标准及其以下的床位费用纳入基本医疗保险基金支付范围，高出该床位标准的差额部分，基本医疗保险基金不予支付。专科医院的床位费标准比照综合医院平均床位费标准适当调整，超过标准的费用，职工个人自费。例如，各统筹地区基本医疗保险大多规定，住院床位费每天报销规定的金额。参保病人可以住在规定标准内的病房，也可以住在超过规定标准的病房，超过规定标准的费用个人自负。

（二）疾病津贴

疾病津贴是劳动者（或公民）因患病致使劳动收入中断而暂时失去生活来源时，从政府或者企业获得保障其基本生活的现金补偿，疾病津贴是基本医疗保险待遇的重要组成部分。例如，我国劳动者患病的疾病津贴由用人单位支付，基本医疗保险基金不支付疾病津贴。

（1）疾病津贴的给付水平。确定疾病津贴的给付水平，需要参考疾病的发病率（或患病率），这是确定基本医疗保险费用支出的重要依据。患病率是指某一时期职工患病的人数占职工总数的比例。患病率可以用总量患病率和个体患病率两个指标来表示。

总量患病率＝某时期各种疾病的病例总数／某时期平均职工人数×100%

个体患病率＝某时期某种疾病的病例总数／某时期平均职工人数×100%

无论是总量指标，还是个体指标，通常都以健康检查和专门的医学检查为依据，患病率不仅是研究慢性病、职业病发生情况的常用指标，而且也是确定医疗费用支付、疾病津贴给付水平的重要指标。一般来说，患病率高，疾病津贴的给付水平就低；反之，疾病津贴的给付水平就高。

（2）疾病津贴的给付方式。疾病津贴的给付主要有两种方式：一是均等给付制，即按照统一的标准给付，而不考虑患者工资水平的高低。这种给付方式在爱尔兰等少数国家实行。二是薪资比例制，即以劳动者患病之前的工资水平为标准，按一定比例计发。这种给付方式的特点有：一是在劳动者患病初期，给付的比例往往很高，大多规定为工资的100%；二是随着给付时间的延长，给付比例会逐渐降低；三是给付比例往往与工龄长度有关，与劳动者的贡献挂钩。

（3）津贴给付的等待期和给付期。疾病津贴给付大多有等待期和给付期两方面的规定。多数国家的政府规定，劳动者（或公民）因病失去劳动能力3天以上才能领取疾病津贴。这样规定的理由是，大多数人易患短期疾病，这类病对人的收入造成的损失不大。所以，许多国家规定了疾病津贴给付的等待期，以减少疾病津贴支付。国际劳工组织建议等待期不超过3天。疾病津贴也不能无限制地给付。国际劳工组织于1952年通过的《社会保障公约》建议，每次患病的疾病津贴给付最长为26周；如果给付期满后，仍未痊愈，则由医疗救助提供相关的保障。目前，我国医疗津贴的给付期为6个月，超过6个月者，由社会救助制度提供保障。例如，我国政府规定，工人、职员由于疾病或者非因工负伤停止工作连续医疗期在6个月以内者，应由企业行政方面或者资方按下列标准支付给病伤职工假期工资：本企业工龄不满2年者，为本人工资的60%；已满2年不满4年者，为本人工资的70%；已满4年不满6年者，为本人工资的80%；已满6年不满8年者，为本人工资的90%；已满8年及8年以上者，为本人工资的100%。工人、职员由于疾病或者非因工负伤停止工作连续医疗超过6个月者，企业或者资方停发病伤假期工资，改由社会救助发放疾病或非因工负伤救济费，其标准如下：本企业工龄不满1年者，为本人工资的40%；已满1年不满3年者，为本人工资的50%；已满3年及3年以上者，为本人工资的60%。同时，劳动部于1995年发布的《关于贯彻执行〈中华人民共和国劳动法〉若干问题的意见》规定，职工患病或非因工负伤治疗期间，在规定的医疗期内由企业按有关规定支付其病假工资或疾病救济费，病假工资或疾病救济费可以低于当地最低工资标准支付，但不能低于最低工资标准的80%。

（4）被扶养家属的基本医疗保险。在实行基本医疗保险的国家，除了向患者——劳动者（或公民）提供医疗服务外，通常还向劳动者所供养的家属（一般为直系亲属）提供优惠的医疗服务和现金补贴。劳动者患病以后，依赖其生活的配偶和未成年子女也会受到影响。为了保证他们的基本生活需要，除了向患者给付津贴以外，还向患病者供养的直系亲属给付一定数额的现金补助。家属补助通常低于疾病津贴。

（三）疾病医疗期

疾病医疗期俗称病假，是基本医疗保险提供保障的一个项目，是指劳动者因患病或非因工负伤，需要停止工作、治疗休息的期限。疾病医疗期是劳动者恢复体力、调整身体机能必需的休养期限，其疾病津贴、疾病救济费和基本医疗保险待遇按照有关规定处理。疾病医疗期也是用人单位不得解除或者终止劳动合同的时限。例如，我国基本医疗保险规定的疾病医疗期是根据劳动者本人实际工作年限和在本单位工作年限确定的。劳动部于 1994 年发布的《企业职工患病或非因工负伤医疗期规定》规定如下：①实际工作年限 10 年以下的，在本单位工作年限 5 年以下的为 3 个月，5 年以上的为 6 个月。②实际工作年限 10 年以上的，在本单位工作年限 5 年以下的为 6 个月，5 年以上 10 年以下的为 9 个月。③实际工作年限 10 年以上 15 年以下的为 12 个月。④实际工作年限 15 年以上 20 年以下的为 18 个月。⑤实际工作年限 20 年以上的为 24 个月。疾病医疗期 3 个月的按 6 个月内累计病休时间计算；6 个月的按 12 个月内累计病休时间计算；9 个月的按 15 个月内累计病休时间计算；12 个月的按 18 个月内累计病休时间计算；18 个月的按 24 个月内累计病休时间计算；24 个月的按 30 个月内累计病休时间计算。

职工患病超过疾病津贴给付期的，改由社会救助制度提供保障，职工的疾病医疗期通常比疾病津贴给付期长。疾病医疗期终结、病情比较稳定的情况下，需要进行劳动能力鉴定。例如，《企业职工患病或非因工负伤医疗期规定》规定，职工因病或非因工负伤医疗期终结确定为残疾，被鉴定为 1～4 级完全丧失劳动能力者，应该退出劳动岗位，终止劳动关系，办理退休、退职手续，享受退休、退职待遇。被鉴定为 5～10 级伤残的尚能工作者不发给残疾救济费，医疗期不得解除劳动合同。退职人员获得的非因工残疾救济费，其数额按下列规定执行：饮食起居需人扶助者为本人工资的 50%，饮食起居不需人扶助者为本人工资的 40%，至恢复劳动能力或死亡为止。

（四）死亡待遇

职工因病治疗无效死亡的，享受死亡待遇。死亡待遇包括丧葬补助费和直系亲属救济费两部分。例如，根据《中华人民共和国劳动保险条例》和《中华人民共和国劳动保险条例细则修正草案》的规定，工人、职员因病或非因工负伤死亡、退职养老后死亡或非因工残疾完全丧失劳动能力退职死亡时，从劳动保险基金项下付给丧葬补助费，数额为 2 个月该用人单位全部工人或职员的月平均工资；其供养的直系亲属，付给供养直系亲属救济费，数额为 6～12 个月死者本人工资。如果死者供养的直系亲属 1 人者，为 6 个月死者本人工资；2 人者，为 9 个月死者本人工资；3 人或 3 人以上者，为 12 个月死者本人工资。

案例分析 2-2：职工患精神病发病期间，可以辞退吗？

第三节　失业保险制度

失业是工业化的产物，是经济周期波动、结构性调整、产品季节性需求等带来的社会问题，是各国政府劳动力政策关注的焦点。失业保险制度是政府稳定经济、稳定社会的现实选择。

一、失业的概念

失业是与就业相对的概念。按照国际劳工组织的定义，就业是劳动年龄内的人从事的获得报酬或赚取利润的活动；失业是指有劳动能力并愿意工作的劳动者找不到工作，失业是劳动力资源的浪费。失业分为两类：一类是就业转失业，另一类是新生劳动力未实现就业。一般来说，失业保险仅保障就业转失业的人员，不保障新生劳动力中未实现就业的人员。

失业必须同时具备以下三个条件。

（一）具有劳动权利能力

具有劳动权利能力的人，才有可能失业。劳动权利能力是指公民依法享有劳动权利和承担劳动义务的资格。我国具有劳动权利的公民是 16 周岁以上（包括 16 周岁）、60 周岁以下的男性公民；16 周岁以上（包括 16 周岁）、50 周岁以下的女工人或者 55 周岁以下的女干部，公民具备劳动权利能力是公民成为劳动关系主体必须具备的条件。16 周岁以下的公民或者 60 周岁以上的公民，不具有法律法规赋予劳动权利能力，不属于劳动者，不纳入狭义劳动者的范畴。失业不包括未达到法定最低劳动年龄和超过法定退休年龄的人，这些人不负有法定的劳动义务。在我国，56 岁的女性寻找工作不属于失业的范围；14 岁的青少年兼职工作被解雇，也不属于失业的范围。

（二）具有劳动行为能力

劳动行为能力是指劳动年龄内的人口必须具有完成一定劳动的能力，不具有劳动行为能力的公民不能成为劳动者。如果具有劳动权利的人员，不具备相应的劳动行为能力，不能视为失业。被送进收容机构的个人，不能纳入失业的范畴，例如，监狱犯人、看守所被管制人员、精神病院病人和疗养院的长期疗养者，都不能纳入失业的范畴。由于疾病或者工伤完全丧失劳动能力的个人，也不能纳入失业的范畴。

（三）无劳动收入

劳动力不能或者没有机会从事有报酬的工作或以营利为目的的自营职业，没有劳动收入或者收入中断是构成失业的另一条件。

二、失业保险制度的概念和特点

失业保险制度是指劳动者由于非本人原因失去工作、中断收入时，由政府或社会依法保证其基本生活需要的一项社会保险制度。失业保险制度的特点如下。

（一）失业保险的保障对象是失业劳动者

社会保险体系中，失业保险只对有劳动能力、有劳动意愿但无工作岗位的劳动者提供保障，这也就是说，失业保险制度保障的是没有丧失劳动能力、有就业意愿的劳动年龄内的人口。

（二）失业保险的保障项目具有多元化的特点

失业保险除了保障失业人员的基本生活之外，更重要的是通过转岗培训、再就业培训、职业介绍等措施帮助失业人员尽快实现重新就业。

（三）造成损失的原因不同

社会保险中，其他人身风险事故的形成均属自然原因，主要是疏忽大意或者无法预料的自然原因所致，是以损害人的身体健康为代价的；而失业风险却是由于社会经济方面的原因所导致的，如人口结构变化、劳动力资源增长、经济增长的比例失调、产业结构调整以及就业政策的变化等，都可以成为劳动者失业的原因。

三、失业保险制度的保障

（一）失业保险的覆盖范围

从理论上讲，失业保险制度的覆盖范围应该是社会经济活动中的所有劳动者，因为在社会经济活动中，每一位劳动者都有可能成为失业者。但是实际的情况是，一些国家在建立失业保险制度的初期，覆盖范围仅限于那些具有一定规模、稳定性较强的用人单位的员工，而将规模较小、稳定性不强、人员流动性比较大的用人单位的劳动者排除在失业保险的范围之外。例如，英国规定，周收入平均在 17.5 英镑以下的雇工，不在失业保险的范围内。美国规定，每季工作少于 20 周且收入低于 1500 美元的临时工、每季收入少于 1500 美元的家庭雇工、雇工在 10 人以下且每季工资不足 2 万美元的小企业员工、雇工 4 人以下且每年工作时长低于 20 周的非营利性机构的员工，不在失业保险保障的范围内。

（二）失业保险领取资格条件的规定

领取失业保险金的失业人员必须符合下列规定的条件。

（1）失业者必须是非自愿失业。只有非自愿失业者，才有资格领取失业保险金。非自愿失业的类型主要有摩擦性失业、季节性失业、技术性失业、结构性失业和周期性失业。凡自愿离职而无充分理由者、因个人过失而被解雇者、拒绝担任工作者，都属于自愿失业，自愿失业者不具有获得失业保险金给付的资格。例如，英国政府规定，直接参加劳资纠纷而失业者，不能领取失业保险金；瑞典政府规定，参与罢工或者劳资纠纷而失业者，不能领取失业保险金；德国政府规定，因为个人违反劳动合同而被解雇者，不能领取失业保险金。

（2）处于法定劳动年龄并具备劳动能力。未达到法定劳动年龄者即使有过非法就业的经历，也没有权利享受失业保险待遇；超过法定劳动年龄的人员，也不能享有获得失业保险待遇的权力。如果在法定劳动年龄内，不具有相应的劳动行为能力，也不能领取失业保险金。

（3）有意愿就业。失业者正在采取各种措施寻找工作，并愿意就业者，才能领取失业保险金。为了审核失业者的就业愿望，各国政府大多作出以下规定：①失业者必须在规定的期限内到居住地的居民委员会或者社会保险经办机构进行登记，要求重新工作。②失业期间，失业人员定期与居民委员会或者社会保险经办机构联系，报告个人情况，以便有关管理部门及时掌握失业者的就业意愿和就业信息。③愿意接受职业训练和合理的工作安置。当失业者因为特殊原因而不接受职业介绍所介绍的工作时就不能视为拒绝接受再就业。

（4）依照法律法规履行规定的义务。享受失业保险待遇的失业者，必须履行法律法规规定的投保或缴纳失业保险费的义务，或者工龄达到规定的最低年限，这些合格期条件分为以下四类：①就业期限条件。例如，法国政府规定，失业者在最近 8 个月内至少工作 4 个月。②缴费期限条件。失业者缴纳失业保险费必须达到规定的年限，才有资格领取失业保险金。例如，爱尔兰政府规定，失业者必须缴纳失业保险费 26 周，初次申请失业保险金给付者，在 24 个月内必须缴费 52 周；我国政府规定，享受失业保险待遇的失业者所在单位或者本人已经按照规定缴纳失业保险费满 1 年。③投保年数与缴纳保险费期限条件。例如，意大利政府规定，被保险人必须投保 2 年，并在最近 2 年内履行缴纳保险费义务 52 周。④居住期条件。例如，澳大利亚政府规定，失业者必须已居住满 1 年才可享受失业保险待遇。

（三）失业保险金的给付

1. 失业保险给付的水平

失业保险给付的水平是以缴费职工缴纳的失业保险费或者失业前的工资为依据确定的。1988 年，国际劳工大会在第 75 届会议发布的《促进就业与社会保障》中指出，失业保险的给付以缴费员工缴纳的失业保险费或失业前的工资为依据时，其给付额应当确定在员工失业前工资的 50% 以上；失业保险给付不以缴费员工缴纳的失业保险费或失业前工资为依据时，其给付水平应该不少于法定最低工资或者普通工人工资的 50%。例如，我国于 2018 年 12 月 29 日通过修订的《社会保险法》规定，失业保险金的标准，不得低于城市居民最低生活保障标准，由省、自治区、直辖市人民政府确定。

2. 失业保险的等待期

失业保险的等待期是指劳动者失业后不是立即给付失业保险金，需要有一个等待期。等待期的长短取决于各国的就业政策、失业保险基金规模以及财政状况。20 世纪 50 年代，西方工业化国家规定，失业保险给付的等待期为 7 天。到了 20 世纪 70—90 年代，大多数工业化国家存在着等待期缩短的趋势。例如，瑞典的失业保险等待期为 5 天，英国的失业保险等待期为 3 天，瑞士的失业保险等待期为 2 天。目前，许多国家已经在立法中取消了失业保险给付的等待期。《社会保险法》规定，失业人员应当持本单位为其出具的终止或者解除劳动关系的证明，及时到指定的公共就业服务机构办理失业登记。失业保险金领取期限自办理失业登记之日起计算。

3. 失业保险金的给付期

失业通常发生在一定期限内，经过一段时间失业人员会找到工作，由失业变成就业。因此，失业保险不像养老保险那样属于长期的给付，而是根据失业者平均失业的时间确定一个给付期，失业保险金给付属于短期给付。国际劳工组织综合各国失业情况和工人生活状况，规定失业保险金给付的上限为 156 个工作日，下限为 78 个工作日。例如，美国多数州政府规定，给付期为 26～36 周；日本失业保险的给付期为 90～100 天；瑞典失业保险的给付期为 300 天。我国失业保险金给付期限的具体规定是，失业人员失业前所在单位或者本人按照规定累计缴费时间满 1 年不足 5 年者，领取失业保险金的期限最长为 12 个月；累计缴费时间满 5 年不足 10 年者，领取失业保险金的期限最长为 18 个月；累计缴费时间 10 年以上者，领取失业保险金的期限最长为 24 个月。重新就业后，再次失业的，缴费时间重新计算，领取失业保险金的期限可以与前次失业应领取而尚未领取失业保险金的期限合并计算，最长不得超过 24 个月。

4. 失业保险待遇的终止

一般来说，失业者按照规定领取失业保险金的期限已满，社会保险经办机构将停止发放失业保险金。这是因为，失业人员享受失业保险待遇必须符合一定的资格和条件，一旦领取失业保险的人员失去了继续享受失业保险待遇的条件，社会保险经办机构应当停止发放失业保险金。例如，《社会保险法》规定，失业人员在领取失业保险金期间有下列情形之一的，停止领取失业保险金，同时停止享受其他失业保险待遇。

（1）重新就业。这一规定是指失业人员在享受失业保险待遇期间，又重新找到工作，就应当停止享受失业保险待遇。

（2）应征服兵役。失业者一旦应征服役，就不再具有失业者的身份，也就不应当再享受失业保险待遇。

（3）移居境外。失业者移居境外，就不在本国（地区）政府管辖的范围内，也就不再享受失业保险待遇。

（4）享受基本养老保险待遇。根据我国养老保险的规定，如果个人参加了基本养老保险，并按照规定缴纳了养老保险费，那么，在其达到法定退休年龄时，可以停止享受失业保险待遇。按照这一规定，失业者达到法定退休年龄，其基本生活将由养老保险制度予以保障，同时应当停止享受失业保险待遇。

案例分析 2-3：获得经济补偿金后，可以再领取失业保险金吗？

（5）无正当理由，拒不接受当地人民政府指定的部门或者机构介绍工作。

第四节　工伤保险制度

工业革命创造了人类历史上前所未有的物质文明，但是也给人类带来了亘古未有的伤害，机器给人的劳动能力、生命财产带来的伤害不可忽视。工伤保险制度是人类面对职业伤害的无奈选择。德国于 1884 年颁布的《工伤事故保险法》，标志着世界上第一部工伤保险立法的诞生。工伤保险是用人单位必须提供给员工的法定福利，也标志着劳资争议和冲突的解决有了明确的法律依据。

一、职业伤害与工伤保险制度的概念

（一）职业伤害及其危害

职业伤害简称工伤，是指劳动者在工作岗位或者从事与生产劳动有关的工作中发生的人身伤害事故、急性中毒事故。即使员工不在工作岗位，由于用人单位设施不安全、劳动条件恶劣而引起的人身伤害事故，也属于职业伤害。职业伤害包括工伤事故和职业病造成的伤害。职业伤害使劳动者身体器官或者生理功能受到损伤，引起暂时、部分劳动能力丧失。严重者经过治疗休养仍然不能完全复原，以致身体或智力功能部分或者全部丧失甚至死亡，其结果是造成劳动者中断、减少或者失去工作收入。

（二）工伤保险制度的概念

工伤保险制度是指劳动者在生产经营活动中或者在某些规定的情况下，遭受意外事故，造成伤残、职业病、死亡等伤害，为劳动者提供医疗救治和康复服务，保证劳动者及其家属生活的社会保险制度。

伤残是伤和残的合称。伤是指劳动者在生产工作或日常生活中发生意外事故，致使组织器官或生理功能遭受损伤，经过治疗休养后，可以恢复劳动能力。残或者伤残是指人体遭受的损伤比较严重，虽经过治疗休养仍然不能完全复原，致使肌体功能留有轻度残疾或者部分、完全丧失劳动能力。伤残分为因工伤残和非因工伤残，本节主要探讨因工伤残，非因工伤残的员工通常由基本医疗保险提供保障。

职业病是指劳动者在职业活动中因接触粉尘、放射性物质和其他有毒、有害物质等而引起的疾病。职业病的特点主要有以下几个方面：①在比较长的时间内形成，属于缓发性疾病；②大多表现为体内器官生理功能的损伤，如放射性白血病；③员工很少有治愈的可能，属于不可逆的损伤。

（三）工伤保险制度的特点

（1）工伤保险的立法最完善。工伤保险是世界上出现较早的社会保险制度，工伤保险保障的是因工致残员工的合法权益，因此，世界上有关工伤保险的立法也最完善、最普遍。

（2）工作是确定工伤的依据。工伤保险事故同员工是否工作、工作的时间、工作地点等有关；职业病同员工从事工作的性质、接触的物质等有关。员工是否从事工作是确定工伤保险范围和认定职业病的依据。

（3）工伤保险是待遇优厚、保障项目完备的制度。社会化大生产条件下，生产劳动的危害性大，伤害事故发生的频率高，有些工伤事故的发生几乎是不可避免的。工伤保险是维持社会再生产和劳动力再生产必不可少的经济补偿制度。因此，工伤保险是社会保险待遇给付中最优厚、保障项目最完备的制度。

（4）工伤保险的目的是医疗救治和经济补偿。工伤保险的目的是保障因工作遭受事故伤害或者患职业病的员工获得医疗救治和经济补偿，促进工伤预防和职业康复的发展。为了保障工伤员工不至于因为工伤而降低生活水平，工伤职工的生活费给付要随着工资的增长而不断地提高。

二、工伤保险制度确立的原则

（一）无责任补偿

无责任补偿也可以称为不追究责任补偿或者无过失补偿，是指无论工伤事故责任属于用人单位、其他人，还是员工本人，受害者均应当得到必需的经济补偿和医疗救治。这也就是说，即使员工在工伤事故中负有一定的责任，也不予追究责任，应该无条件地给予受害员工工伤保险的待遇。无责任补偿原则是国际上普遍实行的原则，切实保障了工伤职工的合法权益。

（二）风险分担、互助互济

风险分担、互助互济是指政府借助立法的力量，强制征收工伤保险费，建立工伤保险基金，运用大数法则测算、确定用人单位的缴费义务，通过互助互济的方式分担风险。社会保险经办机构负责工伤保险资金在地区、行业、用人单位和个人之间调剂使用。这一原则可以缓解部分用人单位、行业因工伤事故而带来过重的经济负担，及时、公正地保障工伤人员享有应给付的待遇，有利于用人单位生产的顺利进行。

（三）区分工伤与非工伤

职业伤害与员工的工作性质、职业特点有很大的关系，工伤保险给付的待遇也比较高，享受工伤保险的条件也比较宽。只要属于工伤保险范围内的工伤事故，不受年龄、性别、缴费期限的限制，都可以获得工伤保险待遇的给付，而因病或者非因工伤亡与员工是否工作没有联系，基本医疗保险疾病津贴的给付条件通常要受到员工年龄和个人缴费期限的限制，基本医疗保险给付的疾病津贴要比工伤保险待遇低得多，疾病津贴给付具有救济的性质。因此，在伤残事故发生时，必须严格区分工伤和非工伤。

（四）补偿、预防和康复相结合

工伤保险的根本任务是预防、减少和消除工伤事故的发生，保障员工的生命和财产安全，促进经济的发展。工伤补偿是工伤保险的途径，医疗康复和职业康复是工伤保险的目标。工伤预防是工伤保险制度实施的前提，将工伤补偿与预防、康复有机地结合，是工伤保险的重要原则。这也就是说，工伤保险不仅要进行工伤补偿，而且要做好工伤事故的预防工作。

（五）一次性补偿与长期补偿相结合

工伤事故发生以后，对于部分丧失劳动能力或者完全丧失劳动能力或者因工死亡的员工及其家属，社会保险经办机构应该支付一次性补偿金，作为员工因遭遇工伤事故导致工资中断后的经济补偿费用。但是，一次性补偿无法对受害者及其家属未来的生活给予足够的保障，需要给予长期的补偿，直到丧失供养条件为止。

三、工伤保险资金的筹集和管理

（一）工伤保险资金筹集的原则

工伤保险资金是以大数法则为依据，通过广泛地筹措资金，使可能发生在少数人或者少数单位、地区的风险事故，转由多数人或多数用人单位分担，使工伤保险资金在员工、用人单位和地区之间调剂使用。这样，一旦发生工伤事故，社会保险经办机构才会及时、足额地给付工伤保险金、支付医疗费等。工伤保险资金筹集的原则主要有以下几个方面。

（1）以支定收、收支平衡、留有储备。工伤保险资金的筹集依据工伤保险待遇的给付确定，但是，由于工伤保险事故的发生具有突发性、偶然性、不可预测性，所以在工伤保险资金的使用上应当坚持收支平衡、留有部分结余的原则，以防突发性、恶性工伤事故发生后对工伤保险资金的需求。

（2）个人不缴费。工伤保险费是由用人单位按照法律法规的规定缴纳的，劳动者个人不缴费。这是工伤保险与基本养老保险、失业保险、基本医疗保险、生育保险的不同之处。员工个人不缴费的原因是，劳动者在为用人单位创造财富、为社会作出贡献的同时，付出了自己的健康和生命，受伤者恢复体力的费用不应当由员工个人承担，应当由用人单位承担。

（3）确定合理缴费率。建立工伤保险制度，需要考虑影响工伤保险资金供需的因素。首先，需要保障伤残员工的基本生活需要，如医疗服务费、手术治疗费、短期生活费、长期抚恤费以及遗属抚恤费等；其次，需要考虑确定的工伤保险费率是否可行，是否体现了公平性的原则。对于具有不同风险度的用人单位征收不同的工伤保险缴费率，还要考虑用人单位和政府的经济承受能力，不应出现用人单位因缴纳过重的工伤保险费而被迫提高产品价格，进而引起市场竞争力下降的问题。

（二）工伤保险缴费率的确定

工伤保险缴费率是指社会保险经办机构向用人单位征收的工伤保险费与工资总额的比率。目前，世界各国工伤保险费率确定的方式主要有以下几种。

1. 统一费率制

统一费率制是指根据统筹共济、共担风险的原则，对所有用人单位采取统一的提取比例。统一费率确定的方法是将统筹范围内的预计费用支出同所有用人单位的工资总额进行比较，就可以得出总的工伤保险费率。目前，实行统一费率的国家有以色列、埃及等。

2. 差别费率制

差别费率制是指社会保险经办机构在确定工伤保险费率时，根据不同行业、产业、职业危害程度的类别，以及发生工伤事故、职业病的频率，确定不同比例的工伤保险费率。差别费率是国际上通行的做法，差别费率使每个行业、产业工伤事故发生的频率同工伤保险缴费率直接联系。目前，实行差别费率制的国家主要有德国、美国、日本、中国等。例如，我国《工伤保险条例》第 8 条规定，国家根据不同行业的工伤风险程度确定行业的差别费率，并根据工伤保险费使用、工伤事故发生率等情况在每个行业内确定若干费率档次。行业差别费率及行业内费率档次由国务院劳动保障行政部门会同财政部门、卫生行政部门、安全生产监督管理部门制定，报国务院批准后公布施行。人力资源和社会保障部、财政部于 2015 年 7 月 22 日发布的《关于调整工伤保险费率政策的通知》规定，按照《国民经济行业分类》对行业的划分，根据不同行业的工伤风险程度，由低到高，依次将行业工伤风险类别划分为一类至八类（表 2-2）。不同工伤风险类别的行业执行不同的工伤保险行业基准费率。一类至八类行业工伤风险类别对应的全国工伤保险行业基准费率分别控制在该行业用人单位职工工资总额的 0.2%、0.4%、0.7%、0.9%、1.1%、1.3%、1.6%、1.9%。各统筹地区劳动和社会保障部门要会同财政、卫生、安全监管部门，按照以支定收、收支平衡的原则，根据工伤保险费使用、工伤发生率、职业病危害程度等情况，提出分类行业基准费率的具体标准，报统筹地区人民政府批准后实施。

表 2-2　我国工伤保险行业风险分类表　　　　　　　　　%

行业类别	行 业 名 称	基准缴费率
一	软件和信息技术服务业，货币金融服务，资本市场服务，保险业，其他金融业，科技推广和应用服务业，社会工作，广播、电视、电影和影视录音制作业，中国共产党机关，国家机构，人民政协、民主党派，社会保障，群众团体、社会团体和其他成员组织，基层群众自治组织，国际组织	0.2
二	批发业，零售业，仓储业，邮政业，住宿业，餐饮业，电信、广播电视和卫星传输服务，互联网和相关服务，房地产业，租赁业，商务服务业，研究和试验发展，专业技术服务业，居民服务业，其他服务业，教育，卫生，新闻和出版业，文化艺术业	0.4
三	农副食品加工业，食品制造业，酒、饮料和精制茶制造业，烟草制品业，纺织业，木材加工和木、竹、藤、棕、草制品业，文教、工美、体育和娱乐用品制造业，计算机、通信和其他电子设备制造业，仪器仪表制造业，其他制造业，水的生产和供应业，机动车、电子产品和日用产品修理业，水利管理业，生态保护和环境治理业，公共设施管理业，娱乐业	0.7
四	农业，畜牧业，农、林、牧、渔服务业，纺织服装、服饰业，皮革、毛皮、羽毛及其制品和制鞋业，印刷和记录媒介复制业，医药制造业，化学纤维制造业，橡胶和塑料制品业，金属制品业，通用设备制造业，专用设备制造业，汽车制造业，铁路、船舶、航空航天和其他运输设备制造业，电气机械和器材制造业，废弃资源综合利用业，金属制品、机械和设备修理业，电力、热力生产和供应业，燃气生产和供应业，铁路运输业，航空运输业，管道运输业，体育	0.9
五	林业，开采辅助活动，家具制造业，造纸和纸制品业，建筑安装业，建筑装饰和其他建筑业，道路运输业，水上运输业，装卸搬运和运输代理业	1.1
六	渔业，化学原料和化学制品制造业，非金属矿物制品业，黑色金属冶炼和压延加工业，有色金属冶炼和压延加工业，房屋建筑业，土木工程建筑业	1.3
七	石油和天然气开采业，其他采矿业，石油加工、炼焦和核燃料加工业	1.6
八	煤炭开采和洗选业，黑色金属矿采选业，有色金属矿采选业，非金属矿采选业	1.9

3. 浮动费率制

浮动费率制是指社会保险机构在确定行业缴纳的工伤保险费率以后，根据每一个用人单位在一定时期内（上一年度）安全生产的实际情况，在评估用人单位风险事故的基础上，适当提高或降低下一年度工伤保险的缴费率。对于那些安全生产管理好的用人单位，社会保险经办机构可以将用人单位应缴的工伤保险费率降低；对于那些安全生产管理差、发生工伤事故比较多的用人单位，可以提高工伤保险的缴费率。浮动费率制也是国际通行的一种方法，采用浮动费率调节方式可以起到促进用人单位预防工伤事故、加强劳动保护、改善卫生条件的作用。例如，我国人力资源和社会保障部、财政部发布的《关于调整工伤保险费率政策的通知》规定，通过费率浮动的办法确定每个行业内的费率档次。如表 2-2 所示，一类行业分为三个档次，即在基准费率的基础上，可分别向上浮动 120%、150%，二类至八类行业分为五个档次，即在基准费率的基础上，可分别向上浮动至 120%、150%或向下浮动至 80%、50%。

四、工伤保险待遇的给付

工伤认定是工伤保险待遇给付的前提，对工伤人员评定伤残等级是工伤保险待遇给付的依据。

案例分析 2-4：企业投保了商业保险，可以不参加工伤保险吗？

（一）工伤认定

工伤认定是职工享受工伤保险待遇的前提条件，也是区分因工负伤与非因工负伤的标准。工伤认定是指法律法规授权的机构对特定伤害是否属于工伤的认定。通常政府管理部门需要设立专门的认定机构或者由劳动保障行政部门设立工伤认定的机构。

1. 工伤认定的程序

工伤认定的程序是指法律法规规定的认定为因工负伤必须履行的一般步骤。例如，我国《工伤保险条例》规定，工伤认定的程序包括以下几个步骤。

（1）报告和申请。用人单位应当自工伤事故发生之日或者职业病被确诊之日起，30日内向当地劳动行政部门提交工伤事故报告，工伤职工或者近亲属应当自工伤事故发生之日或者职业病被确诊之日起30日内向当地劳动行政部门提交认定为工伤的申请。遇有特殊情况，经报劳动保障行政部门同意，申请时限可以适当延长。工伤职工本人或者近亲属没有可能提交申请的，可以由用人单位工会组织代表工伤职工提交工伤认定申请。用人单位未按规定提交工伤认定申请的，工伤职工或者其近亲属、工会组织在事故伤害发生之日或者被诊断、被鉴定为职业病之日起1年内，可以直接向用人单位所在的统筹地区劳动保障行政部门提交工伤认定申请。申请工伤认定应当提交以下资料：①工伤认定申请表。工伤认定申请表应当包括事故发生的时间、地点、原因以及职工伤害程度等基本情况。②职工与用人单位存在劳动关系的证明材料。劳动关系的证明材料需要介绍劳动合同签署的时间、劳动合同有效期，也包括为存在事实劳动关系的职工出具证明材料。③医疗诊断证明或者职业病诊断证明书（或者职业病诊断鉴定书）。工伤认定申请人提供材料不完整的，劳动保障行政部门应当一次性书面告知工伤认定申请人需要补充的全部材料。申请人按照书面告知的要求补正材料后，劳动保障行政部门应当受理。

（2）工伤认定。劳动保障行政部门接到用人单位的工伤报告或者职工的工伤认定申请后，应当组织工伤认定机构的人员进行调查取证，在60日内作出是否认定为工伤的决定，并书面通知申请工伤认定的职工或者近亲属，以及职工所在的用人单位。

（3）意外事故中因工死亡的认定。职工因工外出期间或者抢险救灾中失踪的，其近亲属或者用人单位应当向所在地公安部门、劳动保障行政部门报告。劳动保障行政部门应当根据人民法院宣告死亡的结论认定因工死亡。

2. 工伤事故认定的范围

工伤事故的发生同工作或职业的时间和地点相关。1921年，国际劳工大会公布的《关于工人赔偿的（包括农业工人）公约》将工伤定义为"由于工作直接或间接引起的事故"。从这一定义来看，最初的工伤概念中不包括职业病。随着时间的推移，世界各国逐渐将职业病纳入了工伤保险的保障范围。例如，我国于2010年发布的修订的《工伤保险条例》规定了认定工伤的几种情形：①在工作时间和工作场所内，因工作原因受到事故伤害的；②工作时间前后在工作场所内，从事与工作有关的预备性或者收尾性工作受到事故伤害的；③在工作时间和工作场所内，因履行工作职责受到暴力等意外伤害的；④患职业病的；⑤因工外出期间，由于工作原因受到伤害或者发生事故下落不明的；⑥在上下班途中，受到非本人主要责任的交通事故或者城市轨道交通、客运轮渡、火车事故伤害的；⑦法律、行政法规规定应当认定为工伤的其他情形。

职工有下列情形之一的，视同工伤：①在工作时间和工作岗位，突发疾病死亡或者在48小时之内经抢救无效死亡的；②在抢险救灾等维护国家利益、公共利益活动中受到伤害的；③职工原在军队服役，因战、因公负伤致残，已取得革命伤残军人证，到用人单位后旧伤复发的。职工有前款第①项、第②项情形的，按照《工伤保险条例》的有关规定，享受工伤保险待遇；职工有前款第③项情形的，按照《工伤保险条例》的有关规定，享受除一次性伤残补助金以外的工伤保险待遇。

职工符合《工伤保险条例》第十四条、第十五条的规定、但有下列情形之一的，不得认定为工伤或者视同工伤：①故意犯罪的；②醉酒或者吸毒的；③自残或者自杀的。

3. 职业病认定的范围

职业病的认定是劳动保障行政部门会同卫生行政部门认定的。例如，我国于2018年修正的《中华人民共和国职业病防治法》（以下简称《职业病防治法》）规定，职业病的诊断，应当综合分析以下几个方面的因素：①病人职业史；②职业病危害接触史和工作场所职业危害因素情况；③临床表现以及辅助检查结果等。没有证据否定职业病危害因素与病人临床表现之间存在必然联系的，在排除其他致病因素后，应该诊断为职业病。承担职业病诊断的医疗卫生机构在进行职业病诊断时，应该组织3名以上取得职业病诊断资格的执业医师集体诊断。职业病诊断证明书应当由参与诊断的医师共同签署，并经承担职业病诊断的医疗卫生机构审核盖章。

4. 工伤保险保障的是法定职业病

法定职业病是指政府管理部门根据经济状况、科技水平以及医疗技术水平等因素，以立法形式确定的疾病。通常法定职业病将职业病病种限定在一定的范围之内。1925年召开的国际劳工会议同意将3种疾病（铅中毒、汞中毒和炭疽病感染）列入工伤保险的范畴，但是，并未明确定义职业病这一概念。1952年，国际劳工组织公布的《社会保障（最低标准）公约》规定，工伤事故的保障范围是"因受雇发生的事故或者规定的疾病"，首次提出职业病应当纳入工伤保险的保障范围。1964年，国际劳工会议发布的《职业伤害赔偿公约》将15种疾病列入了职业病。1980年，第66届国际劳工大会将法定职业病增加到29种。目前，世界上已经证实的职业病有100多种。例如，我国政府于2013年发布的《职业病分类和目录》列举的职业病种类为10类、132种。随着科学技术的进步、医疗卫生水平的提高、劳动能力鉴定水平的改进，法定职业病列举的种类会增加。目前，我国职业病的范围主要有以下几个方面：①职业性尘肺病及其他呼吸系统疾病，共19种，主要包括矽肺、煤工尘肺、石墨尘肺、炭黑尘肺等。②职业性皮肤病，共9种，主要包括接触性皮炎、光接触性皮炎、电光性皮炎等。③职业性眼病，共3种，包括化学性眼部灼伤、电光性眼炎、白内障（含放射性白内障、三硝基甲苯白内障）。④职业性耳鼻喉口腔疾病，共4种，包括噪声聋、铬鼻病、牙酸蚀病、爆震聋。⑤职业性化学中毒，共60种，主要包括铅及其化合物中毒（不包括四乙基铅）、汞及其化合物中毒、锰及其化合物中毒等。⑥物理因素所致职业病，共7种，主要包括中暑、减压病、高原病、航空病、手臂振动病等。⑦职业性放射案例分析 2-5：提交工伤认定的申请有时间限制吗？

疾病，共 11 种，主要包括外照射急性放射病、外照射亚急性放射病、外照射慢性放射病、放射性皮肤病等。⑧职业性传染病，共 5 种，包括炭疽、森林脑炎、鲁布氏菌病、艾滋病（限于医疗卫生及人民警察）、莱姆病。⑨职业性肿瘤，共 11 种，主要包括石棉所致肺癌、间皮瘤，联苯胺所致膀胱癌，苯所致白血病，氯甲醚、双氯甲醚所致肺癌等。⑩其他职业病，共 3 种，主要包括金属烟热、滑囊炎（限于井下工人）等。

（二）劳动能力鉴定

劳动能力鉴定是确定工伤职工丧失劳动能力程度的综合评定，是工伤保险管理的重要环节。劳动能力鉴定的结果是保障伤残、病残职工合法权益的依据，是用人单位安排职工生活、工作的依据。

1. 劳动能力和劳动能力鉴定的概念

劳动能力是指人在一定的时间内能够维持和完成一定作业强度或者工作任务的能力。劳动能力通常分为以下三类。

（1）一般劳动能力。一般劳动能力是指人能完成一般性普通劳动的能力，如日常生活、家务劳动等方面的能力。

（2）职业劳动能力。职业劳动能力主要是指从事各种职业性工作的能力，是个人在社会中所从事的作为主要生活来源的能力，如厨师、司机、焊工、电工等方面的能力。

（3）专长职业能力。专长职业能力是指从事专业的较高学问或者技能的工作能力。专长劳动能力需要经过一定的技能训练后才能胜任，一般人可能无法完成这种劳动，如演奏乐器等方面的能力。

劳动能力鉴定是指由政府授权的机构利用科学技术和方法，对工伤、疾病职工失能程度作出的判定结论，并依此确定相应的工伤保险待遇。对于伤残职工劳动能力的鉴定，需要以科学的方法，在规定的时间内作出科学的结论。例如，我国《工伤保险条例》规定，劳动能力鉴定是指劳动功能障碍程度和生活自理障碍程度的等级鉴定。

2. 劳动能力鉴定的条件

发生工伤或疾病、经过治疗伤情相对稳定后，存在残疾，影响劳动能力的，应当进行劳动能力鉴定。进行劳动能力鉴定的条件主要有以下几个方面。

（1）经过治疗，伤情相对稳定。如果发生疾病或者工伤事故初期，就进行劳动能力鉴定是不科学的。这是因为，在疾病或者工伤事故发生初期，职工的病情并不稳定，无法确定劳动能力障碍的程度，在病情不稳定的情况下作出的鉴定结论往往是不准确的。

（2）存在残疾，影响劳动能力。对于发生工伤后，员工并无残疾，不影响劳动能力的情况，不需要进行劳动能力鉴定。存在残疾、影响劳动能力，是进行劳动能力鉴定的前提条件。

3. 劳动能力鉴定的程序

劳动能力鉴定结论的得出，需要经过以下程序。

（1）申请进行劳动能力鉴定。例如，我国规定，用人单位、工伤职工或者其近亲属向设区的市级劳动鉴定委员会提出申请。提出劳动能力鉴定申请的途径主要有以下几种：①用人单位向设区的市级劳动能力鉴定委员会提出劳动能力鉴定申请。用人单位需要提供由劳动保障行政部门作出的职工工伤认定的决定以及职工医疗的有关资料。这些资料包括职工个人情况资料、工伤事故发生或者患职业病情况资料、医疗卫生机构诊断资料等。②职工本人直接向设区的市级劳动能力鉴定委员会提出。职工个人应该提供工伤认定决定书和工伤医疗的有关资料。③职工的近亲属代表工伤职工向设区的市级劳动能力鉴定委员会提出申请。工伤职工本人由于伤残或者其他原因，无法亲自提出申请，其近亲属也可以代表职工向设区的市级劳动能力鉴定委员会提出申请，并且提供工伤认定决定书、职工工伤医疗的有关资料，必要时还可以提供与工伤职工为近亲属的证明。收到申请的劳动能力鉴定委员会应当审查申请人是否提供了工伤认定的决定和职工工伤医疗的有关资料。

（2）组成劳动能力鉴定专家组。设区的市级劳动能力鉴定委员会从建立的医疗卫生专家库中随机抽取3名或者5名相关专家组成专家组。抽取专家的过程应当公开、公正，不允许暗箱操作。

（3）专家组提出鉴定意见。专家组的鉴定意见应该对职工的失能程度给予客观的评价，即确定职工伤残状况，写出定性、定量的诊断意见，但不出具最后的鉴定结论。

（4）作出劳动能力鉴定的结论。设区的市级劳动能力鉴定委员会根据专家组的鉴定意见，作出工伤职工失能情况的鉴定结论，并将鉴定结论通知职工本人和所在的单位。

4. 劳动能力复查鉴定

劳动能力复查鉴定是指已经劳动能力鉴定委员会鉴定的工伤职工，认为伤残情况发生变化，可以在劳动能力鉴定结论作出1年后向劳动能力鉴定委员会提出复查鉴定申请。劳动能力鉴定委员会依据政府发布的相关标准对其进行鉴定，作出劳动能力鉴定的结论。劳动能力复查鉴定包括定期复查鉴定和争议复查鉴定。定期复查鉴定主要是指在规定的医疗期满时，进行鉴定。有些由于残情不能进行治疗者，残情可能会随着时间的推移而加重，应该按照政府发布的有关规定，进行重新鉴定。争议复查鉴定是指职工及其亲属对劳动能力鉴定委员会作出的鉴定结论不服，可以向上一级劳动鉴定委员会申请重新鉴定。申请鉴定的单位或者个人对设区的市级劳动能力鉴定委员会作出的鉴定结论不服的，可以在收到该鉴定结论之日起15日内向省、自治区、直辖市劳动能力鉴定委员会提出再次鉴定的申请。上一级劳动鉴定委员会根据工伤职工的情况，作出最终鉴定结论。例如，我国《工伤保险条例》规定，有权提出劳动能力复查鉴定的申请人主要包括：①工伤职工或者其近亲属。②工伤职工所在单位。③社会保险经办机构。

5. 劳动能力鉴定的标准

伤残等级是工伤保险给付的依据，评残鉴定标准是劳动能力丧失程度鉴定的标准。劳动者伤残原因不同，劳动能力鉴定的评残标准也不同。例如，我国发布的评残标准分为《劳动能力鉴定——职工工伤与职业病致残等级》和《职工非因工伤残或因病丧失劳动能力程度鉴定标准（试行）》两个标准。《劳动能力鉴定——职工工伤与职业病致残等级》是针对职工因工负伤或患职业病后，在停工留薪期内治愈或伤情处于相对稳定状态，以及医疗期满仍不能工作的，通过医学检查对职工伤残丧失劳动能力的程度和护理依赖程度进行的等级鉴定。《职工非因工伤残或因病丧失劳动能力程度鉴定标准（试行）》主要适用于职工因病或非因工负伤致残需要办理提前退休退职或离岗退养、终止或解除劳动合同关系，以及确定给付医疗补助等问题时，对伤病残障程度进行鉴定。

工伤职工按照器官损伤、功能障碍、医疗依赖、生活自理障碍和心理障碍五个方面的分级标准，进行综合评定。

（1）器官损伤。器官损伤是外伤或疾病直接作用于肌体组织器官，导致人体器官的损伤，器官损伤与功能障碍程度密切相关。例如，由于工伤事故造成职工一肾摘除。

（2）功能障碍。职工外伤或疾病后，肌体器官损伤或缺失，导致肌体组织不能发挥正常的作用，出现肌体功能障碍。功能障碍的程度与器官受损的部位及其严重程度有关。一般来说，对于功能障碍的判定，应当以伤病职工合同期满或医疗期满，或者医疗终结时所做的医疗检查结果为依据，根据相关的判定标准逐一确定。

（3）医疗依赖。医疗依赖是指伤病职工因伤、病致残或者经过一段时间的治疗后，医疗期满仍不能脱离治疗。医疗依赖通常分为两种：①特殊医疗依赖。特殊医疗依赖是指职工伤病致残程度严重，于医疗期满时仍需要这种特殊医疗，一旦脱离这种特殊医疗，伤病者因生活不能或部分不能自理，无法或者难以生活，甚至可能发生死亡。②一般医疗依赖。一般医疗依赖是指职工致残程度较重，于医疗期满时仍不能完全脱离一般性治疗（不含理疗等一般性康复治疗），或者间歇进行一般治疗，但生活能够自理。

（4）生活自理障碍。生活自理障碍是指伤病职工在医疗期满或医疗终结时，仍遗留严重的残情，生活不能自理，需要依赖他人护理。根据伤残职工生活自理的程度，确定护理依赖的级别。生活自理障碍程度鉴定主要依据下列五项：进食；翻身；大、小便；穿衣、洗漱；自我移动。生活自理障碍程度分为三级：①完全生活自理障碍。完全生活自理障碍是指生活不能自理，上述五项都需要护理。②大部分生活自理障碍。大部分生活自理障碍是指生活大部分不能自理，上述五项中有三项或四项需要护理。③部分生活自理障碍。部分生活自理障碍是指部分生活不能自理，上述五项中有一项或两项需要护理。

（5）心理障碍。在器官缺损或者功能障碍的基础上，一些特殊残情虽不能导致医疗依赖，但会造成伤残人员心理障碍或者影响伤残者的生活质量。在评定伤残等级时，应当适当考虑这些后果。

6. 劳动能力鉴定的结论

依据器官损伤、功能障碍、医疗依赖、生活自理障碍和心理障碍五个标准，同时适当地考虑一些特殊伤残状况造成的心理障碍和生活质量的损失等，将伤残状况划分为 10 个等级（表 2-3）。伤残程度从 1～10 级由重到轻的顺序排列，最严重的伤残是 1 级，最轻的伤残是 10 级。其中，1～2 级工伤为完全生活自理障碍或大部分生活自理障碍或部分生活自理障碍；3 级工伤为部分生活自理障碍；4 级工伤为部分生活自理障碍或无生活自理障碍；5～10 级工伤为无生活自理障碍。

表 2-3　我国职工工伤与职业病致残程度分级表

伤残等级	伤残等级的判定依据
1 级	器官缺失或功能完全丧失，其他器官不能代偿，存在特殊医疗依赖，或生活完全或大部分自理障碍
2 级	器官严重缺损或畸形，有严重功能障碍或并发症，存在特殊医疗依赖，或大部分或部分自理障碍
3 级	器官严重缺损或畸形，有严重功能障碍或并发症，存在特殊医疗依赖，或部分生活自理障碍
4 级	器官严重缺损或畸形，有严重功能障碍或并发症，存在特殊医疗依赖，或部分生活自理障碍或无生活自理障碍
5 级	器官大部分缺损或明显畸形，有较重功能障碍或并发症，存在一般医疗依赖，无生活自理障碍
6 级	器官大部分缺损或明显畸形，有中等功能障碍或并发症，存在一般医疗依赖，无生活自理障碍
7 级	器官大部分缺损或畸形，有轻度功能障碍或并发症，存在一般医疗依赖，无生活自理障碍
8 级	器官部分缺损，形态异常，轻度功能障碍，存在一般医疗依赖，无生活自理障碍
9 级	器官部分缺损，形态异常，轻度功能障碍，无医疗依赖或者存在一般医疗依赖，无生活自理障碍
10 级	器官部分缺损，形态异常，无功能障碍，无医疗依赖或者存在一般医疗依赖，无生活自理障碍

（三）工伤保险待遇的给付

工伤保险待遇的给付包括实物给付和现金给付两种支付方式。实物给付方式包括对工伤人员的医疗服务、伤残康复及事故预防等措施，例如，建筑企业发给职工的安全帽、企业为受伤职工聘请护工护理、公安部门发给武警的防弹背心等，都属于实物给付。现金给付方式包括暂时丧失劳动能力津贴、永久丧失劳动能力津贴、遗属津贴等。

1. 工伤保险给付水平的确定

工伤保险给付水平的确定应该以不给受伤职工及其家属带来过重的经济损失为原则，也应当使工伤职工不至于由于工伤事故而降低原有的生活水平。基于以上原则，确定工伤保险的给付水平应该考虑以下因素。

（1）工伤职工原有的工资水平。工伤职工原有的工资水平是确定工伤保险现金给付的依据。工伤职工退出生产过程会造成其收入水平降低，应当由工伤保险待遇不断地进行适当的调整，保障职工及其家属不会因为工伤、职业病而降低原有的生活水平。

（2）工伤职工供养的家属。工伤职工的子女、配偶、父母等家属的生活，是依靠工伤职工供养的。工伤或死亡事故发生后，工伤保险的给付水平应该维持其未成年子女的生活，维持其配偶的生活，维持其父母的生活，直到子女成年、配偶死亡或者再婚、父母死亡为止。

（3）用人单位、社会保险管理机构的负担能力。用人单位和社会保险管理机构负担的工伤保险待遇给付是有限的，工伤保险的给付水平应该考虑用人单位和社会保险管理机构的负担能力。只有在用人单位、社会保险管理机构能够负担的限度内确定的工伤保险给付水平才是适度的。

2. 工伤保险停工留薪期的给付

纵观世界各国的工伤保险制度，其工伤医疗期的待遇给付可以由医疗机构直接提供，也可以由社会保险管理机构间接提供，其主要包括以下几个方面。

（1）医疗费用给付。医疗费用给付是劳动者因工受伤、受到职业病伤害、旧伤复发时，由社会保险管理机构提供门诊、住院服务费等。例如，我国职工工伤的医疗费、路费、生活费由工伤保险基金给付，主要包括以下几方面：①治疗工伤的费用。为了保障职工的医疗救治，职工工伤与职业病所需的挂号费、住院费、医疗费、药费符合工伤保险诊疗目录、工伤保险药品目录、工伤保险住院服务标准的，从工伤保险基金中支付，个人不负担上述费用。工伤保险诊疗目录、工伤保险药品目录、工伤保险住院服务标准，由国务院劳动保障行政部门会同卫生行政部门、药品监督管理等部门规定。工伤职工到签订服务协议的医疗机构进行康复性治疗的费用，从工伤保险基金支付。工伤职工治疗非工伤范围的疾病，其医疗费用按照基本医疗保险的有关规定执行。②住院生活费用。职工住院治疗期间的伙食补助费，以及经医疗机构出具证明，报经办机构同意，工伤职工到统筹地区以外就医所需交通费、食宿费从工伤保险基金支付，工伤保险待遇支付的具体标准由统筹地区人民政府规定。③职工患职业病治疗、住院费用按照工伤保险的规定办理。职工患职业病由当地职业病防治机构或卫生部门指定的医疗机构进行诊断和定期复查，需要转院治疗的，要按规定办理批准手续。对于职业病诊断、治疗和复查所需要的费用按工伤事故处理办法处理。④护理费用。在伤势治疗期间，生活不能自理，需要护理的，可以向用人单位提出要求，由用人单位负责。

（2）停工留薪期。停工留薪期是指职工因工负伤或者患职业病及其合并症，经过一定时间治疗后，治愈；或者虽然遗留一定的自觉症状，但是客观检查无阳性体征；或者虽有症状和病理改变（阳性体征），但是不需要处理或者目前医疗技术无法从根本上改善其主要体征时，虽已达到或者未达到完全或者部分丧失劳动能力均应由医务劳动鉴定机构确认为终结医疗的时间。绝大多数国家规定，工伤保险的医疗期为 26 周，最长不超过 52 周。许多国家规定，医疗期满后如需继续治疗的，可以延期。停工留薪期是指职工因工负伤或者患职业病停止工作接受治疗和领取停工留薪待遇的期限，设置停工留薪期的目的是保证职工在接受治疗期间的生活。例如，我国《工伤保险条例》规定，职工因工作遭受事故伤害或者患职业病需要暂停工作接受医疗的，在留薪期内，原工资福利待遇不变，由所在单位按月支付。停工留薪期一般不超过 12 个月。伤情严重或者情况特殊的，经设区的市级劳动能力鉴定委员会确认，可以适当延长，但是延长时间不得超过 12 个月。工伤职工评定伤残等级后，停发原待遇，按照规定享受工伤保险的伤残待遇。工伤职工在停工留薪期满后仍需治疗的，继续享受工伤医疗待遇。生活不能自理的工伤职工在停工留薪期需要护理的，由所在单位负责。

（3）停工留薪待遇。停工留薪待遇是工伤职工住院治疗期间为维持个人和家庭生活而获得的待遇给付，停工留薪待遇的给付需要考虑以下因素：①停工留薪待遇给付的等待期。在工伤保险制度不完备的时候，各国政府通常规定，劳动者必须经过一段时间的等待期，才能获得现金给付，一般规定为 3～7 天。1952 年，国际劳工大会通过的《社会保障（最低标准）公约》规定，等待期不能超过 3 天。1964 年，国际劳工大会通过的《工伤事故和职业病津贴公约》要求，各国从劳动者丧失劳动能力的第一天起就必须支付停工留薪待遇，不需要任何等待期。目前，多数国家的政府接受了这一规定。②停工留薪待遇给付。伤残职工在住院治疗期间企业停发工资，改为按月发给停工留薪待遇。停工留薪待遇标准相当于工伤职工受伤前 12 个月的月平均工资。工伤保险规定，停工留薪期是为了确定停工留薪待遇的发放期限，而并非限期终止治疗；如果超过停工留薪期仍然需要治疗的，仍然可以继续治疗，并报销相关的医疗费用。

3. 工伤保险的伤残抚恤待遇

工伤保险待遇不仅包括工伤医疗待遇、住院治疗期间的停工留薪待遇，还包括伤残抚恤待遇、康复待遇，以及丧葬费、遗属抚恤费等。下面以我国政府于 2010 年 12 月 20 日修订的《工伤保险条例》为例，说明伤残待遇的给付。

（1）一次性伤残补助金。一次性伤残补助金是对工伤造成伤残的一次性补偿。《工伤保险条例》规定，被鉴定为 1 级伤残的，由工伤保险基金发给相当于 27 个月的职工本人工资的一次性伤残补助金；被鉴定为 2 级伤残的，发给相当于 25 个月的职工本人工资的一次性伤残补助金；被鉴定为 3 级伤残的，发给相当于 23 个月的职工本人工资的一次性伤残补助金；被鉴定为 4 级伤残的，发给相当于 21 个月的职工本人工资的一次性伤残补助金；被鉴定为 5 级伤残的，发给相当于 18 个月的职工本人工资的一次性伤残补助金；被鉴定为 6 级伤残的，发给相当于 16 个月的职工本人工资的一次性伤残补助金；被鉴定为 7 级伤残的，发给相当于 13 个月的职工本人工资的一次性伤残补助金；被鉴定为 8 级伤残的，发给相当于 11 个月的职工本人工资的一次性伤残补助金；被鉴定为 9 级伤残的，发给相当于 9 个月的职工本人工资的一次性伤残补助金；被鉴定为 10 级伤残的，发给相当于 7 个月的职工本人工资的一次性伤残补助金。

（2）给付伤残津贴。伤残津贴是对完全或者大部分生活自理障碍的职工给予的补偿。《工伤保险条例》规定，被鉴定为 1～4 级伤残的，应当保留劳动关系，退出生产、工作岗位，由工伤保险基金按月发给职工本人工资 90%～75% 的伤残津贴[1]，伤残津贴实际支付的金额低于当地最低工资标准的，由工伤保险基金补足差额。工伤职工达到退休年龄并办理退休手续后，停发伤残津贴，享受基本养老保险待遇，基本养老保险待遇低于伤残津贴的，由工伤保险基金补足差额。被鉴定为 5～6 级伤残的，保留与用人单位的劳动关系，由用人单位安排适当的工作。用人单位难以安排工作的，应当按月发给相当于职工本人工资 70%～60% 的伤残津贴；伤残津贴实际支付的金额低于当地最低工资标准的，由用人单位补足差额。

（3）给付伤残护理费用。工伤职工经过评残，确定需要护理者，按月发给生活护理费。生活护理费按照生活完全不能自理、生活大部分不能自理和生活部分不能自理三个等级支付，护理费按照护理等级分类计发，其标准为统筹地区上年度职工月平均工资的 50%、40%、30%。

（4）医疗保险缴费待遇。职工因工致残被鉴定为 1～6 级伤残的，由用人单位以职工获得的伤残津贴为基数，缴纳基本医疗保险费。

（5）工伤医疗补助金和伤残就业补助金。工伤医疗补助金和伤残就业补助金是工伤职工与用人单位解除或者终止劳动关系的一次性经济补偿。《工伤保险条例》规定，伤残等级达到 5～10 级的工伤职工，本人提出与用人单位解除或终止劳动关系时，由工伤保险基金支付一次性工伤医疗补助金，由用人单位支付一次性伤残就业补助金待遇，其具体给付标准由省、自治区、直辖市人民政府规定。

---

[1] 职工本人工资是指工伤职工因工作遭受事故伤害或者患职业病前 12 个月的月平均缴费工资。职工本人工资高于统筹地区职工月平均工资 300% 的，按照统筹地区职工月平均工资的 300% 计算；职工本人工资低于统筹地区职工月平均工资 60% 的，按照统筹地区职工月平均工资的 60% 计算。

（6）伤残补贴。因伤残造成职工本人工资或伤残津贴、供养亲属抚恤金、生活护理费降低时，由统筹地区劳动保障行政部门根据职工月平均工资和生活费用变化等方面的情况适时地调整，这部分给付称为伤残补贴，具体调整办法由省、自治区、直辖市人民政府规定。

（7）安置费用。伤残职工易地安家者，发给相当于本省、自治区、直辖市上年度在职职工6个月月平均工资的安家补助费。

（8）工伤康复待遇。工伤康复既包括医疗康复、职业康复以及康复辅助器具配置等，也包括工伤康复政策、康复标准和工伤康复等管理工作。工伤职工因日常生活或者就业的需要，经劳动能力鉴定委员会确认，必须安装假肢、义眼、矫形器、镶牙和配置代步车等辅助器具的，按国内普及型标准费用从工伤保险基金中支付，这项待遇是以帮助职工恢复和提高身体机能为目的的，不能变相发给现金。

4. 死亡抚恤待遇

死亡抚恤待遇给付包括死者丧葬费、供养亲属抚恤金和一次性工亡补助金。丧葬费通常是一次性给付的，遗属给付一般按工亡职工月平均工资的一定比例计算，其给付额最高不得超过死亡职工的月平均工资。国际劳工组织规定，死亡职工配偶获得的给付大约为死亡职工本人工资的33%～50%，子女获得的给付为死亡职工本人工资的15%～20%，总的限额不超过死亡职工本人工资的75%。例如，丹麦规定，对因工伤失去供养人的配偶除领取一次性赔偿费外，还按死者月平均工资的30%按月支付生活费，给付期限最长不超过10年。死者生前供养的子女，如父母一方在世，每一个子女有权领取死者原工资10%的津贴。失去双亲的孤儿，发给死者原有工资的20%，年满18周岁时停发；若继续上学，可以延长到21周岁。遗属和孤儿获得的抚恤金总额不得超过原工资的70%，孤儿抚恤金最多给付死者原工资的40%。[①]又如，我国政府规定的工亡待遇给付主要有以下几方面的规定（表2-4）。

（1）丧葬费。职工因事故或职业中毒在发生伤害时抢救无效死亡的，因事故伤害或者患职业病在医疗期内还未进行伤残等级鉴定死亡的，以及被鉴定为1～4级伤残死亡的，都应当按照因工死亡给付其近亲属丧葬费。丧葬费按照统筹地区上年度职工月平均工资6个月的标准一次性计发。

（2）供养亲属抚恤金。供养亲属抚恤金按照职工本人工资的一定比例发给由因工死亡职工生前提供主要生活来源、无劳动能力的亲属，标准为配偶每月为40%的死亡职工本人工资，其他供养亲属每人每月为30%的死亡职工本人工资，孤寡老人或者孤儿每人每月在上述标准的基础上增发10%。核定的各供养亲属的抚恤金之和不应高于因工死亡职工生前的工资。供养亲属抚恤金待遇属于长期给付的待遇，为了保证供养亲属的基本生活需要，国际劳工组织规定，各统筹地区要根据当地职工的平均工资和生活费用变化的情况适时地进行调整。工亡职工供养的亲属有下列情形之一的，停止享受抚恤金待遇：①年满18周岁且未完全丧失劳动能力的；②就业或参军的；③工亡职工配偶再婚的；④被他人或者组织收养的；⑤死亡的。1～4级伤残职工停工留薪期满后死亡的，其近亲属可以享受供养亲属

---

① 赵立人. 各国社会保险与福利[M]. 成都：四川人民出版社，1992：145.

抚恤金待遇。

表 2-4　我国因工伤残与死亡待遇计发表

伤 残 程 度		伤 残 津 贴	一次性伤残补助金
伤残待遇	1 级	本人工资的 90%	27 个月的本人工资
	2 级	本人工资的 85%	25 个月的本人工资
	3 级	本人工资的 80%	23 个月的本人工资
	4 级	本人工资的 75%	21 个月的本人工资
	5 级	本人工资的 70%	18 个月的本人工资
	6 级	本人工资的 60%	16 个月的本人工资
	7 级		13 个月的本人工资
	8 级		11 个月的本人工资
	9 级		9 个月的本人工资
	10 级		7 个月的本人工资
	护理费 完全自理障碍	50%的统筹地区上年度在职职工月平均工资	
	大部分自理障碍	40%的统筹地区上年度在职职工月平均工资	
	部分不能自理	30%的统筹地区上年度在职职工月平均工资	
死亡待遇	丧葬补助金	统筹地区上年度在职职工月平均工资 6 个月	
	遗属一次性抚恤金	上年度全国城镇居民人均可支配收入的 20 倍	
	遗属定期抚恤金	按职工本人月平均工资的一定比例计发，配偶每月为40%，其他供养亲属每月为 30%；供养亲属为孤寡老人和孤儿，在上述标准基础上增发10%	

（3）一次性工亡补助金。工亡补助金是一次性给付的，标准为上年度全国城镇居民人均可支配收入的 20 倍。职工因工外出期间发生事故或者在抢险救灾中下落不明的，从事故发生当月起 3 个月内照发工资，从第 4 个月起停发工资，由工伤保险基金向其供养的亲属按月支付供养亲属抚恤金。如果生活有困难的，可以预支一次性工亡补助金的 50%。职工被人民法院宣告死亡的，按照职工因工死亡的规定处理。

5. 工伤保险待遇给付的终止

工伤保险待遇给付的终止是指工伤职工失去享受工伤保险待遇的条件，没有资格享受工伤保险待遇。例如，我国《工伤保险条例》规定，工伤职工有下列情形之一的，停止享受工伤保险待遇。

（1）丧失享受待遇条件。如果工伤职工在享受工伤保险待遇期间的身体状况发生变化，不再具备享受工伤保险待遇的条件，如劳动能力完全恢复而不需要工伤保险制度提供保障时，应当停发工伤保险待遇。

（2）拒不接受劳动能力鉴定。劳动能力丧失的程度必须通过劳动能力鉴定来确定。如果工伤职工没有正当理由，拒不接受劳动能力鉴定，一方面工伤保险待遇无法确定，另一方面也表明这些工伤职工并不愿意接受工伤保险制度提供的帮助，就不应享受工伤保险待遇。

（3）拒绝治疗。提供医疗救治，帮助工伤职工恢复劳动能力、重返社会是工伤保险制度的目的之一。如果无正当理由拒绝治疗，不仅对恢复劳动能力没有帮助，而且可能贻误治疗的时机，拒绝接受治疗的职工不得享受工伤保险待遇。

第五节　生育保险制度

世界各国大多将妇女生育保险纳入基本医疗保险的范围。中国生育保险作为独立的制度，体现了政府对女性员工合法权益的保护，体现了男女平等就业的社会经济政策，将生育保险从基本医疗保险中独立出来，建立单独的生育保险制度，有利于筹集生育保险资金、给付生育津贴。

一、生育保险制度的概念和特点

生育保险制度是指政府或用人单位为怀孕、分娩、哺乳和节育的妇女提供医疗服务、生育津贴、产假和休假，以保障因生育、节育、抚养孩子而造成收入中断的妇女及其孩子基本生活的一项社会保险制度。生育保险除了具有社会保险的一般特点外，还有一些特殊的特点，概括起来主要有以下几个方面。

（一）生育保险制度保障的范围比较窄

生育社会保险的保障对象是已婚妇女员工及其所生育的子女和家庭，覆盖的范围有限。我国生育保险规定，不符合法定结婚年龄规定[①]、非婚生育或者不符合计划生育政策的女性员工，无权享受生育保险待遇。

（二）生育保险制度具有福利性

生育保险制度不仅保障了生育妇女本人的健康恢复和基本生活需要，而且维持了劳动力再生产的扩大。因此，生育保险待遇给付往往比其他社会保险项目的待遇给付要高，具有明显的福利性。

（三）实行"产前与产后都享受"的原则

生育保险既照顾妇女生育开始前的一段时间，也照顾妇女生育以后的一段时间。在妇女怀孕后、临产分娩前的一段时间，其由于行动不便，已经不能工作或者不宜工作，分娩以后，需要休息一段时间，恢复身体健康和照顾婴儿。例如，我国政府于 2012 年颁布的《女职工劳动保护特别规定》规定，女职工在孕期不能适应原劳动的，用人单位应当根据医疗机构的证明，予以减轻劳动量或者安排其他能够适应的劳动。

（四）生育保险属于短期保障制度

生育风险是由人的特定生理活动引起的，人在生育活动期间劳动能力会暂时丧失，这种劳动能力的丧失是一种特定时期的暂时丧失，属于人的正常生理变化。这种变化既不像失业风险是由社会风险带来的，也不像工伤风险是由于人不可抗拒的、意外风险造成的。生育导致妇女劳动能力丧失的时间比较短，因而生育保险提供的保障属于短期保障。

---

① 第十三届全国人民代表大会第三次会议于 2020 年 5 月 8 日通过，女性不得早于 20 周岁，男性不得早于 22 周岁。

（五）生育保险与医疗保险密切相关

妇女生育之前的检查，生育过程中的住院、手术等医疗服务，生育后的身体恢复等都与医疗服务、医疗保险有密切关系，因此，许多国家将这三者统称为健康保险。我国政府为了贯彻实施计划生育政策，将生育保险单独设立为一项社会保险制度，是同我国的国情、人口发展状况等密切相关的。

二、生育保险制度确立的原则

（一）强制性

社会保险由法律法规规定生育保险的保障项目和实施范围，并运用法律法规的强制力加以实施。劳动者或用人单位必须依法参加生育保险，依法缴纳生育保险费，并享受相应的生育保险待遇。政府制定的法律法规和部门规章，保护了妇女劳动者的合法权益。

（二）社会性

生育保险是社会保险的重要组成部分，其资金来源遵循"大数法则"，集合社会力量，在较大社会范围内筹集资金。通过扩大生育保险的覆盖范围，起到了分散风险的作用，不仅有助于将单个用人单位的负担转化为社会负担，解决部分用人单位不愿意使用女员工的问题；而且有助于城镇各类用人单位的女员工在因生育而暂时不能劳动时，依法享受生育保险待遇。

（三）互济性

实行生育保险资金的社会统筹，可以实现社会成员的互助互济，将单个用人单位的负担转化为均衡的社会负担，为用人单位平等地参与市场竞争创造条件。生育保险资金的社会统筹，对于女员工较多的企业，以及破产、停产半停产企业的女员工及其子女起到了保障和支持的作用。

三、生育保险制度的保障

生育保险制度的保障主要包括生育保险的保障范围、享受生育保险的资格条件、生育保险的待遇给付等方面。

（一）生育保险的保障范围

在西方一些国家中，生育保险覆盖每一位妇女，而在有些国家，生育保险不仅覆盖女性公民，也将男性公民纳入其范围内。我国生育保险不保障违反计划生育政策的女性员工，是配合政府实施的计划生育政策、缩小生育保险范围的重要举措。

（二）享受生育保险的资格条件

同其他社会保险项目一样，享受生育保险待遇需要具备一定的资格条件。但是，由于世界各国社会保障的模式不同，其享受生育保险待遇的资格条件也不同，概括起来主要有五种类型。

1. 投保条件

这种类型要求享受生育保险待遇者，必须事先定期、如数缴纳生育保险费，且必须缴足法定的期限。例如，女职工须在分娩前的 6 个月缴纳生育保险费或在怀孕的 10 个月中有 6 个月缴纳生育保险费的记录，或者在生育前 2 年中有 10 个月生育保险缴费的记录。

2. 工作期限条件

这种类型要求员工从事工作若干期限，才有获得生育保险待遇保障的资格。例如，法国政府规定，产前得到保障 10 个月，且在这年前 12 个月的头 3 个月内受雇 200 小时，或者缴纳 6 个月的保险费，才有资格享受生育保险待遇。例如，我国机关、事业单位女职工的生育保险由财政单独承担，个人不需要缴纳任何费用。我国机关、事业单位工作人员的生育保险待遇给付就是以工作期限为资格条件的。

3. 居住年限条件

例如，卢森堡规定，受益人必须在该国居住 12 个月，夫妻两人必须在该国居住 3 年，才能享受生育保险待遇。

4. 只对女职工实行生育保险

在实行生育保险社会统筹的国家里，一些国家不要求女职工生育以前投保，仅对用人单位的女职工提供生育保障。中国劳动部于 1994 年 12 月 14 日颁布的《企业职工生育保险试行办法》规定，用人单位向社会保险经办机构缴纳不超过本单位工资总额 1%的生育保险费，政府则采取允许税前列支的办法提供间接资助。

5. 没有限制条件

例如，澳大利亚、新西兰等国规定，只要符合公民资格和财产调查手续的妇女，均可享受生育保险待遇。

（三）生育保险的待遇给付

1. 生育假期或休假

在怀孕、生育、分娩时，妇女应该享有休息的期限。生育假期不仅包括怀孕假期和产后照顾婴儿的假期，而且包括流产和节育妇女休息的假期。产假的主要作用是使女职工在生育时得到适当的休息，增进、保护产妇的身体健康，逐步恢复工作能力及其料理个人生活的能力，并使婴儿受到母亲的精心照顾和哺育。2000 年，国际劳工组织通过的《生育保护公约》规定，生育假期为 14 周，并规定产前和产后都应该有假期。目前，绝大多数国家接受了国际劳工组织的这一建议，只有少数国家低于这一标准。例如，德国政府规定，生育假期为 32 周；意大利政府规定，生育假期为 31 周。法国政府规定，生育第 1 个或第 2 个子女，产前 6 周、产后 10 周；生育第 3 个子女，产前 18 周，产后 18 周；难产时，产前另外给予 2 周的保障；多胎生育的女职工则要另外给予 2~12 周的保障。我国 20 世纪 80 年代以前规定，生育假期为 56 天（8 周）。1995 年 1 月 1 日开始实施的《中华人民共和国劳动法》（以下简称《劳动法》）规定，女职工生育享受不少于九十天的产假。2012 年 4 月 18 日，国务院第 200 次常务会议通过的《女职工劳动保护特别规定》规定，女职工生育享受 98 天的产假，产前可以休假 15 天。女职工节育、怀孕流产的，其所在单位应当根据医务部门的证明，给予一定时间的假期。

2. 生育津贴

妇女因生育、节育而离开工作岗位、不再从事有报酬的工作时，用人单位停止给付生育女职工工资，造成实际工资的中断，由生育保险定期支付生育津贴。生育津贴是对生育妇女的经济补偿，这种经济补偿应该足以维持产妇和产儿的身体健康，因此生育保险是给付待遇最高的社会保险项目，大多数国家确定为原工资的 100%。1952 年，国际劳工组织通过的《生育保护公约》建议，生育津贴为原工资的 2/3，目前绝大多数国家超过了这一标准。丹麦政府规定，生育津贴为工资的 90%。我国政府规定，女职工产假期间，生育津贴按本企业职工上年度月平均工资发放，为职工上年度月平均工资的 100%或者当地职工上年度月平均工资的 100%支付；女职工放长假期间，则按原工资标准的 60%由企业发放生活费。

3. 哺乳时间

在哺乳新生儿期间，生育妇女有权为此中断其工作，中断时间应该算作工作时间，用人单位并应当给予相应的报酬。国际劳工组织第 3 号公约规定，妇女每天可以因为哺乳新生儿中断工作半小时两次。例如，《女职工劳动保护特别规定》规定，对哺乳未满 1 周岁婴儿的女职工，用人单位不得延长劳动时间或者安排夜班劳动。用人单位应当在每天的劳动时间内为哺乳期女职工安排 1 小时哺乳时间；女职工生育多胞胎的，每多哺乳 1 个婴儿每天增加 1 小时哺乳时间。女职工比较多的用人单位应当根据女职工的需要，建立女职工卫生室、孕妇休息室、哺乳室等设施，妥善解决女职工在生理卫生、哺乳方面的困难。

4. 医疗保健费用

医疗保健费用是指为妇女生育提供医疗帮助，其服务项目包括生育检查费用、接生费用、手术费用、住院费以及与生育直接相关的其他医疗费用。女员工生育的检查费、接生费、住院费和药费由生育保险资金支付，该项目也可以由医疗保险资金支付。[①]例如，我国生育保险法规规定，怀孕女员工在劳动时间内进行产前检查时，应当按照出勤对待。女员工因实施节育手术引起的并发症，经计划生育主管部门和劳动鉴定委员会鉴定，并确定是由节育手术引起的，其医疗费用全部予以报销，工资按标准支付。

5. 子女补助费

除了使生育妇女享有收入补偿的生育津贴以外，一些国家还给予新出生的婴儿一定金额的补助，例如，我国的独生子女费。生育保险给付的各类补助，带有一定的社会福利性质，但是由于子女补助费往往同生育保险的给付交织在一起，常被视为生育保

案例分析 2-6：企业是否可以安排怀孕 7 个月以上的女员工上夜班？

险待遇之一。子女补助分为一次性补助和定期补助。一次性补助表现为政府对每个符合人口政策要求出生的子女给予一次性补助；定期补助是指政府对每个符合计划生育政策要求出生的子女给予固定补助，固定补助通常延续到子女成年。我国政府规定，独生子女费发

---

① 我国尚未建立生育保险制度的地区，生育费用由基本医疗保险资金支付。

放到 14 岁，这是一项长期的固定补助。

第六节　长期照护保险制度

随着社会文明的进步，残疾、失能、半失能人员照护问题是社会文明的体现。长期照护保险制度是世界各国政府为应对人口老龄化而建立的一项社会保险制度，长期照护保险制度已经逐步发展成为社会保险制度的重要组成部分。

一、长期照护和长期照护保险制度的概念

（一）长期照护的概念

长期照护是指照护人员在较长的时期内（通常为 6 个月以上）持续地为丧失生活能力或从未有过某种活动能力的人提供的一系列健康护理、个人生活照料或精神慰藉等方面的服务。长期照护的对象主要有两类：一类是天生残疾的人员，残疾是指从未有过某种活动能力；另一类是失能、半失能人员，失能是指由于意外伤害或者疾病引起身体或者精神损伤，导致生活或社交能力的丧失，半失能人员是指意外伤害或者疾病引起身体或者精神损伤，导致生活或社交能力部分丧失。

世界卫生组织对生活照料服务从日常生活照料、家庭事务管理（如房间清扫、做饭、购物等）、协助性服务（如轮椅等行动辅助用品、安置扶手等安全用品）、技术性服务（如安全报警装置、服药提醒系统）等方面作出了规定。美国健康保险协会将长期照护定义为：在较长时期内，照护人员持续地为患有慢性疾病（包括早老性痴呆等认知障碍）或处于伤残状态下（出现功能性损伤）的人提供的护理服务，主要包括健康医疗服务（如住院护理、愈后的医疗护理以及康复护理和训练）、社会服务、居家服务、运送服务、心理护理和临终关怀等支持性服务。

（二）长期照护保险制度的概念

长期照护保险制度也称长期介护保险制度，是指由于年老、疾病、意外事故等原因造成受益人生活自理障碍需要护理时，由政府提供日常生活照料、健康护理和精神慰藉等服务的制度安排。对于长期照护保险的概念，可以从以下几个方面理解。

（1）建立长期护理保险制度的目的是提高人的生存质量。建立长期照护保险制度的目的是提高残疾人、失能、半失能人员的生存质量，支持受益人最大限度地独立。世界卫生组织认为，建立长期照护保险制度的目的在于"保证那些不具备完全自我照料能力的人继续得到其个人喜欢的、较高的生活质量，以最大限度地获得独立、自主、参与、个人满足和人格尊严"。

（2）长期照护保险制度的责任主体是政府。家庭成员护理能力的弱化、护理服务价格的提高、商业护理保险产品价格的提高、女性就业率的提高、人口预期寿命的延长等，导致家庭照护资源缺失，促使各国政府建立长期照护保险制度，以应对人口老龄化、家庭照护功能弱化带来的社会问题。1968 年 1 月 1 日，荷兰开始实施《特殊医疗支付法案》，标志着长期照护保险制度的诞生。1988 年 4 月 1 日，以色列开始实施《社区长期照护保险法》，

建立了长期照护保险制度。1995 年 1 月 1 日，德国开始实施《社会抚养保险法案》，政府在法定医疗保险的基础上建立了专门针对需要长期照护人员的长期照护保险制度。1998 年，卢森堡建立了长期照护保险制度。2000 年 4 月 1 日，日本开始实施《长期介护公共保险计划》，建立了长期照护保险制度。此后，经济合作与发展组织（OECD）的其他一些成员，如英国、奥地利、澳大利亚、瑞典等也建立了长期照护保险制度。

（3）长期照护保险制度的保障对象。世界各国政府建立社会保险的理念不同，长期照护保险制度的保障对象也不同。有些国家长期照护保险制度的保障对象是全体公民中残疾、失能、半失能的人员，有些国家长期照护保险制度的保障对象是老年人口中失能、半失能人员。例如，日本长期照护保险的保障对象是 40 周岁以上的公民中失能、半失能的人员。德国长期照护保险确定了"跟随医疗保险的原则"，保障的对象是参加法定医疗保险的公民，主要是中低收入人口中残疾、失能、半失能的人员。德国长期护理保险制度覆盖 92%的公民，高收入人口可以购买商业长期照护保险。有些国家的长期照护保险的保障对象是年老丧失自主生活能力的老年公民，有些国家长期照护保险的保障对象是各年龄段丧失自主生活能力的公民。例如，以色列长期护理保险的保障对象是 65 岁以上的失能或半失能人口。

二、长期照护保险制度的特点

长期照护保险制度除了具有统一性、强制性、普惠性、保障基本生活和福利性等社会保险的一般特点外，还具有专业化、标准化、持续性、全面性等特点。

（一）专业性

专业性是长期照护保险制度的显著特点。虽然提供照护服务的场所可以是家庭，也可以是专业性机构，如医院、护理院、养老院等，但即使是以家庭为主要场所的长期照护服务，也需要由经过专门培训的居家照护服务员提供。这是因为，仅仅提供传统的非专业的家庭照料，已经不能满足患病或失能人员维持正常生活的需要。专业性照护服务通常是规定服务标准的照护，主要由公共部门、公益组织或商业性组织规定照护服务的标准。非正规照料是指由家庭成员、亲属、朋友提供的未接受过正规培训的照料。对于失能、半失能人员来说，所提供的长期照护服务越规范，失能、半失能人员的生活质量就越高，对照护服务质量的评价就越满意；反之，失能、半失能人员的生活质量就越低，对照护服务质量的评价就越不满意。

（二）标准化

标准化是指政府依法对申请照护人员的资格评估、护理分级和护理服务质量等工作作出明确的规定，将长期照护保险制度建成为提供标准化、规范化的照护服务体系。

（三）持续性

长期照护通常要持续很长一段时间，甚至不限定期限，需要长期照护的老人通常患有在短期内难以治愈的疾病，或者长期处于残疾、失能、半失能的状态。老年人失能、半失能程度不同，需要的长期照护服务也不同。例如，一位老人因患病住进了医院，在医院接受手术治疗后，需要康复干预才能逐步恢复身体健康，这种照护属于短期照护，通常在医院进行。但是，有些老年人在住院治疗后会永远失去自主生活的能力，需要持续的照护。长期照护意味着从家庭到医院进行持续的照护，这期间包括社区服务站、日间照护中心、护理院、康复中心、康复治疗机构、养老院等提供一系列适应需求的服务。

（四）全面性

长期护理所提供的服务已经超过了传统保健、护理的范围，扩展、延伸到日常生活的方方面面，涉及老年人的饮食起居、家务管理、精神慰藉等服务，属于一体化的综合服务，具有全面性的特点。①

三、长期照护保险资金的筹集

长期照护保险资金的筹集主体主要有政府、用人单位和个人，这三个主体承担的责任不同，长期照护保险资金的筹集模式也不同。

（1）政府全额负担。长期照护保险资金的筹集全部由政府独立负担，主要依托财政资金，政府购买服务的方式是提供长期照护服务。采取这种模式的主要有英国、瑞典、丹麦、挪威等欧洲福利国家，这些国家的政府全额负担长期照护保险资金，通常需要以稳定的税收来源作为后盾，政府的财政负担比较重，因此，采用这种模式的国家往往具有较高的税负。

（2）用人单位和个人负担。长期照护保险资金通常来源于用人单位、劳动者的纳税（或缴费），其纳税（或缴费）的基础是劳动者的工资。这些国家大多颁布了长期照护保险相关的的法律法规，以立法的方式实施社会化筹资，以解决长期照护保险的资金来源问题。德国、日本、韩国等国家就采取这种筹资模式。例如，德国以工资总额的1.7%缴纳长期照护保险税，用人单位和个人各承担50%。

（3）个人全额负担。个人购买商业长期照护保险产品，也是长期照护保险筹资的一种方式。保险公司根据市场需要设计消费者需求的长期照护保险产品，并提供相应的服务，个人自愿参加商业长期照护保险。例如，美国商业保险公司于1980年推出长期照护商业保险产品。这种由保险公司提供的长期照护保险得到了许多人的认可，其占人身保险市场的份额约为30%。1995年，美国投保商业长期照护保险产品的人数为340万人，自付费模式在美国长期照护商业保险的发展中发挥着重要作用。①这种筹资渠道的缺点主要有以下几个方面：①长期照护商业保险产品的费用比较高，其覆盖面不大，无法向更多公民提供长期照护保障服务。特别是未达到低收入标准的人群，由于没钱购买长期照护保险产品，很难享受到长期照护商业保险提供的保障。②已经购买长期照护保险的人进入长期照护机构后，其财产会大幅度地减少，长期照护商业保险提供的保障有限。美国的医疗救助制度主要保障低收入人口，服务项目主要包括家庭护理、个人护理、健康服务、理财顾问等与老年人相关的服务项目。③低收入以外、未投保长期照护商业保险的人难以获得长期照护商业保险的保障。④长期照护商业保险的发展依赖于政府的监管。如果缺乏政府的有效监管，就会产生片面追求经济效益、损害照护对象利益等问题。

（4）用人单位、个人、政府合作付费，共同承担。多元化筹资也是长期护理保险筹资

---

① 裴晓梅，房莉杰. 老年长期照护导论[M]. 北京：社会科学文献出版社，2010.

的一种方式。例如，荷兰发布的《特殊医疗支出法案》规定，长期照护保险资金主要来源于强制性保险费、合作付费和财政转移支付。强制性保险费是工薪税的一个组成部分，约占个人工资的 10%，其余费用大部分是由雇主承担的。合作付费水平取决于服务类别和接受长期照护人员的收入水平。以居家护理为例，接受照护的人员每年向居家护理服务机构支付约 55 欧元的注册费，这个机构会代表受益者合作支付所有的服务费用。20 世纪末，荷兰政府主持长期照护筹资的比例构成如下：强制性保险费占 87.0%，合作付费占 12.5%，财政转移支付占 0.5%。①

（5）从医疗保险资金中划拨长期照护保险资金。一些国家将长期护理保险与医疗保险制度合并，统称为健康保险制度，统一实施，不设置长期照护保险筹资渠道，而是依托于现有的健康保险制度，按照一定比例或标准从医疗保险资金中划拨，用于支付参保人的长期护理服务费用。这种筹资方式下，健康保险的纳税（或缴费）率很高。采用这种管理模式的国家主要是法国等。例如，法国医疗保险是其社会保险体系的重要组成部分，其主要是为残疾人、失能、半失能的老年人提供长期照护服务，这些人的长期照护服务费用由医疗保险承担。目前，我国试点实施的长期照护保险制度中，有些地区就从基本医疗保险资金中划拨长期照护保险资金。

四、长期照护保险的保障项目

如果要获得长期照护保险制度提供的保障，首先必须具备享受长期照护的资格条件。在讲述长期照护保险制度提供保障的项目前，首先讲述长期照护资格的评定。

（一）长期照护资格的评定

目前，国际上长期照护保险受益资格通常用日常生活活动能力（activities of daily life，ADL）量化表来评定。日常生活活动能力量化表包括躯体生活自理量化表（physical self-maintenance scale，PSMS）和工具性日常生活活动能力量化表（instrumental activity of daily living，IADL）。国际上通常用日常生活活动能力量化表测量和甄别长期照护申请者的受益资格。

（1）躯体生活自理能力。躯体生活自理能力是指自己穿衣、吃饭、洗澡、梳洗、上厕所、室内走动六项生活自理的能力。

（2）工具性日常生活活动能力。工具性日常生活活动能力是指自己乘车、购物、做家务、采购、驾车、打电话、理财、服药八项日常生活活动能力。中国国家医疗保障局办公室和民政部办公厅于 2021 年 7 月 16 日发布的《长期护理失能等级评估标准（试行）》规定，日常生活活动能力是指个体为独立生活而每天必须反复进行的、最基本的、具有共同性的身体动作群，即进行衣、食、住、行、个人卫生等日常生活活动的基本动作和技巧。认知能力是个体在认知功能方面的表现，即在时间定向、人物定向、空间定向及记忆等方

---

① 荷兰的《特别医疗支出法案》[EB/OL]. [2018-01-10]. http://www.xinhuanet.com/gongyi/yanglao/2015-06/01/c_127865824_2.htm.

面的能力。感知觉与沟通能力是个体在意识水平、视力、听力及与他人有效沟通交流等方面的能力。

（二）长期照护保险资格评估的程序

（1）申请。所有公民，无论其年龄大小、经济状况，只要是非因工残疾、失能、半失能的人员，都可以申请获得长期照护保险的保障。申请长期照护保险的必须是长期残疾、失能、半失能的人员，短期失能、半失能的人员不在长期照护保险制度保障的范围内。例如，奥地利颁布的《长期照护津贴法案》规定，申请者须在过去 6 个月的时间内需要生活照护，以及在过去 6 个月内每个月需要照护的时间超过 50 小时。

（2）受理。政府或政府授权的机构在审查申请者提交的材料是否合格后，应当作出受理或者不受理的决定。对于提交材料不合格的申请者，可以要求补正材料。

（3）评估。政府或政府授权的机构依据法律法规规定的程序，对申请者进行失能程度评估。例如，德国的长期照护评估机构是保险联盟医疗评估机构。长期照护保险的失能评估通常是在申请者家中进行的，评估使用的是结构化的测评工具。又如《长期护理失能等级评估标准（试行）》规定，依据本标准，对评估对象日常生活活动、认知、感知觉与沟通等方面能力丧失程度进行分级评估（见表 2-5）。

表 2-5   长期护理失能等级评估指标

一 级 指 标	二 级 指 标
日常生活活动能力	进食、穿衣、面部与口腔清洁、大便控制、小便控制、用厕、平地行走、床椅转移、上下楼、洗澡
认知能力	时间定向、人物定向、空间定向、记忆力
感知觉与沟通能力	意识水平、视力、听力、沟通能力

（4）评估结果告知。经过一段时间（通常为 30 天）后，评估机构会告知申请者评估的结果。

（5）评估结果的争议处理。由于评估结果是受益资格确定的依据，如果申请者对评估结果有异议，可以申请对评估结果进行法律审查。

（三）长期照护保险的失能等级评定

失能等级评定是长期照护保险待遇给付的条件和依据。依据个人需要照护服务的频繁程度，通常将残疾、失能、半失能人员划分为若干等级，并根据评定的等级提供相应的照护津贴或照护服务。例如，德国依据法律法规的规定将失能程度划分为三类：基本失能、重度失能和极重度失能。《长期护理失能等级评估标准（试行）》规定，长期护理失能等级分为 0 级（基本正常）、1 级（轻度失能）、2 级（中度失能）、3 级（重度失能Ⅰ级）、4 级（重度失能Ⅱ级）、5 级（重度失能Ⅲ级）六个级别（表 2-6）。政府或政府授权的组织作出失能等级评定的结论后，服务提供者或者政府管理机构向获得受益资格的人员提供相应的照护服务和现金补贴。

表 2-6 我国长期护理失能等级划分

日常生活活动能力	认知能力/感知觉与沟通能力（以失能等级严重程度判断）			
	能力完好	轻度受损	中度受损	重度受损
能力完好	基本正常	基本正常	轻度失能	轻度失能
轻度受损	轻度失能	轻度失能	轻度失能	中度失能
中度受损	中度失能	中度失能	中度失能	重度Ⅰ级
重度受损	重度Ⅰ级	重度Ⅰ级	重度Ⅱ级	重度Ⅲ级

（四）长期照护保险制度的保障项目

长期照护保险申请人获得受益资格后，就可以获得长期照护保险制度的保障。长期照护保险给付失能、半失能人员的现金补助是由其失能程度决定的。长期照护保险提供的保障项目，主要包括现金补贴、基本生活照料、日常护理、紧急救援服务、精神慰藉等多个方面。

1. 现金补贴

长期照护保险制度提供的现金补贴主要提供给需要长期照护的失能、半失能人员，现金补贴是依据失能、半失能人员的失能等级发放的，失能等级越高，获得的现金补贴就越多；失能等级越低，获得的现金补贴就越少。表 2-7 以德国为例，说明长期照护保险提供的现金补贴。

表 2-7 德国《社会抚养保险法案》规定的月补贴金额　　　　　　马克（美元）

失 能 分 级	居 家 照 护	日间照护中心	机 构 照 护
基本失能	400～750（200～375）	750（375）	2000（1000）
重度失能	800～1800（400～1400）	1500（750）	2500（1250）
极重度失能	1300～2800（650～1400）	2100（1050）	2800（1400）
特殊困难	最高为3750（1875）		3300（1650）

资料来源：裴晓梅，房莉杰. 老年长期照护导论[M]. 北京：社会科学文献出版社，2010：19.

从表 2-7 可以看出，现金补贴提供给接受居家照护失能、半失能人员的金额通常低于接受日间照护中心服务的失能、半失能人员，也低于接受机构护理失能、半失能人员。

2. 长期照护服务

长期照护服务主要包括基本生活照料、日常护理、紧急救援服务和精神慰藉等。

（1）基本生活照料。基本生活照料主要包括：卫生清洁（头面部清洁、梳理，口腔清理，手足部清洁，沐浴，更衣等），饮食照料（营养膳食、协助进食或进水等），排泄照料（排泄护理、失禁护理、留置尿管的护理、人工肛门便袋护理等），卧位照料（整理床单位、床上使用便器、协助床上移动等），家务活动（衣物洗涤、修补，住宅清理、修缮等），安全护理，药物管理，病情观察，协助室外活动，生活自理能力训练等基本生活照料服务。

（2）日常护理。日常护理主要包括药物喂服、物理降温、注射、吸氧、造口护理、灌肠、导尿、膀胱灌洗、压疮伤口护理、石膏护理、抽血检验、经外周静脉置入中心静脉导管维护、生命体征监测等日常护理服务。

（3）紧急救援服务。紧急救援服务主要包括意外事件或紧急事件救援服务、救护车紧急救援服务等。

（4）精神慰藉。精神慰藉主要包括：关注残疾、失能、半失能人员的心理需求，重视失能人员的自尊和情感需求，随时观察他们的情绪变化，并给予心理安慰和精神支持。

第七节　其他法定员工权益保障

员工在工作中还享有其他法定权益的保障。例如，获得劳动安全卫生保护的权益，休息、休假的权益，住房保障的权益等。

一、获得劳动安全卫生保护的权益

劳动安全卫生保护权益是政府和用人单位为保护劳动者在劳动生产过程中的安全和健康所采取的立法、组织和技术措施的总称。劳动安全卫生保护的目的是为劳动者创造安全、卫生、舒适的劳动工作条件，消除和预防劳动生产过程中可能发生的伤亡、职业病和急性职业中毒事故，保障劳动者以健康的身体参加社会生产，促进劳动生产率的提高，保证社会经济的健康发展。工作场所采取的各种保护措施是用人单位依法必须提供的保护，可以防止和消除突发事故或者职业病对员工安全、健康的损害。

（一）用人单位义务

1. 提供安全工作、生产场所

为员工提供安全的生产、工作场所，是用人单位依法承担的义务，是法律法规和部门规章强制用人单位履行的义务。用人单位生产安全技术规程主要包括以下几个方面的内容。

（1）建筑物和通道的安全。建筑物和通道的安全要求主要包括以下几个方面：①建筑设计坚固安全。②建造防火设施。③与地面平行的坑池要设围栏或盖板。

（2）机器设备的安全。机器设备要安装防护装置、保险装置、信号装置、危险牌示和识别标志。例如，在使用起重机的时候，不能超负荷、超速和斜吊，并禁止任何人站在起运物品上或者在下面停留和行走。起重机应该规定统一的指挥信号。

（3）电气设备的安全。电气设备的安全要求主要包括以下几个方面：①电气设备要安装可熔性保险器。②自动开关。③带电导体要设有安全遮拦和警告标志。④行灯的电压不能超过 36 伏特，在金属容器内或潮湿处所的灯不能超过 12 伏特。⑤发生大量蒸汽、气体、粉尘等工作场所，要使用密封、防爆型的电气设备。⑥电气设备的开关要指定专人管理。

（4）动力锅炉和气瓶的安全。动力锅炉和气瓶的安全要求主要包括以下几个方面：①工业锅炉必须有安全阀、压力表和水位表。②距离明火 10 米以上。③避免在阳光下暴晒。④搬运时不能碰撞。

（5）建筑工程安全。建筑工程的安全要求主要包括以下几个方面：①从事高空作业的职工，必须进行身体检查，患有高血压、心脏病、癫痫病和其他不适于高空作业的人不得从事高空作业。②遇有六级以上强风的时候，禁止露天进行起重作业和高空作业。③施工现场应该合乎安全卫生的要求。

（6）矿工安全。矿工的安全要求主要包括以下几个方面：①矿井的通风系统，以及供风、风质和风速方面达到政府规定的标准。②露天矿的边坡角和台阶的宽度、高度达到政府规定的标准。③供电系统，提升、运输系统达到政府规定的标准。④防水、排水系统，防火、灭火系统达到政府规定的标准。⑤防瓦斯系统和防尘系统达到政府规定的标准。⑥有关矿山安全的其他项目达到政府规定的标准。

除了上述规定外，各国政府对使用有毒物品作业场所的生产工作条件作出了明确的规定。例如，我国政府发布的《使用有毒物品作业场所劳动保护条例》规定，用人单位使用有毒物品作业场所，除应当符合《职业病防治法》规定的职业卫生要求外，还必须符合下列要求：①作业场所与生活场所分开，作业场所不得住人；②有害作业与无害作业分开，高毒作业场所与其他作业场所隔离；③设置有效的通风装置，可能突然泄漏大量有毒物品或者易造成急性中毒的作业场所，应设置自动报警装置和事故通风设施；④高毒作业场所设置应急撤离通道和必要的泄险区。用人单位及其作业场所符合前两款规定的，由卫生行政部门发给职业卫生安全许可证，方可从事使用有毒物品的作业。

2. 提供卫生的生产、工作场所

提供卫生的生产、工作场所，是用人单位必须依法履行的义务。用人单位卫生技术规程主要包括以下几个方面的内容。

（1）防止粉尘危害的规定。防止粉尘危害的安全要求主要有：①凡有粉尘作业的企业、事业单位应采取综合防尘措施和无尘或低尘的新技术、新工艺、新设备，使作业场所的粉尘浓度不超过政府规定的卫生标准。②任何企业、事业单位除了特殊情况外，未经上级主管部门批准，不得停止运用或者拆除防尘设施。③新建、改建、扩建、续建有粉尘作业的工程项目，防尘设施必须与主体工程同时设计、同时施工、同时投产。设计书必须经当地卫生行政部门、劳动保障部门和工会组织审查同意后，方可施工。竣工必须经过验收。④对参加工作、在职、离职的从事粉尘作业的职工必须定期进行健康检查。⑤各企业、事业单位对已经确诊为尘肺病的职工，必须调离粉尘作业岗位，并进行治疗或疗养。

（2）防止有毒、有害物质危害的规定。规定车间作业环境中有毒有害物质的最高容许浓度，如一氧化碳的浓度每立方米不超过30毫克。我国于2018年12月29日修订的《职业病防治法》对产生职业病危害的用人单位除应当符合法律、行政法规规定的设立条件外，其工作场所还应当符合下列职业卫生要求：①职业病危害因素的强度或者浓度符合国家职业卫生标准；②有与职业病危害防护相适应的设施；③生产布局合理，符合有害与无害作业分开的原则；④有配套的更衣间、洗浴间、孕妇休息间等卫生设施；⑤设备、工具、用具等设施符合保护劳动者生理、心理健康的要求；⑥法律法规和国务院卫生行政部门关于保护劳动者健康的其他要求。

（3）防止噪声和强光的规定。在从事焊接、锻压、电焊、冶炼等作业环境中所产生的噪声和强光，对作业工人的视觉和听觉都有不良影响。安全卫生规程要求作业环境有消音设备，工人操作配备个人防护用品。

（4）防暑降温和防寒的规定。作业时环境的温度应有统一的规定，高温和高寒会对工人产生不良的影响。《工厂安全卫生规程》规定，室内工作地点的温度经常高于35℃时，应采取降温措施；低于 5℃时，应设置取暖设备。

（5）照明的规定。《工厂安全卫生规程》规定，工作场所的光线应该充足，采光部分不要遮蔽。工作地点的局部照明的照度应该符合操作要求，也不要光线刺目。

（6）个人防护用品的规定。《工厂安全卫生规程》规定，从事有灼伤、烫伤或者容易发生机械外伤等危险的操作，在强烈辐射热或者低温条件下的操作，散发毒性、刺激性、感染性物质或者大量粉尘的操作，经常使衣服腐蚀、潮湿或者特别肮脏的操作，都要按照规定发工作服、工作帽、口罩、手套、护腿、鞋盖、防护眼镜、防毒面具、防寒用品等防护用品。

（7）职工健康管理的规定。对职业病必须进行定期复查和鉴定。矽肺病患者每年复查一次，石棉肺、煤矽肺和其他尘肺病患者每两年复查一次。

3. 妥善安置员工

当发生员工工伤、职业病，或者用人单位依法破产等情况时，妥善安置员工也是用人单位的法定义务。例如，国务院发布的《使用有毒物品作业场所劳动保护条例》规定，用人单位应当对从事使用有毒物品作业的劳动者定期进行职业健康检查。用人单位发现有职业禁忌或者有与所从事职业相关的健康损害的劳动者，应当将其及时调离原工作岗位，并妥善安置。用人单位对需要复查和医学观察的劳动者，应当按照体检机构的要求安排其复查和医学观察。用人单位应当对从事使用有毒物品作业的劳动者进行离岗时的职业健康检查；对离岗时未进行职业健康检查的劳动者，不得解除或者终止与其订立的劳动合同。用人单位发生分立、合并、解散、破产等情形的，应当对从事使用有毒物品作业的劳动者进行健康检查，并按照政府发布的有关规定妥善安置职业病病人。用人单位对受到或者可能受到急性职业中毒危害的劳动者，应当及时组织进行健康检查和医学观察。劳动者职业健康检查和医学观察的费用，由用人单位承担。

4. 建立职业健康监护档案

对于从事特殊职业和工种的员工，用人单位有依法建立健康监护档案的义务。职业健康监护档案应当包括以下几个方面的内容：①员工的职业史和职业中毒危害接触史；②相应作业场所职业中毒危害因素监测结果；③职业健康检查结果及处理情况；④职业病诊疗等员工健康资料。

（二）劳动者权益

（1）劳动者有参加劳动的权利。劳动者达到法定劳动年龄具有法律法规赋予的参加用人单位组织劳动的权利，劳动者有权请求用人单位依法或者依据劳动合同安排工作岗位，有权拒绝各种形式的强迫劳动。

（2）劳动者有监督工作场所安全的权益。劳动者有监督工作场所安全的权利，以及提出意见、反映问题的权利。例如，《劳动合同法》规定，用人单位管理人员违章指挥，强令冒险作业时，劳动者可以不服从其指挥或命令，并有权拒绝执行。劳动者拒绝执行用人单位管理人员违章指挥、强令冒险作业行为的，不构成违反劳动合同行为。劳动者对危害生命安全和身体健康的劳动条件，有权对用人单位提出批评、检举和控告。又如，《使用有毒物品作业场所劳动条例》规定，从事使用有毒物品作业的劳动者在存在威胁生命安全或者身体健康危险的情况下，有权通知用人单位并从使用有毒物品造成的危险现场撤离。用人单位不得因劳动者依据前款规定行使权利，而取消或者减少劳动者在正常工作时享有的工资、福利待遇。

（3）劳动者有获得职业卫生保护的权利。获得职业卫生保护是员工具有的法定权益，是法律法规和部门规章规定员工必须享受的员工福利。例如，《使用有毒物品作业场所劳动保护条例》规定，劳动者享有下列职业卫生保护权利：①获得职业卫生教育、培训；②获得职业健康检查、职业病诊疗、康复等职业病防治服务；③了解工作场所产生或者可能产生的职业中毒危害因素、危害后果和应当采取的职业中毒危害防护措施；④要求用人单位提供符合防治职业病要求的职业中毒危害防护设施和个人使用的职业中毒危害防护用品，改善工作条件；⑤对违反职业病防治法律法规，危及生命、健康的行为提出批评、检举和控告；⑥拒绝违章指挥和强令进行缺乏职业中毒危害防护措施的作业；⑦参与用人单位职业卫生工作的民主管理，对职业病防治工作提出意见和建议。用人单位应当保障劳动者行使前款所列权利。禁止因劳动者依法行使正当权利而降低其工资、福利等待遇或者解除、终止与其订立的劳动合同。

（4）劳动者具有获得工作场所、工作对象的知情权。劳动者具有对工作场所、工作对象的知情权，用人单位不得采取隐瞒、欺诈手段同员工建立劳动关系。例如，《使用有毒物品作业场所劳动条例》规定，劳动者有权在正式上岗前从用人单位获得下列资料：①作业场所使用的有毒物品的特性、有害成分、预防措施、教育和培训资料；②有毒物品的标签、标识及有关资料；③有毒物品安全使用说明书；④可能影响安全使用有毒物品的其他有关资料。劳动者有权查阅、复印其本人职业健康的监护档案。劳动者离开用人单位时，有权索取本人健康监护档案复印件；用人单位应当如实、无偿提供，并在所提供的复印件上签章。

二、休息、休假的权益

员工依法享有休息、休假的权益。在法定休息的时间内，员工仍然可以获得与工作时间相同的工资报酬。员工享有的休息、休假待遇主要包括以下几个方面。

（一）每日休息

员工拥有每日休息的权益，这也是员工法定权益的重要内容。每个工作日内的工间、用膳休息的时间，可以促使员工恢复体力。例如，《劳动法》规定，国家实行劳动者每日工作时间不超过 8 小时、平均每周工作时间不超过 44 小时的工时制度。用人单位由于生产经营需要，经与工会和员工协商后，可以延长工作时间，每日延长工作时间一般不得超过 1 小时；因特殊原因需要延长工作时间的，在保障劳动者身体健康的条件下，延长工作时间每日不得超过 3 小时，但是每月不得超过 36 小时。安排劳动者延长工作时间的，支付不低于原工资 150% 的工资报酬。

（二）每周休息

每周休息时间又称为公休日，是员工工作满一个工作周后的休息时间，员工每周休息的时间也是法律法规和部门规章赋予的。例如，根据《劳动法》的规定，用人单位应当保证劳动者每周至少休息 1 天。国务院于 1995 年发布的《国务院关于职工工作时间的规定》规定，每周休假日为星期六和星期日。《劳动法》规定，休息日安排劳动者工作又不能安排补休的，支付不低于原工资 200% 的工资报酬。

（三）法定节假日

法定节假日又称为法定休假日，是政府依法统一规定的休息时间。在法定节假日内，员工有权享受休息的权益，工资照发。2013 年 12 月，国务院发布的《国务院关于修改〈全国年节及纪念日放假办法〉的决定》规定，全体公民的法定节假日为 11 天，主要包括：①新年，放假 1 天（1 月 1 日）；②春节，放假 3 天（农历正月初一、初二、初三）；③清明节，放假 1 天（农历清明当日）；④劳动节，放假 1 天（5 月 1 日）；⑤端午节，放假 1 天（农历端午当日）；⑥中秋节，放假 1 天（农历中秋当日）；⑦国庆节，放假 3 天（10 月 1 日、2 日、3 日）。少数民族习惯节日，由各少数民族聚居地区的地方政府，按照各民族习惯，规定放假日期。《劳动法》规定，法定休假日安排员工工作的，支付不低于原工资 300% 的工资报酬。

（四）带薪年休假

带薪年休假是指职工在非工作时间按工作时间发放工资的福利。例如，探亲假是一种特殊的带薪年休假制度。探亲假是指员工同配偶、父母分居两地，又不能在公休日同配偶团聚或者同父母团聚的，每年享有带薪休假的权利，探亲假是员工应该享有的法定权益。例如，《劳动法》规定，国家实行带薪休假制度。劳动者连续工作 1 年以上的，享受带薪休假。《国务院关于职工探亲待遇的规定》规定，职工探望配偶的，每年给予一方探亲假 1 次，假期为 30 天；未婚职工探望父母的，原则上每年给予探亲假 1 次，假期为 20 天；已婚职工探望父母的，每 4 年给予探亲假 1 次，假期为 20 天。又如，国务院于 2007 年 12 月 14 日通过的《职工带薪年休假条例》规定，职工累计工作已满 1 年不满 10 年的，年休假 5 天；已满 10 年不满 20 年的，年休假 10 天；已满 20 年的，年休假 15 天。法定休假日、休息日不计入年休假的假期。职工有下列情形之一的，不享受当年的年休假：①职工依法享受寒暑假，其休假天数多于年休假天数的；②职工请事假累计 20 天以上且单位按照规定不扣工资的；③累计工作满 1 年不满 10 年的职工，请病假累计 2 个月以上的；④累计工作满 10 年不满 20 年的职工，请病假累计 3 个月以上的；⑤累计工作满 20 年的职工，请病假累计 4 个月以上的。2008 年 9 月 18 日，人力资源和社会保障部公布的《企业职工带薪年休假实施办法》规定，职工连续工作满 12 个月的，享受带薪年休假。年休假天数根据职工累计工作的时间确定。职工在同一或者不同用人单位工作期间，以及依照法律、行政法规或者国务院规定视同工作期间，应当计为累计工作时间。职工依法享受的探亲假、婚丧假、产假等政府规定的假期以及职工因工伤停工留薪期间不计入年休假假期。

（五）特殊情况下的休息

在特殊情况下，劳动者休息的权益主要有病假、产假、婚假、丧假等，病假、产假的有关规定已经在基本医疗保险和生育保险制度中介绍，不再赘述。婚假、丧假是员工结婚、办理丧事不参加工作、照发工资的假期。1980 年 2 月，国家劳动总局、财政部发布的《关于国营企业职工请婚丧假和路程假问题的通知》规定，企业单位的职工请婚丧假在 3 个工作日以内的，工资照发；职工本人结婚或者职工的直系亲属（父母、配偶和子女）死亡时，可以根据具体情况，由本单位行政领导批准，酌情给予1～3天的婚丧假。职工结婚时双方不在一地工作的；职工在外地的直系亲属死亡，需要职工本人去外地料理丧事的，可以根据路程远近另给予路程假。在批准的婚丧假和路程假期间，职工的工资照发，途中的车船费等，全部由职工自理。

三、住房保障的权益

住房保障制度是社会保障体系的重要内容之一，住房保障制度是政府利用财政和社会的力量解决居民住房问题的制度安排。例如，我国住房保障制度主要包括廉租房制度、经济适用房制度和住房公积金制度。在住房保障制度中，住房公积金制度是法定员工福利的重要内容之一。住房公积金是指依照法律法规建立的，用人单位和参保人依法履行缴费义务，使用公积金购房、盖房，以保障支付的住房资助制度。住房公积金制度主要有以下几个特点。

（一）用人单位和员工共同缴费

1999年4月3日颁布、2019年3月24日修订的《住房公积金管理条例》规定，国家机关、国有企业、城镇集体企业、外商投资企业、城镇私营企业及其他城镇企业、事业单位、民办非企业单位、社会团体及其在职职工都应该参加住房公积金计划，并履行缴费义务。职工从参加工作第2个月开始，缴存住房公积金，月缴存额为职工本人当月工资乘以职工住房公积金缴存比例。缴存比例不得低于职工上一年月平均工资的5%，用人单位也配套缴存相同比例的资金。2005年1月10日，建设部、财政部和中国人民银行联合发布的《关于住房公积金管理若干具体问题的指导意见》规定，单位和职工缴存比例不低于5%，原则上不高于12%。

（二）住房公积金缴费可以税前列支

用人单位和员工个人缴存的住房公积金可以免除所得税，住房公积金缴费可以税前列支。有条件的单位可以适当提高缴存比例，但是最高不得超过工资额的12%，缴存住房公积金的月平均工资不得超过职工工作地所在城市上一年职工月平均工资的2倍和3倍，具体标准按照各地有关规定执行。

（三）住房公积金个人账户积累资金归个人所有

《住房公积金管理条例》规定，用人单位和职工本人按规定标准缴存的住房公积金存入职工住房公积金个人账户，住房公积金缴费归个人所有，个人账户积累的资金可以携带和继承，提取申请书如表2-8、表2-9所示。职工有下列情形之一的，可以提取住房公积金账户内的存储余额：①购买、建造、翻建、大修自住住房的；②离休、退休的；③完全丧失劳动能力，并与用人单位终止劳动关系的；④出境定居的；⑤偿还购房贷款本息的；⑥房租超出家庭工资收入的规定比例的；等等。公积金存款自存入职工个人账户之日起按照政府规定的利率计息。当年缴存的，按结息日挂牌公告的活期存款利率计息；上年结转的，按结息日挂牌公告的3个月整存整取存款利息计息。

表 2-8   住房公积金提取申请书

年   月   日   附提取清册   张

单位填写	单位账号											提取类型	□部分提取 □销户提取
	单位名称											提取方式	□个人入卡 □单位转账
	个人账号											身份证号	
	姓名											储蓄账户	
	提取原因或代码 （见背面）												
	收款银行												
	提取本金	千	百	十	万	千	百	十	元	角	分		
	备注											单位预留银行印鉴	
银行填写												银行盖章	

客户签字确认：

表 2-9   住房公积金提取申请书（提取原因）

代码	提 取 原 因
1	购买、建造、翻建、大修自住住房
2	离休、退休
3	完全丧失劳动能力并与单位终止劳动关系
4	出境定居
5	偿还自住住房贷款本息
6	房租支出超过家庭工资收入的 5%
7	生活困难，正在领取城镇最低生活保障金
8	遇到突发事件，造成家庭生活困难
9	进城务工人员，与单位解除劳动关系
10	在职期间被判处死刑、无期徒刑，或者有期徒刑期满时达到法定退休年龄
11	死亡或者被宣告死亡
12	其他情形

（四）缴存住房公积金的职工可以申请住房公积金贷款

在购买、建造、翻建、大修自住住房时，缴存住房公积金的职工可以向住房公积金管理中心申请住房公积金贷款，但是应当提供相应的担保。住房公积金的最高贷款额度由各地住房建设委员会决定，住房公积金贷款的利息通常低于商业贷款的利息。

四、女职工特殊权益的保护

为了维护女职工的合法权益，各国政府制定一系列保护女性员工的劳动保护措施，减少和解决女职工在工作中由于生理变化而造成的特殊困难，这也是法定员工福利的重要内容之一。政府对女职工的劳动保护主要包括以下几个方面。

（一）女职工劳动权的保护

女职工劳动权的保护主要是消除性别歧视，即消除就业权利和机会的不平等，消除同工不同酬造成的工资差距。这也就是说，妇女享有同男性平等的劳动权利，各用人单位在录用职工时，除不适合妇女的工种或者岗位外，不得以性别为由拒绝录用妇女或者提高妇女的录用标准。在晋职、晋级和评定专业技术职务等方面，男女具有平等的权利和机会，不得歧视妇女。用人单位不得在女职工怀孕期、产期、哺乳期降低女职工工资，或者解除劳动合同。国际劳工组织发布的公约规定，用人单位在妇女产假缺勤期间提出解雇生育妇女的，属于非法。《中华人民共和国妇女权益保障法》规定，妇女在经期、孕期、产期和哺乳期受特殊保护，任何单位不得以结婚、怀孕、产假、哺乳等情形，降低女职工的工资和福利待遇，限制女职工晋职、晋级、评聘专业技术职称和职务，辞退女职工，单方解除劳动（聘用）合同或者服务协议。女职工在怀孕以及依法享受产假期间，劳动（聘用）合同或者服务协议期满的，劳动（聘用）合同或者服务协议期限自动延续至产假结束。但是，用人单位依法解除、终止劳动（聘用）合同、服务协议，或者女职工依法要求解除、终止劳动（聘用）合同、服务协议的除外。用人单位在执行国家退休制度时，不得以性别为由歧视妇女。

（二）女职工劳动安全卫生培训的权益

加强对女职工劳动安全卫生培训教育可以保护女职工的身体健康，防止工伤事故、职业病的发生。《女职工劳动保护特别规定》规定，用人单位应当加强女职工劳动保护，采取措施改善女职工劳动安全卫生条件，对女职工进行劳动安全卫生培训。

（三）禁止女职工从事劳动范围的保护

女职工的身体结构和生理机能与男性不同，为达到保护女职工身体健康的目的，法律法规和部门规章规定了女职工禁止从事劳动的范围。例如，《劳动法》规定，禁止安排女职工从事矿山井下、国家规定的第四级体力劳动强度和其他禁忌从事的劳动。《女职工劳动保护特别规定》规定，女职工禁忌从事的劳动范围包括以下几个方面：①矿山井下作业；②体力劳动强度分级标准中规定的第四级体力劳动强度的作业；③每小时负重6次以上、每次负重超过20公斤的作业，或者间断负重、每次负重超过25公斤的作业。

（四）女职工特殊生理期间的保护

女职工特殊生理期间的保护是为了实现保护妇女和新生儿身体健康。例如，《女职工劳动保护特别规定》规定，用人单位不得因女职工怀孕、生育、哺乳而降低其工资、予以辞退、与其解除劳动合同或者聘用合同。《劳动法》《女职工劳动保护特别规定》对女职工的特殊权益作出以下几个方面的规定。

（1）经期保护。经期保护是指对女职工在月经期间应当享有的各项保护作出的规定。例如，《劳动法》规定，不得安排女职工在经期从事高处、低温、冷水和国家规定的第三级体力劳动强度的劳动。《女职工劳动保护特别规定》规定，女职工在经期禁忌从事的劳动范围包括：①冷水作业分级标准中规定的第二级、第三级、第四级冷水作业；②低温作业分级标准中规定的第二级、第三级、第四级低温作业；③体力劳动强度分级标准中规定的第三级、第四级体力劳动强度的作业；④高处作业分级标准中规定的第三级、第四级高处作业。

（2）孕期保护。孕期保护是指对女职工在怀孕期间应当享有的各项保护作出的规定。例如，《劳动法》规定，不得安排女职工在怀孕期间从事国家规定的第三级或者第三级以上体力劳动强度的劳动和孕期禁忌从事的劳动。对怀孕 7 个月以上的女职工，不得安排其延长工作时间和夜班劳动。《女职工劳动保护特别规定》规定，女职工在孕期不能适应原劳动的，用人单位应根据医务部门的证明，予以减轻劳动量或者安排其他能够适应的劳动。对怀孕 7 个月以上（含 7 个月）的女职工，用人单位不得延长劳动时间或者安排夜班劳动，并应当在劳动时间内安排一定的休息时间。怀孕女职工在劳动时间内进行的产前检查，所需时间计入劳动时间。女职工在孕期禁忌从事的劳动范围有以下几个方面：①作业场所空气中含有铅及其化合物、汞及其化合物、苯、镉、铍、砷、氰化物、氮氧化物、一氧化碳、二硫化碳、氯、己内酰胺、氯丁二烯、氯乙烯、环氧乙烷、苯胺、甲醛等有毒物质浓度超过国家职业卫生标准的作业；②从事抗癌药物、己烯雌酚生产，接触麻醉剂气体等的作业；③非密封源放射性物质的操作，核事故与放射事故的应急处置；④高处作业分级标准中规定的高处作业；⑤冷水作业分级标准中规定的冷水作业；⑥低温作业分级标准中规定的低温作业；⑦高温作业分级标准中规定的第三级、第四级的作业；⑧噪声作业分级标准中规定的第三级、第四级的作业；⑨体力劳动强度分级标准中规定的第三级、第四级体力劳动强度的作业；⑩在密闭空间、高压室作业或者潜水作业，伴有强烈振动的作业，需要频繁弯腰、攀高、下蹲的作业。

（3）产期保护。产期保护是指对女职工生育期间应当享有的各项保护作出的规定，主要包括产假和产假期间的待遇。产假期间的待遇已经在生育保险制度中有详细介绍。产假方面，《劳动法》规定，女职工生育享有不少于 90 天的产假。《女职工劳动保护特别规定》规定，女职工怀孕未满 4 个月流产的，享受 15 天产假；怀孕满 4 个月流产的，享受 42 天产假。

（4）哺乳期保护。哺乳期保护是对女职工哺乳不满 1 周岁婴儿应当享有的各项保护作出的规定。例如，《劳动法》规定，不得安排女职工在哺乳未满 1 周岁的婴儿期间从事国家规定的第三级体力劳动强度的劳动和哺乳禁忌从事的其他劳动，不得安排其延长工作时间和夜班工作。《女职工劳动保护特别规定》规定，女职工在哺乳期禁忌从事的劳动范围包括以下几个方面：①作业场所空气中含有铅及其化合物、汞及其化合物、苯、镉、铍、砷、氰化物、氮氧化物、一氧化碳、二硫化碳、氯、己内酰胺、氯丁二烯、氯乙烯、环氧乙烷、苯胺、甲醛等有毒物质浓度超过国家职业卫生标准的作业；非密封源放射性物质的操作，核事故与放射事故的应急处置；体力劳动强度分级标准中规定的第三级、第四级体力劳动强度的作业。②作业场所空气中含有锰、氟、甲醇、有机磷化合物、有机氯化合物等有毒物质浓度超过国家职业卫生标准的作业。

（5）女职工其他权益保护。女职工其他权益是劳动权益衍生的权益。例如，《女职工劳动保护特别规定》规定，在劳动场所、用人单位应当预防和制止对女职工的性骚扰。

五、未成年工特殊权益保护

未成年工是指年满 16 周岁未满 18 周岁的劳动者。未成年工获得特殊的劳动保护，是法律法规和部门规章规定的法定权益，任何用人单位必须遵守，是法定员工福利的重要内容之一。未成年工特殊权益保护是指政府对未成年工应当享有的各项权益作出的规定，未成年工特殊权益保护是针对未成年工生长发育期的特点以及接受义务教育的需要，采取的特殊劳动保护措施。例如，《劳动法》规定，不得安排未成年工从事矿山井下、有毒有害、国家规定的第四级劳动强度的劳动和其他禁忌从事的劳动。用人单位应当对未成年工定期进行健康检查。1994 年 12 月 9 日，劳动部发布的《未成年工特殊保护规定》对未成年工的特殊权益保护作出了以下几个方面的规定。

（1）用人单位不得安排未成年工从事的劳动范围。用人单位不得安排未成年工从事的劳动范围主要包括以下几个方面：①《生产性粉尘作业危害程度分级》国家标准中第一级以上的接尘作业；②《有毒作业分级》国家标准中第一级以上的有毒作业；③《高处作业分级》国家标准中第二级以上的高处作业；④《冷水作业分级》国家标准中第二级以上的冷水作业；⑤《高温作业分级》国家标准中第三级以上的高温作业；⑥《低温作业分级》国家标准中第三级以上的低温作业；⑦《体力劳动强度分级》国家标准中第四级体力劳动强度的作业；⑧矿山井下及矿山地面采石作业；⑨森林业中的伐木、流放及守林作业；⑩工作场所接触放射性物质的作业；⑪有易燃易爆、化学性烧伤和热烧伤等危险性大的作业；⑫地质勘探和资源勘探的野外作业；⑬潜水、涵洞、涵道作业和海拔 3000 米以上的高原作业（不包括世居高原者）；⑭连续负重每小时在 6 次以上并每次超过 20 公斤，间断负重每次超过 25 公斤的作业；⑮使用凿岩机、捣固机、气镐、气铲、铆钉机、电锤的作业；⑯工作中需要长时间保持低头、弯腰、上举、下蹲等强迫体位和动作频率每分钟大于 50 次的流水线作业；⑰锅炉司炉。

（2）未成年工患有某种疾病或者具有某些生理缺陷（非残疾型）时，用人单位不得安排其从事劳动的范围包括以下几个方面：①《高处作业分级》国家标准中第一级以上的高处作业；②《低温作业分级》国家标准中第二级以上的低温作业；③《高温作业分级》国家标准中第二级以上的高温作业；④《体力劳动强度分级》国家标准中第三级体力劳动强度的作业；⑤接触铅、苯、汞、甲醛、二硫化碳等容易引起过敏反应的作业。

（3）用人单位对未成年工应当定期进行健康检查。用人单位应根据未成年工的健康检查结果安排其从事适合的劳动，对不能胜任原劳动岗位的，应当根据医务人员的证明，予以减轻劳动量或者安排其他劳动。未成年工体检通常由用人单位统一办理和承担费用。

（4）用人单位招收、使用未成年工实行登记制度。用人单位招收、使用未成年工，除了符合一般用工要求外，还须向所在地劳动行政部门办理登记。劳动行政部门根据《未成年工健康检查表》《未成年工登记表》，核发《未成年工登记证》。未成年工须持《未成年工登记证》上岗。《未成年工登记证》由国务院劳动行政部门统一印制。未成年工登记的办理和费用由用人单位承担。

（5）未成年工上岗前的安全卫生教育。未成年工上岗前，用人单位应当对其进行有关的职业安全卫生教育、培训。

六、获得经济补偿权益的保护

员工被用人单位解雇，获得经济补偿的权益是法定员工福利的内容之一。经济补偿权益是用人单位与无过失劳动者解除、终止劳动合同时必须支付的就业补偿费用。用人单位解雇员工，按照解雇人数，可以分为单项解雇和集体解雇，二者在解雇原因、解雇规模以及由此造成的后果方面存在着较大的差别，下面分别介绍这两种解雇。

（一）单项解雇

按照解雇的原因，单项解雇可以分为过失解雇和无过失解雇两种。前者是指员工因犯罪、严重渎职被解雇；后者是指员工由于能力欠佳、同用人单位的要求不相适应而被解雇。如果员工本人有过失行为，用人单位可以立即解雇，并且不支付经济补偿金；如果员工本人无过失行为，用人单位不能随意解雇员工；如果确实需要解雇员工，必须经过适当的法律程序，事先通知员工本人。被解雇员工获得经济补偿金的数额主要取决于员工就业时间的长短、员工工资水平、年龄或者工龄。欧洲、日本等国家规定的解雇程序严格而复杂，美国解雇工人则无立法约束，只受雇佣合同和集体协议的约束。我国《劳动法》规定，用人单位与职工依法解除劳动合同必须提前 30 天书面通知职工本人；必须给予被解雇职工一定数额的经济补偿金。根据《违反和解除劳动合同的经济补偿办法》第 5 条的规定，经劳动合同当事人协商一致，由用人单位解除劳动合同的，用人单位应根据劳动者在本单位工作年限，每满 1 年发给相当于 1 个月工资的经济补偿金，最多不超过 12 个月。工作不满 1 年的，按 1 年的标准发给经济补偿金。劳动者患病或者非因工负伤，经劳动鉴定委员会确认不能从事原工作的，也不能从事用人单位另行安排的工作而解除劳动合同的，用人单位应按照其在本单位工作的年限，每满 1 年发给相当于 1 个月工资的经济补偿金，同时还应发给不低于 6 个月工资的医疗补助费。患重病和绝症的还应当增加医疗补助费，患重病的增加部分不低于医疗补助费的 50%，患绝症的增加部分不低于医疗补助费的 100%。

延伸阅读 2-2：人力资源和社会保障部名称和职责的变更

（二）集体解雇

集体解雇的规模和造成的后果往往超过单项解雇，许多国家对集体解雇有不同程度的法律约束。其中，欧洲的约束最严格、解雇程序最复杂，用人单位必须事先通知政府有关部门和被解雇者，必须给予最低限度的经济补偿金。日本制定了一系列解雇条件，如充分的解雇理由，用人单位已经采取多种补救措施，但是仍然无能为力，需要履行复杂的解雇程序，并提前 30 天通知被解雇者等。如果用人单位的解雇行为不合理或未经过有关部门的认同，法院将会宣布解雇无效。

 复习思考题

1. 简述基本养老保险制度的特点。
2. 简述基本养老保险制度建立的原则。

3. 简述基本养老保险给付待遇的条件。

4. 简述基本医疗保险制度的特点。

5. 简述基本医疗保险制度保障的项目。

6. 简述失业保险制度的特点。

7. 简述工伤保险制度的特点。

8. 简述我国工伤保险认定的范围。

9. 简述工伤保险制度保障的项目。

10. 简述生育保险制度的特点。

11. 简述生育保险制度保障的项目。

12. 简述女职工的劳动权益保障。

13. 简述未成年工的劳动权益保障。

 即测即练

自学自测　　　　扫描此码

第三章

用人单位自定员工福利

用人单位自定员工福利也称为非法定员工福利，是用人单位根据自身经济效益状况、发展战略规划、竞争力等方面的因素，自愿为员工举办的员工福利。用人单位自定员工福利和法定员工福利的区别是，用人单位自定员工福利是用人单位自愿组织实施的，不存在法律法规和部门规章强制实施的问题，政府只对用人单位自定员工福利起监管的作用。用人单位自定员工福利主要包括补充养老保险、补充医疗保险、员工股权激励、员工培训等。

第一节　补充养老保险

广义的养老保险制度主要包括政府提供的基本养老保险、用人单位提供的补充养老保险、商业养老保险和个人投保商业养老保险三个方面，本节主要讲述补充养老保险。

一、补充养老保险的概念、特点和类型

（一）补充养老保险的概念

补充养老保险是用人单位根据自身经济效益的状况，为提高员工生活水平建立的补充养老保险，补充养老保险主要包括企业年金和公共年金，用人单位为员工集体购买商业养老保险，也属于补充养老保险的范畴。[①]我国发布的《企业年金办法》和《企业年金基金管理办法》规定，企业年金是企业及其职工在依法参加基本养老保险的基础上，自主建立的补充养老保险计划。我国于 2015 年 3 月 27 日发布的《机关事业单位职业年金办法》对职业年金的管理办法作出了规定。职业年金是指机关事业单位及其工作人员在参加机关事业单位基本养老保险的基础上建立的补充养老保险计划。

（二）补充养老保险的特点

补充养老保险的特点主要有以下几个方面。

（1）补充性。如果说基本养老保险保障退休人员的基本生活需要的话，那么补充养老保险保障退休人员较高水平的生活需要，是对基本养老保险的补充保障。在三支柱养老保障体系中，基本养老保险属于养老保障体系的第一支柱，补充养老保险属于养老保障体系的第二支柱。

（2）非法定性。基本养老保险通常由法律法规要求覆盖范围的用人单位、员工必须参加。补充养老保险通常不是法律法规强制实施的，具有非法定性，是用人单位自愿举办的员工福利计划。补充养老保险作为用人单位提供的员工福利制度，是对员工未来领取养老

---

① 商业养老保险的相关内容将在本书商业团体保险一章中讲述。

金的承诺。

（3）保障性。补充养老保险同基本养老保险一样，具有保障性，对劳动者年老丧失劳动能力后的生活给予经济补偿和帮助。

（4）积累性。员工从参加补充养老保险计划、开始缴费起，到领取补充养老金，需要经历很长的时间，其资金具有积累性和储蓄性。

（5）市场化。补充养老保险的经营大多委托给具有经营管理补充养老保险资格的投资管理人投资运营，投资管理人之间相互竞争，提供市场化的服务，以获得补充养老保险基金的投资收益。

（三）补充养老保险的类型

划分的标准不同，补充养老保险的类型就不同。

（1）按照保障对象划分。按照保障对象，补充养老保险可分为企业年金和公共年金。企业年金是企业设置、每年给付的补充养老保险；公共年金是公共部门举办、每年给付的补充养老保险。例如，我国企业年金的保障对象是企业职工，职业年金的保障对象是机关事业单位职工。

（2）按照运营机制划分。按照运营机制，补充养老保险可分为确定受益型补充养老保险计划和确定供款型补充养老保险计划。例如，美国企业年金计划分为确定受益型企业年金计划和确定供款型企业年金计划。

（3）按照是否享受税收优惠划分。按照是否享受税收优惠，补充养老保险可分为税收优惠的补充养老保险和非税收优惠的补充养老保险。税收优惠的补充养老保险是指享受政府给付的税收优惠的补充养老保险计划。非税收优惠的补充养老保险是指不享受政府给予税收优惠的补充养老保险计划。

二、用人单位建立补充养老保险计划的条件

补充养老保险是用人单位根据自身经济效益的状况，为员工退休后提高生活水平而建立的养老保险计划。补充养老保险计划作为员工福利的重要内容之一，是用人单位对员工未来获得补充养老金保障的承诺。补充养老保险的建立和发展，通常需要用人单位拥有足够的经济实力，需要法律法规的规范，需要税收优惠的支持。归纳起来，大致有以下几个方面。

（一）用人单位具备发展补充养老保险的经济实力

用人单位发展补充养老保险需要有足够的经济实力，需要根据自身的经济效益状况确定是否发展补充养老保险计划。例如，美国第一个企业年金计划是美国运通公司于1875年建立的。美国运通公司规定的享受企业年金待遇的资格条件有：①永久伤残员工；②伤残员工工作期为20年及以上；③员工达到法定退休年龄（60岁及以上）。我国《劳动法》规定，国家鼓励用人单位根据本单位实际情况为劳动者建立补充保险。用人单位的经济效益比较好，有能力举办补充养老保险计划的话，可以发展补充养老保险计划；用人单位经济效益比较差，可以不发展补充养老保险计划。我国于2017年发布的《企业年金办法》规定，企业和职工建立企业年金，应当依法参加基本养老保险并履行缴费义务，企业具有相应的

经济负担能力。建立企业年金，企业应当与职工一方通过集体协商确定，并制订企业年金方案。企业年金方案应当提交职工代表大会或者全体职工讨论通过。企业年金方案应当包括以下内容：①参加人员；②资金筹集与分配的比例和办法；③账户管理；④权益归属；⑤企业年金基金的管理；⑥待遇计发和支付方式；⑦方案的变更和终止；⑧组织管理和监督方式；⑨双方约定的其他事项。

（二）用人单位发展补充养老保险可以税前列支

用人单位发展补充养老保险可以税前列支，这是政府鼓励用人单位发展补充养老保险计划的政策优惠。用人单位向补充养老保险缴费时，其缴纳的养老保险费并不产生纳税的要求，这部分缴费可以纳入用人单位的产品成本，可以税前列支。例如，我国为了促进补充养老保险的发展，给予用人单位和个人一定的政策优惠，允许用人单位缴纳的补充养老保险费税前列支。

（三）补充养老保险基金的投资收益免税

用人单位发展补充养老保险计划获得的投资收益可以免税，这是政府鼓励用人单位发展补充养老保险的税收优惠。补充养老保险基金可以委托给能够经营补充养老保险基金的基金管理公司、资产管理公司或者信托投资管理公司来投资运营，补充养老保险基金获得的投资收益，可以享受免税的待遇。

（四）用人单位可以分享补充养老保险基金投资获得的额外收益

用人单位可以分享补充养老保险计划获得的额外收益，是促进用人单位发展补充养老保险的重要原因之一。例如，举办确定受益型补充养老保险计划的用人单位可以分享补充养老保险基金投资获得的额外收益。确定受益型补充养老保险基金资产除了支付基金管理公司获得契约约定或者政府规定的管理服务费用、满足退休人员对养老金的需求外，获得的额外收益可以作为补充养老保险基金的投资收益返还给支持补充养老保险计划的用人单位，这是促进用人单位积极发展确定受益型补充养老保险计划的重要条件。在美国，确定受益型补充养老保险计划获得的额外投资收益，可以抵免用人单位下一年需要缴纳的补充养老保险缴费、基金管理服务费用，也可以作为投资收益返还给用人单位，作为用人单位利润来源的一部分。

（五）员工参加补充养老保险可以享受延税优惠

员工参加补充养老保险计划可以享受延税优惠，这是鼓励员工参加补充养老保险计划的政策优惠。为了鼓励员工参加补充养老保险计划，员工可以自愿将其工资的一部分通过补充养老保险计划纳入养老保障体系中来，从而使缴费的金额从员工的当期应纳税工资中扣除，以降低其应纳税金额，以达到延期纳税或者减少纳税的目的。

三、补充养老保险资金的筹集

发展补充养老保险所需要的资金可以全部由用人单位承担，也可以由用人单位和个人共同负担。补充养老保险费用中的用人单位供款，可以在用人单位福利基金中列支，也可以以公司股份的方式支付。例如，国务院办公厅于 2015 年 3 月 27 日发布的《机关事业单位职业年金办法》规定，单位缴费按照个人缴费基数的 8% 计入本人职业年金个人账户，个人缴费直接计入本人职业年金个人账户。

四、补充养老保险的运营机制

补充养老保险的运营机制主要有确定受益型补充养老保险计划和确定供款型补充养老保险计划两种。下面以美国企业年金计划的运营机制为例，介绍确定受益型补充养老计划和确定供款型补充养老保险计划的运营机制与发展趋势。由于二者的运营机制不同，其资金运营方式也不同。

（一）确定受益型企业年金计划的运营机制

确定受益型企业年金计划简称 DB（defined benefit plan）计划，是指用人单位资助的员工退休后每月可以获得确定金额养老金的补充养老保险计划。由于员工退休后获得的养老金金额是确定的，因此称为确定受益型企业年金计划。员工退休后领取养老金的计算公式为

$$养老金 = 养老金替代系数 \times 工作期 \times 最终工资$$

其中，养老金替代系数是指养老金给付随着员工工作期的延长而逐年增长的比例，养老金替代系数通常在企业年金计划建立时确定，不能随意更改。例如，美国确定受益型企业年金计划规定，养老金替代系数为 1.75%。工作期是指从员工加入企业年金计划到退休或离职的时间，员工参加企业年金计划的工作期最长可以达到 40 年。"养老金替代系数 × 工作期"是养老金替代率，是指退休人员领取的养老金占最终工资的比例。例如，养老金替代系数为 1.75%，工作期为 10 年，则养老金替代率为 17.5%。最终工资可以有多种选择，如最后工作日的工资、过去 5～10 年的平均工资，或者退休前 10 年内工资最高 3 年的平均值。为了防止员工获得的补充养老金遭受通货膨胀的影响，美国在《员工退休收入保障法》《税收法》中规定，员工退休金受到"反减少退休金额"有关条款的保护，即可以根据通货膨胀率和生活费用指数提高的情况自动地调整退休金的金额。

$$调整后的养老金 = 退休时确定的养老金 \times (1 + 生活费用指数增长率)$$

在确定受益型企业年金计划中，由于用人单位需要保证员工每月得到确定金额的退休金，就需要将企业年金基金委托给信托投资公司、基金管理公司进行投资运营，以保障受益人的利益，这就要求用人单位以月缴或者年缴的方式不断地向信托投资公司、基金管理公司供款。如果企业年金基金的投资收益率比较高的话，用人单位就可以减少缴费，降低企业年金计划的运营成本。对于员工来说，不需要监督企业年金基金的投资运营状况，其退休金会更安全、有保障。相反，如果企业年金基金资产不足以满足退休金支付的话，用人单位就要及时弥补基金积累的赤字。如果用人单位缺乏偿付能力，甚至经营失败、破产，员工（已退休的人员和未退休的职工）就会面临养老金损失的风险。

为了解决确定受益型企业年金基金由于投资亏损带来的问题，美国作出如下几个方面的规定。

（1）企业年金基金资产必须与企业经营资产分离。企业年金基金资产与企业经营资产分离，可以防止账目管理混乱造成企业年金基金资产的损失，企业年金基金资产不允许投资于本企业或者规定企业年金基金资产投资于本企业的最高比例。

（2）建立企业年金基金受托人与投资管理人相分离的制度。企业年金基金的受托人是企业设立的企业年金管理委员会或者企业年金理事会，这个委员会或理事会不能直接投资企业年金基金，只能将企业年金基金委托给具有投资理财经营资质的信托投资公司、基金管理公司等投资管理人投资企业年金基金资产。对此，美国对企业年金基金的设立和投资管理人的行为准则作出了明确的规定，限制企业年金基金投资于风险等级过高的投资工具中，并对企业年金基金的经营行为和业绩进行严格的检查与监督。

（3）建立养老金给付的收益担保机制。为了保证确定受益型企业年金计划的顺利实施，美国规定，建立退休金津贴保障公司（Pension Benefit Guarantee Corporation）来承担企业年金基金投资损失或者筹资不足的风险。1974年，美国通过的《企业年金投资收益保障法案》规定，所有确定受益型企业年金计划都要向退休金津贴保障公司缴纳委托投资金额一定比例的保险费。美国退休金津贴保障公司由政府管理，当企业年金基金因投资损失发生财务困难时，由退休金津贴保障公司向退休人员支付确定金额的补充养老金。退休金津贴保障公司保障了退休人员应当获得的权益，这与联邦存款保险公司为居民在商业银行的储蓄存款予以保险的机制相类似。为了避免企业年金基金资产由于亏损而影响受益人的利益，有些国家的政府采取了规定企业年金基金购买保险的方式，保障退休金受益人的利益，如德国政府就采取这种保险的方式。

（4）用人单位可以分享确定受益型企业年金基金投资带来的额外收益。在确定受益型企业年金计划的供款中，只有用人单位缴费，员工不参与缴费。如果企业年金基金资产带来的收益可以满足退休人员的养老金需要的话，允许额外收益部分作为投资收益返还给用人单位，确定受益型企业年金计划的资金运营机制见图3-1。

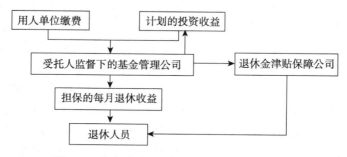

图 3-1　确定受益型企业年金计划的运营机制

（二）确定供款型企业年金计划的运营机制

确定供款型企业年金计划简称DC（defined contribution plan）计划，是指缴费率事先确定，员工退休后领取养老金金额不确定的补充养老保险计划。在确定供款型企业年金计划中，用人单位承担大部分缴费，员工可以自愿选择附加缴费。用人单位缴费也可以以本单位股份的形式支付。例如，美国规定，确定供款型企业年金计划的缴费比例最高不得超过工资总额的 25%，每年不得超过 10 500 美元。员工的缴费主要有两个方面的用途：一是购买商业保险，以抵御和转嫁人身意外伤害风险。二是为员工建立个人账户。一般来说，员工缴费资金要放入某一投资管理机构，由该投资管理机构根据员工的指令代理执行投资组合方案，如债券、证券投资基金、股票等投资组合工具。员工个人账户中的资金如何进行投资组合主要由员工自己决定，委托账户管理机构管理。在执行投资组合方案的过程中，企业年金基金的积累额与员工就业期的供款额和投资收益率密切相关。个人账户积累资金的多少，主要取决于个人账户基金投资组合方案的投资收益，确定供款型企业年金计划资金的运营机制见图 3-2。

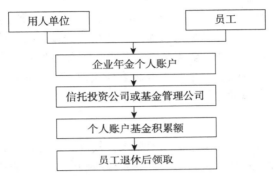

图 3-2   确定供款型企业年金计划的运营机制

从图 3-2 可以看出，用人单位和员工的缴费直接计入员工的个人账户，员工对个人账户的企业年金基金通常拥有即时的受益权，计入个人账户的企业年金基金的投资组合方案由员工个人确定，员工委托的信托投资公司、基金管理公司的职责是代理交易，以及提供投资咨询、指导等方面的服务。

（三）确定受益型企业年金计划和确定供款型企业年金计划的比较

1. 用人单位和员工承担责任不同

在确定受益型企业年金计划中，用人单位承担的责任比较重，基金投资风险通常由资助计划的用人单位或者退休金津贴保障公司来承担。在确定供款型企业年金计划中，用人单位承担的责任有限，用人单位只负责按期缴费，不承担基金投资损失的风险；基金投资损失的风险由员工承担，员工是企业年金基金投资方案的最终责任承担者。例如，美国安然公司的破产，使确定供款型企业年金基金的投资运营面临较大的挑战。由于安然公司员工[1]将超过 21 亿美元补充养老保险基金的 58% 用来购买本公司的股票，安然公司破产时，员工陷入了养老金积蓄与工作一起丢掉的困境。一位在安然公司工作大半辈子的妇女，购买了 100 多万美元的本公司股票，最后只剩下几万美元。其实，美国许多大公司，如可口可乐、通用电气、麦当劳等公司员工，都将企业年金的大部分资金投资于本公司股票。安然公司的破产，对确定供款型企业年金的投资方式提出了新的挑战，即确定供款型企业年金基金如何进行投资组合、如何有效地规避投资组合的风险、如何完善企业年

---

① 安然公司破产时，该公司在世界各地拥有员工 2.1 万人。

金基金个人账户的管理等，以保证员工补充养老保险基金资产的安全。

2. 担保运营机制不同

确定受益型企业年金计划采用的是保险或最终收益担保的运营机制，而确定供款型企业年金计划采用的是自我投资的运营机制。在确定受益型企业年金计划中，用人单位可以根据职工工资增长率、死亡率、基金的投资收益率、预定利率等精算出用人单位的缴费率。由于用人单位的缴费率受到基金管理公司投资收益率的影响，需要连续地精算。如果基金的投资收益率比较高，用人单位缴费率就会下降，甚至不需要缴费。例如，美国柯达公司的企业年金基金在 20 世纪末至 21 世纪初取得的投资收益率比较高，公司已经很长时间没有缴费了，只要依靠投资收益就可以保证对退休人员的支付。[①]这种企业年金计划的优点是，用人单位缴费除了受员工工资增长率的影响外，还会受到基金投资收益率的影响。在企业年金计划发展初期，确定受益型企业年金计划几乎占到美国私人退休金计划的 95%以上；此后，随着投资管理、证券投资基金和养老金委托代理等方面的发展，确定供款型企业年金计划正以其独特的魅力蓬勃地发展起来。

3. 技术要求不同

确定受益型企业年金计划对雇主的技术要求比较高，需要选择合适的投资管理人，需要计算退休人员未来对补充养老金的需求，需要按照确定的受益公式承担给付补充养老金的责任。确定供款型企业年金计划对员工的技术要求比较高，需要个人确定适宜的投资组合方案，以确保个人账户资金的保值增值。

4. 管理成本不同

雇主承担确定受益型企业年金计划的管理成本比较高，需要向投资管理人支付相应的管理费用。员工承担确定供款型企业年金计划的管理成本比较高，如果员工不具有资金投资方面的经验，还需要借助外部的咨询机构，并支付相应的费用。

5. 发展前景不同

确定受益型年金计划资产和确定供款型企业年金计划资产的发展趋势，可以分别从表 3-1 和表 3-2 中显示出来。从表 3-1 和表 3-2 可以看出，虽然确定供款型企业年金计划的总资产规模还没有达到确定受益型企业年金计划的总资产规模，但资助确定供款型企业年金计划的用人单位数量以及未来 5 年的增长速度将会远远超过确定受益型企业年金计划。近年来，确定受益型企业年金计划衰退、确定供款型企业年金计划兴起的主要原因大致可以归结为以下三个方面。

（1）从用人单位的角度来看，资助确定供款型企业年金计划要比资助确定受益型企业年金计划的成本低，管理比较容易。资助确定受益型企业年金计划不仅要求用人单位对资金的筹集负全部责任，而且要对资金的缴费方式、提款方式和未来支付资金等作出严格的规定。确定供款型企业年金计划只要求用人单位向企业年金计划缴费，这就大大减轻了用人单位的经济负担。同时，绝大部分确定供款型企业年金计划允许用人单位根据公司盈利状况向计划缴费。

---

① 柯达公司全球养老基金投资董事，Russell Olson，1997 年。

表 3-1　　确定受益型退休金计划的部分资产

资助者	资助者数量/个	资产价值/亿美元	预计 5 年增长率/%
企业	89 000	20 750	6.5
政府	5 000	25 600	8.0
工会	2 000	3 400	7.2
总计	96 000	49 750	

资料来源：林羿. 美国的私有退休金体制[M]. 北京：北京大学出版社，2002.

表 3-2　　确定供款型退休金计划的部分资产

资助者	资助者数量/个	资产价值/亿美元	预计 5 年增长率（%）
企业	492 500	23 660	13.5
政府	N/A	1 720	20.0
工会	1700	750	15.0
403（B）	33 800	5 490	13.0
457	31 450	920	14.0
总计	559 450	32 550	

资料来源：林羿. 美国的私有退休金体制[M]. 北京：北京大学出版社，2002.

（2）确定供款型企业年金计划为每位计划参加者单独设立个人账户，定期向参加者提供其账户积累金额的报表，使参加者随时了解个人账户中积累的资金，而确定受益型企业年金计划由于不为计划参加者设立个人账户，确定受益型企业年金计划的管理者承担着长期给付的责任。

（3）确定供款型企业年金计划的投资收益率较高。美国股票市场在过去十几年里经历了前所未有的强劲增长，使许多确定供款型企业年金计划参加者获得了十分可观的投资收益。相比之下，确定受益型企业年金计划则将大部分资产投资于能够获得固定收益的投资工具中，确定受益型企业年金计划资产的投资收益率相对较低，这也是确定供款型企业年金计划获得发展的原因。

五、信托型补充养老保险基金管理的关系人

信托型补充养老保险基金管理中，基金管理的关系人主要有六个：缴费人、受益人、受托人、投资管理人、托管人和账户管理人。例如，我国发布的《企业年金基金管理办法》规定，一个企业年金计划应当仅有一个受托人、一个账户管理人和一个托管人，可以根据资产规模的大小适当地选择投资管理人。

1. 补充养老保险的缴费人

补充养老保险的缴费人可以是用人单位或者个人，基金缴费人也是补充养老保险的供款人。缴费人作为补充养老保险的供款人，拥有对补充养老保险基金投资运营的知情权，即有权查阅、抄录或者复制与补充养老保险基金有关的账目以及处理补充养老保险基金事

务的其他有关文件，有权了解补充养老保险基金的管理、处分及其收支情况，有权要求受托人对补充养老保险基金的管理情况作出说明。

2. 补充养老保险的受益人

补充养老保险的受益人是指享有获得养老金权利的人。在大多数情况下，补充养老保险基金的缴费人和补充养老保险的受益人是同一个人，即用人单位的员工。在特殊情况下，补充养老保险基金的缴费人和受益人不是同一个人，如基金缴费人死亡。在这种情况下，补充养老保险基金受益人享有同缴费人一样的权利。

3. 补充养老保险的受托人

补充养老保险的受托人是指受托管理补充养老保险基金的理事会或符合政府规定的养老金管理公司等法人受托机构。

1）补充养老保险受托人的类型

按照组织性质，补充养老保险受托人可分为理事会受托人和法人机构受托人。[①]补充养老保险理事会受托人是由补充养老保险计划发起企业内部成立的理事会担任受托人，依照相关法律法规建立本单位的补充养老保险计划，并对基金的投资运营进行管理和监督。例如，企业年金理事会作为企业年金基金财产的受托人，具有管理、处分企业年金基金财产的权利，但是由于企业年金理事会是一个由企业代表、职工代表和有关专家组成的特定自然人集合，不具有法人资格。我国《企业年金基金管理办法》规定，企业年金理事会由企业代表和职工代表等人员组成，也可以聘请企业以外的专业人员参加，其中职工代表不少于 1/3。理事会应当配备一定数量的专职工作人员。[②]企业年金理事会中的职工代表和企业以外专业人员，由职工大会、职工代表大会或者其他形式民主选举产生。企业代表由企业方聘任。理事任期由企业年金理事会章程规定，但每届任期不超过 3 年，理事任期届满，可以连选连任。按照我国《企业年金基金管理办法》和金融监管的有关规定，企业年金理事会不具有承担企业年金账户管理人、托管人和投资管理人的资格和能力。由此，企业年金理事会只能选择全拆分的企业年金基金投资运营方式，即将企业年金账户管理、托管和投资管理等职能全部委托给外部法人机构承担。

法人受托机构受托人是指补充养老保险发起单位将基金依照相关法律法规的规定委托给法人受托机构投资运营的管理模式。我国《企业年金基金管理办法》规定，法人受托机构应当具备下列条件：①经国家金融监管部门批准，在中国境内注册的独立法人；②具有完善的法人治理结构；③取得企业年金基金从业资格的专职人员达到规定人数；④具有符合要求的营业场所、安全防范设施和与企业年金基金受托管理业务有关的其他

---

① 我国《企业年金基金管理办法》规定，建立企业年金计划的企业，应当通过职工大会或者职工代表大会讨论确定，选择法人受托机构作为受托人，或者成立企业年金理事会作为受托人。

② 我国《企业年金基金管理办法》规定，企业年金理事会理事应当具备以下条件：（1）具有完全民事行为能力；（2）诚实守信，无犯罪记录；（3）具有从事法律、金融、会计、社会保障或者其他履行企业年金理事会理事职责所必需的专业知识；（4）具有决策能力；（5）无个人所负数额较大的债务到期未清偿情形。企业年金理事会会议，应当由理事本人出席；理事因故不能出席，可以书面委托其他理事代为出席，委托书中应当载明授权范围。理事会作出决议，应当经全体理事 2/3 以上通过。理事会应当对会议所议事项的决定形成会议记录，出席会议的理事应当在会议记录上签名。

设施；⑤具有完善的内部稽核监控制度和风险控制制度；⑥近3年没有重大违法违规行为；⑦国家规定的其他条件。我国《企业年金基金管理办法》规定，除了托管人职能必须外包之外，法人受托机构只要具备账户管理或投资管理业务资格，就可以兼任账户管理人或投资管理人。如果法人受托机构同时具备这两项业务资格，就可以兼任账户管理人和投资管理人。

在法人受托人管理模式下，法人受托机构可以根据自身具备的资格条件选择以下四种模式：①法人受托机构同理事会受托人一样，将账户管理、托管和投资管理等职能全部委托出去，即法人受托全分拆模式；②法人受托机构与账户管理人同时承担的部分分拆模式；③法人受托机构与投资管理人同时承担的部分分拆模式；④法人受托机构与账户管理人、投资管理人同时承担的部分分拆模式。

按照接受委托人的个数，补充养老保险计划可分为单一计划和集合计划。例如，我国《企业年金基金管理办法》规定，企业年金单一计划是指受托人将单个委托人交付的企业年金基金，单独进行受托管理的企业年金计划；企业年金集合计划是指同一受托人将多个委托人交付的企业年金基金，集中进行受托管理的企业年金计划。

法人受托机构设立集合计划，应当制定集合计划受托管理合同，为每个集合计划确定账户管理人、托管人各1名，投资管理人至少3人，并分别与其签订委托管理合同。

集合计划受托人应当将制定的集合计划受托管理合同、签订的委托管理合同以及该集合计划的投资组合说明书报人力资源和社会保障部备案。委托人加入集合计划满3年后，方可根据受托管理合同的规定选择退出集合计划。

从表3-3可以看出，补充养老保险单一计划和集合计划在适合企业类型、建立程序、运营成本和管理费用、投资风险和收益、投资组合的个性化设计等方面是不同的。

表3-3　企业年金单一计划和集合计划的比较

类　　型	单　一　计　划	集　合　计　划
适合企业类型	适合企业年金资产规模较大（通常5000万元以上），风险承受能力比较强的企业	适合企业年金资产规模较小的企业加入
建立程序	企业需要单独建立补充养老保险计划，建立流程复杂，耗时比较长，手续烦琐	企业可以直接加入企业年金集合计划，节省了计划建立的时间和流程，加入手续比较简单
运营成本和管理费用	所有运营成本由单一企业年金承担，运营成本和管理费用相对较高	运营成本由加入集合计划的所有企业年金共同承担，各企业年金计划可以享受集合计划带来的规模效应，运营成本和管理费用比较低
投资风险和收益	单一企业年金计划承担所有的投资风险，投资收益不稳定	集合计划能够灵活配置资产，可以较好地平衡投资风险，投资收益稳定
投资组合的个性化设计	在法律法规允许的范围内设计个性化的投资目标、投资策略等	个性化投资组合方案不突出，集合计划通常会提供多种投资组合产品供企业自主选择

资料来源：根据中国工商银行网站内的工行知识库相关内容修改得到，2013-04-15.www.icbc.com.cn/ICBCCOLLEGE/client/page/KnowledgeDetail.aspx?ItemID=6350164455522110030.

（1）适合企业类型不同。单一计划适合资产规模比较大的企业年金计划，这些单位的企业年金计划往往具有较强的抗风险能力。集合计划适合资产规模较小的企业年金计划，这些单位的企业年金计划的抗风险能力较弱。

（2）建立程序不同。单一企业年金计划建立流程复杂，耗时比较长，手续烦琐。企业可以直接加入企业年金集合计划，节省了建立计划的流程和时间，加入集合计划的手续通常比较简单。

（3）运营成本和管理费用不同。单一企业年金计划的所有运营成本均由单一计划承担，运营成本和管理费用相对较高。企业年金集合计划的运营成本和管理费用由所有计划参加单位共同承担，运营成本和管理费用相对较低。

（4）承担的投资风险和收益不同。单一企业年金计划承担所有投资风险，也独立承担投资带来的收益，投资收益不稳定。如果单一企业年金计划的资产规模不够大，很难平衡企业年金计划投资的风险和收益。企业年金集合计划能够聚集多个委托单位的基金，资产规模通常比较大，可以分散投资风险，较好地平衡投资的风险，投资收益比较稳定。

（5）投资组合的个性化设计不同。企业年金单一计划可以在法律法规允许的范围内确定个性化的投资目标和投资组合方案，满足企业年金基金保值增值的要求。企业年金集合计划个性化的投资目标和投资组合方案不突出，但是计划通常会提供多样化的投资组合产品供企业自主选择。

2）补充养老保险受托人的职责

补充养老保险受托人的职责是指补充养老保险受托人必须履行的工作任务。例如，我国《企业年金基金管理办法》规定，受托人应当履行下列职责：

（1）选择、监督、更换账户管理人、托管人、投资管理人。

（2）制定企业年金基金战略资产配置策略。

（3）根据合同对企业年金基金管理进行监督。

（4）根据合同收取企业和职工缴费，向受益人支付企业年金待遇，并在合同中约定具体的履行方式。

（5）接受委托人查询，定期向委托人提交企业年金基金管理和财务会计报告。发生重大事件时，及时向委托人和有关监管部门报告；定期向有关监管部门提交开展企业年金基金受托管理业务情况的报告。

（6）按照国家规定保存与企业年金基金管理有关的记录自合同终止之日起至少15年。

（7）国家规定和合同约定的其他职责。

我国《企业年金基金管理办法》规定，法人受托机构兼任投资管理人时，应当建立风险控制制度，确保各项业务管理之间的独立性；设立独立的受托业务和投资业务部门，办公区域、运营管理流程和业务制度应当严格分离；直接负责的高级管理人员、受托业务和投资业务部门的工作人员不得相互兼任。同一企业年金计划中，法人受托机构对待各项投资管理人应当执行统一的标准和流程，以体现公开、公平、公正的原则。

4. 补充养老保险的投资管理人

补充养老保险的投资管理人是法人机构，是接受受托人的委托，按照签订的资产管理协议，审慎投资、运营补充养老保险基金资产的关系人。例如，我国《企业年金基金管理办法》规定，投资管理人应当具备下列条件：

（1）经国家金融监管部门批准，在中国境内注册，具有受托投资管理、基金管理或者资产管理资格的独立法人。

（2）具有完善的法人治理结构。

（3）取得企业年金基金从业资格的专职人员达到规定人数。

（4）具有符合要求的营业场所、安全防范设施和与企业年金基金投资管理业务有关的其他设施。

（5）具有完善的内部稽核监控制度和风险控制制度。

（6）近3年没有重大违法违规行为。

（7）国家规定的其他条件。

投资管理人应当履行下列职责：

（1）对企业年金基金财产进行投资。

（2）及时与托管人核对企业年金基金会计核算和估值结果。

（3）建立企业年金基金投资管理风险准备金。

（4）定期向受托人提交企业年金基金投资管理报告；定期向有关监管部门提交开展企业年金基金投资管理业务情况的报告。

（5）根据国家规定保存企业年金基金财产会计凭证、会计账簿、年度财务会计报告和投资记录自合同终止之日起至少15年。

（6）国家规定和合同约定的其他职责。

有下列情形之一的，投资管理人应当及时向受托人报告：

（1）企业年金基金单位净值大幅度波动的。

（2）可能使企业年金基金财产受到重大影响的有关事项。

（3）国家规定和合同约定的其他情形。

禁止投资管理人有下列行为：

（1）将其固有财产或者他人财产混同于企业年金基金财产。

（2）不公平地对待企业年金基金财产与其管理的其他财产。

（3）不公平对待其管理的不同企业年金基金财产。

（4）侵占、挪用企业年金基金财产。

（5）承诺、变相承诺保本或者保证收益。

（6）利用所管理的其他资产为企业年金计划委托人、受益人或者相关管理人谋取不正当利益。

（7）国家规定和合同约定禁止的其他行为。

5. 补充养老保险的托管人

补充养老保险的托管人是指接受受托人委托保管补充养老保险基金财产的商业银行或专业机构。单个补充养老保险计划托管人由一家商业银行或专业机构担任。例如，我国《企业年金基金管理办法》规定，托管人应当具备下列条件：

（1）经国家金融监管部门批准，在中国境内注册的独立法人。

（2）具有完善的法人治理结构。

（3）设有专门的资产托管部门。

（4）取得企业年金基金从业资格的专职人员达到规定人数。

（5）具有保管企业年金基金财产的条件。

（6）具有安全高效的清算、交割系统。

（7）具有符合要求的营业场所、安全防范设施和与企业年金基金托管业务有关的其他设施。

（8）具有完善的内部稽核监控制度和风险控制制度。

（9）近3年没有重大违法违规行为。

（10）国家规定的其他条件。

补充养老保险的托管人应当履行下列职责：

（1）安全保管企业年金基金财产。

（2）以企业年金基金名义开设基金财产的资金账户和证券账户等。

（3）对所托管的不同企业年金基金财产分别设置账户，确保基金财产的完整和独立。

（4）根据受托人指令，向投资管理人分配企业年金基金财产。

（5）及时办理清算、交割事宜。

（6）负责企业年金基金会计核算和估值，复核、审查和确认投资管理人计算的基金财产净值。

（7）根据受托人指令，向受益人发放企业年金待遇。

（8）定期与账户管理人、投资管理人核对有关数据。

（9）按照规定监督投资管理人的投资运作，并定期向受托人报告投资监督的情况。

（10）定期向受托人提交企业年金基金托管和财务会计报告；定期向有关监管部门提交开展企业年金基金托管业务情况的报告。

（11）按照国家规定保存企业年金基金托管业务活动记录、账册、报表和其他相关资料自合同终止之日起至少15年。

（12）国家规定和合同约定的其他职责。

托管人发现投资管理人依据交易程序尚未成立的投资指令违反法律、行政法规、其他有关规定或者合同约定的，应当拒绝执行，立即通知投资管理人，并及时向受托人和有关监管部门报告。托管人发现投资管理人依据交易程序已经成立的投资指令违反法律、行政法规、其他有关规定或者合同约定的，应当立即通知投资管理人，并及时向受托人和有关监管部门报告。

6. 补充养老保险基金的账户管理人

补充养老保险基金的账户管理人是法人机构，是接受受托人委托，管理企业年金基金账户的专业机构。例如，我国《企业年金基金管理办法》规定，账户管理人应当具备下列条件：

（1）经国家有关部门批准，在中国境内注册的独立法人。

（2）具有完善的法人治理结构。

（3）取得企业年金基金从业资格的专职人员达到规定人数。

（4）具有相应的企业年金基金账户信息管理系统。

（5）具有符合要求的营业场所、安全防范设施和与企业年金基金账户管理业务有关的其他设施。

（6）具有完善的内部稽核监控制度和风险控制制度。

（7）近3年没有重大违法违规行为。

（8）国家规定的其他条件。

账户管理人应当履行下列职责：

（1）建立企业年金基金企业账户和个人账户。

（2）记录企业、职工缴费以及企业年金基金投资收益。

（3）定期与托管人核对缴费数据以及企业年金基金账户财产变化状况，及时将核对结果提交受托人。

（4）计算企业年金待遇。

（5）向企业和受益人提供企业年金基金企业账户和个人账户信息查询服务；向受益人提供年度权益报告。

（6）定期向受托人提交账户管理数据等信息以及企业年金基金账户管理报告；定期向有关监管部门提交开展企业年金基金账户管理业务情况的报告。

（7）按照国家规定保存企业年金基金账户管理档案自合同终止之日起至少15年。

（8）国家规定和合同约定的其他职责。

六、补充养老保险计划管理的政策规范

补充养老保险的发展，不仅需要政策上的优惠，而且需要相应的法律法规加以约束，规范补充养老保险计划的发展，使之既保护员工的利益，又防止补充养老保险基金资产的损失和税收的流失。下面以美国政府出台的监管措施为例，说明补充养老保险管理的政策规范。

（一）依法保护员工的权益

（1）规范员工既得受益权的承诺。既得受益权中的"既"是已经，"得"是得到，既得受益权是指员工已经获得的养老保险权益。规范既得受益权，可以明确员工获得养老金权益的时间，这是保障员工权益的重要方式之一。为了防止用人单位随意剥夺员工的既得受益权，侵害员工的权益，美国政府剥夺了用人单位对既得受益权作出规定的权利，规定员工从参加补充养老保险计划那一天起，就具有既得受益权，即为即时的既得受益权。我国于2017年12月18日发布的《企业年金办法》规定，职工企业年金个人账户中个人缴费及其投资收益自始归属于职工个人。职工企业年金个人账户中企业缴费及其投资收益，企业可以与职工一方约定其自始归属于职工个人，也可以约定随着职工在本企业工作年限的增加逐步归属于职工个人，完全归属于职工个人的期限最长不超过8年。目前，我国对于一些企业因破产、员工工伤、员工死亡等其他原因造成的补充养老保险既得受益权丧失并未作出明确的规定，有待进一步细化既得受益权的有关规定，保障员

延伸阅读3-1：美国政府对补充养老保险既得受益权的规定

工的合法权益。

（2）防止补充养老保险优惠高职位者或者高工资者。如果某一补充养老保险计划仅有高职位者、高工资者参加，而低职位、低工资者不能获得保障的话，就存在着利用补充养老保险避税，优惠高收入者的嫌疑。如果美国税务部门发现，某一个补充养老保险计划中大部分参加计划的高薪职员都能够为用人单位工作到退休年龄，并能够获得补充养老保险计划提供的退休金，而大部分低薪员工很早就离开了用人单位，得不到补充养老保险计划为其提供的保障的话，那么，税务部门就可以认定该补充养老保险计划具有优惠高收入者的倾向，该计划就不再享受税收优惠，而且要接受惩罚性的税收。防止补充养老保险计划优惠高职位者、高工资者的办法是百分比测试。一个税收优惠的补充养老保险计划覆盖非高薪雇员的比例起码应当达到70%。不能通过百分比测试要求的补充养老保险计划，必须满足集中度百分比测试和平均福利百分比测试，才能不失去补充养老保险计划享受的税收优惠。

延伸阅读 3-2：美国补充养老保险计划的比例百分比测试

延伸阅读 3-3：美国补充养老保险计划的平均福利百分比测试

（3）依法监督确定受益型补充养老保险计划受益公式的执行情况。在确定受益型补充养老保险计划中，确定员工获得补充养老金的受益公式，有利于依法维护员工的合法权益。员工退休后，领取养老金的公式为

$$养老金 = 养老金替代系数 \times 工作年限 \times 基期工资$$

美国政府管理部门除了监督确定受益型补充养老保险计划的执行情况外，通常还规定，已经确定的员工基期工资、养老金替代系数，不得随意地更改。

（4）依法披露补充养老保险基金投资运营的相关信息。依法披露补充养老保险基金投资运营的相关信息是补充养老保险基金受托人的法定义务，也是受益人获得补充养老保险相关信息的制度保证，更是监管部门监管补充养老保险基金投资的重要依据之一。

（二）保持补充养老保险基金资产的独立性

资产独立性是指补充养老保险基金资产独立于任何人、单位和机构，这是隔离市场风险的信托制度安排。资产独立的法律特征主要包括以下几个方面。

（1）补充养老保险基金资产独立于任何供款人。补充养老保险基金供款人通常不能收回已经支付的供款，这对于用人单位、参保员工来说都是如此。在员工达到法定退休年龄之前，补充养老保险个人账户上的资金是不允许随意支取的，但是法律法规和部门规章规定的特殊情形除外。

（2）补充养老保险基金资产独立于任何管理机构。各类委托、代理机构只能依法取得管理费，但不能将补充养老保险计划资产并入自己的资产或者用于抵押债务；任何委托、代理机构的自有财产必须与受托管理的补充养老保险基金资产分别建账，分开管理。

（3）确保补充养老保险基金资产的安全。受托人依法将补充养老保险基金资产委托给拥有信誉资质的银行或专业机构托管；同样，银行或者专业机构应当遵循资产独立性的原则托管补充养老保险基金资产，这样才能保证补充养老保险资产的安全。

（三）监督受托管理机构利用补充养老保险计划资产避税或贪污

税务部门应当加强对补充养老保险计划资产的税收监管，可以从以下几个方面着手。

（1）确定用人单位或员工向补充养老保险计划缴费的比例和最高额度，严格禁止用人单位或员工向补充养老保险计划超额缴费。超额缴费部分不能从当期应税收入中扣除，并且对超额缴费部分附加一定额度的惩罚税，这是防止税收流失的重要监管措施之一。

（2）限制获得税收优惠的补充养老保险计划的提款时间。规定参加补充养老保险计划的员工退休以前，不得随意提取补充养老保险个人账户上的资金。如果需要提前提款，不仅不再享受税收优惠，而且要附加10%的惩罚税。

（3）限定补充养老保险计划的最低提款次数和提款额度。如果用人单位、个人一次性提取补充养老保险个人账户上的资金，就不再享受税收优惠，而且要附加惩罚性的税收。限定最低提款次数可以使补充养老保险计划资金真正发挥养老保障的功能。同时，有关法律法规规定，员工领取的补充养老金超过税收宽免额的部分应该纳税，这可以同征收的个人收入所得税衔接，避免政策上的疏漏。

（4）建立补充养老保险的个人账户。对于补充养老个人账户，通常有以下几个方面的规定：①建立补充养老保险的个人账户可以促使员工知悉个人账户的相关信息，以备个人查询和政府监管。在确定供款型补充养老保险计划中，员工需要及时了解个人账户的投资收益率、个人账户积累的金额，以确保员工对补充养老保险个人账户资产的知情权。②建立补充养老保险个人账户的转账和继承制度。相关法律法规通常规定了补充养老保险个人账户基金转账和继承的条件，以及享受的税收限制，这使补充养老保险个人账户的管理具有明确的法律规定和政策依据。

（四）完善补充养老保险基金投资运营的监管机制

补充养老保险基金由具有资格的基金管理公司、资产管理公司等机构委托管理，这是补充养老保险基金保值增值的必然选择。在这种情况下，政府发布的相关法律法规和部门规章规定了补充养老保险基金受托人、托管人、投资管理人和账户管理人的市场准入、退出资格和职责，规范和监管基金管理公司、资产管理公司投资运营补充养老保险基金，以防止补充养老保险基金被挪用、滥用或者贪污。对此，有必要建立补充养老保险基金受托人、托管人、投资管理人和账户管理人相互联系、相互制约的投资监管机制，确保补充养老保险基金资产的安全，确保补充养老保险基金资产的保值增值。

补充养老保险基金投资运营的监管主要包括以下几个方面。

（1）政府监管机构对补充养老保险基金受托人、托管人、投资管理人和账户管理人履行职责的监管。

（2）政府委托的社会中介机构对补充养老保险基金受托人、托管人、投资管理人和账户管理人履行职责的监管。

（3）金融投资市场对账户管理人、投资管理人行为的监管。

（4）补充养老保险受托人对投资管理人、托管人和账户管理人履行职责的监管。

（5）投资管理人、托管人和账户管理人之间在业务活动上的相互监督等。

这几方面的监管需要法律法规的支持，这是补充养老保险基金资产安全的法律保证。

（五）建立退休金津贴保障公司

对于确定受益型补充养老保险计划来说，政府出资建立退休金津贴保障公司十分必要，这是防止员工退休后一无所有的重要制度保证。基金管理公司、信托投资公司经营失败或者发生财务困难，会造成受托人无法支付员工退休金，这时退休金津贴保障公司可以向退休人员按照受益公式给付补充养老金，这是保障基金受益人获得补充养老金的制度保证。

延伸阅读 3-4：美国的 401（K）计划

建立退休金津贴保障公司，可以保护补充养老保险计划受益人的利益，减轻制度负担，避免出现补充养老保险基金缺口巨大时退休人员无法获得补充养老金等问题。目前，我国职业年金基金就采取了集中委托投资运营的管理办法，但是未建立退休金津贴保障公司或者采取保险机制来确保受益人的利益，投资管理人投资损失的风险缺乏有效的安全保障机制。

第二节　补充医疗保险

补充医疗保险是基本医疗保险的重要补充，是用人单位自定员工福利的重要内容之一。尽管基本医疗保险与补充医疗保险在发挥作用、保障水平、运营机制和经营目标等方面有所不同，但是二者都具有分摊风险、保障员工身体健康的功能。本节的主要内容是，理解补充医疗保险的特点、经办机构和保障范围。

一、补充医疗保险的概念和特点

（一）补充医疗保险的概念

补充医疗保险是指用人单位自愿或者被强制参加基本医疗保险以外的医疗保险。补充医疗保险是相对于基本医疗保险而言的，是根据享受医疗保障的权利和履行劳动（或缴费）的义务相统一的原则确定的，是依据员工较高水平的医疗保障需求设立的，是对基本医疗保险的补充保障。

（二）补充医疗保险的特点

补充医疗保险主要有以下几方面的特点。

1. 补充医疗保险是基本医疗保险的补充

补充医疗保险产生、发展的重要原因是基本医疗保险提供的保障不能满足员工较高水平的医疗保障需求。也就是说，在基本医疗保险提供的保障之外，还留有一部分市场份额，才会有补充医疗保险存在和发展的可能，才需要补充医疗保险来弥补基本医疗保险提供保障的不足。

2. 补充医疗保险属于较高层次的保障

从制度设计的角度看，基本医疗保险通常仅给予基本医疗费用支出提供补偿，提供医疗、检查和药品等基本医疗费用支出的补偿，其提供保障的水平通常比较低。补充医疗保险提供较高水平的医疗保障，其保障水平通常比较高，补充医疗保险主要保障基本医疗保险不提供保障的医疗费用、护理费用等，如图 3-3 所示。

图 3-3　医疗保险提供保障水平示意图

3. 补充医疗保险的经营具有营利性

基本医疗保险的经营单位是医疗保险经办机构，医疗保险经办机构是政府设置的事业单位，其管理基本医疗保险资金的目的是实现社会效益，保障劳动者（或公民）获得基本医疗保险保障；补充医疗保险的经营目的则不同，一些机构经营补充医疗保险的目的是获得利润，是为了实现经济效益目标。

4. 补充医疗保险的经营具有竞争性

基本医疗保险经营的目标是实现社会效益，医疗保险经办机构的管理具有非竞争性；而补充医疗保险经营的目标是实现经济效益，一些经营管理机构，如保险公司的经营具有竞争性。

二、补充医疗保险的经办机构

从理论上讲，补充医疗保险的经办机构是追求经济效益的保险公司、互助保险公司、私营医疗保险公司等。但是，在补充医疗保险发展的实践中，也存在政府设立的医疗保险经办机构经办补充医疗保险、工会经办补充医疗保险的情况。目前，我国经办补充医疗保险的机构主要有以下四种形式。

（一）医疗保险经办机构管理补充医疗保险

1. 医疗保险经办机构管理公务员的补充医疗保险

医疗保险经办机构管理补充医疗保险具有非营利性，追求社会效益。国务院于 1998 年 12 月 14 日发布的《国务院关于建立城镇职工基本医疗保险制度的决定》提出："国家公务员在参加基本医疗保险的基础上，享受医疗补助政策。"2000 年 4 月 29 日，劳动和社会保障部、财政部联合发布的《关于实行国家公务员医疗补助的意见》对公务员补充医疗补助的原则、范围、经费来源、经费的使用、具体管理等问题作出了明确的规定。建立公务员医疗补助的目的，是解决公务员参加基本医疗保险后不予支付的大额医疗费用和个人账户资金用完后个人自付部分的医疗费用支出。

（1）医疗补助的原则。医疗补助水平要与当地经济发展和财政负担能力相适应，保证公务员原有的医疗待遇水平不降低，并随着经济的发展有所提高。

（2）医疗补助的范围。医疗补助的范围包括：符合《国家公务员暂行条例》和《国家公务员制度方案实施》规定的国家机关工作人员和退休人员；经人事部或省、自治区、直辖市人民政府批准列入依照国家公务员制度管理的事业单位的工作人员和退休人员；经中共中央组织部或省、自治区、直辖市党委批准列入参照国家公务员制度管理的党群机关，人大、政协机关，各民主党派和工商联机关以及列入参照国家公务员管理的其他单位机关工作人员和退休人员；审判机关、检察机关的工作人员和退休人员。省级以下（含省级）机关公务员医疗补助的管理层次由各省、自治区、直辖市人民政府确定。省级以下（含省级）机关公务员医疗补助和离休人员、老红军的医疗保障以及医疗照顾人员的医疗补助等具体实施办法，由劳动保障部门和财政部门根据政府有关规定会同有关部门制定，报省级人民政府批准后执行，具体管理工作由劳动保障部门负责。

（3）医疗补助的经费来源。按照现行财政管理体制，医疗补助经费由同级财政列入当年财政预算，具体筹资标准应当根据公费医疗的实际支出、基本医疗保险的筹资水平和财政承受能力等情况合理确定。医疗补助经费要专款专用、单独建账、单独管理，与基本医疗保险基金分开核算。

（4）医疗补助经费的使用。医疗补助经费主要用于基本医疗保险统筹基金最高支付限额以上，符合基本医疗保险用药、诊疗范围和医疗服务设施标准的医疗费用补助；在基本医疗保险支付范围内，个人自付超过一定数额的医疗费用补助；中央和省级人民政府规定享受医疗照顾的人员，在就诊、住院时按规定补助的医疗费用。补助经费的具体使用办法和补助标准，由各地按照收支平衡的原则作出规定。

（5）医疗保险经办机构负责医疗补助的经办工作。各地要严格执行有关规章制度并建立健全各项内部管理制度和审计制度。劳动保障部门要加强对医疗保险经办机构的考核与监督管理；财政部门要制定医疗补助经费的财务和会计管理制度，并加强财政专户管理，监督检查补助经费的分配和使用；审计部门要加强医疗补助经费的审计。

2. 医疗保险经办机构经办城镇企业职工的补充医疗保险

目前，我国一些地区的医疗保险经办机构经办城镇企业职工的补充医疗保险。例如，2001年2月，北京市政府发布的《北京市基本医疗保险规定》规定，大额互助保险为补充医疗保险，用人单位缴纳基本工资总额的1%，员工无论在职还是退休，每月缴费3元，主要支付大额住院费用。北京市的补充医疗保险实行社会统一管理，用人单位缴费4%以内的部分列入产品成本，并将补充医疗保险纳入医疗保险经办机构统一管理。

（二）商业保险公司经办补充医疗保险

1997年10月，厦门市职工医疗保险管理中心为本市职工向商业保险公司投保团体商业保险，在全国率先推出了职工补充医疗保险计划，被保险人为基本医疗保险的参保职工。[①]每年 7 月 1 日，职工医疗保险管理中心从参保职工个人医疗账户中提取 18 元，从基本医疗保险社会统筹基金中提取 6 元，缴纳到承保职工补充医疗保险的保险公司——中国太平洋保险公司厦门分公司。厦门市进行的补充医疗保险改革，无疑是社会保险和商业保险有效衔接的有益探索。

（三）企业或者行业经办补充医疗保险

山东省财政厅、山东省劳动和社会保障厅于 2002 年 12 月 10 日发布的《关于建立企业补充医疗保险的指导意见》规定，企业补充医疗保险的管理办法、经费预算方案须经企业职工代表大会或者工会组织审议通过。如果是股份制企业，须经股东大会或者董事会审议通过，并报同级劳动保障部门、财政部门备案。企业或者行业补充医疗保险资金的使用情况每年至少应当向全体职工或者职工代表大会公布 1 次，接受职工的监督。企业或者行业应当确保补充医疗保险资金专款专用，不得挪作他用。

（四）工会经办职工互助保险

工会是代表职工利益的群众性组织，工会经办补充医疗保险也是重要的管理方式之一。例如，中华全国总工会主办的"中国职工保险互助会"，是以职工互助的形式从事保险业务的组织。该组织主办和经营管理的"职工互助补充保险"由工会组织经办，职工可以自愿参加，资金以职工个人筹集为主、行政资助为辅，是员工互济互助性质的保险。在政府举办的基本医疗保险之外，工会开展与职工生、老、病、死、伤、残等特殊困难有关的保险活动。同商业保险公司不同，职工保险互助会不是一个金融机构。职工互助保险的优势是，依靠各级工会组织的力量办理业务，可以最大限度地降低成本；职工保险互助会不以营利为目的，能够有效地保障会员的利益。所有企事业、机关单位的工会会员均可以以团体形式加入保险互助会，参加保险互助计划。职工互助补充保险的资金主要来源于职工互助会会员的缴费，各级行政部门给予适当的补助。在保障对象上一般要求以单位团体的形式参加保险，有些地方的职工保险互助会要求参加者的数量占到单位职工总数的80%。职工互助补充保险虽然与商业保险有区别，但是在经营管理活动上基本借鉴了商业保险的经验。职工医疗互助保险是补充医疗保险的一个部分，是政府举办的基本医疗保险之外，对职工发生疾病、非因工负伤等特殊困难时，依靠职工的力量，给予职工经济上的帮助。

三、补充医疗保险保障的范围

补充医疗保险在医疗保障体系中发挥着重要作用，补充医疗保险保障的范围是基本医疗保险未覆盖的群体或无法提供保障的领域。目前，我国补充医疗保险正以独特的方式为消费者提供全方位的医疗保障服务，力争实现基本医疗保险与商业医疗保险的有效衔接。补充医疗保险保障的范围大致包括以下几个方面。

（一）基本医疗保险社会统筹"起付线"以下费用的保障

基本医疗保险社会统筹"起付线"以下的医疗费用是基本医疗保险不予保障的部分，

---

① 参保职工包括本市参加基本医疗保险的职工和外来从业人员住院医疗保险连续满 5 年的人员。

这部分医疗费用是补充医疗保险可以提供保障的范围。例如，2002年8月，太平洋寿险公司推出了国内第一个分红型的健康险——太平盛世康健一生重大疾病保险，客户不仅可以获得重大疾病保险的定额保障，而且能够分享保险公司的经营成果，客户的红利分配可以用于支付基本医疗保险"起付线"以下的医疗费用。

（二）基本医疗保险社会统筹"封顶线"以上费用的保障

基本医疗保险社会统筹"封顶线"以上的医疗费用是基本医疗保险不予保障的部分，这部分医疗费用是补充医疗保险可以提供保障的范围。例如，中国太平洋保险公司厦门分公司于1997年率先在全国推出了职工补充医疗保险计划，承保厦门市企业职工基本医疗保险社会统筹封顶线以上的大额医疗费用，满足员工较高层次的医疗保障需求。员工发生超过基本医疗保险社会统筹基金支付最高限额45000元以上的医疗费用，由保险公司赔付医疗费用的90%，个人自付医疗费用的10%。商业保险公司为被保险人每人每年度赔付的医疗费用的最高限额为15万元。对于需要肾移植手术的、移植后需要长期服用抗排异药物的；癌症手术后，需要做放疗、化疗人员等的大额医疗费用予以报销。商业医疗保险推出的这种不计员工年龄、身体状况而设计的补充医疗保险，突破了商业医疗保险对次健康和非健康员工不予承保的原则，突破了商业医疗保险对高龄退休人群不予承保的原则，满足了基本医疗保险制度覆盖范围内员工较高层次的医疗保障需求，是商业医疗保险与基本医疗保险在业务上相互补充、相互衔接的一大突破。又如，女职工安康互助保险是中华全国总工会推出的一项重大疾病保险计划，其保障的对象是18周岁至60周岁的中国职工保险互助会会员中尚未发现乳腺癌、卵巢癌、宫体癌、宫颈癌的女职工。投保办法采取团体会员制，由职工所在单位的工会组织统一办理；保险期限为3年，保险费每人为36元（一份），保险金额为10 000元。被保险人可以投保一份或多份，但是保险金额最高为30 000元。被保险人自团体会员申请单生效之日起150天后，经市、区级以上医院确诊，患有上述四种癌症中的任何一种或多种疾病的员工，可以向中国职工保险互助会申请全额给付保险金。

（三）基本医疗保险社会统筹基金支付范围个人自付费用的保障

基本医疗保险社会统筹基金支付范围内（起付线以上、封顶线以下）个人自付医疗费用的保障，也是补充医疗保险提供保障的范围。例如，我国某市基本医疗保险中住院医疗的起付线为1 300元，封顶线为70 000元。患者发生的1 300元至70 000元之间的医疗费用，个人自付一定比例的医疗费用，这部分个人自付的医疗费用可以由补充医疗保险提供补偿。

（四）基本医疗保险未提供保障的社会群体

基本医疗保险未保障的社会群体，也是补充医疗保险提供保障的范围。例如，2001年11月，太平洋寿险公司在江苏省江阴市进行了农村医疗保险试点，由政府、集体组织和个人按一定比例出资，保险公司采取定点医院、信息网络、医疗专员相配套的综合管理模式。试点实施一年多，参保人数超过70万，参保率达到该市农村

案例分析3-1：超过基本医疗保险社会统筹封顶线的医疗费用如何报销？

人口的 85%，保费收入 2100 万元，保险公司首年即实现了保本微利的经营目标。

（五）基本医疗保险不提供保障的费用

基本医疗保险中，门诊医疗费用通常由个人账户支付。个人账户不足支付的部分，可以由补充医疗保险提供保障。疾病引起的营养、交通、误工费等，基本医疗保险不提供保障，这部分医疗费用支出可以通过投保综合保障计划获得保障。例如，住院补贴、因疾病引起的营养、交通和误工费等额外经济支出，泰康人寿保险公司推出的一些险种予以保障。

第三节　员工股权激励

员工股权激励是用人单位自定员工福利的重要内容之一，员工股权激励是指员工以持有用人单位股份的形式参与利润分配的薪酬制度，员工股权激励不属于员工的劳动所得，不属于工资的范畴。员工股权激励对防止员工短期行为，引导员工追求用人单位长远发展的效益具有比较大的激励和约束作用。

一、员工股权激励的类型

按照权利和义务关系的不同，股权激励方式可以分为三种类型：现股激励、期股激励和期权激励。

（一）现股激励

现股激励是指用人单位通过奖励或者参照股票当前市场价格向员工出售股权的方式，使员工当期获得公司的股权。同时，股权激励制度规定，经理人在一定时期内必须持有股票，不得出售。用人单位通常给予员工认股股价一定比例的折扣。例如，美国微软公司员工认股的股价折扣由 10% 上升到 15%。现股激励使员工可以参与用人单位的利润分配，用人单位通常按照职工工龄和职工在本单位工作的年限来分配企业获得的利润。只要用人单位分配的结果不对高薪员工给予特殊的优惠，都是政府允许的。

（二）期股激励

期股激励是指用人单位和经理人约定在将来某一时期内以一定价格购买一定数量的股票，购股价格通常参照股票的当前价格确定。同时，期股激励对经理人购股后再出售股票的期限做出严格的规定，以防止激励的短期化。

（三）期权激励

期权激励是指用人单位给予经理人在将来某一时期以一定价格购买一定数量股票的权利，经理人到期有权决定购买或者不购买本单位的股票，即行权。经理认购股票的价格通常参照股权激励时的市场价格来确定。同时，期权激励通常对经理人在购股后再出售股票的期限做出限制性的规定。在行权之前，股票期权的持有者没有任何现金收益；在行权之后，持有者可以获得股权激励日市场价和行权日市场价之间的价差收益。

二、不同股权激励方式的比较

现股激励、期股激励和期权激励三种类型的股权激励通常能够使经理人获得股票的增值收益。但是，三者在持有风险、投票表决权、资金即期投入和享受贴息等方面有所不同，具体对比情况如表 3-4 所示。

表 3-4　不同股权激励类型的权利和义务比较

股权激励类型	增值收益权	持有风险	投票表决权	资金即期投入	享受贴息
现股激励	√	√	√	√	×
期股激励	√	√	×	×	×
期权激励	√	×	×	×	√

现股激励和期股激励预先购买了股份，即事先确定了股份购买协议，经理人一旦接受这种激励方式，就必须购买股份。现股激励经理人已经获得奖励或购买股票；期股激励经理人签订协议，未购买或未全额购买股份，但未来必须购买。当股票的价格下降时，经理人需要承担相应的损失。经理人持有现股或者期权购买协议时，实际上承担了股票投资损失的风险。

在期权激励中，当股票的价格下降时，经理人可以放弃期权，从而避免承担股票价格下降带来损失的风险。现股激励中，由于股票的所有权已经发生了转移，因此，持有股票的经理人一般具有相应的投票表决权。在期股激励、期权激励中，当股票的所有权尚未发生转移时，经理人通常不具有相应的投票表决权。在现股激励中，不管是奖励还是购买，经理人实际上即期投入了资金；而期股和期权通常约定经理人在将来的某一时期投入资金。

在期股和期权的激励中，经理人在远期支付购买股票的资金，但购买价格参照现期股票的价格确定，同时从现期起就享有股票带来的贴息收益，这实际上相当于经理人获得了购股资金的贴息收益。

三、股权激励计划的内容

公司必须制订书面的激励计划，明确规定本计划受权人资格条件、股票的来源、涉及的股票额度等。我国证监会发布的《上市公司股权激励管理办法》规定，上市公司依照本办法制定股权激励计划的，应当在股权激励计划中载明下列事项：①股权激励的目的。②激励对象的确定依据和范围。③拟授出的权益数量，拟授出权益涉及的标的股票种类、来源、数量及占上市公司股本总额的百分比；分次授出的，每次拟授出的权益数量、涉及的标的股票数量及占股权激励计划涉及的标的股票总额的百分比、占上市公司股本总额的百分比；设置预留权益的，拟预留权益的数量、涉及标的股票数量及占股权激励计划的标的股票总额的百分比。④激励对象为董事、高级管理人员的，其各自可获授的权益数量、占股权激励计划拟授出权益总量的百分比；其他激励对象（各自或者按适当分类）的姓名、职务、可获授的权益数量及占股权激励计划拟授出权益总量的百分比。⑤股权激励计划的有效期，限制性股票的授予日、限售期和解除限售安排，股票期权的授权日、可行权日、行权有效期和行权安排。⑥限制性股票的授予价格或者授予价格的确定方法，股票期权的行权价格或者行权价格的确定方法。⑦激励对象获授权益、行使权益的条件。⑧上市公司授出权益、激励对象行使权益的程序。⑨调整权益数量、标的股票数量、授予价格或者行权价格的方法和程序。⑩股权激励会计处理方法、限制性股票或股票期权公允价值的确定方法、涉及估值模型重要参数取值合理性、实施股权激励应当计提费用及对上市公司经营业绩的影响。⑪股权激励计划的变更、终止。⑫上市公司发生控制权变更、合并、分立以及激励对象发生职务变更、离职、死亡等事项时股权激励计划的执行。⑬上市公司与激励对象之间相关纠纷或争端解决机制。⑭上市公司与激励对象的其他权利义务。

四、股权激励计划的相关规定

（1）确定股权激励计划实施的条件。例如，我国证监会发布的《上市公司股权激励管理办法》规定，上市公司具有下列情形之一的，不得实行股权激励计划：①最近一个会计年度财务会计报告被注册会计师出具否定意见或者无法表示意见的审计报告；②最近一个会计年度财务报告内部控制被注册会计师出具否定意见或无法表示意见的审计报告；③上市后最近 36 个月内出现过未按法律法规、公司章程、公开承诺进行利润分配的情形；④法律法规规定不得实行股权激励的；⑤中国证监会认定的其他情形。

（2）股权激励计划的受权人条件。股权激励计划的受益人即受权人，只限于本单位员工，不包括外部董事、顾问、供应商等。例如，我国证监会发布的《上市公司股权激励管理办法》规定，激励对象可以包括上市公司的董事、高级管理人员、核心技术人员或者核心业务人员，以及公司认为应当激励的对公司经营业绩和未来发展有直接影响的其他员工，但不应当包括独立董事和监事。外籍员工任职上市公司董事、高级管理人员、核心技术人员或者核心业务人员的，可以成为激励对象。下列人员也不得成为激励对象：①最近 12 个月内被证券交易所认定为不适当人选；②最近 12 个月内被中国证监会及其派出机构认定为不适当人选；③最近 12 个月内因重大违法违规行为被中国证监会及其派出机构行政处罚或者采取市场禁入措施；④具有《中华人民共和国公司法》规定的不得担任公司董事、高级管理人员情形的；⑤法律法规规定不得参与上市公司股权激励的；⑥中国证监会认定的其他情形。

（3）股权激励计划的股票来源。拟实行股权激励计划的上市公司，可以根据本公司的实际情况，通过以下方式解决标的股票来源：①向激励对象发行股份；②回购本公司股份；③法律、行政法规允许的其他方式。

（4）股权激励计划涉及的股票额度。股权激励计划涉及的股票额度会影响上市企业的资产规模，需要严格限制激励的额度。例如，我国证监会发布的《上市公司股权激励管理办法》规定，上市公司全部在有效期内的股权激励计划所涉及的标的股票总数累计不得超过公司股本总额的10%。其中，个人获授部分原则上不得超过股本总额的 1%，超过 1%的需要获得股东大会特别批准。

（5）股权激励规定的授予价格。上市公司在授予激励对象限制性股票时，应当确定授予价格或授予价格的确定方法。授予价格不得低于股票票面金额，且原则上不得低于下列价格较高者：①股权激励计划草案公布前 1 个交易日的公司股票交易均价的50%；②股权激励计划草案公布前20 个交易日、60 个交易日或者120 个交易日的公司股票交易均价之一的 50%。上市公司采用其他

延伸阅读 3-5：股权激励成为决策层中饱私囊的工具

方法确定限制性股票授予价格的，应当在股权激励计划中对定价依据及定价方式作出说明。

（6）股权激励的行权限制。国务院国有资产监督管理委员会、财政部于 2006 年发布的《国有控股上市公司（境外）实施股权激励试行办法》规定，高管应保留不低于授予总量的 20%，在任职期满后根据考核结果行权，股权增值行权所获现金收益应提留不低于 20%的部分至期满考核后提取。

第四节　员　工　培　训

员工培训是用人单位自定员工福利的重要方面，是提高员工工作技能和素质的有效途径，培训员工有助于提高员工职业素质，有利于提高用人单位的经营效益。下面介绍员工培训的一些内容。

一、员工培训的概念

员工培训是指用人单位或组织机构为开展业务及培养人才采取各种方式对员工进行有目的、有计划地培养和训练的管理活动。员工培训是指导新员工或者现有员工具有完成基本工作技能的过程。例如，我国《劳动法》规定，用人单位应当建立职业培训制度，按照国家规定提取和使用职业培训经费，根据本单位实际，有计划地对劳动者进行职业培训。员工培训对于用人单位的生存和发展具有十分重要的意义。

员工培训主要有三个目的。

（1）培训员工基础知识，使员工能够适应用人单位的工作环境和工作条件，对用人单位的情况具有一定的了解。

（2）培训员工工作技能，提高用人单位的竞争力。用人单位培训的目标通常是多方面的，不仅提高员工的办事能力、工作技能，而且训练员工成为适应用人单位发展的人才。

（3）增进员工的团结精神和员工间的相互信赖，促进用人单位形成独特的企业文化。

二、员工培训的原则

为了提高员工培训的效益，必须使培训同用人单位的发展战略目标、管理方法、生产经营密切地结合起来，并妥善地处理好以下几个方面的关系。

（一）近期目标和长远发展战略的关系

员工培训是有成本的，需要用人单位支付培训费用，这就要求员工培训既满足用人单位当前发展的需要，又具有长远发展的战略眼光，做到未雨绸缪，为用人单位未来的发展做好人力资源方面的战略储备，以促进用人单位的可持续发展。

（二）理论和实践的关系

员工培训既要提高员工的实际操作技能，也要提高员工的基础理论水平；既要提高员工的动手能力，也要提高员工对工作的理解能力、创新能力。

（三）共性和个性的关系

员工培训要针对员工的不同文化水平、不同职务岗位、不同要求以及其他差别，加以区别对待。只有这样，才能最大限度地发挥员工培训的功能，使员工的素质在培训活动中得到培养和提高，并在实践中逐步展现出来。

三、培训的类型

员工培训主要有以下几种类型。

（一）职前培训和在职培训

根据是否参加工作，员工培训可以分为职前培训和在职培训。

（1）职前培训。在员工到用人单位工作之前，对员工进行的教育和培训，就是职前培训。对工作类型、组织情况、操作规程作出介绍和要求，可以让员工对用人单位的历史、现状和未来发展有一个全面的理解，可以让员工对工作环境、职责、操作程序、用人单位的奖惩制度有一个全面的了解，可以帮助员工提高工作技能。例如，我国规定，员工从事特殊工种，必须进行岗前培训。

（2）在职培训。在职培训是一种非脱产培训，是指员工不脱离工作岗位，在坚持正常工作的情况下进行的培训，在职培训已经成为用人单位培训员工的基本方式。这种培训方式可以使用人单位既不缺少员工，又可以在不增加人员的情况下提高员工的工作效率。

（二）脱岗培训和在岗培训

根据是否在工作岗位，员工培训可以分为脱岗培训和在岗培训。

（1）脱岗培训。脱岗培训也称为离岗培训，是指员工脱离工作岗位进行的集中培训。一般来说，脱岗培训具有培训周期长、工作量大、成本高等方面的特点，对用人单位经济效益的影响比较大，用人单位很少选择脱岗培训。

（2）在岗培训。在岗培训是指通过在具体工作中以锻炼或者指导形式对员工进行培训。一般来说，在岗培训具有培训灵活、工作量小、成本低等方面的特点，对用人单位经济效益影响比较小，用人单位大多选择在岗培训。

（三）普通培训和专业技术培训

根据培训的内容，员工培训可以分为普通培训和专业技术培训。

（1）普通培训。普通培训是指培训的内容对较多的用人单位有用，培训的内容具有一般适用性。例如，在职攻读学位，进入电大、夜大、函大等学习，就属于普通培训。又如，打字也属于普通培训。对用人单位来说，员工经过普通培训后，其流动的风险比较高。这是因为，员工经过培训后，其所掌握的技能对于其他用人单位也适用。如果有合适的机会，接受普通培训的员工就比没有接受普通培训的员工流动性大。对于追求利润最大化的用人单位来说，不愿意投资普通培训。

（2）专业技术培训。专业技术培训是指培训的内容对较少的用人单位有用，培训的内容具有特殊性。由于工作的需要，如果不对员工进行培训，员工就无法掌握工作的技能。例如，核能技术培训、航空飞行培训等，就属于专业技术培训。一般来说，员工经过培训后，其流动的风险比较低。这是因为，员工经过培训后，其所掌握的技能对于其他用人单位不太适用。对于追求利润最大化的用人单位来说，用人单位更愿意投资专业技术培训。

四、员工培训的方式

员工培训的方式主要有员工在岗培训和员工离岗培训。

（一）员工在岗培训

（1）工作轮岗。工作轮岗是指将员工放在不同工作岗位上安排工作的培训制度，工作轮岗的优点是促使员工了解不同工作岗位的职能，丰富工作经验。工作轮岗是近期发展起来的培训方式，这种培训方式适用于管理人员和技术人员。

（2）学徒制。学徒制是指工作经验丰富的师傅带领一位或者几位徒弟学习的制度。一般来说，师傅先讲授、操作，然后将操作示范给徒弟看，徒弟按照师傅的指教学习操作，最后由师傅对徒弟的操作作出评价。学徒制是企业常用的员工培训方式，学徒时间与工作的难易程度有关，一般为 1～3 年。学徒制的缺点是，偏重技术操作方面的训练，而在理论学习上显得不足，因而限制了学习的深度和广度。

（3）项目指导。项目指导是指由指导人员讲明工作的要求、内容和规则，然后由学习者完成的培训方式。在项目指导的过程中，指导人员可以随时将培训人员的过失指出来，并弥补学习者的过失。项目指导的培训方式具有直观、实地操作性强等特点，便于员工加深对工作项目的理解。

（4）员工发展会议。员工发展会议是指以会议的方式培训员工，并对员工的发展有一个长远的规划。员工发展会议可以促进员工了解自己的特点，并在以后的工作中加以改进，有助于为员工的发展创造更好的发展环境。

（5）助理培训。助理培训是指让员工在一段时间内承担某职务助理的方式培训员工。这种培训方式可以让有发展潜力的员工对工作的职责有一个全面的理解，增加员工工作的经验，使被培训员工适应其职位发展的要求。

（二）员工离岗培训

（1）课堂培训。课堂培训是指在同一时间内培训许多人的培训方式，课堂培训是绝大多数离岗培训采取的一种方式。这种培训方式的优点是更现实、更有效，有助于员工独立思考。课堂培训可以采取多种形式，如讲授、试验、录像，以及观看幻灯片、电影等，员工的学习效果可以通过练习、考试来检查。课堂培训的缺点是，学习的知识不能直接运用到实践之中。课堂培训属于单向沟通，员工只能被动地接受，不利于员工学以致用。

（2）案例研究。案例研究是指通过具体案例讲解的方式培训员工，案例研究是经营和管理人员常用的一种方式。案例研究的优点是，能够培养员工观察问题、分析问题和解决问题的能力。案例研究的缺点是，只能反映个别案例中存在的问题，难以反映一般性问题。

（3）研讨会。研讨会是指通过组织会议，让员工研究、讨论问题的培训方式。研讨会的优点是通过讨论，可以集思广益、启发思路，发现问题的症结，可以促进员工相互学习。研讨会的缺点是，培训的成本比较高，能够参加会议的员工数量有限。

（4）观看录像。观看录像是指通过组织员工观看事先制作的录像让员工掌握技术和知识，也是培训员工的方式之一。录像带可以购买或者租赁，也可以为某一家企业的特定需要录制。录像培训的优点是直观，能够观察到许多过程的细节，运动的物体容易记忆，可以重播。这种培训方式的缺点是，受训者处于被动接受的状况，难以准确地评估受训者是否理解，需要其他培训方式加以配合。同时，制作录像的成本比较高，用人单位较少采取这种培训方式。

（5）游戏。游戏是指事先设计游戏场景，在游戏中组织员工学习的方式。这种培训方式的优点是，员工参与学习的积极性比较高，实用性强。有效的游戏方式可以通过模拟设备和环境来展现，这样可以使员工身临其境地学习，以加深对问题的理解。

五、员工培训计划实施的步骤

员工培训计划的实施通常需要经过以下几个步骤。

（一）制定员工培训的目标

员工培训的目标不仅决定着培训课程、培训方式和培训费用等，而且也决定着培训的考核方式和培训的效果。员工培训目标的制定应当具有具体性和可操作性，以便员工培训目标的实施。

（二）制定员工培训的课程表

培训课程表是指员工培训的具体课程和时间安排。在规划员工培训课程时，除了要确定培训的课程名称、培训时间、培训地点外，还要有培训的要求、考核办法等方面的介绍。员工培训课程的设置不仅要具有操作性和实用性，适应用人单位的生产经营需要，而且要具有科学性，有助于用人单位生产、经营的可持续发展。

案例分析3-2：违反培训合同的约定，是否承担赔偿责任？

（三）选择合适的员工培训方式

依据培训内容的不同，可以选择不同的员工培训方式。如果是专业技术培训，可以采取授课、授课与讨论结合、讨论三种培训方式。如果是管理培训，可以采取现场模拟、讨论等培训方式。如果是岗位技术培训，可以采取实景观摩、师傅带徒弟等培训方式。

案例分析3-3：山东省基本养老保险基金的委托投资运营

（四）控制员工培训的效果

员工培训控制的目的是预测和监督培训的效果，以促进用人单位的员工培训计划达到预期的目标，同时员工培训效果控制也是进行培训效果评估的有效方式之一。

 复习思考题

1. 简述用人单位建立补充养老保险需要具备的条件。
2. 简述确定受益型补充养老保险计划和确定供款型补充养老保险计划的运营机制。
3. 简述补充医疗保险的特点。
4. 简述补充医疗保险保障的范围。
5. 简述股权激励的条件。
6. 简述员工培训的原则。
7. 简述员工培训的意义。

8. 简述员工培训的步骤。

9. 简述补充养老保险受托人的职责。

10. 简述补充养老保险账户管理人的职责。

11. 简述补充养老保险托管人的职责。

12. 简述补充养老保险投资管理人的职责。

 即测即练

自学自测

扫描此码

第四章

商业团体人身保险

商业团体人身保险是商业保险公司介入员工福利管理的重要途径之一。借助商业保险公司的专业知识、技术和经验，用人单位可以以较低的保险费用支出为员工制订较高层次的保障计划，以有效地降低员工福利计划实施的成本，提高员工福利保障的可靠性和稳定性。近年来，商业团体人身保险受到了用人单位的普遍欢迎，其发展速度也比较快，成为员工福利的补充保障方式之一。

第一节　商业团体人身保险的概念、特点和销售方式

商业团体人身保险作为社会保障体系的重要组成部分之一，遵循保险的一般原理。同时，商业团体人身保险具有特殊的发展背景、业务对象和营销方式。

一、团体、团体保险和团体人身保险的概念

团体人身保险作为保险业务的一个重要方面，其成立的前提是具有符合一定条件的团体。这一团体与保险人建立团体人身保险合同关系，这种保险关系的载体是团体人身保险合同。

（一）团体的概念

团体是指团体保险关系中保险人的相对方，即被保险人。世界各国保险监管机构对投保团体通常从团体组成、团体人数、参保比例和团体人员参保资格的认定等方面作出规定。

1. 团体组成的规定

参加团体保险的团体，不是为投保团体保险而组成的团体，必须是已经存在、有特定业务活动、实行独立核算的正规法人团体。例如，机关单位、社会组织机构、企业、事业单位等均可以成为投保团体。这项规定的目的是，将以购买保险为目的而组成的"团体"排除在团体保险的承保范围之外。这样，可以防止大量高风险的人群组成团体，从而给保险人带来"逆选择"损失的风险。目前，我国境内的一些保险公司为了拓展业务，允许在同一个单位中的部分人员通过协商的形式组成团队，在所在单位人事部门出具证明的情况下，可以投保商业团体保险。

2. 团体人数和参保比例的规定

在世界各国团体保险发展的实践中，通常规定参加团体保险的人员必须达到一定的数量，并对参保人员所占的比例有一定的规定。一般来说，团体保险的人数规定为 5 人或 8

人及其以上。如果人数比较少，通常要求团体内 100% 的人投保；如果人数比较多，通常要求团体内成员投保的人数达到一定的比例，这一比例通常规定为 50%～80%。例如，我国保险公司通常规定，投保团体保险的人数等于或者少于 8 人时，所有成员必须投保；投保团体保险的人数多于 8 人时，投保成员应当占团体成员总数的 75% 以上（含 75%）。保险公司可以在保险合同中约定，被保险人人数减少到团体成员总数的 75% 以下时，在提前 30 日书面通知投保人后，保险公司有权解除团体保险合同。

3. 团体人员参保资格的认定

虽然团体保险通常不对单个成员进行选择，但是为了合理地控制理赔成本和管理费用，避免逆选择造成的损失，通常对投保团体保险的成员具有一定的资格条件限制。例如，用人单位为员工提供团体保险，通常有如下规定。

（1）全职或专职工作的规定。大部分团体保险通常只针对全职或专职的员工，对于兼职员工通常不予承保，这主要是由于兼职员工的离职率比较高。

（2）在职正常工作的规定。为了避免团体保险合同生效前就已经有患病的专职人员，通常有在职正常工作的资格条件规定，即要求每一位成员在保险合同生效日均能够正常上班，正常参与用人单位的实际工作。在某些特殊的情况下，"在职正常工作"的规定可以放宽或者稍做修订。

（3）试用期的规定。保险公司通常要求进入用人单位的新员工必须工作一段时间后，才能参加商业团体保险。团体保险合同规定的试用期长短通常依据投保团体的流动性高低来确定。试用期的规定可以降低一些频繁跳槽的人员逆选择的风险，也可以排除一些带病投保的人员，更可以排除一些为了获得保障而隐瞒病情的人员。

4. 团体的类型

符合承保条件的团体类型主要有以下几种。

（1）雇主团体。根据雇主的数量，团体可以分为单一雇主团体和多雇主团体。单一雇主团体是指团体保险的投保人是单一雇主，被保险人是单一雇主的雇员，雇员通常是法定最低劳动年龄以上到法定退休年龄以下的劳动者。多雇主团体是指团体保险的投保人是雇主的联合组织，被保险人是多个雇主雇用的雇员，如雇主联合会。

（2）债权人团体。在这一团体中，债权人是投保人；被保险人是债务人。

（3）工会团体。在这一团体中，工会是投保人；工会会员为被保险人。

（4）机关、事业单位团体。在这一团体中，机关、事业单位是投保人，被保险人是机关事业单位的保障对象或者工作人员。例如，社会保险经办机构是投保人，基本医疗保险的参保人是被保险人。又如，民政局是投保人，医疗救助的保障对象是被保险人。

（二）团体保险的概念

团体保险是指由保险公司用一份保险合同为团体内的许多成员或其财产提供保险保障的保险业务。按照保险标的类型划分，团体保险可分为团体人身保险和团体财产保险。团体财产保险不在员工福利计划考虑的范围内，因此，本节重点介绍团体人身保险。

（三）团体人身保险的概念

团体人身保险是指保险人为机关、事业、企业等单位的在职职工因承受疾病、退休、死亡、意外事故等风险造成的损失给予补偿的团体保险。在团体人身保险中，符合保险公司规定的承保资格条件的团体为投保人，团体内的成员为被保险人。保险公司通常签发一张总保单给投保人，当被保险人因疾病、伤残、死亡、离职和退休等风险造成经济损失时，保险人提供医疗费、抚恤金和养老金等方面的补偿。保险人补偿的依据是保险合同约定的保障范围，不在保险合同约定的保障范围内的损失，保险人不予赔偿。

由于团体人身保险承保的风险与团体、团体内成员的构成有直接的关系，因此，保险公司对团体的限定是保险公司经营管理的重要方面。保险公司在制定团体人身保险条款、费率和核保时，应当充分考虑承保团体的风险、团体人数、参保比例、团体成员的参保资格等，以防范道德风险和逆选择风险带来的损失。

二、团体人身保险的特点

团体人身保险投保人和被保险人的特殊性，使其具有有别于个人人身保险的一些特点，主要有以下几个方面。

（一）特殊的风险选择规则

团体人身保险的显著特点是商业保险公司用对团体的风险选择来取代对个人的风险选择。在团体保险投保的过程中，通常不需要提供团体中个人提供可保证明，保险人只需对整个团体的可保性作出判断，即对团体面临的风险进行判断，用对团体的核保来代替对个人的核保。保险公司以对团体的风险评估代替对个人的风险评估，并不意味着团体保险的风险度就高，其原因主要有以下三个方面。

（1）团体保险的投保人通常是用人单位或工会组织，被保险人通常不参与投保的流程，"逆选择"的风险比较低。

（2）团体保险合同的续保和再保险安排降低了保险公司的经营风险。

（3）团体保险的退保风险比较低。

基于对团体以往发生事故的风险评估，团体保险的定价通常采取经验费率。在团体保险定价时，依据风险程度不同，保险公司分别确定保费率，其主要考虑团体人数、行业类别、职业特点、工作性质、年龄分布、性别构成和以往的理赔记录等因素。其中，以往的理赔记录是决定团体保险费率的关键因素。这种由以往理赔记录决定的团体保险费率，就是经验费率。在实际操作中，团体保险的理赔经验通常会作为保险费调整的依据，团体中的个人提供的经验越多，就越具有可信性，这样以往各年度的理赔经验资料，在决定保险费率时就发挥很大的作用。许多保险公司的团体保险经验费率是根据行业的分类或合同的形态决定的。对大型团体适用的经验费率，通常以保险公司的账务经验为基础，并且各个保险公司之间也有差异；对于一些小团体，大部分保险公司会使用混合费率来避免理赔经验不足而产生的误差。

（二）灵活的保险产品设计

国外的团体保险通常没有事先印制好的险种条款，而是采取量身定制保单的做法，保险产品设计具有较强的灵活性。这是因为，不同的团体投保人会有不同的保障需要。在多数情况下，只要投保人的要求不会使管理手续过于复杂，不会引发"逆选择"的风险；只要不违反法律法规的规定，保险人会尽量予以满足，并在团体保险合同中加以体现。在团体人身保险量身定制保单的过程中，其业务流程通常要经过两个阶段：一是计划设计或协商阶段；二是承保阶段或计划落实阶段。团体保险产品的灵活性主要体现在第一阶段，投保人在这一阶段可以就保险合同条款的设计和保险合同的内容同保险人进行协商。在经过保险公司审核后，保险合同可以最终订立。当然，团体保险合同也要按照规定的格式，具有一些法定的条款。

（三）相对低廉的经营成本

对于保险人而言，团体保险的经营成本低于个人保险，这主要有以下几个原因。

（1）单证印制和单证管理的成本比较低。团体保险通常采取一张主保单承保一个团体的做法，节省了大量的单证印制成本和单证管理成本，简化了承保、收费等手续，具有规模效应的优势。

（2）附加佣金占总保费收入的比例比较低。团体保险的佣金占总保费收入的比例较个人保险的佣金占总保费收入的比例低。这是因为，团体保险并不像个人保险那样，给每一位被保险人的代理人都支付相应的佣金。许多大型团体保险的投保人通常直接与保险人协商，减少了佣金支出，降低了保险公司的经营成本。

（3）核保成本比较低。团体保险中，被保险人人数占团体总数的比例比较高，"逆选择"的风险比较低，体检和其他核保成本通常可以避免，节约了保险公司的费用。

团体保险的低成本，并不意味着保险公司经营团体保险的利润率比较高，同团体保险的低成本相对应的是低费率，这意味着投保人和保险公司可以分享团体保险低成本带来的好处。例如，美国团体保险的保费率通常是个人保险保费率的 1/3～2/3。对于团体保险的投保人，如用人单位、工会等，除了可以享受低费率的优惠外，团体保险还有效地降低了用人单位的税收负担。许多国家对于团体保险的保险费支出以及保险金的给付给予了一定的税收优惠，如美国政府对保险公司的团体保险依据险种不同给予用人单位或工会规定不同的税收优惠。

（四）专业的服务和管理

团体保险的投保人在保障的需求、缴费、谈判能力等方面通常高于个人投保人。在团体保险市场的激烈竞争中，要获得更多的客户，从业人员必须具有相关的社会保险、法律、财税、医疗、金融、管理等方面的知识，具有前瞻性、创造性的思维。

（1）团体保险的保险人及其工作人员成为员工福利规划的顾问。团体保险的保险人及其工作人员在社会保险、福利、法律、财税等方面向投保团体提出保障、理财规划等方面的建议，为投保人提供设计科学的员工福利、保险理财规划等专业服务。例如，国外的人寿保险公司都设有专门的团体保险部门，对团体保险进行专门化的管理，科学地设计团体保险经营的流程和服务。

（2）团体保险的保险人及其工作人员提供专业化的风险管理服务。为了适应团体保险的发展，保险公司通常培养具有较高专业素质的销售队伍，专门从事团体保险的销售和管理工作，为投保人提供专业化的风险管理服务。

（3）团体保险的保险人及其工作人员提供保险增值服务。保险人及其工作人员提供的增值服务主要有以下几类：①健康类增值服务。保险人及其工作人员通常提供健康咨询、就诊绿色通道、协助门诊挂号、安排住院、赠送体检、家庭医生服务、海外二次诊疗意见等增值服务。②生活服务类增值服务。保险人及其工作人员通常提供旅游救援、道路救援、机场高铁贵宾室等增值服务。③保单服务类增值服务。保险人及其工作人员通常提供电话服务、理赔优先等增值服务。

三、团体人身保险的种类

商业团体人身保险主要包括团体人寿保险、团体健康保险、团体意外伤害保险等。

（1）团体人寿保险。团体人寿保险是指以被保险生存或死亡为保险事故的团体保险。世界上第一张团体寿险保单于 1911 年由纽约公平寿险社（Equitable Life Assurance Society）签发。

（2）团体健康保险。团体健康保险是指以被保险人预防、治疗疾病为保险事故的团体保险。团体健康保险是应对疾病带来的医疗费用支付开发的险种。团体健康保险通常涉及医疗卫生机构。

（3）团体意外伤害保险。团体意外伤害保险是指以被保险人遭遇意外事故导致死亡或残疾为保险事故的团体保险。团体意外伤害保险是世界上最早推出的团体人身保险。

四、团体人身保险的销售方式

团体人身保险的销售不同于个人人身保险的销售。团体人身保险产品销售通常采取团队销售法，由销售团队共同完成销售任务。销售团队通常由一个负责人和 3～4 名辅助销售人员组成，销售团队的人员在核保能力、销售能力、沟通技巧和谈判技巧等方面具有较强的能力和丰富的经验，同客户保持良好的关系，以促成保险业务的达成。团体人身保险的营销方式通常有以下两种。

（一）直接销售

直接销售简称直销或自销，是指保险公司的员工直接与客户接触，销售保险产品和服务的行为。直销通常需要保险公司直接招募员工销售保险产品，通常不通过营销中间人。直销主要包括官网销售和柜台销售。

（二）中介代理销售

中介代理销售是指保险公司委托个人或者机构代理销售保险产品和服务的行为。中介代理销售是保险销售的主要形式。中介代理销售分为个人代理销售和机构代理销售。

（1）个人代理销售。个人代理人是指根据保险人的委托代理保险公司销售保险产品、收取代理费的个人。保险代理人通常同保险公司签订产品代理销售合同，在保险公司授权的范围内以保险人的名义进行业务活动。目前，我国规定，个人代理人只能销售一家保险公司的产品，不能同时代理几家保险公司的产品，因此也称为独家代理。

（2）机构代理销售。机构代理销售通常是具有法人资格的单位代理销售保险公司的产品。机构通常同多家保险公司签约，代理销售多家保险公司的产品。根据机构代理销售的业务种类，可分为专业代理机构和兼业代理机构。专业代理机构是指专门从事保险代理业务的保险代理公司。兼业代理机构是指接受保险人委托，在从事自身业务的同时，指定机构、人员为保险人代办保险业务的单位。兼业代理主要包括行业兼业代理、企业兼业代理、金融机构兼业代理和群众团体兼业代理等。

第二节　团体人寿保险

用人单位为员工投保的商业团体人寿保险也属于补充养老保险的范围，团体人寿保险是不同于企业年金、职业年金等补充养老保险，属于养老保障体系的第二支柱。

一、团体人寿保险的主要险种

团体人寿保险是以团体内被保险人的生存或死亡为保险事故的人身保险。团体人寿保险通常可以分为团体定期人寿保险、团体信用人寿保险、团体养老保险、团体年金保险、团体终身保险、团体遗属收入给付保险和团体理财寿险等。

（一）团体定期人寿保险

团体定期人寿保险通常简称为团体定期保险，是指以经过选择的员工为被保险人，雇主或雇主团体作为投保人，保险期间为 1 年的死亡保险。团体定期人寿保险是保险公司提供短期补偿的保险。团体定期保险通常以提供团体内员工在工作期间死亡为保障目的，以避免员工死亡后其遗属的生活缺乏保障。

（二）团体信用人寿保险

团体信用人寿保险是指为保全住房贷款、定期付款销售等分期偿还的债权，由贷款提供机构或者信用保证机构作为投保人（或者受益人），以与其发生借贷关系的众多分期付款债务人作为被保险人，同保险人签订的一种团体人寿保险合同。通常，团体信用人寿保险合同以未清偿的债务额为保险金额。在债务清偿前，如果被保险人死亡或达到合同约定的高度残障状态致使其收入中断，由保险人给付相当于未清偿债务额的现金给受益人。从原则上讲，团体信用人寿保险的保险金额会随着债务的分期偿还而逐步递减。

（三）团体养老保险

如果考虑员工退休后的生活保障需要，用人单位可以为员工向保险人购买一份"生存保险"团体养老保险。团体养老保险是指员工退休后，由保险人一次或多次按保险金额向退休人员支付款项，以保障退休人员年老后的生活。例如，随着我国企业年金、职业年金的发展，针对员工退休后生活保障的保险产品也逐步从团体养老保险向团体年金保险转变。

（四）团体年金保险

1. 团体年金保险的概念

年金是一种支付方式，年金可以由保险公司经营，也可以由非保险公司经营。年金寿险是指以被保险人生存为条件，保险人定期（按月、季、半年、年）给付保险金的保险产品。如果被保险人死亡，保险人就会停止支付年金。年金寿险的基本功能是稳定地支付一笔资金，年金寿险给付的目的是帮助被保险人抵御因寿命过长、财富耗尽而无法养老的风险。团体年金保险是指保险人承诺在一定期间按期支付一定款项的保险。团体年金保险的给付方式通常以年为周期，按年支付。当被保险人达到退休年龄（或合同约定的年龄）时，由保险公司一次或者分期给付保险金。

2. 团体年金保险的优势

团体年金保险是保险公司参与补充养老保险市场竞争推出的险种。补充养老保险计划可以通过购买团体年金保险的方式建立，团体年金保险的优势有以下几个。

（1）行政管理费用比个人年金保险的管理费用低。

（2）"逆选择"的风险低，可以降低保险公司的经营风险。

（3）享受税收优惠，用人单位为员工投保团体年金保险可以享受限定金额的税收优惠。

（4）保险费率比较低，投保成本低。

3. 团体年金保险的种类

按照不同的划分方式，团体年金保险有不同的种类。

1）按照给付的时间划分

（1）团体延期年金保险。这是最早出现的团体年金形式，通常团体一次性或每年按被保险人工资的一定比例缴存保费到保险公司，保险公司给每位被保险人建立一个账户。当被保险人生存至约定的时间或者达到退休年龄时，保险公司一次、多次或每年按照合同约定的金额给付保险金。在这类年金保险中，保险人对团体的人数有要求，以降低管理费用。团体中的被保险人越多，保费越低；反之，保费就越高。保险人对团体延期年金积累的资金投资运营，其投资具有长期性的特点，投资风险通常由保险人承担。

（2）团体即期年金保险。投保人一次交足保险费，保险人当年立即给付或者在合同规定的等待期满后就进入给付周期。第一笔定期给付可以在缴纳保险费之后1个月、3个月、6个月或12个月，具体给付时间可以在保险合同中约定。团体即期年金保险的被保险人通常是用人单位的退休人员。团体即期年金保险通常以整付的方式购买。按照给付的时间不同，分为团体期首年金保险和团体期末年金保险。

2）按照投保人承担的投资风险划分

（1）团体预存管理年金保险。团体通常每年向保险公司缴纳保险费，在该团体的账户下形成预存管理资金结余，这部分资金由保险公司投资运营，其投资收益率通常不低于某一约定的利率。当团体中的被保险人退休时，从团体账户下划拨一部分资金作为趸交保险费，为员工投保即期终身年金保险。

（2）团体投资年金保险。团体在签订保险合同时与保险人约定，投保人所缴纳的保险费扣除管理费用后，记入投资账户，由保险人对其进行投资，保险人对投资收益率不做任何保证，将所有投资风险都转嫁给保单所有人。在团体投资年金保险中，保险人除了按照保费的一定比例收取营业费外，还按被保险人的人数每月收取保单管理费和投资账户管理费。与团体分红保险相比，账户的透明度比较高，但是保单持有人承担的投资风险相对较高。

3）按照缴费的方式划分

（1）趸缴团体年金保险。趸缴团体年金保险是指一次缴清保费的团体年金保险投保人一次全部缴清保险费后，于约定时间开始，按期由年金受领人领取年金的团体保险。

（2）期缴团体年金保险。期缴团体年金保险是指分期缴付保费的团体年金保险投保人采取分期缴付的方式缴纳保险费，然后于约定年金给付开始日期起，按期由年金受领人领取年金的团体保险。期缴保费通常可以持续到 60 岁或者 65 岁。大多数分期缴费年金保险合同允许投保人选择缴费时期，并在约定范围内选择缴费水平，这类年金保险合同称为浮动保费年金；某些分期缴费年金保险合同每次缴纳保费的时间和金额已经确定，这类合同称为既定保费年金合同。

4）按照给付额是否变动划分

（1）定额团体年金保险。定额团体年金保险是指每次按固定金额给付年金的保险，这种年金保险的给付额通常是固定的，不随货币购买力的变化而变动。

（2）变额团体年金保险。变额团体年金保险是指年金给付额按照货币购买力发生变化的情况予以调整的保险。这种年金保险的设计通常用来克服定额年金保险在通货膨胀下保障水平逐年降低的缺点。

5）按照给付期限划分

（1）终身年金团体保险。终身年金团体保险是指年金受领人在有生之年一直可以领取约定的年金，直到死亡为止。

（2）短期年金团体保险。短期年金团体保险是指给付期限有限的保险。短期年金保险分为确定年金保险和定期生存年金保险两种。确定年金保险是指年金的给付与被保险人生存与否无关，以保险合同规定的年限给付年金的保险。定期生存年金保险是指年金的给付以一定的时间周期为界限，如果被保险人一直生存，则给付到期满；如果被保险人在规定的期限内死亡，则年金给付停止。

6）按照是否享受税收优惠划分

（1）税优团体年金保险。税优团体年金保险是指享有税收优惠的团体年金保险。一般来说，享有税收优惠的团体年金保险是政府鼓励发展的保险，其享受的税收优惠是相关法律法规允许税前扣除的，其保费、投资收益通常不作为当期应税收入。

（2）非税优团体年金保险。非税优团体年金保险是指不享有税收优惠的团体年金保险。非税优团体年金保险通常是用税后收入购买的团体年金保险，其投资收益当期需要纳税，在领取时也需要纳税。

（五）团体终身保险

团体终身保险是相对于团体定期保险而言的。团体终身保险主要提供团体内员工在工作期间的死亡保障，团体终身保险以团体或用人单位为投保人，团体内员工为被保险人，一旦被保险人死亡，由保险人负责给付死亡保险金的一种保险产品。显然，团体终身保险可以为团体员工提供在职或退休后死亡的保障，以弥补团体定期保险期限比较短的问题。

（六）团体遗属收入给付保险

在这种团体保险中，团体或用人单位是投保人，团体内员工是被保险人，员工的遗属是受益人。团体或用人单位与保险人签订保险合同，约定在员工死亡时，由保险人向死亡员工遗属给付死亡保险金。保险金的给付方式通常为按月给付，给付金额通常按照该死亡员工的原工资水平确定。例如，美国团体遗属收入保险死亡员工的配偶一般获得死者工资25%的保险金，子女获得死者工资 15%的保险金，对家庭给付的最高限额是死者工资的40%，并规定给付的期限。

（七）团体理财寿险

1. 团体分红寿险

团体分红寿险是指保险公司将其实际经营成果优于定价假设的盈余，按一定比例向保单持有人进行分配的人寿保险。这里的保单持有人是指按照合同约定，享有保险合同利益及红利请求权的人。分红保险通常采用固定费率，其相应的附加保费收入、佣金、管理费等不列入分红保险账户。

2. 团体万能寿险

团体万能寿险在提供基本的养老保险责任外，还提供离职、全残和身故保险金保障。团体万能寿险的投保人可以不定期、不定额地缴纳保险费，投保人缴纳的保险费在扣除一定的初始费用后进入团体账户和个人账户。被保险人可以根据保险、理财的需要委托投保单位代为缴纳保险费，以充实个人账户。

保险公司经营万能寿险一般收取以下费用。

（1）初始费用，即保险费进入万能险账户之前扣除的费用。

（2）死亡风险保险费，即保单死亡风险保额的保障成本。风险保险费应当通过扣减保单账户价值的方式收取，其计算方法为：死亡风险保额乘以死亡风险保险费率。

（3）保单管理费，即为维护保险合同向投保人或被保险人收取的管理费用。保险公司不得以保单账户价值一定比例的形式收取保单管理费。

保险人通常提供最低保证利率，并提供资产价值、账户价值、结算利息等信息。保险公司可以在万能账户中对不同情形采取不同的结算利率和不同的最低保证利率。

（1）不同的万能保险产品。

（2）不同的团体万能保险客户。

（3）不同时段售出的万能保险业务。

保险公司在同一个万能账户中采取不同结算利率或者最低保证利率时，对应的操作方法应当完备、合理，遵循公平性、一贯性的原则。

为了稳定团体万能寿险的收益，保险公司通常设立平滑准备金。平滑准备金通常来自实际投资收益与结算利息之差的积累。当万能账户资金的实际投资收益率低于最低保证利率时，保险公司可以通过减少平滑准备金弥补其差额；不能弥补时，保险公司应当通过向万能账户注资，弥补差额。在其他情况下，保险公司不得以任何形式向万能账户注资。万能账户不得出现资产小于负债的情况。在我国政府鼓励个人投保商业养老保险的情况下，团体万能寿险的优势更加明显。

3. 团体投资连结寿险

团体投资连结寿险也称为单位投资连结保险，是指保险产品的保险金额同投资收益相关联的保险产品。投资连结保险是集保险与投资功能于一体的保险产品。投资连结保险于20 世纪 70 年代产生于英国。例如，中国保监会规定，投资连结保险产品必须包含一项或者多项保险责任。投资连结险通常有一个保障账户、一个投资账户。投资账户划分为等额单位，投资单位价格由整个投资连结险投资账户的投资收益来决定，投资风险由投保人承担。

$$保单账户价值 = 投资单位数 \times 相应的投资单位价格$$

投资连结险的投资账户与保险公司的自有资产及其管理的其他资产不得存在债权、债务关系，也不得承担连带责任。投资连结险的投资账户是独立、透明的，客户可以随时了解账户动态、保险公司投资运营情况。投资连结险的保障账户主要承担死亡、残疾、生存保险给付等基本保险责任。死亡风险保额等于有效保额[①]减去保单账户价值。

二、团体人寿保险合同的特点

团体人寿保险合同通常具有人寿保险合同的一般特点，但是也具有其独有的特点，其主要表现在以下几个方面。

（一）被保险人比较多，情况复杂

团体保险的被保险人相对复杂，个体人数众多，且人员数量通常有比例的限制，被保险人具有变动性。在人寿保险个体合同中，通常只有一位被保险人，而团体人寿保险合同是以团体为投保单位，以投保单位的多数员工及其家属为被保险人，因此，团体人寿保险的被保险人人数通常比较多。为了保证团体人寿保险取得较好的效果，其保险费更趋低廉、投保手续更加简单，保险公司通常对团体的规模以及应当参保的人员数量占总人员的比例予以限制。在保险公司承保的过程中，团体内部部分员工可能会因为工作变动而丧失投保资格；也会因为有新员工加入，获得参加团体保险的资格，所以在团体人寿保险合同的存续期内允许被保险人退保，也允许增加被保险人，以符合用人单位的实际需要。如果被保险人包括员工的家属，员工退保时，其家属也应随之退保。

（二）规定被保险人的投保金额

团体人寿保险的保险费是按照平均费用计算的，也有来自投保单位的分担或者补助。为了确保保险费负担的公平性，降低"逆选择"的风险，促进团体人寿保险业务的风险分散，保险公司对每一位被保险人的投保金额都作出规定，并对单个被保险人的投保金额规定上限，通常以平均保险金额的 3.5 倍为上限。投保金额可以依据员工的职位、薪资、服务年限确定。

（三）用人单位承担全部或者部分保险费

团体人寿保险合同通常要求用人单位参与分担保险费，分担额度通常为保险费的 50%～100%。这主要因为，团体人寿保险合同采用的是平均费率，每一位被保险人单位保额（如每万元保额）的费率基本相同，其实际的情况是，年纪较轻者负担年纪较长者的部分保险费；同时，年长者通常因其服务年限较长、职位较高、薪资水平较高等原因，其保险金额也较高，这就使年轻员工负担着较高的平均保险费。如果用人单位不参与分担保险费，就会造成年轻员工个人寿险昂贵的问题。只有实行保险费分担的机制，才能避免年轻

---

① 有效保额=基本保额（即合同的初始保额）+累计（年度）红利保额

员工不接受交费的问题。

（四）管理费比较低

团体人寿保险合同还具有核保简单、被保险人享有合同转换权[1]、管理成本比较低、以团体作为风险选择单位等方面的特点，这使团体人寿保险的管理费比个人寿险管理费低，相应地，保险费率也更低。

三、团体人寿保险的保障范围

（一）死亡保险给付

在团体人寿保险合同的有效期间内，当被保险人因疾病或意外事故身故时，由保险人依照该被保险人的保险金额全额给付死亡保险金。团体人寿保险的每一位被保险人的保险金额并不相同，死亡保险金按照不幸身故的被保险人的保险金额给付。团体人寿保险的死亡保险给付主要包括因疾病或意外伤害事故所导致的死亡，排除投保人或者被保险人，或者受益人[2]的故意行为导致被保险人死亡，可以获得死亡保险金给付。

（二）失踪保险给付

被保险人在团体人寿保险有效期内失踪的，如果经法院宣告死亡，保险人以判决书所确定的死亡日期为准，按照该被保险人的保险金额给付死亡保险金；如果投保人或受益人能够出具证明文件，足以证明该被保险人是因意外伤害事故而死亡的，保险人以意外伤害事故发生的日期为准，按照被保险人的保险金额给付死亡保险金。如果日后发现该被保险人生还，受益人应当将已经领取的死亡保险金在一定期限内归还保险人。然而，由于造成被保险人失踪的原因较多，法院将按照不同原因分别确定宣告死亡的时间，因此，无论什么原因造成被保险人失踪，都必须经过一段时间的等待期。这对受益人来说，可能会带来经济上的困难，因此，如果投保人或受益人能够证明被保险人确实已经遭遇不测，就可以由保险人先行垫付死亡保险金。如果发现被保险人生还，受益人应当及时归还保险人已经垫付的死亡保险金。

（三）全残疾保险给付

在团体人寿保险合同有效期内，当被保险人因疾病或意外事故造成以下七种残疾中的一种时，由保险人按照被保险人的保险金额全额给付全残疾保险金：①双目失明；②两手腕关节缺失或两足踝关节缺失；③一手腕关节及一足踝关节缺失；④一目失明及一手腕关节缺失或一目失明及一足踝关节缺失；⑤永久丧失言语或咀嚼机能；⑥四肢机能永久完全丧失；⑦中枢神经系统机能或胸、腹部脏器功能极度障碍，终身不能从事任何工作，维持生命所必需的日常生活活动完全需要他人扶助。造成被保险人残疾的原因有很多，且残疾的程度亦有多级，而团体人寿保险合同是对疾病及意外事故所造成的全部残

---

① 被保险人享有合同转换权是指被保险人参保一段时间后，因离职需要转换为个人人寿保险时，被保险人可以在一段时间内不需要出具健康证明，直接投保不高于原保险金额的个人人寿保险。

② 如果受益人有 2 人以上，其他受益人不在此限。

疾（一般称之为第一级残疾）负给付残疾保险金的责任，至于第 2~6 级残疾则不在保险责任的范围之内。

四、初年度保险费的计算

保险公司初次承保某一团体人寿时，初年度的承保费率因为缺乏以往的经验数据，通常采用基本费率，并考虑若干个影响成本的因素来加以调整，以求得初年度保险费率。

（一）影响团体人寿保险承保成本的因素

影响团体人寿保险承保成本的因素有很多，主要包括性别、年龄、职业以及团体规模等。

（1）性别。同个人寿险一样，相同年龄的被保险人中，女性的死亡率比男性低。团体人寿保险中，如果使用不同性别的生命表计算基本保险费，则不需要考虑性别的差异。如果采用单一性别费率，就必须调整性别的差异。

（2）年龄。不同年龄的人，死亡率不同，保险公司的承保成本也不同。在计算基本保险费时，将各个年龄的费率乘以保险金额可以得到基本保险费。团体人寿保险中，被保险人年龄大多在 20~65 岁。有些团体费率表是按照年龄分组的方式列出，如按照相差 5 岁进行分组，主要考虑相邻年龄的人死亡率差异不大。低年龄段死亡率的差别通常比较大；但随着年龄逐渐增加，差别也在逐步缩小。

（3）职业。不同行业具有不同的风险事故发生率或索赔发生率，这对保险公司来说，承保成本也不同。例如，炼钢厂、煤矿、化工厂就比银行、教育、服务业具有较高的职业病或职业伤害发生率。投保团体的职业危险程度不同，团体人寿保险的保险费率也不同。

（4）团体规模。团体规模的大小和理赔的稳定性关系密切。在团体人寿保险中，保险公司常常根据团体规模的大小给予不同的折扣率，以适当地反映用人单位所需要的安全系数。小团体通常适用较高的安全系数；当团体规模较大时，安全系数就可以适当地降低。一般来说，团体规模越大，保险费用率也越低。

（二）初年度基本保险费的计算方法

初年度基本保险费的计算需要考虑以下因素，在此基础上确定保险费率。

（1）预期危险发生率。预期危险发生率通过查表确定，附加费用率（不含特别准备金提存率）是根据纯保险费的一定比例确定的，如 30%，预定利率按年复利计算。

（2）保险金额和被保险人年龄。保险公司通常按被保险人名单计算各被保险人的年龄及保险金额，再以年龄为准将各年龄员工的保险金额合计求出总保险金额。最后，从基本费率表中查出相当年龄的费率后，计算出保险费，然后再计算出团体总的保险费。

（3）性别、团体规模等。初年度基本保险费的计算，还应当考虑性别、团体规模等因素对团体人寿保险成本的影响，对年缴费率进行适当的调整。缴费调整的标准主要包括三个部分：①预期危险发生率部分。例如，先计算出团体中女性员工投保金额占整个团体保险金额的比例，然后按照一定的优待值进行调整，即女性员工保险金额所占比例越高，团体投保时享受的保险费优待比例就越高。②对团体保险费按其总缴费额度的多少分别给予不同的折扣率。③附加费用率部分，通常根据团体投保人数的多少，给予一定的保险费折扣率。例如，团体中参保的员工为 51～100 人时，可以享受 2% 的保险费折扣；团体中参保的员工达到 101～500 人时，可以享受 4% 的保险费折扣等。

五、团体人寿保险的经验费率

团体人寿保险合同的有效期通常为 1 年，如果投保团体在合同到期日之前提出续保的要求，保险人通常继续承保。这样，一份团体人寿保险合同就会年复一年地存续下去。与传统个人寿险合同采取均衡保险费的计算方法不同，团体人寿保险合同从其存在的续年开始，就要依据上年度的经验，确定下一年度的续保费率。

（一）团体人寿保险的经验分红

计算团体人寿保险的经验分红时，通常需要考虑以下因素。

（1）已交保险费。已交保险费是指分红计算期间保险公司总共收取的保险费。通常为过去 12 个月的保险费合计，但如果实交保险费未抵扣上年度分红后的净保险费，应当先予以还原，即将抵扣掉的上年度分红计入实交保险费。例如，月交保险费为 10 万元，则该年应交保险费为 120 万元，但抵交前一年末分红 30 万元，虽然该年实交保险费仅为 90 万元，在计算分红时已交保险费就应将抵扣分红的 30 万元，以年交保险费 120 万元计算。

（2）实付理赔额。团体人寿保险的部分理赔虽然在分红计算期间内支付，然而其中发生在上一年度而延续至本年度才支付的部分应予扣除。同样地，本年度发生但延续至下年度才会支付的金额也应当预估，并计入本年度。在保险管理实务中，这种扣除上年度、预估下年度的做法常以理赔准备金来替代。由于以整体业务来预估的这种理赔准备金均以保险费或理赔额的某一百分比来表示，因而调整实付理赔金额可以简化为以下公式：

实付理赔金额 = 已付理赔额 + 期末理赔准备金 − 期初理赔准备金

（3）预计理赔额。预计理赔额是指保险人依照经验预估该分红计算期间的理赔金额，这一金额通常就是评估风险保费的金额。

（4）理赔信赖值。理赔信赖值是介于 0 和 1 之间的一个数值，通常用来表示一个团体过去理赔经验的可靠程度，理赔发生率越高的险种，其理赔信赖值也越稳定。

（5）应计理赔额。理赔额通常会上下波动，这一波动在规模较大的团体中通常较小，这也就是说，这一指标能够比较好地反映团体的理赔状况。因此，采用理赔信赖值作为当年度实际理赔数的比重（权数）对保险公司的预计理赔额进行加权平均，求得的平均值就是当年应计理赔额。

（6）应计费用。应计费用主要包括当年度支付经纪人或代理人的佣金、税金、管理费用、风险费用以及应该减去的理赔准备金利息等。在计算经验分红时，已支付保险费金额减去应计理赔额和应计费用后的余额，就是当年度分红额。在团体人寿保险合同中，如果事先有分红比率的规定，那么，按照上述方法计算出的分红额并不全部给予投保团体，而是乘以某一百分比作为当年度的实际分红额。该百分比根据团体规模的大小以及保单存续的年数，逐年增加。如果计算出的经验分红为负值，则表示当年的经验分红为亏损，此亏损将转移到下一年度，在下一年度的经验分红中先予以扣除。

（二）经验费率

保险公司初次承保某一团体风险时，由于缺乏以往的经验可以依循，因此团体人寿保险的保险费采用初年度费率承保。当承保一两年后，积累一定的经验数据，这时保险人除了必须向客户支付经验分红外，续保的费率也必须调整。在人寿保险市场竞争日益激烈的情况下，每一位保险人都会设法减少费用支出。因此，如果保险人仅以分红来减轻客户负担的做法不太容易被接受，必须辅之以经验费率的计算方式，才能被客户接受，并同意续保。

在团体人寿保险经营的实务中，保险人决定分红和续保费率通常是同时进行的。不过，在考虑续保费率时，通常不仅采用一年的经验数据，因为低估保险费造成的亏损，只能由保险人承担。相反，如果采用较保守的续保费率，多收部分还可以用分红方式退还给客户。因此，保险公司通常会采用3～5年的经验来厘定续保费率，而且在计算续保费率时套用的分红公式通常以过去3～5年的累积数值为依据计算。累积计算的依据是大数法则，大数法则会使累积经验值的波动降低。

基于保守考虑，保险人甚至会将理赔信赖值降低。这主要是因为，经验费率是未来要采用的，因此不但要能反映目前的承保成本，还要能够适应未来可能的变化。当依此方式按累积经验计算出分红的比率时，就可以将此比率作为调整的上限。由于客户都会期望分红，因此应当加计部分未来分红的空间。此空间也可以作为将来应计理赔或费用一旦高于预估数值时的安全阀。如果将来的经验良好，此部分未来分红自然可以成为经验分红，返还给客户（即团体或用人单位）。

与个人客户相比，团体客户更具市场信息方面的优势，因此，在团体人寿保险产品的定价中，必须兼顾合理安全与市场竞争的关系。例如，表定费率采用一段时间后，保险人势必会以过去的经验来调整续保费率，以反映保险公司的实际经营成本。在保险公司经营的实务中，许多投保团体排斥以表定费率承保，认为表定费率过于保守，使团体的保险费负担沉重。在这种情况下，保险人会要求这些团体提供过去的经验数据作为调整的依据。如果该团体能够提供在其他保险公司承保的经验，证明可以采用较低费率作为初年度承保费率，其团体人寿保险合同通常也可以采用经验费率来计算保险费。

第三节　团体健康保险

用人单位为员工投保的团体健康保险也属于补充医疗保险的范围，属于员工自定福利的一项重要内容。团体人寿保险的保障范围比较窄，通常仅就被保险人的死亡、失踪以及完全残疾为事故给付保险金。但是，在员工工作的期间，由于健康原因丧失工作能力或者需要住院治疗的概率通常要比死亡的概率大得多。据有关部门统计，在员工的工作期内，每3个人中就会有1个人因病持续90天以上丧失工作能力。因此，对于员工及其家属来说，团体健康保险比团体人寿保险更重要。

一、团体健康保险的概念和主要险种

团体健康保险是指以团体或用人单位作为投保人，以所属员工为被保险人（包含团体中的退休人员），在被保险人因疾病①或意外事故所致伤害发生费用或损失时由保险人予以补偿的一种团体保险。团体健康保险可以由用人单位独自缴付保险费，也可以由用人单位与员工分担保险费。被保险人因疾病、意外事故或者分娩住院时，由保险人负责给付住院期间的治疗费用、住院费用、看护费用。除重大疾病等保险以外，绝大多数健康保险，尤其是医疗费用保险通常为 1 年的短期合同。团体健康保险补偿的原则是被保险人获得的补偿不得高于实际损失，费用型团体健康保险适用于这一原则，属于补偿性给付；而定额给付型健康保险则不适用于这一原则。团体健康保险主要有以下几类。

（一）团体基本医疗保险

在团体基本医疗保险中，被保险人在保险责任期开始后因疾病而住院治疗时，保险人负责给付住院费用、治疗费用、医生出诊费用以及透视费用和化验费用等。其中，住院费用的给付按照住院天数乘以每日住院给付金额的方法计算，每日住院给付金额以及每次住院的天数在用人单位与保险人签订的合同中予以规定。确定治疗费用主要有两种方法。

（1）表列法。表列法是指在合同附件中详细列明各项治疗的费用限额。不同的团体可以根据其需要或员工所能承担的保险费，将此费用金额乘以某一系数，以调整医疗费用的限额。保险人按此方法确定的限额向被保险人给付保险金（或代为支付治疗费用）。

（2）根据习惯合理地确定每次住院治疗的费用。医生出诊费用以及透视费用和化验费用通常在保险合同中予以明确规定。

（二）团体补充医疗保险

团体补充医疗保险也称为团体高额医疗保险。团体基本医疗保险（包括团体医疗费用保险）大多承保医疗费用支出，对于药品、器材、假肢、假牙、血或血浆、诊断服务、预防性药物、门诊治疗、护理及其他许多费用不予承保。团体基本医疗保险（包括团体医疗费用保险）对于各种医疗费用有许多限制（包括时间、金额的限制），这促进了团体补充医疗保险的出现。团体补充医疗保险通常由团体或用人单位与保险人协商补偿医疗费用的限额。同时，保险人为了规避医疗费用过高的风险，在团体补充医疗保险合同中，通常附加免赔额条款及共同保险条款。

（三）团体特种医疗保险

团体特种医疗保险主要包括团体长期护理保险、团体牙科费用保险、团体眼科保健保险等。

（1）团体长期护理保险。长期护理是帮助那些由于残障或老年痴呆症等慢性病而生活不能自理的人完成诸如吃饭、洗澡、穿衣和移动等日常活动。传统的基本医疗保险通常不承保长期护理费用，而团体长期护理保险就是以团体或团体雇主为投保人，以团体所属员工及其家属、年长的家庭成员为被保险人，承担被保险人的长期护理服务费用，保障他们退休后的财产或生活的一种团体护理保险。该险种在美国保险市场发展得较为普遍。在美国团体保险市场上，大多数长期护理保险通常由员工全额负担保险费②，保障范围为养老院

---

① 疾病成立的条件有以下几个方面：（1）必须是由于明显的非外来原因造成的；（2）必须是非先天原因造成的；（3）必须是由于非长期存在的原因造成的。

② 从这一点来看，大部分团体长期护理保险并不属于严格意义的团体保险。

的费用支出、辅助性生活设施、家庭护理、成人白天护理、住宿和临时性护理以及替代性护理等费用支出。

（2）团体牙科费用保险。在大多数国家，牙科保险是一种比较新鲜的事物。实际上，牙病的医疗费用要比其他疾病支付的费用更高，对整体医疗支出有着直接和间接的影响。团体牙科费用保险是指以团体或用人单位为投保人，以团体下属员工为被保险人，为员工所需要的一些牙科服务[①]和治疗提供保障的一种团体健康保险。

（3）团体眼科保健保险。团体眼科保健保险是指以团体或用人单位为投保人，以团体下属员工为被保险人，为员工提供眼科保健服务和疾病治疗服务的一种团体健康保险。

（四）团体丧失工作能力收入保险

团体丧失工作能力收入保险又称为团体残疾收入保险，是以团体或用人单位作为投保人，以团体下属员工为被保险人，由保险人承担补偿被保险人因遭遇意外伤害或疾病而丧失收入的一种团体保险。团体丧失工作能力收入保险合同通常按月给付保险金，保险金额的高低与被保险人的工资具有相关关系。保险给付则开始于保险合同约定的缺职期之后，并延续至保险合同约定的最长期限或被保险人的极限年龄。保险经营实务中，大多数的团体丧失工作能力收入保险合同，通常以不超过 6 个月（少数保险合同有 1 年的最高给付期规定）为最高给付期，这些合同也被划入团体短期丧失工作能力收入保险。另有一类称为团体长期丧失工作能力收入保险。这种保险合同与短期保险合同的区别是，其最高给付期远远超过 1 年，有些保险可以给付被保险人终身。

二、团体健康保险的参保资格

（一）员工参加团体健康保险的资格

一般来说，团队健康保险对团体员工的人数有最低限要求，如要求团体中参加保险的员工人数不得少于 10 人等。除此之外，团体健康保险还要求员工需要具备以下条件才可以取得参保资格。

（1）被保险人类别。团体健康保险合同通常明确规定，任何一位员工都必须归属于给付表中的某一类别。虽然这些分类的种类可能很广，足以包括团体内所有员工，但也有可能因为限制相当严苛而排除许多员工。在某些情况下，有些被排除的员工可能通过协商信托关系等方式获得其他团体保险合同的保障；在某些情况下，有些员工可能缺乏保障。这是因为，用人单位会限制团体内某些员工参加健康保险，因为每一位员工适当分类的责任是由保险单持有人（即团体或用人单位）来承担的。

（2）全职员工。团体健康保险合同通常将员工参加保险的资格限制为全职员工。用人单位也可以为兼职员工购买保险，这时候，"兼职"通常被定义为工作时数少于全职但必须大于某个最小时数。[②]在这种情况下，兼职员工可能受限于较严格的资格条件要求。

（3）现职员工条款。团体健康保险合同通常将一位员工因生病、受伤或其他理由而离

---

① 主要包括预防性护理服务，如定期口腔检查、清洗和早期诊断等服务。

② 我国非全日制工作通常是指劳动者平均每日工作时间不超过 4 小时，每周工作时间不超过 24 小时的用工形式。

开工作岗位视为失去被保险资格。如果雇主或用人单位将团体健康保险由一家保险公司转到另一家保险公司，那么在员工返回工作岗位时，保险会重新开始。拥有大量员工的用人单位通常制定排斥现职员工参加健康保险的条款。

（4）试保期间。团体健康保险合同可能要求被保险人在符合参保资格之前就必须满足试保期间的相关规定。员工在符合保障资格之前必须达到这些规定，试保期通常不超过 6个月。[①]员工在已经达到试保期过后的第 1 天，或是试保期结束当月的第 1 天就可以取得参保资格。

（5）可保性。虽然大部分团体健康保险合同不需要个人提交可保证明，但在某些核保管理实务中会要求个人提供可保证明，通常在合同制员工无法选择保障或者需要增加保险金额的情况下提交。

（6）保险费分担。如果团体健康保险计划采取保险费分担制，则保险单持有人（团体或用人单位）必须获得员工授予的薪资扣抵授权，保障从保险单持有人收到员工授权时开始。如果保险人在 31 天内没有收到授权书，员工必须提供可保证明，才能得到保障。在保险费分担制下，如果员工目前无法获得保障，未来再次得到保障，员工也会被要求提供可保证明。

（二）员工家属参加团体健康保险的资格

员工家属通常也可获得团体健康保险提供的保障。一般来说，只有员工本人参加了团体健康保险，他们的家属才会获得保障；否则，很少有只针对家属提供的健康保险。这也就是说，如果被保险员工的保险效力终止，则其家属也不会获得团体健康保险的保障。在保险费支出中，如果员工分担的保险费采取从工资中扣减的方式，则家属的保障将与员工的保障同时生效。在保险费分担制下，如果家属在符合参加团体健康保险资格后的一段时间（通常为 1 个月）内并没有投保，以后只有在开放登记期间可以提出申请，或提交保险公司满意的可保证明之后，才能获得保障。如果员工之前并没有家属，而近期有了家属（如生育、结婚或领养等），那么以他们拥有家属的时间作为其家属取得参加团体健康保险资格的时间。

目前，保险界对于家属的范围有较多的争论，部分团体健康保险合同将家属界定为员工的配偶以及 18 周岁以下的未婚子女。有的团体健康保险合同则将家属的范围扩展至员工及配偶的亲属，比如同居一处并接受其扶养的子女、双亲、祖父母、兄弟姐妹或孙子女，只要这些亲属依靠被保险人扶养，其就具有参加团体健康保险的资格。

三、团体健康保险的给付条件

团体健康保险合同通常会规定一定的给付条件。例如，团体医疗费用保险的保险单上规定病人住院必须是在医院里，否则不予给付保险金。住院通常是指病人必须在医院里过夜，经过医生的完整诊断，动过手术以及使用设备，由合格的护士提供 24 小时服务。病人须经医生认可，才能住院。有权认可病人住院的医师包括药剂师、物理治疗医师、牙医师，以及其他种类的开业医师。

（1）团体健康保险给付的条件。团体健康保险给付的条件有：①被保险人必须在保险

---

① 我国 2018 年修正的《劳动法》规定，劳动合同的试用期最长不得超过 6 个月。

合同有效期间住院。②被保险人住院时虽然保险合同效力已终止，但如果保险合同条款中对于完全残疾有延展效力的规定，被保险人在保险合同终止效力后 3 个月内仍然可以住院。③在保险合同效力已终止的情况下，如果被保险人在保险合同有效期间怀孕，也可以获得给付。

（2）团体健康保险的观察期。规定被保险人投保后须观察一段时间，被保险人在观察期内因疾病而支出的医疗费用，保险人概不负责。观察期结束后，保险单才正式生效。

（3）团体健康保险的除外责任。团体健康保险合同通常有除外责任的规定，除外危险事故通常有战争、服兵役、自残及企图自杀。有些保险合同将不合理的费用，以及失能治疗中的一些不必须的费用予以扣除。有些隐含的除外不保的费用是依照保险单上的文字解释来确定的。例如，所承保的费用必须是"合理、必要"的费用，对于不合理、非必要的费用就被视为除外费用。大部分除外条款存在的理由是显而易见的，因为团体健康保险需要除外条款来排除一些医疗费用，如美容手术费用等。

此外，团体健康保险并未排除员工的既往状况，因为团体健康保险在核保时已经考虑风险选择。不论是较大的团体，还是较小的团体，其保险单对于有患病记录的员工都有同样的规定，即必须在进入该团体工作后经过一段时间未再患病，才能成为被保险人。

即使同属于团体健康保险，有些团体健康保险险种也将其他险种承保的风险作为除外责任。例如，一般团体补充医疗保险中除外不保的费用可以为其他的团体健康保险种类所承保，如怀孕、分娩、流产或早产（有时限额承保）、牙科治疗、美容手术、酒精中毒、麻醉品引起的毒瘾、神经病或精神失常、健康检查、旅行费用等。在疗养院的疗养费用有时是除外不保的费用，有的保险人也以特别限额或期间的方式承保。

四、团体健康保险的给付标准及期限

（一）团体医疗费用保险的给付标准及期限

1. 给付标准

团体医疗费用保险的给付旨在支付或补偿被保险人因疾病而住院的费用。给付项目主要包括：病房费、伙食费、住院医疗服务费、医疗设备费和生育给付。其中，病房费和伙食费的给付，通常包含护理费及每日的基本费用；住院医疗服务费、医疗设备费，是指手术费、透视费、检验费、药剂费等；生育给付主要包含病房费、伙食费、医疗服务等方面的定额支付。每天的病房费、伙食费通常按照住院费用给付表的规定进行给付。在给付表中，通常对每日病房费及伙食费的给付限额作出明确的规定。除了病房费及伙食费的给付之外，当被保险人住院期间需要特别医疗服务、使用医疗设备时，保险人通常也给予一定限额的给付，给付的限额约为每天病房费及伙食费的 20 倍。当被保险人因怀孕、分娩或流产而需要住院治疗时，由保险人给付每日的病房费及伙食费，以及其他必需的服务费、医疗设备费等，全部费用之和通常不超过每日病房费、伙食费的 10 倍。当然，生育给付也有采取定额方式给付的。

以上所述的基本给付属于团体医疗费用保险给付的一般情况。实际上，由于城市与乡镇的收费标准不同、不同地区医疗服务系统之间存在差异等，在团体医疗费用保险中，各种给付项目的标准存在着比较大的差别。

近年来，由于医疗费用逐年提高，为了控制投保团体的短期住院费用，保险人常常在团体医疗费用保险合同中订立一些自负条款，即被保险人因病住院时，须自行负担一部分住院费用，自负额通常为某一固定金额；或者在住院第 1 天、第 2 天或第 3 天扣除病房费和伙食费等。团体医疗费用保险合同中，设立自负条款的目的是减少小额理赔，打消被保险人患有轻微疾病就想住院的念头。因此，这一条款对给付期限并无影响。

2. 给付期限

团体医疗费用保险通常规定，被保险人住院天数为 21 天到 365 天不等，通常为 31 天、70 天或 120 天。近几年公布的资料显示，大约有 60% 的团体医疗费用保险合同规定被保险人住院天数最多为 70 天。规定 70 天的给付期限大多能够满足各种住院病人的需要；仅有 0.5% 的病人，其住院天数要超过 70 天。有些团体医疗费用保险合同规定，被保险人住院有一定的期限，超过此期限，达到 31 天、70 天或 120 天后的病房费、伙食费会减半给付。

（二）团体补充医疗保险的给付标准及期限

1. 给付标准

团体补充医疗保险通常承保所有的医疗费用，主要包括：病房费及膳食费，医疗服务及医疗供应品费用，内科、外科的治疗与手术费用，医师或麻醉师的麻醉品管理费用，X 光及物理治疗费用，护理、检验、药材、血及血浆、石膏布、夹板、撑木、拐杖、义肢、假牙、氧气等费用，以及氧气设备、轮椅、病床等租用费用。在特殊情况下，也包括患者被送往医院或离开医院的交通费用。

除了对每日病房及膳食费用的给付金额有最高限额的规定外，团体补充医疗保险不再设置各项费用的给付限额，只要是定点医院或定点医师开具或者许可的费用即可。保险人大多要求被保险人提供治疗期间的住院证明书，以保证医疗费用的真实性。

2. 给付限额和给付期限

虽然团体补充医疗保险对各项费用的给付基本上没有限制，但是在给付各项费用的总额上通常规定最高给付限额。最高给付限额的设置方法有很多，主要有以下几种。

（1）对每一伤害或疾病分别规定最高给付限额，即以单一事故或单一疾病为基础确定最高给付限额。

（2）对所有疾病支付的费用规定一个混合总限额，即以所有事故为基础确定最高给付限额。

如果以所有事故为基础，保险合同条款通常以给付期间为最高给付限额，即在一个期限内所发生的医疗费用，保险人均予以给付。此期间可以是一个保险单年度、给付年度、日历年度或被保险人的终身。大多数团体补充医疗保险单通常对所有事故采用一个综合的最高给付限额。

采用每一事故限额且有终身累积限额，或采用每一日历年度限额及终身累积限额，也是常用的方式。终身累积限额比每年限额或每一事故限额更普遍。采用限额时，如果被保险人在获得一定金额的给付后，能够提供可保证明，就可以恢复此限额。有些限额通常是以期间为基础，即医疗费用必须在此期限间内发生，才履行给付义务。此期间称为"给付期间"，可能是 1～3 年，大部分团体补充医疗保险以 1 年为基础。在给付期间，同一事故或所有事故的累积医疗费用达到自负额时，由保险人给付超出的医疗费用。给付期满后，被保险人仍然住院，则给付期间可以延长，但有可能导致被保险人医疗费用支出的扩大。因此给付期间可能会因被保险人患一种慢性疾病而无限延长，所以保险人必须以期间或总限额来限制给付责任。因此，大部分保险单都有每一事故限额或总限额的规定。

3. 分摊比例及自负额的规定

在团体补充医疗保险中，并非所有的医疗费用都可以获得足额给付。保险合同通常规定费用超出自负额部分，由被保险人自行负担医疗费用的 20%～30%，即在团体补充医疗保险合同条款中定有分摊比例条款。保险公司作出这一规定有以下几个目的。

（1）为了控制理赔成本，防止被保险人过度消费医疗服务。

（2）约束被保险人尽量使用价格低廉的医疗服务，促使病人早日恢复身体健康。

（3）促使被保险人尽可能地选择适当的医疗方式，合理地使用医疗卫生资源。

除了分摊比例条款的规定外，团体补充医疗保险还通过自负额条款来控制保险人的给付成本。团体补充医疗保险合同采用自负额条款主要有以下几个原因。

（1）降低被保险人的医疗费用支出，因为自负额条款排除了保险人的小额理赔成本与费用支出。

（2）减少或排除有其他健康保险合同的双重保险，即规定由被保险人负担最初发生的部分医疗费用，以降低道德风险。

规定自负额的方式有很多种，常用的方法是期初自负额。此种自负额适用于最初发生的医疗费用。也就是说，被保险人所负担的医疗费用达到自负额时，保险人给付超出自负额的医疗费用。此种自负额通常被个人或家庭保险合同和团体保险合同所采用。在基本医疗保险中，一次给付（或直接给付给被保险人）的金额中已将自负额扣除。

团体补充医疗保险经常以小额自负与团体医疗费用保险结合的方式来承保同一团体的医疗费用支出，而这一自负额只适用于医疗费用超出基本医疗保险合同所承保金额的部分。在这种情况下，基本医疗保险合同的给付金额并不需要扣除自负额。小额自负不仅可以减少保费支出，而且被保险人也可以从团体基本医疗费用保险的保险人处获得部分给付。

在团体补充医疗保险中，第三种经常采用的自负额属于综合自负额。综合自负额基本上是由前述两种自负额组合而成，其计算方法取决于某一特别金额与基本保险合同中的给付金额哪一个更高。换句话说，综合自负额是小额自负额的变化形式，当团体医疗费用保险的给付额等于或者超过某一特别金额时，小额自负额即等于零，即所发生的医疗费用扣除团体医疗费用保险的给付额后的余额，以分摊比例的方式计算医疗费用给付。这种分摊方式的优点是，当医疗费用较高又有团体医疗费用保险存在时，被保险人就不承担自负额。

（三）团体丧失工作能力收入保险的给付标准及期限

团体丧失工作能力收入保险的给付，通常比团体人寿保险的给付更复杂，其给付表也与团体人寿保险类似，将员工分为若干种类，并提供团体丧失工作能力收入保险特定给付金额。可见，员工种类与员工可以获得的潜在给付之间具有密切的关系。

1. 给付标准

同在团体人寿保险中探讨的一样，在团体丧失工作能力收入保险中也有许多种类的给付表。给付表可以适用于全体员工，也可以限制特定团体的员工。除此之外，给付可以以工资的某一百分比计算。团体丧失工作能力收入保险中最主要的困难是确定适当的给付标准。如果丧失工作能力员工的给付标准比其日常工作所得要高，就会鼓励员工有计划地缺勤或者降低其返回工作岗位的动力。团体丧失工作能力收入保险计划所设计的给付标准通常为员工工资的50%～70%。虽然这意味着日常收入所得实质上降低了，但是丧失工作能力员工不用支出与工作有关的一些日常费用，例如，上下班交通费用。某些短期的团体丧失工作能力收入保险提供的给付与员工丧失工作能力前的工资相等。许多短期的团体丧失工作能力收入保险以及大部分的长期计划，其给付是基于日常所得的某一百分比（扣除红利及加班费）。这个百分比在短期计划中差异比较大，有的低到50%，有的达到100%。典型的长期团体丧失工作能力收入保险的给付标准通常是员工工资的50%～70%。有些团体丧失工作能力收入保险则分级给予被保险人不同的比例，例如每月工资在1000元以内的，给予60%的给付；每月工资超过1000元的，给予40%的给付。在按员工工资的一定百分比确定给付标准时，也要考虑最高给付金额，最高给付金额则不受员工工资多少的影响。

2. 给付的等待期和给付期

要确定团体丧失工作能力收入保险的给付期间，必须确定何时开始给付（即给付开始日与丧失工作能力发生日之间的关系）以及支付多长的时间。在这一问题上，短期团体丧失工作能力收入保险与长期团体丧失工作能力收入保险有很大的不同。短期团体丧失工作能力收入保险合同通常设定一段时间的等待期。等待期是指保险合同提供保障后被保险人丧失工作能力后、保险人开始给付前的一段时间。典型的短期合同对于因疾病而导致工作能力丧失的，其等待期通常为1～7天。然而，在某些计划书当中也载明单一的等待期，等待期有时会超过7天。在保险合同中设定等待期，除了可以降低团体丧失工作能力收入保险的成本，还可以减少员工因疾病而缺勤的情况。

（1）短期团体丧失工作能力收入保险给付的等待期和给付期。在短期丧失工作能力保险合同下，员工一旦开始获得给付，但仍然长期丧失工作能力，给付持续到保险合同所规定的给付期限结束为止。虽然短期保险合同所提供的给付期限最长为2年（长期保险合同的给付期限通常超过2年），但是给付持续超过1年的情形并不多见。事实上，大多数短期保险合同规定的给付期限为13周、26周，大多设定为26周。

（2）长期团体丧失工作能力收入保险给付的等待期和给付期。长期团体丧失工作能力收入保险的等待期短则30天，长则1年或者更长。大多数长期团体丧失工作能力收入保险所载明的等待期为3～6个月，大多设定为6个月。在许多情况下，长期团体丧失工作能力收入保险等待期的长短与保险人在短期团体丧失工作能力收入保险或继续领薪中确定的给付期的长短相适应。

长期团体丧失工作能力收入保险的给付期短则2年，长则至被保险人终身。长期团体丧失工作能力收入保险给付一般在65岁时终止。对于老龄退休人员有以下几种不同的适用方法：①某些情况下，对任何丧失工作能力员工的给付一直持续到70岁。如果丧失工作能力在70岁或70岁以后发生，则给付仍然持续一段时间。②对于在某一特定年龄之前丧失工作能力的员工，给付持续到

延伸阅读 4-1：员工团体意外、疾病保险计划

65 岁；在特定年龄之后丧失工作能力的员工，给付仅持续一段有限的时间。

大部分长期团体丧失工作能力收入保险合同都规定，连续丧失工作能力期间必须少于某一特定期间，通常为 3～6 个月，除了后来证明丧失工作能力是由于同工作不相关的原因造成的，或者在员工已经回到工作岗位后才发生丧失工作能力的事故。

第四节　团体意外伤害保险

团体意外伤害保险是团体保险最早的形式之一，是指当被保险人（团体内员工）遭遇意外事故导致死亡或残疾时，由保险人负责给付死亡保险金或残疾保险金的一种团体保险。团体意外伤害保险通常与团体短期丧失工作能力收入保险等一起附加于团体人寿保险合同之中。当被保险人在残疾医疗期间丧失收入所得，其应缴付的部分保险费可以由附加意外伤害保险的给付来提供。

保险人给付保险金的前提条件是被保险人身体直接因意外事故受到伤害，如果因为其他原因（如慢性病等）而受到的伤害则属于免责范围。除了意外事故的发生，许多保险人还同时规定被保险人身体所遭受伤害的部位与程度也应当属于意外的范围，才可以申请理赔。不过，这一规定的有效性与可行性常常引起争议。

在保险经营实务中，由于团体意外伤害保险通常作为团体附加险存在，许多人对此项团体保险业务不太熟悉，甚至产生误解。例如，由于团体意外伤害保险与用人单位责任保险的投保人相同、投保手续类似，以及确定费率的基本因素相同，许多人常常将这两种保险产品混为一谈。实际上，团体意外伤害保险与雇主责任保险在保险标的、保险金额和责任期限以及它们对于团体雇主及其员工的利益关系等方面存在着比较大的差别。

一、团体意外伤害保险的性质

团体意外伤害保险主要补偿被保险人因遭遇意外伤害导致残疾而丧失的收入。与团体健康保险的基本原则类似，团体意外伤害保险合同为因伤害而致残的被保险人提供每周或每月的给付金额，给付金额的高低与被保险人的工资具有一定的关系，给付自特定的缺职期开始，延续至约定的最长期限。

团体意外伤害保险的残疾给付具有补偿性。这反映在两个方面：一方面，在雇主投保团体意外伤害保险时，核保人员往往会考虑被保险人因意外伤害获得的所有保障来源，包括：劳工职业伤害赔偿保险给付，老年、遗属、残疾保险给付，退伍军人养老年金给付，补充养老保险计划，残疾给付等，以确定被保险人是否因拥有其他残疾保障而获得超额给付。也就是说，需要同时考虑被保险人可能获得的其他给付，以一个整体的观念来设计团体意外伤害保险计划的安排。另一方面，在意外伤害事故发生后，理赔人员也需要考虑被保险人因意外伤害而获得的所有保障来源，来决定残疾保险金的给付（投保时往往已经设计出给付的顺序及比例等），而且残疾保险金不能累积计算。同一个被保险人所获得的多次意外事故给付总额有可能超过其保险金额，因为每次给付并不受过去已给付金额的影响。

团体意外伤害保险除了补偿被保险人因遭遇意外伤害导致残疾而丧失的收入之外，还在被保险人因意外事故导致死亡时，对其受益人给付死亡保险金。被保险人遭遇意外死亡所带来的经济损失究竟有多少是无法计算的，团体意外伤害保险的死亡保障到底是属于补偿性质还是属于慰问性质，以及这种保障在经济上的作用如何，至今仍然无定论。在许多情况下，被保险人因意外伤害所致死亡所带来的经济损失反而较少，因为无须医疗费用、住院费用等方面的支出，因此关于团体意外伤害保险死亡保障的性质仍然没有定论。

近年来，从团体意外伤害保险产品的发展形态看，团体意外伤害保险同其他团体保险产品一样，用人单位担负起保障员工的责任，团体意外伤害保险的保障范围也越来越符合员工的需要。例如，保险人不仅提供团体员工保障方面的意外伤害保险合同，而且提供针对员工家属的意外伤害保险。

二、团体意外伤害保险的参保资格

团体意外伤害保险合同通常由保险人签发给用人单位，用以保障用人单位的员工。有些团体意外伤害保险合同签发给员工福利计划的受托人，此类计划通常在同一个行业内包含多个雇主。在这种情况下，团体意外伤害保险投保的基础行业内的雇主，其与被保险人的资格均源于雇佣关系。

团体意外伤害保险合同与团体健康保险合同类似，对雇主（保单持有人）下属的各类员工都有参保资格的规定。通常对于合格类别均有试用期的规定，例如新员工必须符合3个月或6个月的试用期。

团体意外伤害保险合同只提供给经常工作的员工。在用人单位负担全额保险费的情况下，当员工经过试用期而符合经常工作的条件时，员工会自动地获得参加团体意外伤害保险的条件。这也就是说，在雇主购买了团体意外伤害保险之后，员工就自动获得了团体意外伤害保险的保障。在用人单位与员工分担保险费的情况下，当员工同意此项负担时，通常从员工工资中扣减，并符合超过试用期而经常工作的条件时，团体意外伤害保险就对该员工提供保障。由此可见，团体意外伤害保险与其他形式的团体保险，除了可能趋向于将残疾保障限于较稳定的员工类别外，没有特殊的区别。非全日制工作的员工通常没有参保资格，如果员工每周工作时间少于若干小时数，也被认为不符合参加团体意外伤害保险的资格条件。[①]

三、团体意外伤害保险的给付条件

团体意外伤害保险合同的被保险人只有因保障范围内的意外事故发生而受到伤害时，保险人才负责给付残疾保险金或死亡保险金。团体意外伤害保险保障范围内的意外事故，通常是指员工由于非职业性的意外伤害而导致其完全、永久地残疾，因而无法担当任何工作时，由保险人给付残疾保险金。团体意外伤害保险保障范围的要求有两个特点：

（1）必须完全丧失工作能力，部分丧失工作能力不在保障的范围内。

（2）如果因残疾而无法担当工作任务，就视为残疾。

---

① 《劳动合同法》规定，非全日制用工是指以小时计酬为主，劳动者在同一用人单位一般平均每日工作时间不超过 4 小时，每周工作时间累计不超过 24 小时。

在团体意外伤害保险合同中，保险人给付保险金额的条件是被保险人身体因意外事故而直接受到伤害，如果是间接地因其他原因（如慢性病等）而受到伤害，则属于免责的范围。因此被保险人遭受意外事故时，需要有可见的外伤，方可申请理赔，如果是内伤，则需要有现场见证人。有些团体意外伤害保险合同还规定，在遭受意外事故与判明残疾（或死亡）的期间不能超过一定的时间，通常为90天。

除了间接地因其他原因（如慢性病等）受到伤害属于团体意外伤害保险的免责范围之外，还有一些原因造成伤害，保险人可以免予理赔。这些除外责任通常在团体意外伤害保险合同条款中明确规定，其主要包括以下几个方面。

（1）被保险人自残、企图自残或故意自残而导致的伤害。

（2）因战争或其他动乱而导致被保险人受到伤害。

（3）被保险人参加暴力团体或因犯罪行为而导致的伤害。

（4）因病或手术、诊断错误而造成的伤害等。

事实上，许多团体意外伤害保险合同，只限于保障非职业原因所导致的残疾或死亡。这是因为，员工所受到的职业性伤害通常由工伤保险（一种强制性的社会保险）或雇主责任保险来提供保障。在某些特殊情况下，团体意外伤害保险合同可能承保所有原因造成的残疾或死亡。

四、团体意外伤害保险的给付标准及期限

（一）给付标准

团体意外伤害保险合同通常规定，当被保险人死亡或有一项以上肢体（包括四肢、眼睛、手指）或语言能力、听觉等丧失时，由保险人给付保险金额的100%；如果仅丧失其中一项肢体，则给付保险金额的一半。对于同一次意外伤害事故，保险人的最高给付额为保险金额；对于多次意外事故给付总额可以超过保险合同约定的保险金额，因为每次给付并不受被保险人过去已经获得的给付金额影响。残疾给付并不累积计算，例如被保险人一只眼已经失能，则其再次遭受意外事故使另一只眼也失能时，保险人仅给付保险金额的一半。

团体意外伤害保险作为一种附加险，附加于团体人寿保险之上。团体意外伤害保险的保险金额通常和团体人寿保险的保险金额相同，但团体意外伤害保险可投保的最高限额常常稍低于团体人寿保险。随着时代的进步，团体意外伤害保险的投保限额不断提高。如果被保险人在旅行中乘坐交通工具因意外事故而导致伤害时，除了应获得的保险金外，通常还可以获得额外的给付。此外，越来越多的团体意外伤害保险合同不仅提供被保险人因意外伤害导致残疾时的残疾保险金给付，还提供因残疾而丧失工资的保险金给付，后者往往与团体健康保险中的团体丧失工作能力收入保险综合起来予以承保。

延伸阅读 4-2：中国人寿执法人员团体意外伤害保险介绍

（二）给付期限

团体意外伤害保险合同条款对于给付期限的规定包括两点。

（1）等待期。等待期是指意外伤害事故发生日与因伤害给付残疾保险金开始日之间的这段时间。

（2）最长给付期。在团体意外伤害保险中，残疾保险金给付通常从被保险人因意外伤害事故导致伤害并缺职的第1天、第4天或第7天开始。设置等待期的主要作用在于，可以排除很多并不需要补偿的轻微伤害给付，从而降低保险成本。这样可以使保险人避免因许多小额赔款而带来高额的管理费用。设定等待期的另一重要作用是，避免员工因为参加了保险而不当缺职的道德风险产生。

延伸阅读4-3：我国保险公司提供保险产品的类型和产品特色

团体意外伤害保险的给付分为两种。

（1）一次性给付。如果被保险人因意外伤害导致死亡，由保险人一次性给付死亡保险金；或保险合同中订立条款，规定被保险人因伤害导致残疾后，保险人给付全部残疾保险金后，保险合同即终止。

（2）定期给付。定期给付仅适用于被保险人因意外伤害而获得的残疾给付，一旦给付开始，只要被保险人仍然残疾，给付便持续至合同规定的最长给付期限。最长给付期限随团体的不同而不同，通常为13周或26周。此外，绝大多数的团体意外伤害保险合同，其最长给付期限适用于被保险人每一次的因伤致残。因此，对于同一被保险人而言，被保险人在最长给付期满以后，还有可能获得给付。

延伸阅读4-4：全民普惠保的保障范围和保险金额

复习思考题

1. 简述团体保险的概念和特征。
2. 简述团体人身保险的保障范围。
3. 简述团体人寿保险的种类构成。
4. 简述团体人寿保险合同的特点。
5. 简述团体健康保险的参保资格。
6. 简述团体丧失工作能力收入保险的给付标准。
7. 简述团体意外伤害保险的参保资格和期限安排。
8. 简述团体人身保险在员工福利安排中的作用。

即测即练

自学自测 扫描此码

第五章

医疗保险计划

随着社会的发展、医疗技术的进步，以及人类健康、保健意识的增强，医疗费用支出呈现出不断增长的趋势，个人负担医疗费用的比例越来越高，医疗保险计划给人们的生活带来的影响越来越重要。在这种情况下，用人单位迫切地需要通过医疗保险计划来分担员工及其家属的医疗费用支出压力。同时，为了吸引人才、激励人才，用人单位需要维持高效的工作团队，医疗保险计划在员工福利计划中占有比较重要的地位。用人单位在决定自保和投保商业保险的选择中需要综合考虑基本医疗保险提供保障的范围与水平，需要评估商业医疗保险计划的成本和收益，以期实现保障效用的最大化。

第一节　医疗保险计划概述

一、医疗保险计划的概念和特点

医疗保险计划是用人单位为员工建立的用于提供医疗服务和补偿医疗费用支出的员工福利计划，是员工福利计划的重要组成部分，是用人单位需要妥善规划的重要员工福利项目。医疗保险计划具有以下几个方面的特点。

（一）医疗保险计划是应对员工疾病风险而设立的保障计划

医疗保险计划是用人单位应对员工疾病风险而设立的保障计划，医疗保险计划的资金只能用于满足员工罹患疾病的医疗费用支出补偿。医疗保险计划资金的使用必须专款专用，不能挪作他用。制订医疗保险计划，必须考虑医疗保险补偿率。医疗保险补偿率主要包括两个方面：一是医疗费用支出补偿率，二是疾病津贴补偿率。

（1）医疗费用支出补偿率。医疗费用支出补偿率是指用人单位或政府补偿患者的医疗费用支出占患者全部医疗费用支出的比例。医疗费用支出补偿率是衡量医疗保险保障水平的重要指标。医疗费用支出补偿率越高，医疗保险的保障水平就越高；反之，医疗保险的保障水平则越低。医疗费用支出的自负率是同医疗费用支出的补偿率相对应的概念。医疗费用支出的自负率是患者自我负担的医疗费用支出占患者全部医疗费用支出的比例。医疗费用支出的自负率越高，医疗保障水平越低；反之，医疗保障水平则越高。医疗费用支出的补偿率和医疗费用支出的自负率具有负相关的关系。医疗费用支出的补偿率越高，自负率就越低；反之，自负率则越高。医疗费用支出的补偿率和自负率的关系可以通过如下公式表示：

医疗保险费用支出补偿率 + 医疗保险费用支出自负率 = 1

（2）疾病津贴补偿率。疾病津贴补偿率是指医疗保险参保人领取的疾病津贴占个人工资总额的比例。一般来说，参保人的工龄越长，领取的疾病津贴占个人工资总额的比例就越高，疾病津贴的补偿率就越高；反之，疾病津贴的补偿率就越低。

（二）医疗保险计划建立的目的是补偿员工患者的医疗费用支出

员工罹患疾病，会给个人和家庭带来一定的经济损失，有时个人和家庭会难以承受巨额的医疗费用支出。医疗保险计划可以使用人单位有计划地对员工因疾病造成的损失给予一定的经济补偿和帮助，是员工疾病风险转移的保障计划。

（三）医疗保险计划是一个含义广泛的计划

医疗保险计划不仅包括基本医疗保险计划、用人单位自定的补充医疗保险计划，而且包括员工预防疾病的保健计划和商业健康保险计划。一般来说，用人单位自定健康保险计划提供保障的方式多种多样，用人单位可以自保，也可以投保商业团体健康保险。团体健康保险产品是用人单位转移疾病风险的重要方式之一。在员工福利管理实践中，政府强制实施的基本医疗保险、用人单位自定的补充医疗保险并不依靠购买或选择健康保险产品来实现疾病风险转移和补偿。这主要有以下几个方面的原因。

（1）成本问题。商业保险公司是营利性的企业，其经营具有一定的利润要求，其经营目标并不是追求社会效益，而是追求经济效益。用人单位投保商业健康保险计划的成本通常比较高，其投保成本通常高于用人单位的自保计划，这是医疗保险计划不选择商业团体健康保险的主要原因之一。

（2）政府和用人单位的管理需要。为了有效地控制医疗保险计划方面的资金支付，政府和用人单位对员工承担疾病风险保障的范围与水平是有限度的。

（3）商业保险提供保障的范围具有有限性。商业保险公司出于营利目标会考虑提供种类有限、保险金额有限、标准化的保险产品，这些保险产品仅能够满足一部分人的医疗保障需求，其覆盖面、保障范围、保障水平是有限度的。

二、医疗保险计划的种类

（一）法定医疗保险计划和用人单位自定医疗保险计划

依据实施方式不同，医疗保险计划可分为法定医疗保险计划和用人单位自定医疗保险计划。法定医疗保险计划通常也称为基本医疗保险计划，是依据法律法规和部门规章强制实施的医疗保险计划；用人单位自定医疗保险计划通常也称为补充医疗保险计划，是用人单位自愿实施的医疗保险计划，用人单位经营效益好、愿意为员工提供额外的补充医疗保险计划，就会建立自定医疗保险计划。否则，就不会建立自定医疗保险计划。用人单位自定医疗保险计划通常补充保障基本医疗保险不提供保障的范围和水平。在用人单位自定医疗保险计划中，用人单位可以为员工投保团体健康保险计划，以补充基本医疗保险提供保障不足的部分。

（二）合格医疗保险计划和非合格医疗保险计划

依据合法性不同，医疗保险计划分为合格医疗保险计划和非合格医疗保险计划。以我国为例，合格的基本医疗保险计划是指依照《国务院关于建立城镇职工基本医疗保险制度的决定》建立的基本医疗保险计划，用人单位缴费率控制在职工工资总额的6%左右，员工缴费率为本人工资的2%。合格的补充医疗保险计划是依据劳动和社会保障部、财政部发布的《关于企业补充医疗保险有关问题的通知》建立的补充医疗保险计划，企业补充医疗保险费在工资总额 4%以内的部分，可以直接从成本中列支，作为补充医疗保险计划的缴费。自 2008 年 1 月 1 日起，用人单位为员工缴纳的补充医疗保险费，不超过工资总额 5%以内的部分，在计算企业应纳税所得时准予扣除，这是政府管理部门对补充医疗保险给予的税收优惠。非合格医疗保险计划是指超越政府法律法规和部门规章的规定，用人单位为员工提供的不符合政府规定的医疗保险计划。非合格医疗保险计划具有多样性，其主要特征是违反相关法律法规和部门规章的规定。例如，不管职工是否患病，按人头分配享有税收优惠的医疗保险资金，就属于非合格医疗保险计划，这是因为各国政府通常规定，医疗保险资金不允许直接支付现金。又如，给予企业高管层制订特殊优惠的医疗保险计划等，严重违反医疗保险的公平性原则，也属于非合格医疗保险计划。

三、影响医疗保险计划的因素

（一）基本医疗保险计划提供保障的范围

基本医疗保险计划和用人单位自定医疗保险计划息息相关。如果基本医疗保险计划比较健全，保障水平比较高、保障范围比较宽，用人单位自定医疗保险计划就不重要，用人单位的负担就不重；如果基本医疗保险计划不健全，保障水平比较低、保障范围窄，用人单位自定医疗保险计划就变得非常重要。在实行全民医疗保障的福利国家，如英国、加拿大以及北欧等国家，公民的基本医疗保障由政府举办的基本医疗保险来提供，提供免费或基本免费的医疗卫生服务，员工对用人单位自定医疗保险计划的需求并不迫切。相反，由于美国是唯一的发达国家中没有建立全民医疗保险的国家，只有 65 岁以上的老年人可以获得低收费或者免费医疗服务保障，低收入者（包括年幼者、残疾人等）可以获得医疗救助的保障。此外，美国还有"联邦公务员医疗福利计划"（FEHBP），退伍军人以及土著人的联邦医疗保障计划。除了社会特殊群体享有政府的医疗保险计划外，大多数人是自己承担医疗费用支出的。这就为用人单位建立自定医疗保险计划留下了较大的发展空间，这使美国员工成为享受用人单位自定医疗保险计划最多的国家。在我国基本医疗保险制度改革的过程中，个人承担医疗费用支出的比重在逐步扩大，医疗卫生市场的不健全限制了基本医疗保险制度改革的步伐，用人单位提供的自定的医疗保险计划在员工福利中发挥的作用越来越重要。

（二）社会环境

环境污染、生产环境的职业危害、噪声、不安全的交通设施等，都对人的健康产生比较大的影响。在污染的社会环境因素对人影响比较大的情况下，医疗保险计划需要动用的资金就比较多；反之，则医疗保险计划需要动用的资金就比较少。随着社会环境的变化，人类疾病的种类、医疗费用支出等也会相应发生变化，这也会影响医疗保险计划的制订和实施。例如，癌症发病率越高的地区，用人单位和员工对补充医疗保险计划的需求就越高。

（三）年龄、个人生活习惯、职业、种族、婚姻等

（1）年龄对医疗保险计划的影响。年龄越高，员工患病的风险就越高，恶性肿瘤、高血压、糖尿病、冠心病等疾病的发病率就越高，其对于医疗保险计划提供保障的需求也就

越强烈；反之，其对医疗保险计划提供保障的需求也就越低。如果用人单位为接近退休年龄的人员提供医疗保障，则医疗费用支出的成本就会更高。接近退休年龄的人口健康状况比较差，患病风险比较高，对医疗卫生服务的需求量大，医疗费用支出就多。用人单位员工年龄结构的变化也是制订医疗保险计划需要考虑的因素。

（2）个人生活方式对医疗保险计划的影响。吸烟、酗酒、滥用药物、缺乏锻炼、不合理饮食习惯等不良的生活习惯也会提高员工患病的风险。因此，用人单位在制订医疗保险计划时，应当考虑改变员工不良的生活习惯，注重疾病的预防和健康的维护，这也是节约医疗费用支出的重要途径之一。例如，用人单位要求员工每天行走 8000 步，以防止员工因肥胖带来的患病风险。

（3）职业对医疗保险计划的影响。许多疾病的发生同员工从事的职业活动有关，职业同疾病的关系应当考虑以下因素：①劳动条件。在不安全、不卫生的劳动条件下，员工容易患病。如果能够确定员工所患疾病为职业病，就由工伤保险提供保障；如果不能确定员工所患疾病为职业病，工伤保险就不提供保障。②职业种类。有些职业活动同疾病的发生具有直接的关系，员工由于接触有毒、有害物质引起的疾病通常列入法定职业病的范畴。例如，煤矿工人易患尘肺病。有些职业活动同疾病的联系并未列入国家法定职业病的范畴。例如，脑力劳动者易患高血压和冠心病，体力劳动者发生脑卒中的比例比较高。③工资。工资的多寡也会影响员工的营养状况，会对疾病的发生、发展具有一定的影响。例如，脑栓塞容易发生在高工资的群体。

（4）种族对医疗保险计划的影响。不同民族、种族遗传基因、社会经济状况、风俗习惯、社会生活环境的差异也会影响疾病的发生。

（5）婚姻对医疗保险计划的影响。员工的婚姻状况也会影响疾病的发生，离婚、丧偶员工的心理创伤比较大，其发生疾病的风险比较高。

（四）患病率、死亡率、存活率和病残率

患病率、死亡率、存活率和病残率等会影响医疗保险计划的筹资与资金的使用。

（1）患病率对医疗保险计划的影响。患病率也称为现患病率，是指一个群体内、一定时间内出现的特定疾病人数占群体总量的比例。患病率分为时点患病率和期间患病率两种，其公式为

$$时点患病率 = \frac{某一时点一定人群中现患病的新旧病例数}{该时点人口数（或被观察人数）} \times k^{①}$$

$$期间患病率 = \frac{某观察期间一定人群中现患病的新旧病例数}{同期平均人口数（或被观察人数）} \times k$$

患病率高的病种，医疗费用支出通常就比较多；反之，医疗费用支出就比较少。患病率的种类和高低为医疗保险计划的制订提供了重要依据。

（2）死亡率对医疗保险计划的影响。死亡率是指某人群在一定时期内死于所有疾病的人数在该人群中所占的比例，其公式为

---

① k 为计量比率单位，k 等于 100/100 或 1000/‰或 100000/10 万，以下关于 k 的系数同上。

$$死亡率 = \frac{某时期内（因某病）死亡人数}{同期平均人口数} \times k$$

死亡率分为粗死亡率和死亡专率。粗死亡率是指死于所有原因的死亡率，是未经过调整的死亡率；死亡专率是指按照疾病种类、年龄、性别、职业、地区等不同特征分别计算的死亡率。死亡率越高，医疗卫生服务越差；反之，医疗卫生服务就越好。表5-1、表5-2分别反映的是2007年和2017年我国城乡居民因疾病死亡的10个主要原因及其死亡专率，恶性肿瘤、脑血管病、心脏病和呼吸系统疾病是造成我国居民死亡的主要原因。对比表5-1、表5-2可以看出我国城乡居民疾病死亡专率的变化趋势，可以为疾病的管理和医疗保险计划的制订提供对策建议。根据粗死亡率和死亡专率确定医疗保险资金的给付，也是制订医疗保险计划需要考虑的重要因素。

表5-1　2007年部分地区城乡居民前10位疾病死亡专率及死亡原因构成[①]

顺位	城　市			农　村		
	死亡原因(ICD-10)	死亡专率(1/10万)	构成/%	死亡原因(ICD-10)	死亡专率(1/10万)	构成/%
1	恶性肿瘤	176.2	28.5	恶性肿瘤	144.2	24.8
2	脑血管病	111.5	18.0	脑血管病	119.7	20.6
3	心脏病	100.6	16.3	呼吸系统疾病	100.2	17.2
4	呼吸系统疾病	80.9	13.1	心脏病	86.0	14.8
5	损伤及中毒	37.6	6.1	损伤及中毒	52.1	9.0
6	内分泌营养和代谢疾病	20.4	3.3	消化系病	15.6	2.7
7	消化系病	17.5	2.8	内分泌营养和代谢疾病	8.8	1.5
8	泌尿生殖系病	7.9	1.3	泌尿生殖系病	7.1	1.2
9	神经系病	5.9	1.0	神经系病	4.5	0.8
10	精神障碍	5.4	0.9	精神障碍	3.5	0.6
	10种死因合计		91.3	10种死因合计		93.2

表5-2　2017年部分地区城乡居民前10位疾病死亡专率及死亡原因构成[②]

顺位	城　市			农　村		
	死亡原因(ICD-10)	死亡专率(1/10万)	构成/%	死亡原因(ICD-10)	死亡专率(1/10万)	构成/%
1	恶性肿瘤	160.04	25.97	脑血管病	157.00	23.18
2	心脏病	142.99	23.2	恶性肿瘤	156.22	23.06
3	脑血管病	126.48	20.52	心脏病	154.15	22.76
4	呼吸系统疾病	67.68	10.98	呼吸系统疾病	78.35	11.57
5	损伤及中毒	35.88	5.82	损伤及中毒	52.73	7.78
6	内分泌营养和代谢疾病	20.56	3.34	内分泌营养和代谢疾病	16.29	2.41

---

① 《2007年中国卫生事业发展统计公报》。
② 《2018年中国疾病防控行业分析报告——行业运营态势与发展前景预测》。

顺位	城　　市			农　　村		
	死亡原因(ICD-10)	死亡专率(1/10万)	构成/%	死亡原因(ICD-10)	死亡专率(1/10万)	构成/%
7	消化系病	14.66	2.38	消化系病	14.38	2.12
8	神经系病	7.73	1.25	神经系病	7.55	1.12
9	泌尿生殖系病	6.74	1.09	泌尿生殖系病	7.55	1.11
10	传染病	6.24	1.01	传染病	7.43	1.1
10种死因合计			95.56	10种死因合计		96.21

（3）存活率对医疗保险计划的影响。存活率又称生存率，是指接受某种治疗的病人或患某病的人中经过若干年（通常为1、3、5年）随访后，尚存活的病人占患病人数的比例，其公式为

$$存活率 = \frac{随访满n年尚存活的病例数}{随访满n年的病例数} \times k$$

存活率通常用于评估和预测某些慢性疾病的远期疗效与医疗费用支出，是制订医疗保险计划需要考虑的重要因素。

（4）病残率对医疗保险计划的影响。病残率是指某一人群中一定期间内每百（或千、万、10万）人中实际存在的病残人数。病残率通常是通过调查方法统计的。调查病残率是指通过询问调查或健康检查确诊的病残人数占被调查人数的比例，其计算公式为

$$病残率 = \frac{病残人数}{调查人数} \times k$$

病残会引起医疗费用和护理费用的持续支付，也会影响员工或退休人员的预期寿命，这也是制订医疗保险计划需要考虑的因素之一。

（五）平均医疗费用支出

平均医疗费用支出是指治疗某种特殊疾病平均支付的医疗费用。平均医疗费用支出也指患者门诊（或住院）治疗平均每次需要支付的医疗费用。平均医疗费用支出越高，医疗保险计划需要支付的资金就越多；反之，医疗保险计划需要支付的资金就越少。平均医疗费用支出是政府、用人单位、员工制订医疗保险计划时需要考虑的重要因素之一。

延伸阅读5-1：疾病风险的特点

第二节　制订医疗保险计划的步骤

基本医疗保险计划由政府授权的医疗保险行政部门制订，用人单位自定的补充医疗保险计划由用人单位、医疗保险行政部门、商业保险公司等单位制订。商业健康保险计划是保险公司为用人单位量身定做、适应用人单位需要的医疗保险计划，不同的用人单位会有不同的医疗保险计划。用人单位自定的医疗保险计划制订的步骤大体一致，本节概括介绍用人单位自定的医疗保险计划制订的一般步骤，并说明医疗保险计划如何有助于用人单位实现其发展目标。

一、确定应对疾病的风险管理计划

疾病风险管理计划是医疗保险行政管理部门或个人对员工面临潜在疾病风险的识别、损失预测、处理过程、风险融资、成本管理的规划（图5-1）。疾病风险管理计划建立的步骤主要包括疾病损失风险的识别、衡量、风险处理、财务安排、保障水平的规划等。在对员工疾病风险进行识别和初步衡量后，用人单位应当制订初步的疾病风险管理计划，主要包括如何有效地将所面临的疾病风险进行风险回避、风险控制、风险转移或风险自留，并制订疾病风险管理计划的财务安排。在制订疾病风险管理计划的过程中，应当考虑疾病风险管理的成本和收益，以及税收的制度，还应该考虑医疗保险计划的现金流管理。

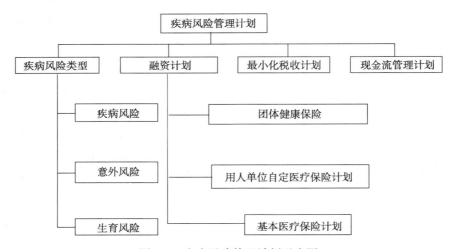

图 5-1　疾病风险管理计划示意图

（一）疾病风险回避

疾病风险回避是指用人单位完全规避员工的疾病损失风险。例如，用人单位同存在疾病风险隐患的员工解除劳动合同或者迫使患病的员工辞职。但是，各国政府发布的劳动法通常对用人单位解除劳动合同的情形作出明确的规定。在有些情况下，用人单位无法回避对患病员工疾病损失的经济补偿。例如，我国现行法律法规和部门规章规定，用人单位不为员工办理参加基本医疗保险申报手续、造成员工无法获得基本医疗保险补偿而造成经济损失的，由用人单位承担补偿员工经济损失的责任。可见，用人单位使用风险回避措施是有条件的，是受到政府制定的法律法规和部门规章限制的。

（二）疾病风险控制

疾病风险控制是指用人单位采取措施，降低疾病发生的概率和疾病造成的损失。疾病风险控制措施通常有以下几种。

（1）疾病预防。宣传疾病预防的知识，树立疾病预防的意识，宣传预防疾病和措施，发放预防疾病的药物等，可以减少疾病造成的损失和医疗费用支付。例如，教育员工养成健康的生活习惯，预防疾病的发生。

（2）预防接种。预防接种又称为人工免疫，是将生物制品接种到人体内，使肌体产生对传染病的特异性免疫力，以提高人群的免疫水平。预防传染病的发生与流行，可以减少医疗费用的支出。例如，接种乙肝疫苗，可以降低员工因患乙肝疾病而造成经济损失的风险。又如，接种新型冠状病毒感染疫苗可以降低员工感染的风险，也可以降低员工感染后由轻症转化为重症的风险，还可以减少医疗费用的支出。

（3）切断传染源。切断传染源是指将具有传染性的患者或者病原携带者隔离，可以防止疾病的蔓延，降低员工患疾病的风险。切断传染源可以缩小疾病造成损失的范围、减少医疗费用的支出。

（4）切断疾病传播途径。切断疾病传播途径是指针对不同疾病的传播途径采取相应的防止疾病蔓延的措施。例如，针对呼吸道传染病可以戴口罩、开窗通风；针对消化道传播疾病可以采取饭前便后洗手、餐具消毒、分餐等措施等。切断疾病传播的途径，可以降低疾病传播的速度、降低疾病造成的损失、减少医疗费用的支出。

（5）保护易感人群。针对容易患病的员工，采取必要的预防、保护措施，可以预防疾病的发生，减少医疗费用的支出。

（三）疾病风险转移

疾病风险转移是指用人单位将疾病可能造成的损失转移给第三方承担。例如，用人单位参加基本医疗保险，可以将疾病造成的损失转移给社会保险承担。又如，用人单位投保商业健康保险，可以将员工疾病造成损失的风险转嫁给商业保险公司。在用人单位规模比较小、员工比较少的情况下，用人单位承担大额医疗费用支出的能力比较弱，此时采取风险转移的措施是比较明智的选择。

（四）疾病风险自留

疾病风险自留是指用人单位自愿独立地承担疾病造成损失的风险。例如，用人单位自愿承担医疗费用支出。选择风险自留的用人单位通常规模比较大、拥有员工比较多，患病员工的损失可以由没患病员工来承担，此时，采取风险自留的办法通常比投保商业健康保险更省钱。

（五）疾病损失控制

疾病损失控制是指医疗费用支出已经发生，采取措施控制疾病造成损失的程度，控制损失的措施通常有以下两个方面。

1. 对医疗服务供给方采取医疗费用支出控制措施

医疗服务供给方是制订医疗保险计划必须涉及的第三方关系人。由于医院提供的服务具有专业性、复杂性、治疗结果不确定性和医疗信息不确定性等方面的特点，对此，有必要对医疗服务供给方的行为加以限制，以抑制医疗费用的过快上涨，可以采取的措施主要有以下几个方面。

（1）控制医疗产品和服务的价格。医疗产品和服务价格的过快上涨是推动医疗费用支出大幅度上涨的主要原因。采取医疗产品、服务价格控制的措施，可以有效地抑制医疗费用支出的过快上涨，其主要包括以下几个方面：①归并医疗服务项目，明确每一医疗服务项目收费标准所包括的内容、适用范围，以增强医疗服务收费的透明度。政府管理部门通常采取这一措施管理医疗服务的提供方。用人单位、工会组织通常采取合同的方式限制医疗服务提供方的行为。②规范医疗服务成本的测算，适当地提高劳务技术项目的收费价格。测算医疗服务成本，可以为政府限制医疗服务价格上涨提供依据，也可以为用人单位、工会组织提供谈判的依据。③根据仪器设备的有效使用寿命，适当地延长彩超、CT、核磁共振等价值在100万元以上设备的折旧年限，消除因医疗设备而虚增的折旧成本，降低医疗设备检查、治疗收费的价格。④制定严格的药品定价程序和成本核算机制，解决药价虚高带来的问题。

（2）控制医疗卫生资源的市场准入和结构。目前，世界许多国家对医疗卫生设施的基本建设、大型医疗仪器、昂贵医疗服务项目的市场准入予以限制，以限制医疗卫生服务供给方诱导病人使用昂贵设备做不必要的检查，以控制医疗费用支出的过快上涨。

（3）改变医疗费用结算方式。改变以往实行的按服务项目付费的结算方式，实行按人头付费、总额预算付费、定额付费和按病种付费等复合结算方式，以控制医疗费用的过快上涨。下面分别讲述这几种费用结算方式的概念、特点、优势和劣势（表5-3）。

表 5-3　医疗保险费用结算方式效应比较

结 算 方 式	费用控制	服务质量	管 理
按服务项目付费	很差	很好	非常难管理
按人头付费	非常好	较好	非常容易管理
总额预算付费	非常好	较好	容易管理
定额付费	较好	差	很容易管理
按病种付费	好	较好	难管理

①按服务项目付费。按服务项目付费是运用最传统、最广泛的一种医疗费用结算方式。这种结算方式主要有两种形式：一是医疗保险经办机构（或商业保险公司、用人单位）依据定点医疗机构或医生定期上报医疗服务的记录，按照每一个服务项目（如诊断、治疗、化疗、药品、麻醉、护理等）向医院支付医疗费用的结算方式。福利国家的医疗保险大多采用这种付费方式，采取这种结算方式的特点是医疗服务的质量好，但是医疗费用控制和管理比较难。二是患者根据定点医疗机构或定点药店提供的服务，先向医院、医生支付医疗服务费用，费用发生后，患者向医疗保险经办机构或者代办机构报销部分医疗费用支出的结算方式。我国基本医疗保险付费方式改革前，门诊看病大多采用这种付费方式，这种付费方式的特点是费用结算操作方便、适用范围比较广。这种费用结算方式的缺点是由于医院的收入同提供医疗卫生服务的项目密切相关，医院、医生有提供过度服务的动力，医疗费用难以有效地控制。为了控制医疗费用的过度支出，医疗保险经办机构（或商业保险公司、用人单位）必然要规范医疗机构的行为，但是，由于监管、审查医疗机构的行政管理成本比较高，医疗费用支出往往难以控制。这种按服务项目付费的方式是导致医疗费用支出过快增长的主要原因之一。

②按人头付费。按人头付费是指由医疗保险经办机构（或商业保险公司，用人单位）根据医院接受服务的患者人数，定期向医院或医生（个人）支付一笔固定的费用。在此期

间，医疗机构负责提供合同规定的一切医疗卫生服务，不再另行收费。按人头付费是一定时期、一定人数的医疗费用包干制。医疗服务提供方接收的患者越多，其收入也越多；反之，其收入就越少。这种费用结算方式有利于鼓励医疗机构和医生以较低的医疗成本为更多的人提供服务，鼓励医疗卫生资源流向预防疾病的服务。例如，荷兰的医疗社会保险管理部门就采取按人头付费的结算方式。其基本医疗保险费缴纳到全国性基金会，基金会下设若干个医疗保险经办机构，基金会按照每个医疗保险经办机构登记的人数和患病风险计算人头费，支付给各个医疗保险经办机构。这种付费方式的优点是可以节省医疗费、抑制医疗费用的过度增长。这种付费方式的缺点是，可能会出现医疗服务供给方为节省医疗费用而减少服务或者降低服务质量的问题。按人头付费的结算方式依赖于医疗卫生服务的规范化管理和服务质量的监管。

③总额预算付费。总额预算付费是指由医疗保险经办机构（或商业保险公司、用人单位）与医院协商确定年度医疗费用的预算总额，作为医疗保险经办机构（或商业保险公司或用人单位）支付给医生或医院的医疗费用。这种结算方式的特点是，医院必须为前来就诊的所有患者提供合同规定的服务，但医院的收入不能随着服务量的增加而增加。如果医院提供的医疗服务费用支出超过年度医疗费总预算，医疗保险经办机构（或商业保险公司、用人单位）不再追加费用，亏损部分由医院自负。这种付费方式的优点是，医疗保险经办机构（或商业保险公司或用人单位）可以很好地控制医疗费用支出，但是必须合理地确定医疗费年度预算，考虑的因素主要有医疗规模、服务质量、服务数量、医疗设备、医疗设施等情况，以及服务地区人口的密度、患病率、人群死亡率、通货膨胀率等。总额预算付费通常 1 年协商调整一次。例如，目前德国就采取总额预算付费的结算方式抑制医疗保险费用支出的过快增长。德国年度医疗保险费用支出金额由医疗保险基金联合会与医师联合会谈判，依照上一年度医疗保险费用支出总额、物价指数、被保险人人数和人口年龄等因素，协商年度医疗保险费用支出总额，由医师联合会承担全部医疗卫生服务的责任。1998 年，法国政府将公立医院的医疗保险费用总额确定为 6500 亿法郎，这笔费用通过层层签订合同、层层承包的方式分派给每家医院和每位医生，并由"国家医疗服务质量监察中心"监督医疗卫生服务的质量。对于医疗保险费用支出在预算范围内的单位给予奖励，超过约定浮动范围的医院和医生，会被倒扣费用。

④定额付费。定额付费是指按照预先确定的住院日费用标准支付住院病人医疗费用的结算方式或者按预先确定的每一费用标准支付门诊病人的医疗费用支出的结算方式。这种付费方式的特点是对同一医院所有病人的每日住院或每次门诊支付的医疗费用都是相同、固定的，每位病人每日或每次接受治疗的实际情况同医疗费用无关，同天数或者次数有关。

$$医疗费用 = 平均服务单元费用 \times 服务量$$
$$门诊费用 = 平均门诊费用 \times 门诊次数$$
$$病人住院一次的总费用 = 住院日平均费用标准 \times 住院天数$$

实行这种结算方式能够鼓励医院或医生降低每个住院日或者每次门诊的成本，但是，不利于减少平均住院日数和门诊次数。例如，目前日本正在逐步改变按服务项目实报实销的管理办法，采用定额付费的结算办法。日本老年健康保险也正在采用定额付费的结算办法。又如，美国医疗保险规定，老年人每年可以享受 90 天的住院治疗或 100 天的专业家庭护理，其医疗保险资金的来源主要是工薪税收入。

⑤按病种付费。按病种付费是根据国际疾病分类法，将住院病人的疾病分为若干组，每组又根据疾病的轻重及有无合并症、并发症分为若干等级，对每一组的不同级别分别制定价格，按这种价格对该组某级疾病治疗的全过程进行一次性支付。简单地说，就是按照住院病人的病种进行定额付费。例如，美国 DRG（疾病诊断相关分组）系统按照标准化的诊疗体系将所有疾病分成 486 种。当医院确诊患者所患疾病属于 486 种疾病中的某一种疾病后，医疗保险经办机构或者保险公司就按照这个治疗费标准付费。这种付费方式的特点是，医疗保险经办机构（或商业保险公司或用人单位）支付每位住院病人的费用只与诊断的病情有关，而与提供服务的质量、种类和每一个病人的实际治疗费用无关。这种结算方式的优点是，将竞争机制引入定点医院的管理，可以激励医院为获得利润而主动降低医疗成本，减少平均住院日或者诊疗次数，有利于控制医疗费用的过快上涨。这种付费方式的缺点是当诊断病人属于哪一种疾病不明确时，容易诱导医生将患者病情的诊断升级，以获得较多的服务费用；容易诱导病人住院手术。这种费用结算方式现已得到许多国家的关注，并在管理中采用。

2. 医疗费用支付方对医疗服务需求方采取医疗费用支出控制措施

医疗保险费用分担是指参加医疗保险计划的个人分担一定额度或比例医疗费用的制度安排。实行医疗保险费用分担制度是为了防止个人在免费医疗或者社会保险补偿的情况下接受过度的医疗卫生服务，防止道德风险的出现，控制医疗费用支出的过快上涨。目前，世界各国大多采用医疗保险费用分担的制度，只是分担的方式有所不同。

（1）定额自付。定额自付是指参加医疗保险计划的个人每得到一次门诊或住院服务，都自付一定金额或者比例的医疗费用。一般来说，这种分担方式适用于按人头付费和定额付费结算医疗费用的国家。例如，日本医疗保险管理机构按规定的额度支付给医院或医生的费用中，有一部分是个人按照定额自付的。又如，我国城乡居民到医院看病支付的挂号费（普通号、专家号），就属于定额自付。这种定额自付的优点是，比较容易管理，激发患者费用节约的意识，缺点是诱导医疗机构或者医生增加治疗次数，造成医院人满为患。

（2）扣除固定金额的医疗费用。扣除固定金额的医疗费用是指参加医疗保险计划的个人在就医时，先支付固定金额的医疗费用，超过固定金额以外的医疗费用全部或部分由医疗保险经办机构（或商业保险公司、用人单位）承担。个人自付固定金额部分又称为医疗保险的起付线。例如，我国基本医疗保险就采用扣除固定金额医疗费用的分担方式。国务院发布的《国务院关于建立城镇职工基本医疗保险制度的决定》规定，社会统筹基金的起付标准确定为当地职工年平均工资的 10% 左右。实行这种费用分担方式的优势是可以减少处理大量的小额医疗费用支出和管理成本，有利于节约基本医疗保险费用支出，防止个人过度使用医疗卫生服务的浪费行为。这种费用分担方式的劣势是部分患者会因为没钱支付固定金额的医疗费用而放弃治疗，这种制度设计对于社会贫困阶层的保障力度有限。

（3）比例自付。比例自付是指参加医疗保险计划的个人按照政府管理部门的规定、保险合同约定的比例自付部分医疗费用的分担方式。就是说，医疗保险经办机构、商业保险公司在向医疗机构结算医疗费用的同时，也要求医疗保险计划的参保人自付一定比例的医疗费用。例如，法国基本医疗保险规定，个人需要负担的比例平均为 30%。但是，重病、慢性病患者不承担付费的比例。此外，我国基本医疗保险社会统筹部分也要求个人自付医疗费支出的10%～30%；享受特殊检查、特殊治疗和特殊用药等服务的参保人再提高个人自付的比例。这种费用分担方式的优点是，能够促使参保人寻求价格较低的医疗服务，以增强参保人节约医疗费用的意识，可以降低医疗保险费用的支出。这种分担方式的缺点是会加重个人的医疗负担。当医疗费用支出金额比较大时，个人自付的金额也比较大。

（4）限额保险。限额保险是基本医疗保险和商业保险采取的控制医疗费用支出的费用结算方式。①基本医疗保险的限额保险。基本医疗保险的限额保险是指医疗保险行政管理部门设立基本医疗保险费用支付的最高限额，超过这一最高限额的医疗费用由患者自己负担。这个最高支付限额是基本医疗保险费用支付的"封顶线"。例如，国务院于2009年3月18日发布的《医药卫生体制改革近期重点实施方案（2009—2011年）》规定，将城镇职工基本医疗保险的最高支付限额提高到当地职工年平均工资的6倍左右。②商业保险的限额保险。商业保险的限额保险是指商业保险公司在同医疗保险经办机构或用人单位或者投保人签订健康保险合同约定的最高支付限额。商业健康保险合同中，投保人缴纳的保险费越高，保险金额就越高，其约定的保险金额也是保险公司给付的最高支付限额。这种费用分担方式的优点是，可以限定医疗保险费用支出的最高限额，可以减少无法预期的大额医疗费用支付。这种分担方式的缺点是，个人承担的医疗费用负担过重，可能会陷入"因病致贫""因病返贫"的困境中。

（5）定期体检。定期体检是控制大额医疗费用支出的有效方式。为了防止员工患重大疾病造成的大额医疗费用支出风险，许多用人单位建立了员工定期体检制度，这也是用人单位减少大额医疗费用支出的有效途径之一。医疗保险管理部门、商业保险公司也会将预防重大疾病的发生作为医疗保险管理的重要方面。目前，我国疾病预防费用支出尚未纳入基本医疗保险给付的范围。

二、确定医疗保险融资计划

在确定医疗保险融资计划时，医疗保险管理部门应当充分考虑员工的需求，以及用人单位、政府财政的经济承受能力，以确定适合员工需要的医疗保险融资计划。医疗保险融资计划是为疾病造成损失筹集资金和管理资金的财务计划安排，能够为疾病风险管理融资的单位通常有以下几类。

（1）用人单位。在疾病、生育等情况下，员工获得用人单位的帮助通常是法律法规和部门规章要求用人单位必须履行的义务。各国法律法规通常规定，用人单位必须为员工缴纳基本医疗保险费。例如，目前我国城镇职工基本医疗保险的用人单位为员工缴纳的基本医疗保险费率为其工资总额的6%，为员工缴纳的生育保险费为工资总额的1%。用人单位为员工缴纳的补充医疗保险费在工资总额5%以内的部分可以税前列支。

（2）个人。在用人单位承担疾病风险融资义务的同时，个人也承担一定的义务。因此，各国政府通常规定，员工个人也需要缴纳工资总额一定比例的医疗保险费。例如，目前我国城镇职工基本医疗保险缴费为工资总额的2%。

（3）政府。医疗保险计划筹集的资金不足以支付患者需求的医疗保险资金时，政府有为医疗保险计划融资的义务。例如，当基本医疗保险资金出现入不敷出的情况时，政府有提供资金、弥补亏空的义务。又如，针对患有重大疾病员工的大额医疗费用支出，政府有提供医疗救助的义务。

（4）慈善组织。为重大疾病患者筹集的医疗费用也可以从公立或私立的慈善机构获得。当员工患有重大疾病，基本医疗保险计划、用人单位自定医疗保险计划支付的资金不能满足治疗费用支出时，慈善组织的捐助资金也是医疗保险计划融资的重要来源之一。相对于其他医疗保险计划融资机制而言，慈善组织捐助的资金具有来源不稳定、不及时、补偿有限等方面的特点，但是慈善组织在解决患有重大疾病人员的筹资方面发挥着积极的作用。

三、最小化税收的医疗保险计划

用人单位通常会产生最小化税收的愿望，这也是合情合理的。税收作为用人单位的一项成本支出，也应当予以重点考虑。在医疗保险计划中，税收负担问题也是需要重点考虑的问题之一。

（1）医疗保险缴费。基本医疗保险的缴费主体主要有用人单位和个人。①用人单位缴费。用人单位为员工缴纳的基本医疗保险费、工伤保险费、生育保险费不计入用人单位的当期应税收入。用人单位为员工建立补充医疗保险计划，缴费在工资总额5%以内的部分，不构成用人单位的应税收入。②员工缴费。员工缴纳基本医疗保险费，也不计入员工当期的应税收入。

（2）医疗保险赔付。员工获得的医疗保险赔付通常不需要纳税，但是员工获得的赔付超过实际医疗费用支出的情形除外。在用人单位自定医疗保险计划中，如果医疗费用赔偿计划对高收入员工提供特殊优待，对高收入员工的医疗费用补偿通常需要征税，而且可能会导致惩罚性税收；反之，则不需要征税。

（3）疾病津贴。员工获得疾病津贴不征税，这是因为，员工患病后，其获得的疾病津贴是满足基本生活需要的费用，这部分费用不应当征税。疾病津贴不征税的另一个理由是，鼓励员工购买商业健康保险，以获得保险公司的赔付，从而最大限度地减轻政府的医疗费用支出。

（4）伤残津贴和长期护理费用。员工由于非因工伤害伤残获得伤残津贴、长期护理费用不需要纳税。例如，我国员工非因工伤残或者因工伤残获得的伤残津贴和长期护理费是不需要纳税的。这是因为，长期护理费用通常是支付给护工的护理费用，不是员工的薪酬所得。

四、现金流管理计划

现金流管理计划是帮助各项员工福利计划顺利实施的一项重要安排，现金流管理计划也是医疗保险计划管理的重要方面。现金流管理计划是指医疗保险管理部门对医疗保险资金流入、流出的管理和预测。规范现金流管理计划，需要有计划地编制医疗保险资金支付的预算，以便利用预算表预测一定时期（如1个月或1年）内医疗保险计划资金收入和支出情况，记录、分析医疗保险缴费的实际收入和医疗保险实际支出的情况，这样既可以确保医疗保险计划的稳步实施，又可以确保医疗保险资金的安全，还可

案例分析 5-1：李某家庭的健康理财规划

以预防支出过多造成现金流中断的风险，预防医疗保险计划融资的危机。

第三节 医疗保险计划的组合管理

医疗保险计划主要集中了疾病风险、意外风险和生育风险引起的员工工资减少、医疗费用支出增加，以及由此引起的用人单位额外增加医疗费用支出等直接损失，也包括人力资本死亡、病残等造成的间接损失。有效地确定基本医疗保险计划、商业健康保险计划和用人单位自保计划的组合管理方案，可以达到以最低成本获得全面医疗保障的目的。同时，如何有效地在医疗保险经办机构、保险公司和用人单位之间分配员工福利资金，以确保员工医疗保障收益的最大化，是政府、用人单位、商业保险公司和个人需要统筹规划、有效管理的问题。

确定医疗保险计划的组合管理，需要合理地确定基本医疗保险的补偿率、补充医疗保险的补偿率、用人单位自保计划的补偿率、商业保险的补偿率和个人的自负率，以确定医疗保险计划管理的有效组合。

一、基本医疗保险计划的管理

基本医疗保险计划的缴费和给付通常是政府确定的，由政府管理部门依法统一制定、统一实施、统一调剂使用资金。如果用人单位参加了基本医疗保险的社会统筹，这部分医疗保险费用的补偿是明确的，也是必须支付的。同时，由于基本医疗保险计划覆盖范围内的全体员工都必须参加，员工可以获得的赔付也是统一、明确的。这也就是说，用人单位在制订员工医疗保险计划的过程中，应该充分考虑基本医疗保险提供保障的范围、保障水平和补偿率。目前，我国基本医疗保险的补偿率为50%～70%，存在着补偿不足的问题，有必要通过补充医疗保险来减轻患者的医疗负担。

二、补充医疗保险计划的管理

在基本医疗保险之外，用人单位可以考虑是否向员工提供补充医疗保险计划，以弥补基本医疗保险提供保障的不足。例如，我国城镇职工基本医疗保险计划不提供保障的范围主要有：①医疗保险定点医院以外就医发生的医疗费用，基本医疗保险不予报销。②基本医疗保险起付线以下、封顶线以上的住院医疗费用，基本医疗保险社会统筹基金不予支付。③基本医疗社会统筹基金支付范围内规定的个人自付比例的部分，基本医疗保险不予支付。④患者发生的门诊费用，基本医疗保险个人账户上的钱用完后，超出部分，基本医疗保险不予支付。⑤基本医疗保险不提供保障的诊疗项目、药品费用等，基本医疗保险不予支付。⑥超过基本医疗保险支付标准的医疗设施费用，基本医疗保险不予支付。

我国补充医疗保险计划通常也有起付线、封顶线，以及医疗费用负担比例的规定，这些也是制订补充医疗保险计划需要考虑的因素。我国有些城市的补充医疗保险是强制用人单位参加的，这些地区员工的补充医疗保险由医疗保险经办机构管理；有些地区的补充医疗保险是自愿参加的，这些地区员工的补充医疗保险由医疗保险经办机构投保、保险公司予以承保。商业保险公司为用人单位及员工提供适应补充医疗保险计划要求的保险产品。

针对基本医疗保险提供保障的不足，补充医疗保险的补偿率可以确定为患者发生医疗费用的 20%～30%。

在补充医疗保险计划的管理实践中，采用内部自保计划管理方式的公司只占少数，交给专门经营疾病风险的商业保险公司来管理是比较明智的选择。商业医疗保险通常具有价格高、保障水平低的特点。为了防止大额医疗费用支出造成较大的财务损失，商业保险公司通常采取止损保险和仅提供管理服务的方式来规避较大额度的医疗费用支出，这两种方式通常在商业保险合同中加以约定。

（1）止损保险条款。止损保险是指商业保险公司仅支付超过一定金额且不超过某一最高支付限额的赔付额；超过某一最高支付限额的赔付，保险公司不负赔偿责任，这也是商业保险公司提供补充医疗保障的局限性。

（2）仅提供管理服务条款。仅提供管理服务是指用人单位与商业保险公司之间签订的合同约定，商业保险公司只提供管理方面的服务。这些服务主要包括商业团体健康保险计划的设计、理赔处理、保险精算支持和记录档案管理等服务。

三、用人单位医疗自保计划的管理

员工的医疗费用也可以从用人单位提供的医疗自保计划中获得补偿。许多用人单位的自保计划向员工提供了部分或者全部医疗费用支出补偿。我国城镇职工基本医疗保险是法律法规要求用人单位强制参加的，覆盖范围内的所有用人单位和员工都必须参加，因此，我国用人单位的医疗自保计划只能向员工提供部分医疗费用补偿。当员工因疾病支付医疗费用时，基本医疗保险计划予以补偿后，用人单位可以用现金或者事先储备好的专项资金来补偿员工的医疗费用支出。用人单位决定是否建立医疗自保计划主要是出于劳动成本的考虑。如果用人单位为员工支付的医疗费用低于同商业保险公司签订健康保险合同的成本，

案例分析 5-2：医疗保险补偿率的测算

用人单位就会考虑使用自保的方式来承担员工的部分医疗费用；相反，如果用人单位支付的医疗费用高于同商业保险公司签订健康保险合同的成本，就会将员工的疾病损失风险转移给保险公司承担。一般来说，规模比较大、筹集资金比较多的用人单位，会采取医疗自保计划；规模比较小、筹集资金比较少的用人单位，则会转移疾病带来损失的风险。用人单位未参加补充医疗保险，也未投保商业医疗保险计划，可以采取医疗自保计划，医疗自保计划的补偿率可以确定为患者医疗费用支出的 20%左右。

四、医疗救助计划的管理

如果基本医疗保险、补充医疗保险计划均有"封顶线"的规定，就会造成员工的大额医疗费用支出无法获得必要的补偿。员工因病致贫，达到医疗救助的条件时，可以申请医疗救助予以补偿。医疗救助是指公民及其家庭成员无力支付医疗费用时，由政府提供医疗救治资金或医疗保障的制度。

（一）医疗救助制度的特点

医疗救助制度是社会救助制度的重要内容之一，其主要具有以下几个方面的特点：

（1）政府承担医疗救助的主要责任。政府的职责主要包括：确定医疗救助标准、审核医疗救助对象、组织医疗救助资金的管理和使用，选择提供医疗救助的医疗机构，结算医疗费用等。

（2）医疗救助资金主要来源于政府财政。在大多数情况下，实行中央财政和地方财政分担的方式。医疗救助的受助人一般不承担任何医疗费用或者仅承担部分医疗费用。

（3）医疗救助的保障对象是社会弱势群体。在大多数情况下，医疗救助的保障对象是收入在一定水平以下的穷人，主要包括贫困人口、儿童、残疾人，以及艾滋病、结核病等特殊疾病患者。

（4）医疗救助保障对象的资格认定。家庭收入和资产在规定限额以下的，才有资格获得医疗救助的帮助。只要家庭人均收入超过规定的标准，患者就无法获得医疗救助的帮助。

（5）医疗救助的方式。医疗救助是通过政府举办的医疗机构直接为政府提供医疗服务或者由政府购买私人提供的医疗服务。

（二）医疗救助的保障对象

医疗救助的保障对象主要有以下几个。

（1）家庭人均收入在最低生活保障线以下的人员。

（2）体弱多病、鳏寡孤独等老年体弱的社会弱势群体。

（3）失业人员。

（4）其他特殊情形下需要医疗救助的弱势群体。

（三）医疗救助的方式

（1）专项基金补助。财政每年应当根据救助对象的医疗需求，拨付一定的经费，专款专用，小病专用，大病补助。

（2）医疗费用减免。政府给医疗机构一定的经济补助或举办福利性质的医院，免费或减免部分医疗费用为救助对象提供医疗卫生服务。

延伸阅读 5-2：加拿大安大略省医疗保险计划

（3）开展义务巡诊。组织医务工作者发扬人道主义精神，定期或者不定期地到社区开展巡诊活动，向社会弱势群体提供免费或者价格低廉的医疗卫生服务。

（4）组织慈善救助。社会或慈善组织为贫困病人组织开展义诊、义捐和无偿义务活动。

（5）缴纳基本医疗保险费。用医疗救助基金为救助对象缴纳基本医疗保险费，帮助其参加基本医疗保险，费用由社会救助基金列支。

延伸阅读 5-3：我国的城乡居民基本医疗保险制度介绍

（6）社会救助管理部门作为投保人，为医疗救助的保障对象投保商业医疗保险。当被保险人发生保险合同约定医疗费用支出时，保险人给付部分医疗费用。

复习思考题

1. 简述医疗保险计划的特点。
2. 简述影响医疗保险计划确定的因素。
3. 简述用人单位医疗保险计划财务安排的步骤。
4. 简述商业医疗保险计划的种类。
5. 简述商业医疗保险计划的融资方案。
6. 简述基本医疗保险计划的融资方案。
7. 简述用人单位医疗自保计划的融资方案。
8. 简述医疗保险计划成本控制的管理方式。

 即测即练

自学自测　　扫描此码

第六章

养老保险计划

养老保险计划是社会保障体系的重要组成部分。养老保险计划主要包括三个层次：政府提供的基本养老保险（或称法定养老保险）、用人单位提供的补充养老保险（或称用人单位自定养老保险）和个人投保商业养老保险或自愿储蓄养老的计划。养老保险计划的规划主体可以是政府、用人单位、商业保险公司，也可以是个人。本章将分别讲述养老保险计划的不同主体对养老保险计划作出的规划。

第一节　养老保险计划的概念、目标和责任主体

一、养老保险计划的概念

养老保险计划是指养老保险计划的经营主体对养老保险资金的来源、投资运营和资金使用的规划，由此，养老保险计划也称为在职人员的退休计划，退休通常是针对员工在职而言的。养老保险计划不仅可以覆盖在职人员，也可以覆盖非在职的居民、失业者。养老保险计划主要有以下几个方面的特点。

（1）养老金给付以现金为主。养老保险计划为在职人员退休后提供持续、稳定的收入来源，其主要满足员工退休后的生活需要，养老保险计划的养老金给付通常以现金为主，辅之以其他方面。

（2）养老保险计划的作用是保障员工年老退休后的生活。保障老年人生活的项目主要有四项：住房、现金、医疗和护理。同住房、医疗相比，养老保险计划主要保障员工年老退休后的生活需要。养老保险计划给付的现金是员工退休后收入的主要来源；养老保险计划给付应当设置为长期、持续地给付，以满足退休人员对养老金的需求。医疗保险计划通常在员工遭遇疾病需要经济补偿时提供帮助。护理计划通常在员工失能或者员工退休后失能时提供经济补偿。

（3）养老保险计划是一项综合计划。养老保险计划主要由三个方面的规划组成：养老保险资金的筹集、养老保险基金的管理和给付养老金。养老保险计划是综合考虑养老保险费筹集、养老保险基金管理、增值状况和给付水平的综合性退休计划。

（4）养老保险计划具有多层次性。养老保险计划具有不同的层次，各层次提供保障的水平和保障目标不同，其发挥的作用功能和机制也不同，但是都发挥着分散风险、保障员工退休后生活的作用。

二、养老保险计划的目标

养老保险计划的目标主要是指养老保险计划提供者要达到的目标。养老保险计划的提

供者主要有政府、用人单位和个人。基本养老保险计划的提供者是政府，补充养老保险计划的提供者是用人单位，补充养老保险计划主要补充基本养老保险计划提供保障的不足。一般来说，基本养老保险计划的保障目标是满足员工退休后的基本生活需要，补充养老保险计划的保障目标则是满足员工退休后较高层次的生活需要，个人购买商业养老保险产品的目的是满足进一步提高退休后生活水平的需要。

三、养老保险计划的责任主体

（一）政府

政府在提供养老保险计划方面发挥着很重要的作用。政府可以通过直接补贴、退休计划奖励或者加强对养老保险计划提供者的监管等措施，来达到影响养老保险计划的目的。目前，世界人口的平均预期寿命有了很大提高，此时养老保险计划作为维护社会稳定、保证人们生活质量的福利计划就显得尤为重要。政府通常不能将提供养老保险计划的责任完全转嫁给个人，因为总有一些人在工作期间获得的工资较少，不会积累足够的资金为自己提供退休后的生活保障。如果政府将养老保险计划的责任转移给用人单位，会帮助那些低工资的员工，但是无法解决自我雇用或者无业人员的养老保障问题。

一般来讲，在提供养老保险计划时，政府的责任主要表现在以下几个方面。

（1）为全体公民或者部分公众提供福利。

（2）教育或者要求公民提升积累养老保险资金基金的意识。

（3）监管、鼓励、强制养老保险计划按照政府制定的法律法规和部门规章来实施。

（4）监管提供养老保险计划服务的主体，主要包括资金的受托人、托管人和投资管理人等，以确保养老保险基金投资运营的责任主体履行责任或者达到预期的保障目标。

我国养老保险计划的管理机构有人力资源和社会保障部、社会保险经办机构[①]、财政部、审计署[②]、国家税务总局、证监会、银保监会等。为了达到以上目标，政府管理部门在作出相应的决策时通常会考虑影响养老保险计划实施的各项因素，以确保各项目标之间的一致性。

（二）工会

工会是依法维护劳动者权益的组织，依法维护职工的合法权益，有权参与基本养老保险重大事项的研究，参加社会保险监督委员会，对与职工基本养老保险权益有关的事项进行监督。有些国家的工会负责养老保险计划资金的筹集、管理、委托投资等工作，其责任不仅在于维护劳动者权益，而且负责养老保险计划管理的相关工作。

（三）补充养老保险的管理机构

用人单位建立的补充养老保险计划的管理机构涉及多个机构，如用人单位法人、工会者人力资源管理部组成的企业年金理事会（即补充养老保险受托人）、商业银行（即补充养

---

① 社会保险经办机构提供基本养老保险管理服务，主要负责基本养老保险登记、个人权益记录、基本养老保险待遇支付等工作。

② 政府设立的财政部门、审计部门对基本养老保险基金的投资、使用等情况进行监管。

老保险托管人）、证券投资基金管理公司、信托投资公司（即补充养老保险投资管理人）等。又如，职业年金的代理机构主要有中央国家机关养老保险管理中心、省级社会保险经办机构、职业年金的受托人、投资管理人、托管人等，是职业年金的委托管理机构。同时，人力资源和社会保障部也要对补充养老保险计划的设立、给付和基金投资进行监管，以防止违法、违规行为的发生，依法维护员工的合法利益。

（四）商业养老保险的管理机构

商业养老保险的管理机构主要有保险公司、银保监会等。保险公司是以可保风险为经营对象的经济组织，它为社会和居民的生产、交换、分配和消费过程提供经济保障。

保险公司的经营过程主要表现出以下特征。

（1）保险产品的服务性。保险公司属于第三产业，提供具有经济保障性质的特殊服务。

（2）保险经营的负债性。保险公司的所有资产中，自有资本所占的比重相对较小，尤其是人寿保险，绝大部分资金来源于投保人按照保险合同的约定向保险公司缴纳的保险费，以及由此形成的各项责任准备金。

（3）保险经营成本的事后性。保险经营的对象是风险，风险是否发生、何时发生，发生后会造成多大的损失，这些都是不确定的。保险商品的价格，即保险费，是通过对过去统计资料的分析和计算得到的，未来的实际情况是否同预期存在偏差，以及偏差的程度多大，也是不确定的。只有保险单到期后，才能比较确切地计算其经营的成本。[①]

银行保险监督管理委员会的主要职责有：审批关系员工利益的保险产品、监管保险公司的偿付能力和市场行为、管理保险保障基金、监管保险资金的投资运营、依法监管保险公司及其从业人员的行为等。

（五）用人单位

用人单位在养老保险计划提供、教育以及建立等方面发挥着重要的作用，其作用在于直接为养老保险计划提供法定或者自愿的资金支持。例如，英国的调查结果显示，英国企业提供养老保险计划的主要原因是企业的"父爱主义"。然而，在具有慈善目标的同时，用人单位更加关注养老保险计划的商业目标。用人单位的商业目标是通过员工福利计划吸引人才，以实现利润最大化。

为了实现商业目标，用人单位在提供养老保险计划方面考虑的因素主要有以下几个方面。

（1）提供员工认同的、具有吸引力的养老保险计划。

（2）提供至少与其竞争对手相当的养老保险计划，以防止人才流失。

（3）充分利用已有的政策措施，如税收优惠等方面的措施，以降低养老保险计划的成本，提高养老保险计划的保障性。

（4）作为对特定员工的奖励，如对员工忠实的奖励等，鼓励员工更加努力地工作。

（5）调控养老保险计划的费用及成本，以达到减少福利费用支出的目的。

（六）个人

个人是养老保险计划的受益人，也是养老保险计划的责任主体之一。在基本养老保险

---

① 庹国柱. 保险学 [M]. 6 版. 北京：首都经济贸易大学出版社，2011.

延伸阅读 6-1：政府和用人单位的利益矛盾：提前退休

计划中，个人缴费是员工必须履行的义务；在用人单位自定补充养老保险计划中，个人可以自愿选择是否缴费；在商业养老保险计划中，个人可以自愿选择是否投保。同时，个人具有监督政府、用人单位、商业保险公司是否履行养老保险计划职责的权利。如果发现问题，可以依法维护个人的合法权益。例如，员工发现自身权益受到侵害时，有权依法解决用人单位侵权的问题。用人单位为员工投保商业保险，也是用人单位提供员工福利计划的一种途径，这时，个人可以监督保险公司的经营行为，以防止其侵权行为的发生。

第二节　建立养老保险计划的原则和步骤

养老保险计划的建立需要遵循一定的原则，考虑影响养老保险计划建立的因素，知悉养老保险计划建立的步骤。

一、建立养老保险计划的原则

建立养老保险计划，需要具有贯彻养老保险计划始终的基本原则，这个原则是养老保险计划建立和实施的指导原则，其主要包括以下几个方面。

（一）满足各方需要

建立养老保险计划需要充分考虑各方的利益需要，以满足各方的利益需要。这也就是说，建立养老保险计划在满足员工退休后养老需求的同时，还要考虑用人单位和政府的利益需要。

（二）满足各方承受能力

政府和用人单位对于养老保险计划的经济承受能力不是无限的，而是有限度的。这也就是说，只有在保持生产、经营稳定的前提下，用人单位才能考虑养老保险计划的制订和实施。同样地，政府财政资金的支持，也是有限度的，其是在政府财力允许的前提下，发展适度的养老保险计划。如果用人单位的经营效益不好，政府财力捉襟见肘，就会缺乏实施员工养老保险计划的经济基础。由此，在建立养老保险计划时，用人单位、政府需要充分考虑计划提供者的经济承受能力，也需要考虑员工是否能够承担养老保险计划的缴费。

（三）简便易行

养老保险计划的设计应当简化、易行，便于管理和操作，这样既可以降低养老保险计划的管理成本，又便于员工理解，还可以避免不必要的争议和诉讼。例如，目前我国基本养老保险计划，就存在着制度设计复杂、管理成本高、养老金给付公式不易理解等方面的问题。

二、影响养老保险计划设计的因素

在针对特定的人群设计养老保险计划时，需要考虑一系列相互独立或者相关的问题，这些问题主要包括以下几个方面。

（一）影响养老保险计划缴费的因素

法定养老保险计划缴费通常由法律法规和部门规章规定，制度覆盖范围内的用人单位和个人必须参加；用人单位自定员工福利交费通常由用人单位自愿举办，用人单位和个人是否参加是自我选择的结果。养老保险计划缴费（或交费）工资、缴费（或交费）率、缴费（或交费）金额和工资增长率是设计养老保险计划需要考虑的重要因素。

（1）缴费（或交费）工资。缴费（或交费）工资是指计入员工缴费（或交费）额度的工资。如果养老保险计划是强制性供款，就是缴费；如果养老保险计划是自愿供款，就是交费。例如，我国基本养老保险的缴费工资基数以员工上年度实际发生的工资总额为基础核定上报。缴费工资基数越大，缴费越多；反之，缴费越少。

（2）缴费（或交费）率。缴费（或交费）率等于缴费（或交费）金额占缴费工资基数的比例。缴费率（或交费）越高，缴费（或交费）越多；反之，缴费（或交费）就越少。例如，我国基本养老保险规定，用人单位缴费率不超过用人单位工资总额的20%，个人缴费率为个人工资总额的8%。职工个人缴费由企业从职工工资中代扣代缴。《机关事业单位职业年金办法》规定，单位缴纳职业年金费用的比例最高不超过本单位上年度缴费工资基数的8%，个人缴费比例不超过上年度本人缴费工资基数的4%。

（3）缴费（或交费）金额。缴费（或交费）金额等于缴费（或交费）工资基数乘以缴费（或交费）率。

（4）工资增长率。员工工资通常不是一成不变的，而是呈增长趋势变化的，这一方面可以反映员工的贡献随着经验的丰富可以带来更多的产出，为此，增加员工工资是合情合理的；另一方面可以激励员工更加努力地工作。工资增长率是指员工工资随着工龄的增加而增加的情况，工资增长率是本年度月平均工资增长额占上年度月平均工资的比例，其计算公式为

工资增长率 ＝（本年度月平均工资 － 上年度月平均工资）／上年度月平均工资

工资增长率越高，员工向退休计划缴费递增的额度越高，养老保险计划积累的资金越多；反之，养老保险计划资金的基金越少。

（5）缴费人数。参加养老保险计划人数是影响养老保险计划资金筹集的重要因素之一。参加养老保险计划的人数越多，筹集的资金越多；反之，筹集的资金越少。

（二）养老金给付的资格条件影响养老保险计划

政府、用人单位或保险公司规定的养老保险计划给付的资格条件影响养老金的给付。养老保险计划给付的资格条件是指养老保险计划提供者在何种情况下给付养老金。例如，员工死亡、退休、离职、不能工作、失业等情形下，已经积累的养老保险资金如何给付、转移、继承等。一般来说，确定养老保险计划给付的资格条件，需要考虑以下两个方面的因素。

（1）退休年龄。员工作为养老保险计划中的受益人，会被要求达到缴费的最低年限和

领取退休金的最低年龄。这样的要求可以降低养老保险计划的成本，进而在某种程度上影响员工对养老金的需要。法定退休年龄是指法律法规和部门规章规定的能够办理退休、获取全额养老金的最低年龄。英国、美国规定的法定退休年龄通常为65岁。有些国家和地区规定，员工退休年龄可以在一段时间内选择，如可以选择在60～65岁的任何时间选择退休。如果员工达不到法定退休年龄就要求退休，而政府或用人单位又批准员工退休，这种退休安排被称为提前退休。用人单位通常无权禁止员工在超过法定退休年龄以后继续工作，如果员工愿意继续工作，企业还必须继续计算员工的养老金收益。目前存在的一种趋势是，在某些特定年龄或特殊行业允许提前退休，并在养老金给付方面予以扣减。

（2）工作年限或缴费年限。工作年限或缴费年限的规定，可以避免工作年限或缴费年限较短就领取养老金，以防止"逆选择"的发生。用人单位自定的养老保险计划通常会要求个人达到最低工作年限，其作用也同最低退休年龄的要求一样，可以避免为那些在短期内离职的人提供养老金的支持，减少养老保险资金的支出。同时，用人单位对工作年限的限制也可以限制员工随意地流动，激励员工安心地工作，为用人单位的发展作出贡献。员工工作年限或者缴费年限影响员工领取养老金的养老金替代率。

（三）养老保险待遇水平影响养老保险计划

养老金待遇是影响养老保险计划资金支付的重要因素，养老金给付水平越高，养老保险计划需要筹集的资金越多；反之，养老保险计划需要筹集的资金越少。通常，影响养老金待遇水平的因素主要有以下几个方面。

（1）养老金待遇确定的标准。①退休前1年的月平均工资。员工退休前1年的月平均工资乘以养老金替代率就是个人领取的养老金，以员工退休前1年的月平均工资为标准确定养老金待遇，计算方法简单，易于操作，但是这种办法会促使有关单位或个人在员工退休前1年非正常调整工资，以提高养老金待遇水平。②退休前几年（通常为3～5年）的月平均工资。以员工退休前3～5年的月平均工资作为养老金给付的依据，可以防止用人单位或个人在员工退休前非正常调整工资，但是计算方法相对复杂。③参加养老保险计划整个期间的月平均工资。以员工参加退休计划整个期间的月平均工资为确定养老金的标准，这种方法也称为职业平均工资，职业平均工资的优势在于，可以防止用人单位或个人为了获得较高的养老金给付非正常调整工资，其劣势在于采用这种方法计算的平均工资往往较低，相当于职业生涯中期的月平均工资，且计算方法比较复杂。例如，我国城镇职工基本养老保险待遇的给付就采用了职业平均工资的计算方法，其依据是个人指数化月平均缴费工资。

（2）养老金替代率。为了描述员工退休后获得养老金的水平，通常用养老金替代率来表示。养老金替代率是指员工退休后每月领取的养老金占其退休前月平均工资的比率或者员工退休后每月领取的养老金占同期在职职工月平均工资的比率。这一指标可以衡量基本养老保险、补充养老保险、商业养老保险的待遇给付水平，其公式为

$$养老金替代率 = 每月领取的养老金 / 退休前月平均工资$$

或者

$$养老金替代率 = 每月领取的养老金 / 在职职工月平均工资$$

这一比率较高时，退休人员获得的养老金比较高；这一比率较低时，退休人员获得的养老金比较低。例如，国际劳工组织于1967年发布的《社会保障最低标准公约》规定，养

老金的最低替代率为 55%。

（3）消费物价指数。每个参加养老保险计划的人在退休时开始领取养老金。如果养老金给付不随着物价指数的变化而变化，则被保险人在整个退休期间只能领取名义值固定不变的养老金。在存在通货膨胀的情况下，养老金的购买力会不断地下降。例如，每年 5% 的通货膨胀率会使每单位货币的实际购买力在 14 年后下降 50%；每年 6% 的通货膨胀率会使每单位货币的实际购买力在 12 年后下降 50%；每年通货膨胀率为 8% 时，只需要 9 年，每单位货币的实际购买力下降 50%；每年通货膨胀率为 10% 时，只需要 7 年，每单位货币的实际购买力就下降 50%。可见，通货膨胀是导致养老金购买力下降的主要原因。

（4）平均预期寿命。养老保险计划待遇的领取通常会与员工退休计划给付期的时间长度相关。员工平均预期寿命通常是影响养老保险计划给付期的重要因素，平均预期寿命是指同时出生一代人到全部死亡为止每个人可能活的平均年龄。平均期望寿命是反映人群死亡和健康水平的综合指标。平均预期寿命越长，需要支付的养老金越多；反之，需要支付的养老金就越少。

（5）工作类型。设计养老保险计划时，用人单位、社会保险行政部门、商业保险公司也会考虑员工的工作类型和工种，这样可以突出员工对于单位的贡献。同时，用人单位作出这样的区分，也是为了促使养老保险计划的支付转移到那些需要这类支付的退休人员手中。例如，用人单位对伤残、从事特殊工种员工给予退休待遇方面的优待，就是养老保险计划提供者对工作类型、工种作出的区分。

（6）投资收益率。投资收益率是影响养老保险计划基金积累的重要因素。对于养老保险基金资产可以获得的投资收益率的假设又被称为"估值利率"。这个假设的收益率来自养老保险基金资产投资获得的所得，主要包括利息、股息、租金和资本利得。估计养老保险计划的成本与估值利率呈反向变化，即估值利率越高，对未来养老金给付成本的估值越低；反之，则对未来养老金给付成本的估值越高。由于养老金债务和投资的长期性，通常在精算假设时采取相对保守的估值利率。

未来支付养老金的现值是缴费和投资收益率或是支付贴现时利率的函数。贴现利率假设越高，养老金现值则越小。在估算公式中，养老保险计划的成本和负债对于利率假设的变化十分敏感，这是因为养老保险计划中给付信用与养老金给付之间有很长的时间间隔。利率假设造成的影响依赖于退休计划人口的特点、人口减少率、工资增长率及成本发生方式的假设等。一般来说，估值利率变动 1 个百分点，养老保险基金长期运营成本变动约 25%，因此，精算师对利率假设的选择十分小心。利率假设表示的是资产长期的投资收益率而非短期内的投资收益率。投资收益是指包含预期市场价值变动的长期投资预期回报。度量投资收益没有可以直接比较的标准，但是长期内投资收益会使养老保险计划资产增值和贬值，因此资产的变动应当反映在估值利率的假设中。

（四）养老金给付方式影响养老保险计划

养老金给付方式也是影响养老保险计划设计的因素之一。养老金支付的方式有许多类型，主要有以下几类。

（1）一次性支付。一次性支付是指在受益人达到退休年龄时一次性结算全部养老保险账户上积累的资金。在法律法规规定的条件或者合同约定的条件发生时，也会发生提前一次性支付养老金的情况。例如，在受益人出国定居或者死亡时，可以一次性支付。又如，我国城镇企业职工基本养老保险规定，缴费（含视同缴费）年限未满15年的，其退休时一次性结算基本养老保险个人账户的资金，不再享受基本养老保险待遇给付。

（2）阶段性支付。阶段性支付是指在一定期限内分几次结算养老金。例如，在购房、生病、子女教育等重大事件发生时，可以支付部分养老金。补充养老保险、商业养老保险通常可以采取这种支付方式，基本养老保险通常不允许采用这种支付方式。又如，企业年金计划规定，每隔若干年支付一次养老金，总共支付若干次。

（3）按月支付。按月支付是指以月为周期定期支付养老金。

（4）年金支付。年金支付是指以年为周期定期支付养老金，年金支付方式更能够适应老年人养老的需要。

（5）混合支付。混合支付是一种有弹性的养老金支付方式。例如，在员工退休前，每10年支付固定的金额；在员工退休后，每年支付养老金，商业养老保险通常采取这种支付方式。

三、影响养老保险计划给付的特殊因素

在设计具体的养老保险计划时，应当具体分析个人或者行业特有的条件，以确定特殊形式的养老保险计划，保证养老保险计划设计的特色性和适用性。这些需要特别考虑的因素主要有以下几个方面。

（一）消费方式

老年人的消费水平、消费方式不同，对养老金的需求也不同。用人单位在进行养老保险计划规划的时候，应该考虑退休人员的消费水平。老年人的消费方式大致可以分为以下三种类型。

（1）保障型消费方式。保障型消费方式老人的消费水平具有的特点有：拥有住房，可以报销医疗费，有维持基本生活水平的现金，其对养老金的需求通常不高。

（2）小康型消费方式。小康型消费方式老人的消费水平具有的特点有：在保障型消费水平的基础上，增加了营养膳食、日常保健、娱乐、亲朋聚会等方面的费用支出，其对养老金的需求通常比保障型消费方式要高。

（3）享乐型消费方式。享乐型消费方式老人的消费水平在前两者消费水平的基础上，增加高档营养膳食、境内外旅游，享受家庭保健护理、高级病房等服务项目，其对养老金的需求比小康型消费方式还要高。

（二）贷款、储蓄水平及工资

退休人员拥有的财富，也会对养老保险计划产生影响。

（1）贷款。如果个人承担着债务，特别是那些由于购置不动产而引起的债务，在退休前已经偿还完毕的话，那么员工退休后的消费水平就不必保持与退休前相当的水平；反之，员工退休后生活水平就会比较低。

（2）储蓄水平。员工在职期间，政府、用人单位通常会强制个人为退休后储蓄。例如，

我国基本养老保险的个人账户、补充养老保险的个人账户就具有强制或激励员工储蓄的功能。员工退休之后，其储蓄水平会明显下降。如果员工退休时拥有的储蓄比较多的话，其退休后的生活水平就会比较高；反之，其退休后的生活水平就会比较低。

（3）工资。员工工作期间，其工资水平也会影响养老保险计划的制订。员工工资比较高的话，其领取的基本养老保险金、补充养老保险金就会比较高，其退休后的生活水平会比较高；反之，其退休后的生活水平就会比较低。

（三）税收政策

政府的税收政策也会影响养老保险计划的设计和发展。例如，政府给予用人单位、员工向退休计划缴费的税收优惠。目前，我国政府对于用人单位、员工向基本养老保险缴费、向补充养老保险缴费给予一定比例的税收优惠，对于员工投保商业养老保险的税收优惠正在试点实施中。又如，为了增强养老保险计划的保障功能，各国政府往往采取惩罚税率的方式限制退休人员一次性支取补充养老金。在这种情况下，用人单位在进行养老保险计划的设计时，就会考虑政府的税收政策，要求员工多次提取补充养老金，以避免惩罚性的税收。

（四）休闲、健康护理需要

员工退休之后，一般其消费支出主要用于休闲活动与健康护理。休闲和健康护理的成本，也是影响养老保险计划的因素。一般来说，休闲的成本越高，退休人员对养老金的需求越多；反之，则退休人员对养老金的需求越少。健康护理的成本越高，退休人员对养老金的需求就越多；反之，退休人员对养老金的需求就越少。

（五）照护需要

员工退休后，可能会失去生活自理能力，即失能。退休人员失能等级不同，对养老金的需求不同。一般来说，退休人员失能等级越高，对养老金的需求越多；反之，对养老金的需求则越低。

四、影响养老保险计划缴费和给付的综合因素

人口变动、死亡率、伤残率和辞职率是影响养老保险计划的重要因素，既影响养老保险计划的缴费，也影响养老保险计划的给付。

（一）人口变动

如果养老金给付只是在一个封闭的团体内实现，则不可能出现人口增长。在封闭团体中，谈论人口增长毫无意义，只有在开放团体中才有出现人口增长的可能。对于新加入养老保险计划的人员通常有两个独立的假设。

（1）在职劳动力规模的变动。即使养老保险计划已经处于稳定阶段，且劳动力规模没有增长，但也有必要增加足够的新参加者以代替因劳动合同终止、死亡、残疾和退休等原因离开养老保险计划的人员。如果参与养老保险计划的在职劳动力有所增长，人口增长人数必将超过因劳动合同终止、死亡、疾病和退休等原因而减少的人数。

（2）新加入退休计划员工的年龄、性别的分布假设。一个开放团体的养老保险计划成本，对于新加入退休计划员工的年龄、性别分布比较敏感。我们不能假设每一位在工作期间离开退休计划的员工都会被相同年龄、性别的新员工代替。新加入退休计划的员工通常比较年轻、工资较低，由此可以假设每年新加入退休计划的员工都在某几个低年龄段，且具有相同的初始工资。

（二）死亡率

死亡率是影响养老保险成本的重要因素，因为养老保险计划的最终成本要受到退休人员寿命、计划参与者活到法定退休年龄之日的可能性，以及其他一些死亡抚恤金等支付的影响。大多数情况下，死亡率通过公开出版的生命表估计出来。

（三）伤残率

如果养老保险计划提供额外的伤残抚恤金，那么在计算养老保险计划的成本时需要假设参与者的伤残率。如果想知道有多少参与者会因为残疾而无法继续获得正常的工资，也需要假设伤残率。

（四）辞职率

员工的辞职率是影响养老保险计划的重要因素。员工的辞职率越高，则养老保险计划的成本越低。员工的年龄、性别、工龄不同，辞职率也不同。年轻人的辞职率通常高于中年人，女性的辞职率通常高于男性，工龄短的员工的辞职率通常高于工龄长的员工。

五、建立养老保险计划的步骤

建立养老保险计划的步骤是多种多样的，不同的养老保险法律法规和部门规章会影响养老保险计划建立的步骤。一般来说，建立养老保险计划需要经过以下几个步骤。

（一）确定员工退休的年龄

退休年龄是员工从劳动者或者养老保险计划的缴费者转变为养老保险计划享受者的年龄。一般来说，基本养老保险计划的退休年龄是政府依法确定的，即法定退休年龄。用人单位自定养老保险计划的退休年龄通常是参照法定退休年龄确定的。在有些情况下，用人单位自定退休计划的退休年龄和政府规定的法定退休年龄是一致的；在有些情况下，用人单位自定退休计划的退休年龄比法定退休年龄要高。例如，我国一些用人单位同保险公司签订的养老保险合同规定，被保险人年满 60 周岁，才可以领取养老金。对于女性来说，保险公司确定的退休年龄比政府规定的法定退休年龄要高。

（二）确定养老保险计划的资金来源

养老保险计划的资金来源是养老保险计划实施的基础，缺乏足够的资金来源，养老保险计划就无法建立、实施。养老保险计划的资金来源渠道主要有政府、用人单位和个人三个方面。政府、用人单位和个人能够承担多少养老保险计划缴费，需要考察政府、用人单位和个人的经济承受能力。一般来说，基本养老保险计划的缴费是政府依靠法律法规的力量强制筹集的，规定制度覆盖范围内的用人单位和个人必须依法缴纳基本养老保险费。用人单位自定补充养老保险计划的缴费是依据用人单位的经营效益确定的。用人单位的经营效益好，向补充养老保险计划的缴费能力就强，补充养老保险计划的资金来源就会稳定；反之，用人单位向补充养老保险计划的缴费能力就弱，补充养老保险计划的资金来源就会不稳定。员工个人向补充养老保险计划的缴费能力和水平同员工的工资水平密切相关。一般来说，员工的工资越高，其缴费的能力就越强；反之，员工缴费的能力就越弱。员工投保商业养老保险计划也是个人根据其资产状况确定的。员工具有的财富和投保的意愿，决定个人是否投保商业养老保险。

（三）确定养老保险计划的资金收付方式

制订养老保险计划，通常需要考虑资金的收付方式。现收现付制的资金收付原则是"以支定收，收支平衡，略有结余"，"以支定收"的资金收付方式是指根据养老金支付确定需要筹集的养老保险资金，通常是以现在正在工作的人缴纳的养老保险费支付已经退休人员养老金。基金全额积累制的资金收付原则是"以收定支，收支平衡"，"以收定支"的资金收付方式是指根据养老金积累额确定养老金给付的资金支付方式，通常是以职工工作期的缴费积累来确定其退休后可以获得养老金的额度。如果养老保险计划基金需要投资运营，需要选择基金投资运营的方式，采取直接投资运营的方式，还是采取间接投资运营的方式。基金全额积累制养老保险计划通常需要考虑资金长期的收支平衡。每位员工通常有大约 40 年工作期的积累，即员工从 20 岁左右开始工作，就开始了养老保险缴费的积累，直到 60 岁左右退休为止。如果假设员工退休后的平均寿命为 15 年，即平均预期寿命为 75 岁的话，那么，养老保险计划就需要统筹考虑 40 年积累的养老保险缴费，是否可以维持员工退休后生活 15 年的消费需求，即在 55 年内实现养老保险计划资金收支的长期平衡。如果假设员工退休后的平均寿命为 20 岁，即平均预期寿命为 80 岁的话，那么，养老保险计划就需要考虑 40 年积累的养老保险缴费，是否可以维持员工退休后 20 年的消费需求，即在 60 年内实现养老保险计划资金收支的长期平衡。

（四）测算养老保险计划的养老金替代率

员工退休后获得的养老金是否可以满足生活需要，也是养老保险计划设计需要考虑的重要因素。对此，需要测算养老保险计划可能达到的养老金替代率。如果养老金替代率达到了养老保险计划设计的目标，则养老保险计划是可行的；反之，则需要调整养老保险计划的缴费或给付，以达到养老保险计划确定的目标。

（五）评估、修改养老保险计划

养老保险计划是否可以满足退休人员的生活需要，是否可以达到养老金替代率目标等因素是评估养老保险计划的标准之一。评估养老保险计划可以明确养老保险计划实施的效果，可以为养老保险计划的管理部门提供拟定计划的依据。对此，养老保险计划的管理部门可以根据养老保险计划实施的效果，进一步修改养老保险计划，以达到养老保险计划的目标替代率，达到养老保险计划的效益目标。

第三节　养老保险计划资金的收支平衡

养老保险计划的资金收付制度也是养老保险计划需要考虑的因素。

一、基本养老保险资金的收付制度和收支平衡

基本养老保险计划的资金收付制度有三种：一是现收现付制；二是基金全额积累制；三是基金部分积累制。养老保险计划的资金收付制度不同，对养老保险计划的资金筹集和对给付的影响也不同。

（一）现收现付制基本养老保险资金的收支平衡

现收现付制的基本养老保险资金收付制度是指用正在工作的人员的缴费支付退休人员基本养老保险待遇的制度安排，是以不同代际之间短期横向平衡为指导原则确定的资金收付制度。现收现付制资金支付的原则是"以支定收、收支平衡、略有结余"的资金收付原则。其具体做法是：

首先，确定基本养老保险给付的水平和待遇标准，假设待遇标准为 W_b；依据待遇标准（W_b）和被保障人数（R_b），可以对基本养老保险资金支出额作出大致的估算，其总金额为 $W_b \times R_b$；其次，根据"以支定收"的原则，确定基本养老保险资金收入和支出在年度内保持大体平衡的用人单位或个人缴费率，假设 b 为用人单位或个人的缴费率，W_z 为纳税（或缴费）工资基数，R_z 为纳税（或缴费）人数。

现收现付制下，基本养老保险资金维持年度内大体的平衡公式为

$$bW_z \times R_z = W_b \times R_b \tag{6-1}$$

将式（6-1）变形，可以得到：

$$b = W_b / W_z \times R_b / R_z \tag{6-2}$$

其中，W_b / W_z 为基本养老保险统筹范围内的基本养老金替代率，即为退休人员人均获得的基本养老金与在职职工工资的比率；R_b / R_z 为制度负担率，即为退休人员的人数与在职职工人数的比率。如果将 R_b / R_z 转化为 $1/(R_z/R_b)$，就意味着，一个退休人员由几个在职职工来供养。

当 R_b / R_z 变大时，也就是说，制度负担率变大时，基本养老保险缴费率（b）也会变大；反之，则会变小。

当 W_b / W_z 变大时，也就是说，养老金替代率变大时，基本养老保险缴费率就会变大；反之，则会变小。

从一定时期来看，社会上有多少退休人员、在职职工是一定的，那么，基本养老保险社会统筹范围内的制度负担率就是一定的，即 R_b / R_z 的比率是一定的，因而，用人单位或者个人纳税（或缴费）率的高低，主要取决于基本养老金替代率的高低（表6-1）。

从表6-1可以看出，制度负担率由2位在职职工供养1位退休人员，到3位在职职工供养1位退休人员，再到6位在职职工供养1位退休人员，随着制度负担率的下降，基本养老保险缴费率也逐步降低。从表6-1还可以看出，随着基本养老金替代率由100%逐步下降到40%，基本养老保险缴费率也在逐步降低。可见，现收现付制下，影响基本养老保险

缴费率的直接因素是基本养老金替代率和制度负担率。

表 6-1   现收现付制下，不同抚养比和替代率决定的基本养老保险缴费率   ％

基本养老金替代率	制度负担率				
	1∶2	1∶3	1∶4	1∶5	1∶6
100	50	33	25	20	10
80	40	27	20	16	8
60	30	20	15	12	6
40	20	13	10	8	4

现收现付制下，养老保险资金的筹集是依据给付确定的，是按照"以支定收、收支平衡、略有结余"的原则确定的，因而现收现付制资金运营模式中不存在养老保险基金积累，其资金运营模式见图 6-1。

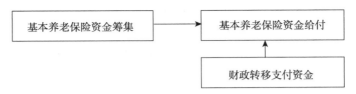

图 6-1   现收现付制基本养老保险资金运营示意图

现收现付制资金运营模式的特点有：基本养老保险缴费比率的确定、调整比较灵活，互济互助性比较强，管理成本低，易于操作，不受通货膨胀和利率变动的影响。现收现付制基本养老保险资金运营模式下，为了避免基本养老保险缴费率频繁地变动，允许基本养老保险的储备金维持在一定额度的支出范围内。例如，德国政府规定，波动储备金保存 1～1.5 个月的支出额，德国波动储备金的设置，有助于养老保险缴费比率的稳定。

现收现付制基本养老保险资金顺利运营的前提条件是有一个长期稳定的人口结构，这也就是说，退休人员与在职职工保持适度的比例。现收现付制基本养老保险资金运营模式实施的初期，由于退休人员与在职职工的比率偏低，基本养老保险缴费率也偏低。现收现付制基本养老保险资金运营模式实施后期，退休人员占在职职工的比率逐步提高，基本养老保险缴费率也就会不断地提高。以美国为例，20 世纪 50 年代，16 位在职职工供养 1 位退休人员；20 世纪 70 年代，3 位在职职工供养 1 位退休人员。同美国相比，我国人口老龄化发展的速度也比较快。1978 年，我国在职职工和退休人员的比率为 30∶1；1989 年，这一比例为 5.4∶1；近几年，急剧下降到 3.1∶1。[①]正是这一比率的急剧下降，导致现收现付制基本养老保险资金运营模式在我国面临比较大的压力和挑战。

（二）基金全额积累制基本养老保险资金的收支平衡

基金全额积累制基本养老保险资金收付制度又称为完全基金制，是指正在工作的职工（或公民）为自己退休储备养老保险费的制度安排，这是一种以长期（个人整个生命期）

---

① 余昌淼. 关于养老保险制度的调整和完善问题——劳动和社会保障部张左己部长访谈录[J]. 中国党政干部论坛，2000（12）：4-7.

纵向平衡为原则确定的资金运营模式。基金全额积累制基本养老保险资金支付的原则是"以收定支、收支平衡",其具体做法如下。

第一,预测一位职工退休以后平均每年对基本养老保险资金的需求,假设其金额为 W_b。

第二,估算个人退休后至生存期满大致生存的年限,假设生存年限为 N。

第三,确定一位职工在退休期内保持一定生活水平的总费用,即为 $W_b \times N$。

第四,将一位退休人员养老的总费用平均分摊到职工个人整个缴费期,假设职工个人的缴费期为 M,再假设缴费期职工的平均工资为 W_j。

第五,职工在缴费期的工资按一定的缴费率(假设为 b),逐月缴纳到集中、可用于投资的基本养老保险基金中。职工退休之后,根据职工以往的缴费金额和基金的投资收益给付基本养老金。

如果不考虑基本养老保险基金的投资收益率[1],则其平衡公式为

$$bW_j \times M = W_b \times N \tag{6-3}$$

在式(6-3)中,未考虑基本养老保险基金的投资收益率,如果考虑基本养老保险基金的投资收益率、个人工资的增长率,以及退休人员年均生活费的增长率,可以得到复杂的精算公式,这里不再讲述。

对式(6-3)变形,可以得到:

$$b = \frac{W_b}{W_j} \times \frac{N}{M} \tag{6-4}$$

其中, $\dfrac{W_b}{W_j}$ 为个人养老金替代率,是退休人员领取的养老金占个人退休前平均工资的比重;

$\dfrac{N}{M}$ 为自我负担率,表示个人退休后生存 1 年需要在职期间缴费几年。

如果制度设计的个人养老金替代率比较高的话,职工或用人单位的缴费率就高;如果制度设计的养老金替代率比较低的话,职工或用人单位的缴费率就低。同样地,如果职工工作期比较长的话,其自我负担率就会低;反之,其自我负担率就会高。

基金全额积累制基本养老保险资金运营模式是以"自我储蓄、自我保障、自存自用"为原则确定的,其资金运营模式的优点是,在养老保险制度实施初期,养老保险缴费会形成数额庞大的基本养老保险基金,见图6-2。经过数十年以后,养老保险的给付需要从基金的积累中支付,其不足部分由政府财政转移支付,这部分资金占政府财政支出的比重比较低,参见图6-2。

图 6-2　基金全额积累制基本养老保险资金运营示意图

---

[1] 投资收益率是影响退休人员领取养老金的重要因素之一,这里暂不考虑。

从图 6-2 可以看出，由于基金全额积累制基本养老保险资金运营模式在较长的一段时期内积累了巨额的资金，容易遭受通货膨胀、金融市场危机的影响；还可能出现基金被挪用、渎职、亏空等问题，历史上就曾出现过有些国家养老保险基金被用于战争、挥霍等方面的问题。为了避免历史悲剧的重演，需要政府提供最低程度的保障。这是因为，在缺乏政府为个人账户资金提供最低收入保障的情况下，有可能使某一代退休人口陷入相对贫困，甚至绝对贫困的境地。

基金全额积累制基本养老保险的给付水平主要取决于两方面的因素：一是养老保险的缴费水平。养老保险缴费是在某一确定的养老保险给付水平、经济发展状况及其他一些相关因素的基础上运用精算原理确定的。一般来说，职工在工作时期缴纳的养老保险费越多，领取的养老金就越多；职工在工作时期缴纳的养老保险费越少，领取时的养老金就越少。二是养老保险基金的实际投资收益率。基本养老金的给付水平最终取决于基本养老保险基金积累的金额，而基金积累金额主要取决于养老保险基金的实际投资收益率。如果积累的养老保险基金因投资失误而损失，则个人退休后能够领取的养老金就会减少。

从世界范围看，目前新加坡、智利、马来西亚、阿根廷等国家养老保险就采用了基金全额积累制。这种通过强制性储蓄实行的个人自我保障制度，其主要特征是"强制储蓄、自存自用"，基金全额积累制养老保险的强制储蓄和收益具有高度的相关性，这与现收现付制所具有的风险分担、互济互助的功能不同。

（三）基金部分积累制基本养老保险资金的收支平衡

基金部分积累制又称混合制，是指基本养老保险资金的一部分按照现收现付制运营，另一部分按照基金积累制运营的制度安排，这是将短期横向收支平衡和长期纵向收支平衡结合起来的基本养老保险资金运营模式。也就是说，这种基本养老保险资金运营模式，既考虑当前退休人员对养老保险资金的需求，进行养老保险资金的统筹给付；又考虑劳动者（或公民）未来的养老保险资金的需求，其储备资金形成基本养老保险基金（图 6-3）。这样，可以在相当长的一段时期内，保持基本养老保险资金的收支平衡，还可以根据经济负担能力和短期内情况变化的需要，比较灵活地选择和调整基本养老保险的缴费率和积累率。

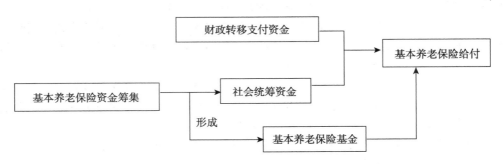

图 6-3　基金部分积累制基本养老保险资金运营示意图

这种基本养老保险资金运营模式的优点是：采用了社会统筹和个人账户相结合的管理办法，也就是说，社会统筹资金采取现收现付制资金运营模式，个人账户资金采取基金积累制资金运营模式，既吸收了现收现付制的优点，又吸收了基金积累制的优点。从理论上看，实现了这两种基本养老保险资金运营模式功能上的相互补充。在这种模式下，基本养老保险金的给付需要考虑两个方面的因素：第一，个人账户资金是个人在不同年龄时期的收入分配，个人老年时的基本养老保险金给付取决于个人工作期的储蓄及其积累额；第二，现收现付制资金运营模式是"以支定收"的，基本养老保险资金的供给取决于基本养老保险资金的需求。这种既进行社会统筹又进行个人账户积累的制度，实现了互济互助和自我保障的有机结合。

这种养老保险资金运营模式的缺点有三个方面：一是养老保险基金的缴费率和收益率不易确定。在基金部分积累制养老保险资金运营模式下，由于不断地有一部分资金给付现期退休人员，同时又存在个人账户积累的养老保险基金的保值和增值等方面的问题，因而不易确定基本养老保险的缴费率和投资收益率。二是承担基本养老保险的转制成本问题。在基本养老保险资金收付制度转变的过程中，原来处于现收现付制下的职工是没有个人账户自我积累的，他们现在和未来对养老保险资金的需求构成制度的转制成本，要顺利地实现从现收现付制向基金部分积累制资金运营模式的转变，政府必须承担由"旧制度"向"新制度"过渡的转制成本；否则，就会出现以个人账户积累的基本养老保险基金弥补社会统筹资金缺口方面的问题。三是管理难度大、管理成本比较高。职工基本养老保险个人账户积累的基金由非营利性的社会保险行政部门管理，不仅造成了养老保险基金投资运营效率的低下，而且也使制度内的职工无法预期个人未来将获得多少基本养老金给付，制度的管理成本比较高。

二、补充养老保险的资金收支平衡

补充养老保险计划是属于缴费确定型退休计划，还是受益确定型退休计划，其运营的机制不同，养老保险计划的设计也不同。由此，在设计养老保险计划时，首先必须确定养老保险计划的类型。

如果采用确定受益型补充养老保险计划，则需要考虑员工退休后获得收入具有的购买力，需要合理地确定养老金给付的水平。然后，依据补充养老保险计划的给付水平和补充养老保险基金的收益率确定用人单位需要缴纳的补充养老保险费。

如果采取确定供款型补充养老保险计划，则需要考虑资金积累可能获得的投资收益，这些收益是否可以满足退休人员的生活需要，补充养老保险资金收支平衡公式类似于基金全额积累制。

无论确定受益型补充养老保险计划，还是确定供款型补充养老保险计划，在考虑补充养老保险基金可能获得的投资收益时都需要适度，如果假设的投资收益率过高，就会造成养老金给付的不足；反之，则会造成养老保险基金积累的过度。

退休人员是否被赋予选择支付时间、支付形式或者支付水平等权利，也是影响养老保险计划制订的因素。

养老保险计划是否应当在同一团体的个人之间有所差异。如果存在个体之间的差异，应当采取怎样的差异给付方式，是以工龄为主，还是以贡献为主，体现养老金给付的差异，会影响补充养老保险计划的设计。采取均衡的给付方式，还是采取倾斜的给付方式，也会影响补充养老保险计划的设计。

三、商业养老保险资金的收支平衡

商业养老保险资金的收付制度是指商业保险公司收取的交费同保险支出的平衡，这个平衡也是保险产品定价的依据。精算师在研究寿险支付方式的基础上，将保险产品定价的依据用公式表达出来，即

$$收入的预期现值 = 支出的预期现值 \qquad (6\text{-}5)$$

将式（6-5）变形，可以得到

$$保费收入的预期现值 = 保险赔付支出的现值 + 各项费用支出的现值 \qquad (6\text{-}6)$$

从式（6-6）可以看出，影响商业养老保险资金收支平衡的因素有以下几个方面。

（1）保险费和保险费率。保险费也称毛保费，是指投保人为购买保险产品向保险人支付的费用。保险费主要由纯保费和附加保费两部分构成。纯保费也称为净保费，是指保险人以预定死亡率和预定利率为基础计算的保险费，纯保费由危险保费和储蓄保费组成。危险保费是保险赔款及死亡给付的资金来源；储蓄保费是期满给付、退保金的资金来源。附加保费主要用于保险人的各项业务开支和预期利润，包括职工工资、业务费、企业管理费、代理手续费、税金、利润等。

保险费率是指保险人按单位保险金额向投保人收取保险的标准。保险费率与保险费之间的一般关系为

$$保险费 = 保险金额 \times 保险费率 \qquad (6\text{-}7)$$

$$保险费率 = 保险费/保险金额 \qquad (6\text{-}8)$$

同样地，保险费率也有纯保险费率和附加费率之分。纯保险费率是对应于每个风险单位保额的可能损失额，在理论上是投保标的因保险事故而发生损失的概率。附加费率是指对应于每个保险单位的保额损失变动相对于正常变动的损失和单位保额的经营费用。保险公司厘定保险费率时，对纯保险费率和附加保险率是分别计算的，其中最重要的因素是纯保险费率。

（2）保险金给付支出。保险金给付支出是指保险人对于保险合同约定的事故引起发生承担赔偿保险金的责任。被保险人死亡、残疾、疾病或者达到合同约定的年龄、期限时，保险人需要承担给付责任，这部分支付构成保险金给付支出。

（3）被保险人群的死亡率。保险费还与不同年龄、不同性别的被保险人的死亡率有关。死亡率不同，纯保险费率也不同。为了准确地把握各个年龄的被保险人的死亡率，各国保险公司编制了死亡表，中国人民保险公司在 20 世纪 90 年代编制了我国第一张经验生命表。生命表又称死亡表，是指根据一定的调查时期、一定的国家和地区、一定的人群和类别（如男性、女性）等实际，依据完整的人口统计资料，经过分析整理，折算成以 1000 万（或其他单位）同龄人为基数的逐年生存与死亡的数字，从出生至全部死亡的统计表。

案例分析 6-1：员工对寿险需求的计算

（4）利率和现值。商业养老保险大多属于长期性业务，从投保人第一次交付保险费到最后保险金给付，中间需要经过很长的时间。由于货币存在时间价值因素，不同时点上相同金额的货币，其货币价值是不同的。因

此，保险公司对投保人缴纳的保险费必须考虑利率因素。在厘定保险费率时，保险公司通常给出一个预定的利率，这个利率是缴纳保费、匡算给付必须考虑的因素。

（5）各项费用支出。各项费用支出主要包括保险公司经营的管理费、工资、税负、保险利润等。

第四节　养老保险计划的管理

养老保险计划管理是指发起建立养老保险计划的单位或组织对养老保险计划的经办和管理，其工作职责主要包括养老保险计划的管理、补充养老保险计划和商业养老保险计划的管理等。

一、基本养老保险计划的管理

基本养老保险计划属于养老保险计划的第一支柱，是法定的养老保险计划，因此也称为基本养老保险计划。

（一）基本养老保险缴费的管理

基本养老保险缴费的管理是指基本养老保险计划的管理机构对基本养老保险日常事务的经办和管理，主要包括参保申报、登记、征收养老保险费、信息咨询等方面的管理。例如，《社会保险法》规定，中华人民共和国境内的用人单位和个人依法缴纳社会保险费，有权查询缴费记录、个人权益记录，要求社会保险经办机构提供社会保险咨询等相关服务。个人依法享受社会保险待遇，有权监督本单位为其缴费情况。

（二）基本养老保险资金的管理

基本养老保险资金的管理是指基本养老保险管理机构对基本养老保险资金账目、投资运营、投资收益统计、基金委托管理等方面作出的安排。例如，我国基本养老保险法规规定，基本养老保险基金实行收支两条线管理。基本养老保险资金只能转入社会保险管理机构在银行开设的"养老保险基金专户"，实行专项储存、专款专用。基本养老保险资金要全部用于职工养老，任何单位和个人均不得挤占挪用和挥霍浪费。凡侵占、挪用、贪污养老保险资金的，要从严处理；触犯刑律的，由司法机关追究法律责任，养老保险基金委员会要追究单位负责人的领导责任。资金结余额除预留相当于两个月的支付费用外，应当全部购买国家债券和存入专户，严禁投入其他金融和经营性事业。对存入银行的养老保险基金，按其存期和人民银行规定的同期城乡居民储蓄存款利率计息，所得利息并入基金。养老保险基金不计征税费。

（三）基本养老保险给付的管理

养老保险给付的管理是指养老保险计划管理机构审查领取退休金的申请、给付养老金、养老金给付调整等方面的管理。例如，《社会保险法》规定，参加基本养老保险的个人，达到法定退休年龄时累计缴费满 15 年的，按月领取基本养老金。参加基本养老保险的个人，达到法定退休年龄时累计缴费不足 15 年的，可以缴费至满 15 年，按月领取基本养老金；

也可以转入新型农村社会养老保险或者城镇居民社会养老保险，按照国务院规定享受相应的养老保险待遇。参加基本养老保险的个人，因病或者非因工死亡的，其遗属可以领取丧葬补助金和抚恤金；在未达到法定退休年龄时因病或者非因工致残完全丧失劳动能力的，可以领取病残津贴。所需资金从基本养老保险基金中支付。国家建立基本养老金正常调整机制。根据职工平均工资增长、物价上涨情况，适时提高基本养老保险待遇水平。又如，《实施〈中华人民共和国社会保险法〉若干规定》规定，职工基本养老保险个人账户不得提前支取。个人在达到法定的领取基本养老金条件前离境定居的，其个人账户予以保留，达到法定领取条件时，按照国家规定享受相应的养老保险待遇。其中，丧失中华人民共和国国籍的，可以在其离境时或者离境后书面申请终止职工基本养老保险关系。社会保险经办机构收到申请后，应当书面告知其保留个人账户的权利以及终止职工基本养老保险关系的后果。

二、补充养老保险计划的管理

补充养老保险计划属于养老保险计划的第二支柱，是用人单位自定的养老保险计划。下面介绍补充养老保险计划的管理。

（一）补充养老保险的缴费管理

补充养老保险的缴费管理是补充养老保险计划的管理机构对补充养老保险日常事务的经办和管理，主要包括加入补充养老保险计划的申报、登记、征收养老保险费、信息咨询等方面的管理和服务。

（二）补充养老保险基金投资运营的管理

补充养老保险基金投资可以采取集中投资运营的方式，也可以采取分散投资运营的方式。例如，《企业年金基金管理办法》《职业年金基金管理暂行办法》就对企业年金基金、职业年金基金的投资运营作出了具体的规定。这些部门规章的出台，有助于企业年金基金、职业年金基金投资运营的规范化管理，确保企业年金基金、职业年金基金的安全。

我国企业年金基金采取了分散投资运营的管理方式，我国职业年金基金采取了集中投资运营的管理方式。

（1）分散投资运营的管理模式。分散投资运营的管理模式是指补充养老保险基金由企业年金理事会或法人受托机构进行管理的模式。企业年金理事会或者法人受托机构有许多家，具有分散性的特点，这种管理模式就属于分散投资运营的管理模式。例如，《企业年金基金管理办法》规定，建立企业年金计划的企业及其职工作为委托人，与企业年金理事会或者法人受托机构签订受托管理合同。企业年金理事会或者法人受托机构与企业年金基金账户管理机构、企业年金基金托管机构、企业年金基金投资管理机构分别签订委托管理合同。受托人应当将受托管理合同和委托管理合同报人力资源和社会保障行政部门备案。

（2）集中投资运营的管理模式。集中投资运营的管理模式是指补充养老保险基金由政府或政府授权的代理机构集中委托投资的管理模式。

（三）补充养老保险给付的管理

补充养老保险给付的管理是指补充养老保险管理部门对补充养老保险待遇给付管理作出的规定。例如，我国于 2017 年 12 月 18 日发布的《企业年金办法》规定，符合下列条件之一的，可以领取企业年金：

（1）职工在达到国家规定的退休年龄或者完全丧失劳动能力时，可以从本人企业年金个人账户中按月、分次或者一次性领取企业年金，也可以将本人企业年金个人账户资金全部或者部分购买商业养老保险产品，依据保险合同领取待遇并享受相应的继承权。

（2）出国（境）定居人员的企业年金个人账户资金，可以根据本人的要求一次性支付给本人。

（3）职工或者退休人员死亡后，其企业年金个人账户余额可以继承。

未达到上述企业年金领取条件之一的，不得从企业年金个人账户中提前提取资金。

我国于 2015 年 3 月 27 日发布的《机关事业单位职业年金办法》规定，符合下列条件之一的，可以领取职业年金：

延伸阅读 6-2：我国基本养老保险个人账户信息介绍

（1）工作人员在达到国家规定的退休年龄并依法办理退休手续后，由本人选择按月领取职业年金待遇的方式。可以一次性用于购买商业养老保险产品，依据保险契约领取待遇并享受相应的继承权；可选择按照本人退休时对应的计发月数计发职业年金月待遇标准，发完为止，同时职业年金个人账户余额享受继承权。本人选择任一领取方式后不再变更。

（2）出国（境）定居人员的职业年金个人账户资金，可以根据本人的要求一次性支付给本人。

延伸阅读 6-3：老年人面临的经济安全问题

（3）工作人员在职期间死亡的，其职业年金个人账户余额可以继承。

未达到上述职业年金领取条件之一的，不得从个人账户中提前提取资金。

《企业年金办法》《机关事业单位职业年金办法》对企业年金、职业年金待遇的领取作出了统一的规定，各企业年金、职业年金管理单位制定的补充养老保险金的给付办法不得超越政府法律法规

和部门规章的规定。

三、商业养老保险计划的管理

商业养老保险计划是养老保险计划管理的重要组成部分，商业养老保险计划的作用是提供大量的商业养老保险产品，弥补基本养老保险提供保障的不足。商业养老保险计划既可以属于第二支柱，也可以属于第三支柱。用人单位投保商业养老保险属于养老保障的第二支柱，个人投保商业养老保险属于养老保障的第三支柱。

商业养老保险计划在养老保险计划中发挥作用的途径主要有两个方面。

（1）直接提供年金寿险产品。

（2）协助用人单位建立补充养老保险计划，为用人单位量身定做合适的年金保险计划，并管理补充养老保险基金的运营。

商业养老保险计划的管理主要有以下几个方面。

（一）保险公司的投保管理

投保，也称为购买保险，是指投保人通过购买保险产品同保险公司建立合同关系的过程。投保人的投保是保险公司经营管理活动的起点。保险公司在投保管理的过程中，应当做好以下三个方面的工作。

（1）保障投保人在投保过程中的基本权利。投保人是保险活动中的重要主体，保障投保人在投保过程中的基本权利可以提高保险公司的信誉，建立稳定的客户群体。团体商业养老保险的投保人通常是用人单位或者组织机构。在投保活动中，投保人需要保障的基本权利有：①获得准确保险信息的权利；②保证安全的权利；③自由选择保险险种的权利；④申诉、控告的权利，并在申诉、控告中受到公正待遇的权利；⑤要求开发和改进险种的权利；⑥获得良好售后服务的权利。

（2）加强对保险公司员工和代理人的教育。加强对员工和代理人的教育主要包括以下几个方面：①职业道德教育。职业道德是社会道德在保险业务活动中体现出来的素质和修养，社会道德要求保险公司的员工和代理人应当遵守社会约定俗成的行为准则。保险公司员工和代理人应当客观、全面地介绍有关保险产品与服务的信息，并将与投保有关的客户信息如实地告知所属的机构，不误导客户。②保险专业知识教育。保险专业知识教育要求保险公司应当加强对员工和代理人员的培训，提高他们的专业知识水平，为客户提供适应用人单位需要的商业养老保险计划。③保险服务技能教育。保险服务技能教育要求保险公司员工和代理人在执业活动中加强业务学习，不断提高业务技能。

（3）向投保人提供优质的投保服务。保险公司员工或代理人在向消费者提供服务的过程中应当提供以下服务：①帮助投保人分析员工面临的风险。员工面临的风险不同，其风险处理技术也不同。保险公司员工或代理人需要帮助客户分析员工所面临的风险，以及风险带来的最大可能损失，比较不同风险处理技术的成本和收益。②帮助投保人选择、确定保险处理技术。投保人确定保险需求的依据是风险造成的最大可能损失。对于造成最大可能损失严重的风险，保险公司员工和代理人需要提醒客户优先投保。③帮助投保人分析投保支付能力。确定最大可能损失后，需要帮助投保人考虑用人单位的支付能力。对于资金充裕的投保人，可以考虑投保保险金额高、保障全面的险种；对于资金不足的投保人，可以优先考虑为必须投保的风险投保；对于资金紧张的投保人，可以采取预防损失的措施或者不投保。④帮助客户制订保险计划。在制订保险计划的过程中，保险公司员工和代理人需要考虑的因素有：被保险人的状况、保险提供保障的范围、保险费的多寡、保险期限的长短、缴纳保险费的方式、投保人的经济负担能力、受益人等因素。

（二）保险公司的承保管理

保险公司承保管理的内容主要包括以下几个方面。

（1）审核投保人资格。审核投保人的资格主要包括以下三个方面：①审核投保人是否具有民事权利能力和民事行为能力。不具有民事权利能力和民事行为能力的投保人签署的保险合同无效。②审核投保人是否具有支付能力。《保险法》规定，保险合同是投保人与保险人约定保险权利义务关系的协议。投保人是指与保险人签订保险合同，并按照合同约定负有支付保险费义务的人。保险合同成立后，投保人按照约定交付保险费。③审核投保人是否具有保险利益。例如，《保险法》规定，人身保险的投保人在保险合同订立时对被保险人应当具有保险利益；投保人对与其具有劳动关系的劳动者具有保险利益。

（2）审核保险标的。人身保险是以人的寿命或身体为保险标的的。审核保险标的的目的在于评估风险，决定是否接受这一风险。人的属性具有多重性。就自然属性而言，人要经历从出生到死亡这一系列的客观过程；就社会属性而言，又有种族、国别、民族、性别、教育程度、职业、生活环境等方面的差别，因此，保险公司会对被保险人的承保风险作出评估和选择。例如，通过告知、体检等工作评估被保险人的风险状况。

（3）审核保险费率。人身保险主要根据被保险人的身体状况、年龄、保险责任范围、缴费方式、保险金额等确定保险费率。保险公司确定保险费率的过程实际上也是制订商业保险计划的过程。

（4）控制保险责任和保险金额。控制保险责任和保险金额是指保险公司在承保时依据自身的承保能力和被保险人的风险状况进行承保控制。控制保险责任和保险金额可以防止保险公司承担过高的风险，进而危及保险公司的偿付能力。

（三）保险公司的理赔管理

保险理赔是指保险合同约定的风险事故发生后，当保险公司接到被保险人或受益人在规定的时间内提出的索赔请求时进行赔偿处理的过程。保险理赔是保险资金的支出，体现了保险的经济保障功能，是商业保险计划的执行过程，也是员工退休计划发挥作用的过程。保险公司的理赔遵循以下原则。

（1）恪守信用。在处理赔款的过程中，保险公司应当按照保险合同的约定，受理案件、确定损失，给付赔款。

（2）实事求是。保险公司应当实事求是地评估风险事故造成的损失，对于保险责任范围的事故，应当积极赔付。

（3）"主动、迅速、准确、合理"。所谓"主动、迅速"，就是要求理赔人员办理出险案件时，要积极、主动，不推诿，不拖延时间，赔付及时。所谓"准确、合理"就是理赔人员在审核理赔案件时，分清责任，合理地确定赔付金额，积极履行赔偿义务。例如，《保险法》规定，保险人收到被保险人或者受益人的赔偿或者给付保险金的请求后，应当及时作出核定；情形复杂的，应当在30日内作出核定，但保险合同另有约定的除外。保险人应当将核定结果通知被保险人或者受益人；对于属于保险责任的，在与被保险人或者受益人达成赔偿或者给付保险金的协议后10日内，履行赔偿或者给付保险金的义务。保险合同对赔偿或者给付保险金的期限是有约定的，保险人应当按照约定履行赔偿或者给付保险金的义务。保险人未及时履行前款规定的义务的，除支付保险金外，应当赔偿被保险或受益人因此受到的损失。任何单位和个人不得非法干预保险人履行赔偿或者给付保险金的义务，也不得限制被保险人或者受益人取得保险金的权利。保险人依据规定作出核定后，对于不属于保险责任的，应当自作出核定之日起3日内向被保险人或者受益人发出拒绝赔偿或者拒绝给付保险金的通知书，并说明理由。

（四）保险资金运用的管理

保险资金运用是制订商业保险计划必须考虑的重要内容之一。保险资金的运用也称为保险资金的投资，是指保险资金运用以形成保险资产、获得经济效益的活动。保险资金投资的主体是保险公司，保险资金主要包括自有资本金、各项责任准备金和其他资金。保险资金运用的目标是实现保险资金的经济效益。保险资金投资的方式主要有：银行存款、债券、股票、证券投资基金、不动产、直接贷款、金融衍生工具等。衡量保险资金运用效率的指标主要有以下几个方面。

（1）资金运用率。资金运用率是指一定时期（通常为 1 年）内，保险公司用于投资的资金总额占公司资产总额的比例。其公式为

$$资金运用率 = 投资总额 / 资产总额 \times 100\%$$

资金运用率体现了保险公司资金运用的效率，这一指标越高，保险公司的非生息资本占用越少。资金运用率越高，保险公司可能获得的收益通常就越高。

（2）投资费用率。投资费用率是指一定时期（通常为 1 年）内，保险公司因从事投资活动而发生的各项费用总额占投资总额的比例。其公式为

$$投资费用率 = 投资费用 / 投资总额 \times 100\%$$

投资费用主要包括投资部门人工费用、管理费、交易手续费等。投资费用率越高，保险资金运用效率就越低；反之，保险资金运用效率就越高。

（3）投资收益率。投资收益率是指在一定时期（通常为 1 年）内，保险资金投资所获得的收益占投资总额的比例。其公式为

$$投资收益率 = 投资收益 / 投资总额 \times 100\%$$

投资收益是保险资金投资各项投资工具获得的收益总和。一般来说，投资收益率越高，保险资金投资的效率就越高；反之，保险资金投资的效率就越低。

为了分析保险资金投资的方向和结构，需要分析保险资金投资于各投资工具获得投资收益率。

某投资项目收益率是指在一定时期（通常为 1 年）内，保险资金投资于某项投资项目获得的收益占投资该项目总金额的比例。其公式为

$$某投资项目收益率 = 某投资项目收益 / 某投资项目总额 \times 100\%$$

对比保险资金投资于各投资项目获得的投资收益率可以分析出保险资金投资收益的主要来源。

（4）投资利润率。投资利润率是指一定时期（通常为 1 年）内，保险资金投资所获得的利润占投资总额的比例。其公式为

$$投资利润率 = 投资利润 / 投资总额 \times 100\%$$

$$= （投资收益 - 投资费用） / 投资总额 \times 100\%$$

$$= 投资收益率 - 投资费用率$$

投资利润率是反映保险资金投资效益的重要指标。对于寿险公司来说，只有保险资金

的投资利润率超过保单预定的利率时，才不会产生利差损。

四、企业年金、职业年金同商业年金寿险产品的区别与联系

（一）企业年金、职业年金同商业年金寿险产品的区别

（1）经营的目标不同。商业年金寿险产品是寿险公司以营利为目的而卖出的保险产品，属于商品消费的范畴。企业年金、职业年金作为一项制度，旨在保证职工退休之后依然能够获得一部分养老金，其发起和建立不以营利为目的，属于员工福利计划的范畴。企业年金、职业年金作为基金托管安排，其委托—代理的目的是实现企业年金基金、职业年金基金的保值增值。

（2）享受的税收政策不同。为了鼓励补充养老保险的发展，我国于 2000 年发布的《关于印发完善城镇社会养老保障体系试点方案的通知》规定："企业缴费在工资总额 4%以内的部分，可从成本中列支。"《企业年金办法》规定，补充养老保险交费可以计入产品成本，不需要纳税。财政部发布的《关于企业为职工购买保险有关财务处理问题的通知》规定："职工向商业保险公司购买财产保险、人身保险等商业保险，属于个人投资行为，其所需资金一律由职工个人负担，不得由企业报销。"这也就是说，用人单位或员工购买商业年金寿险产品是没有税收上的优惠的。

（3）当事人之间的关系不同。企业年金、职业年金之间的关系人和商业年金寿险产品的当事人之间的关系是不同的，所依据的法律法规也不同。企业年金管理涉及的关系人比较多，关系较为复杂（图 6-4），而商业年金寿险产品涉及的关系人比较少，关系相对比较简单（图 6-5）。从图 6-4 可以看出，企业、职工同企业年金基金受托人之间是信托关系，受《中华人民共和国信托法》（以下简称《信托法》）的约束。企业年金受托人、账户管理人、投资管理人以及托管人之间是委托—代理关系，受《中华人民共和国民法典》（以下简称《民法典》）的约束。同时，企业年金基金、职业年金基金的投资运营管理受到银保监会、证监会、人力资源和社会保障部、财政部、审计署、国家税务总局等机构的监管，监管比较严格。商业年金寿险产品体现保险人与投保人之间的契约关系，受法律法规的约束，其基金的运营管理主要受到银保监会、证监会、国家税务总局的监督和管理。

如果用人单位或员工购买商业寿险公司提供的年金寿险产品，只需要同商业寿险公司之间订立保险合同，就可以按照合同的约定给付保险金（图 6-5）。用人单位或员工同商业保险公司之间不存在委托账户管理人、托管人和投资管理人的问题，这是商业保险公司运营同企业年金、职业年金运营的不同之处。

从图 6-5 可以看出，用人单位或员工购买年金寿险产品时，只需要同保险公司打交道就可以获得相应的保障，这比企业年金、职业年金委托—代理管理相对简单，这种投资管理人、账户管理人均由一家保险公司管理的方式也称为"捆绑式"管理模式。用人单位或员工在同保险公司签订保险合同的过程中，需要注意签订保险合同带来损失的风险。

（4）账户管理的方式不同。在我国，企业年金基金采取个人账户管理的方式，企业年金基金实现的基金积累全部计入个人账户，个人账户资金归个人所有，用人单位不得调剂。员工流动，其个人账户资金可以转移。企业年金待遇的高低由历年缴费的高低和个人账户基金投资收益率的高低决定，个人账户资金可以转移或继承。商业年金寿险产品以大数法

则为经营基础，是集合众多单位和个人风险的经济互助机制，以足够数量的单位和个人缴纳的保险费来分摊少数单位和个人的经济损失，其个人账户资金具有调剂性，且账户一般不具有可转移性。

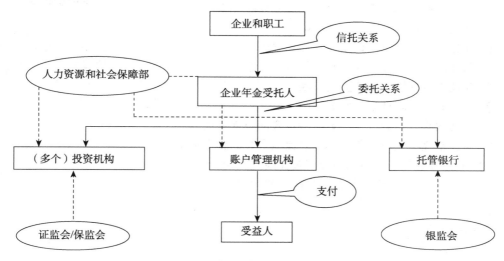

图 6-4　企业年金运营机制及各关系人

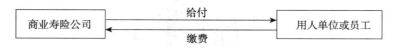

图 6-5　商业年金保险产品的运营机制

（二）职业年金、职业年金同商业年金寿险产品的联系

（1）保障目的是一致的。用人单位发起设立企业年金计划、职业年金计划的目的是为员工退休后提供一部分收入保障，使员工退休前后的生活水平变化不会太大，从而起到维护社会稳定的作用。用人单位购买商业年金寿险产品的最终目的也是如此，将员工工资的一部分延迟到退休以后支付，为员工退休后提供一部分补充收入。

（2）商业年金寿险产品可以成为补充养老保险计划的一部分。商业年金寿险产品所提供的保障与企业年金、职业年金所提供的保障具有相似性，二者在保障功能上具有可替代性，因此，企业可以用补充养老保险资金购买商业年金寿险产品，从而起到为职工退休后提供补充保障的作用。

延伸阅读 6-4：我国团体年金保险产品

案例分析 6-2：员工的养老保险规划

复习思考题

1. 简述养老保险计划的特点。
2. 简述政府、用人单位和员工在养老保险计划中的职责。
3. 简述建立养老保险计划的原则。
4. 简述影响养老保险计划建立的一般因素。
5. 简述影响养老保险计划建立的特殊因素。
6. 简述养老保险计划建立的步骤。
7. 简述养老保险计划筹资的原则。
8. 简述现收现付制基本养老保险资金的收支平衡。
9. 简述基金全额积累制基本养老保险资金的收支平衡。
10. 简述补充养老保险和商业年金保险的区别与联系。
11. 简述我国保险市场年金寿险产品的种类。

延伸阅读 6-5：美国员工
股权激励计划与退休计
划的组合

即测即练

自学自测　　扫描此码

第七章

养老保险计划基金的投资和理财

养老保险基金是指政府或者用人单位以员工养老为目的积累的货币资金。我国养老保险计划积累的基金主要包括基本养老保险基金、补充养老保险基金、商业保险积累的养老保险基金。养老保险计划积累的基金的投资收益率直接影响到员工退休后领取养老金的金额。养老保险计划资金要追求较高的投资收益率，必须正视投资的风险，确定投资的目标、原则，做好投资理财方面的规划。

第一节　养老保险基金投资的风险和原则

一、养老保险基金投资的风险

养老保险基金投资的风险是指引起养老保险基金投资收益率变化，导致养老保险资金发生损失的不确定性。引起养老保险基金投资收益率发生变化的原因有很多，也比较复杂，但是投资风险的存在，是养老保险基金损失的主要原因，下面着重介绍养老保险基金的投资风险。

（一）市场风险

市场风险是指养老保险基金投资的金融工具随着市场价格或指数的变动而波动，从而造成投资损失的不确定性。市场风险主要包括汇率风险、利率风险、股票投资风险等，反映市场风险的参数主要包括汇率、利率、股票市场综合指数、物价指数等。

（1）汇率风险。汇率风险是指一国货币以另一国货币表示发生大幅度变动的不确定性，汇率的变动会使持有贬值货币的投资者面临实际购买力降低而带来的损失。例如，一国货币贬值，另一国货币升值，以贬值国家货币兑换升值国家货币，就面临着损失的风险。我国养老保险基金投资海外市场就面临着汇率风险。

（2）利率风险。利率风险是指由市场利率的波动而带来的投资收益现值损失的不确定性，利率风险是养老保险基金投资中最常见的风险之一。如果养老保险基金投资于债券的期限长于养老保险基金给付受益人的期限，当利率上升时，急于出售的债券资产价格将会下降，低于投资时预计的价格，就会形成利率的价格风险；相反，如果养老保险基金投资于短期债券，债券的期限短于养老保险基金给付受益人的期限，当利率下降时，债券的收益只能以较低的再投资利率投资，使养老保险基金不能按照预期增值，从而导致养老保险基金的再投资利率风险。利率风险的存在，使养老保险基金不能保证特定的期末现金值，不能满足未来养老保险基金支付的需要，从而影响养老金支付的稳定。

（3）股票投资风险。股票投资风险是指由于证券市场行情变动而导致投资收益变动的不确定性。引起证券市场行情变动的因素比较多，如经济周期、市场监管、利率变动等。我国养老保险基金投资于股票市场面临的风险比较大，主要原因包括我国上市公司的盈利状况低下、股票市场发育不成熟、各项规章制度不健全、对于上市公司财务状况监管的制度建设还有待进一步完善等。

（二）信用风险

信用风险又称违约风险，是指由于交易对方不履行合约或者交易双方在履约能力上发生变化，导致养老保险基金遭受损失的风险。例如，证券发行人在证券到期时无法还本付息，使投资者遭受损失的风险。不同种类债券的信用风险程度是不同的，一般来说，国债的信用风险最低，其次是地方政府债券、金融债券和公司债券。信用风险主要受证券发行人的经营能力、盈利水平、经营规模等因素的影响。坏账风险是指融资单位由于经营能力变化，给投资者带来资产损失的风险。例如，我国某省基本养老保险基金投资于 25 家单位，其中有 7 亿元的资产无法偿还，进而产生信用风险。

（三）经营风险

经营风险是指由于公司经营状况变化，引起盈利水平变化，从而导致投资者预期收益下降的风险。经营风险主要包括管理风险和经济风险。

管理风险是指由于公司经营决策失误、管理不善而使产品质量下降、成本上升等内部因素引起投资收益的变动。

经济风险是指非企业内部因素引起的，可能使公司盈利变动，从而影响投资收益的风险。经济风险通常包括行业风险和景气风险。所谓行业风险是指企业所处行业的发展前景发生变动，有可能使企业经营发生困难，如夕阳产业或生产处于产品生命周期中衰退阶段产品的企业。所谓景气风险是指整个经济的周期波动给企业经营效益带来损失的不确定性。

经营风险主要通过公司盈利变化影响证券收益率，因为公司的盈利能力变化既影响普通股票的股息收入，也影响股票的价格。当公司盈利水平降低时，股息减少，股价降低；当公司盈利水平提高时，股息增加，股票价格上涨。经营风险对优先股和债券的投资者影响较小，但是对于普通股股票投资者的影响比较大。

（四）购买力风险

购买力风险又称通货膨胀风险，是指养老保险基金实际投资收益的变化中，有一部分损失是由通货膨胀率的变化引起的，通货膨胀是引起养老保险基金面临购买力风险的最基本原因，购买力风险是不可分散的系统风险。一项投资的市场价格即使从未发生过波动，也可能会产生购买力风险，因为养老保险基金的实际购买力会由于通货膨胀而下降。购买力风险对经营货币业务的金融机构的影响比较大，养老保险基金的投资不可避免地也要受到购买力风险的影响。

（五）流动性风险

流动性风险是指养老保险基金由于支付的需要，急于抛售手中资产引起的价格打折、利率损失等风险，从而引起养老保险基金投资收益损失的风险。养老保险基金产生流动性风险的原因主要有以下几个方面。

（1）养老保险基金持有的金融资产的流动性比较差，买卖差价较大，在变现时不得不承受价格下跌造成的损失。例如，养老保险基金投资房地产后，难以按照投资时的成本价格出售，以低于投资成本的价格出售房产，造成养老保险基金本金和利息损失。

（2）养老保险基金管理机构未能合理地安排资产负债的期限、结构，不能应对突发的大额资金需要，急于变现造成资产的损失。

（3）整个市场出现剧烈波动，造成价格失常，从而使养老保险基金资产价值大幅度下跌或者筹资成本急剧上升等造成损失的风险。

二、养老保险基金投资的原则

（一）安全性

养老保险基金投资的安全性是指必须保证投资本金能够全部收回。在确保安全收回养老保险基金本金的前提下，取得预期的投资收益。当预期养老保险基金亏损的概率大于盈利的概率时，就应该选择不投资，这就可以避免投资损失的风险。基于以上考虑，养老保险基金应该选择投资风险比较低，并能够取得一定投资收益的产品，这是养老保险基金投资运营必须遵循的一个基本的原则。养老保险基金担负着特殊的社会政策使命，基金的投资安全不仅影响到几代人的经济利益，而且关系到社会经济、政治的稳定。如果投资风险比较高，不仅可能无法获得预期的投资收益，而且还会损失已经积累的基金，这会危及养老保险的经济基础和社会基础，影响社会公众对养老保险制度的信心。

（二）流动性

养老保险基金的流动性是指在养老保险基金投资的各类金融产品可以随时变现，用以支付各类养老保险的费用支出或者转移和规避风险。当经济风险来临时，养老保险资产的流动性使基金可以随时变现，促使资产投资优化组合，通过养老保险基金资产的优化投资组合来转移和规避风险。投资的流动性原则要求养老保险计划提供者应当根据各类养老保险基金给付的需要，妥善地规划，精确地计算，确定变现的额度，确保资金融通的灵活性。

（三）保值增值

养老保险基金投资的保值增值是指在符合安全性原则的条件下，实现养老保险基金的保值增值。强调养老保险基金的保值增值，可以抵御通货膨胀对养老保险基金带来的贬值风险，真正实现养老保险基金的运营目标，同时还可以减轻企业、个人的负担。

延伸阅读 7-1：从安然公司破产看补充养老保险基金投资损失的风险

第二节　养老保险基金投资管理的模式和主体

一、养老保险基金投资管理的模式

养老保险基金投资管理模式主要有经办主体直接投资管理模式、经办主体间接投资管理模式和经办主体部分间接投资管理模式三种，这三种养老保险基金的投资管理模式各有利弊，其优点、缺点和发挥作用的条件可以通过以下几个方面的对比分析反映出来。

（一）养老保险经办主体直接投资管理模式

养老保险经办主体直接投资管理模式的关系人有缴费人、受托人、受益人和账户管理人，不涉及投资管理人。这就是说，养老保险的经办主体作为养老保险基金的受托人，不仅管理着养老保险管理的行政性事务，而且承担着养老保险基金投资运营的职责（图7-1）。例如，我国基本养老保险基金建立初期就是由政府管理部门直接投资运营的。后来，在相关法律法规的要求下，基本养老保险基金只能投资于银行存款、国债等金融工具，其投资收益率比较低。

图 7-1 养老保险经办主体直接投资管理模式

从图 7-1 可以看出，这种投资管理模式的优点有：受托人与投资管理人合二为一，委托—代理关系比较简单，管理成本也不高。

这种管理方式的缺点有以下几个。

（1）受托人职责范围过大、过宽，不符合专业化分工协作发展的要求。

（2）养老保险基金的投资收益率不高，有时甚至低于市场利率。例如，新加坡政府直接投资管理的中央公积金的投资收益率也不高。

（3）受托人承担的风险比较高，市场投资失误的风险全部由受托人承担。

这种投资管理方式发挥作用的条件是，对受托人的专业技术要求比较高，受托人必须具备应对市场风险的投资决策的能力，否则就会造成养老保险基金投资的损失。

（二）养老保险经办主体间接投资管理模式

养老保险经办主体间接投资管理模式的关系人不仅包括缴费人、受托人、受益人和账户管理人，还包括投资管理人（图7-2）。

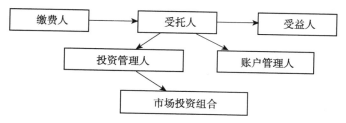

图 7-2 养老保险经办主体间接投资管理模式

这种投资管理模式的主要特点是，养老保险基金受托人将基金投资运营和资产管理事宜委托给了投资管理人，投资管理人——专业的基金管理公司、信托投资公司、养老金管理公司负责基金的投资运营。补充养老保险基金大多采取养老保险经办主体间接投资运营的管理模式。例如，《企业年金办法》规定，企业和职工建立企业年金，应当确定企业年金受托人，由企业代表委托人与受托人签订受托管理合同。受托人可以是符合国家规定的法人受托机构，也可以是企业按照国家有关规定成立的企业年金理事会。这也就是说，我国企业年金不能由企业和职工自己管理，必须交由企业年金理事会或法人受托机构管理。

从图 7-2 可以看出，这种投资运营管理模式的优点有以下几个。

（1）受托人、投资管理人、账户管理之间职责分工明确，有利于提高养老保险基金投资运营的效率。

（2）受托人将养老保险基金委托给多家投资管理人投资管理，有利于分散投资风险。

（3）委托专业的投资管理人可以增加服务的竞争性、降低管理费用、增强养老保险基金管理的透明度，便于受托人依法进行监督和管理。

（4）受托人作为所有权代表，能够对投资管理人的投资行为进行有效的约束，规范养老保险基金的投资方案和投资组合。

（5）账户管理人可以依法监督投资管理人的投资行为。

（6）有利于提高养老保险基金的投资收益率，实现基金的保值增值。

这种管理模式的缺点有：委托—代理关系比较复杂，涉及的管理机构比较多，管理成本比较高。

这种管理模式发挥作用的条件有以下几个。

（1）需要加快发展投资管理人，培养具有丰富投资理财经验的专业人才。

（2）需要加强对投资管理人的监管，防止投资管理人涉足风险过高的投资领域和投资产品。

（3）需要规定投资管理人取得投资收益率的下限。

（三）养老保险经办主体部分间接投资管理模式

养老保险经办主体部分间接投资管理模式是介于直接管理和间接管理之间的一种养老保险基金投资管理模式，是养老保险经办主体将一部分养老保险基金投资运营的管理委托给了投资管理人，将另一部分养老保险基金投资运营的管理权留给了自己（图 7-3）。

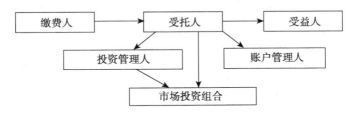

图 7-3　　养老保险经办主体部分间接管理模式

从图 7-3 可以看出，这种投资管理模式的优点有：受托人职责范围有所缩小、承担的风险有所降低，养老保险基金投资运营的部分风险转移给了投资管理人。

这种投资管理模式的缺点是：专业分工有限，养老保险基金投资收益率可能低于养老保险经办主体间接投资管理的方式。

这种投资管理模式发挥作用的条件是，要求受托人具备一定的投资管理能力。因为随着银行存款、国债利率市场化程度的加深，即使获得固定收益的投资，也需要具备较高的投资技能。目前，我国有些省份的基本养老保险基金就采取了部分间接投资运营的管理模式。

二、养老保险基金投资运营管理的主体

养老保险基金投资运营管理的主体主要有基金管理公司、信托投资公司、养老金公司、保险公司、银行等。下面以我国为例，分析各种养老保险基金投资运营管理主体的优势和劣势。

（一）社会保险管理机构

在基本养老保险基金由政府直接投资管理的情况下，社会保险管理机构就是基本养老保险基金投资管理的主体。

1. 优势分析

社会保险管理机构直接投资管理基本养老保险基金的优势主要有以下几个方面。

（1）减少委托—代理费用，降低基本养老保险基金的管理成本。

（2）投资于国家急需的建设项目，为经济发展提供大量的资金。

（3）获得政府给予的政策支持和税收优惠。一般来说，政府会在政策上支持基本养老保险基金的投资运营，会为养老保险基金的发展创造发展的条件。

（4）基本养老保险资金积累不足时，政府财政资金可以提供必要的支持。

2. 劣势分析

社会保险管理机构直接投资管理基本养老保险基金的劣势主要有以下几个方面。

（1）基本养老保险基金的投资收益率比较低。从世界范围来看，政府直接投资管理的养老保险基金的投资收益率通常比较低。

（2）基本养老保险基金面临着贬值的风险。如果社会保险管理机构直接投资管理养老保险基金的投资收益率比较低的话，养老保险基金就会面临购买力不足的贬值风险。

（3）缺乏相关的专业管理人才。社会保险管理机构是执行政府职责的部门，如果让这些部门管理基本养老保险基金，显然存在着专业管理人才缺乏的劣势。

（二）基金管理公司

基金管理公司相对于其他金融机构而言，较适合担任养老保险基金的投资管理人。下面对基金管理公司参与养老保险基金投资运营管理的优势和劣势进行分析。

1. 优势分析

基金管理公司投资管理能力比较强，具有丰富的基金投资管理经验，有利于养老保险基金的保值增值。目前，我国政府对基金管理公司有严格的监管和信息披露要求，因而基金管理公司对养老保险基金投资运营的透明度比较高，管理费用明晰，有利于相关管理机构、监管机构、企业和员工对养老保险基金的投资运营状况进行有效的监督。

2. 劣势分析

基金管理公司参与养老保险基金的投资运营业务，具有如下劣势。

（1）业务范围受到限制。基金管理公司的业务范围仅限于资本市场投资，限制了基金管理公司的发展。

（2）账户管理系统不成熟。在短期内，部分基金管理公司在养老保险基金管理方面的经验相对比较少，竞争优势不明显，不适于担任养老保险基金的账户管理人。

（3）养老保险基金投资的风险较大。基金管理公司投资于股票市场的比例通常比较高，在我国股票市场发展尚不成熟的情况下，养老保险基金投资于股票市场面临着比较大的投资风险。

（三）信托投资公司

信托投资公司比较适合担任养老保险基金的投资管理人，其参与养老保险基金投资运营管理的优势和劣势如下。

1. 优势分析

信托投资公司作为投资管理人具有以下两方面的发展优势。

（1）管理模式比较安全。养老保险基金采用信托方式进行管理，受到我国《信托法》所规定的信托财产独立性制度的保护，产品设计比较灵活。信托投资公司灵活的激励、奖惩机制，使用人单位可以在养老保险基金信托中保留若干权利，从而有效地满足养老保险计划的各项要求，如通过调整计入职工个人账户的缴费金额等方式，以激励有贡献的员工积极、努力地工作。

（2）信托投资公司的投资渠道广泛。信托投资公司运用养老保险基金的效率比较高、运用范围比较广泛，使养老保险基金能够得到有效的管理，可以获得比较高的投资收益，同时，还可以分散养老保险基金投资的风险。

2. 劣势分析

信托投资公司作为投资管理人具有以下几方面的劣势。

（1）信托投资公司发展不够规范。从整体来说，我国信托投资公司相比于其他金融机构，发展不规范，尚缺乏科学决策、预测及风险管控的能力。多年来，信托投资公司积累了比较高的风险，不利于养老保险基金的保值增值。

（2）信托投资公司的成本收益、发展状况和发展趋势等透明度不高。

（3）缺乏专业人才，精算能力比较弱。

（四）养老金管理公司

养老金管理公司是指以管理养老保险基金资产为主要业务的公司。我国养老金管理公司大多是银行、保险公司发起成立的股份有限公司。例如，以保险公司为主发起成立的养老金管理公司有平安养老金管理有限公司、太平养老金管理有限公司、国寿养老金管理有限公司、长江养老金管理有限公司、泰康养老金管理有限公司、安邦养老金管理有限公司、新华养老金管理有限公司、中国人保养老金管理有限公司等。以银行为主发起成立的养老金管理公司有建信养老金管理有限公司。建信养老金管理有限公司是国务院批准设立的养老金管理机构，其注册资本23亿元，中国建设银行、全国社会保障基金理事会分别持股85%和15%。养老金管理公司的优势和劣势主要有以下几个方面。

1. 优势分析

养老金管理公司作为养老保险基金管理机构的优势主要有以下几个。

（1）专业服务。养老金管理公司是为养老金管理提供专业服务的机构，其推出的养老产品可以满足养老保险基金投资运营的需要，如养老保险单一计划具有管理便捷、投资收益率高的特点；养老保险集合计划具有简化流程、管理费用较低的特点，其提供的服务具有专业性。

（2）品牌优势。我国养老金管理公司通常依托保险公司、银行长期积累的品牌优势，客户的认可度高，容易获得客户的信任。

（3）专业优势。养老金管理公司在数理计算、资产运用、缴费记录、养老金支付方面具有较强的专业性。

（4）综合服务优势。养老金管理公司大多被批准同时担任养老保险基金的法人受托人、投资管理人和账户管理人，这种集多种角色为一体的"全牌照"运营，可以为客户提供"一站式"养老综合服务，有助于缩短养老保险基金的管理流程。

2. 劣势分析

养老金管理公司作为养老保险基金管理机构具有以下劣势。

（1）发展时间比较晚。我国第一家养老金管理公司成立于 2007 年，其他养老金管理公司成立的时间通常比较晚，在养老金管理服务方面还处于起步阶段，发展经验不足，但是养老金管理公司在养老保险基金的投资运营管理中占有较重要的地位。

（2）业务种类较少。养老金管理公司以提供养老保险基金管理服务为主，较少涉及其他业务，存在业务种类单一的问题。

（3）养老金管理公司推出的产品单一。各家养老金管理公司推出的养老金产品同质化严重，难以满足客户多样化、个性化的需求。

（4）养老金管理公司在投资能力、产品研发、运营和信息披露等方面还有进一步提升的空间。

（五）商业保险公司

现阶段，商业保险公司比较适合担任养老保险基金账户管理人和投资管理人。商业保险公司作为养老保险基金的账户管理人和投资管理人具有以下优势和劣势。

1. 优势分析

商业保险公司作为养老保险基金的账户管理人具有以下优势。

（1）产品优势。商业保险公司推出的年金保险产品包括由特定人群的生存状态决定的现金流流入，以及同样由特定人群的生存状态决定的现金流流出，从而使年金保险产品的设计和运营强烈地依赖于精算技术。

（2）保险精算技术优势。精算是保险产品设计、负债管理和风险控制的专业技术，它不仅是科学量度风险、测算保费、提取准备金的技术，而且还提供了风险监控、偿付能力测控以及审慎经营的理念。随着我国的保险精算专业人才的培养，精算师队伍的壮大，以及养老金产品的开发、费用和利润核算、年金保险计划的设计、养老金精算报告、业务价值评估以及偿付能力监管等方面经验的积累，保险公司在为企业量身定制保险方案方面具有无可比拟的优势。

（3）销售优势。保险公司经过多年的发展，形成了遍布全国的分销网络、成熟的销售管理体制、完善的销售培训系统和专业化、经验丰富的销售队伍，从而较好地适应了年金保险市场发展的需要。

（4）资产负债管理优势。年金保险产品的长期负债性要求在确保资金安全性、稳健性的基础上具备增值性，因而其投资策略尤其特殊。精算技术要求的资产负债匹配，以及保险公司在长期资金的资产管理方面具有的技术优势和投资经验，保证了保险公司在同基金管理公司、信托投资公司等其他金融机构的竞争中脱颖而出。

（5）账户管理优势。经过几十年的发展，保险公司在账户管理方面积累了丰富的优势，可以担当养老保险基金的账户管理人。

（6）综合保障优势。商业保险公司可以提供以团体养老保险、团体健康保险、团体意外伤害保险等为核心的一揽子员工福利计划，减少了用人单位的投保成本，商业保险公司可根据用人单位的特点、保障需求为其提供综合保障服务。

商业保险公司作为养老保险基金的投资管理人具有的优势主要有以下几个方面。

（1）捆绑服务和分离服务优势。捆绑服务方便客户投保或建立补充养老保险计划，容易取得管理上的规模优势，节省大量沟通、协调费用，信息交流容易在内部解决。对于中小客户而言，捆绑服务的养老保险基金具有管理成本低，方便政府部门监管，比较适应我国目前相对不完善的法规环境。对于分离服务而言，保险公司无法单独承担补充养老保险投资管理、补充养老保险负债评估以及其他服务等。如果商业保险公司要成为养老保险基金投资管理人，需要单独设立资产管理公司。

（2）商业保险公司下设的资产管理公司可以充当养老保险基金的投资管理人。随着保险公司下设的资产管理公司发展逐步成熟，这些资产管理公司会同基金管理公司、信托投资公司一样，发展成为成熟的养老保险基金投资管理人。

（3）审慎监管优势。保险业所实施的各项监管制度，包括偿付能力监管、精算师考试认可制度、精算报告制度、精算师制度等，对确保保险公司的偿付能力、维护客户利益具有较大的作用。

2. 劣势分析

保险公司参与补充养老保险业务的劣势主要有以下几个方面。

（1）不享受税收优惠。用人单位和员工购买商业保险公司出售的年金保险产品不享受税收优惠，这使保险公司出售的团体年金寿险业务的发展受到了较大的限制。

（2）法律法规的制约。由于法律法规的限制，商业保险公司不能直接充当养老保险基金的投资管理人，这使保险公司只能单独设立养老金管理公司来发展养老金投资管理业务。其实，国外补充养老保险基金的投资管理人有基金管理公司、保险公司、银行，这三种投资管理人的市场份额大约各占 1/3。

（3）养老保险资金受到投资范围的限制。例如，中国保监会 2004 年发布的《关于保险机构投资者股票投资有关问题的通知》规定，保险机构投资者股票投资的余额，传统保险产品按成本价格计算，不得超过本公司上年末总资产扣除投资连结保险产品和万能保险产品资产后的 5%；投资连结保险产品投资股票比例，按成本价格计算最高可为该产品账户资产的 100%；万能寿险产品投资股票的比例，按成本价格计算最高不得超过该产品账户资产的 80%。保险资金在投资结构、范围方面的限制，影响了保险公司充当投资管理的职责。

（六）银行

根据我国现行金融行业的有关规定，银行在养老保险基金投资运营的过程中可以充当基金的托管人、账户管理人，办理养老保险基金的日常性管理、结算等业务，监督养老保险基金的投资。在条件成熟的情况下，银行还可以争取充当养老保险基金的投资管理人。

1. 优势分析

银行在养老保险基金管理方面具有以下几方面的优势。

（1）先进的清算体系及众多的营业网点。先进的清算体系、众多的营业网点，使银行在管理养老保险账户时具有不可比拟的优势。

（2）丰富的资金托管经验。庞大的资金支持、丰富的账户管理经验，是银行管理员工退休账户的无形资产。

（3）投资管理养老保险基金资产的经验。银行拥有丰富的央行票据、国债、金融债等方面的投资经验，可以为养老保险基金投资提供相关的投资咨询，也可以充当养老保险基金的投资管理人。

延伸阅读 7-2：保险业提供员工退休理财规划服务的新趋势

2. 劣势分析

商业银行参与养老保险基金投资运营管理的劣势在于投资方面的政策限制。我国现行的分业经营管理模式不允许银行投资于股票市场，对资金的安全性要求比较高。同时，《企业年金基金管理办法》《职业年金基金管理暂行办法》要求，基金托管人与投资管理人不得为同一人，这使银行在参与养老保险基金投资运营管理的角色上须做出权衡，最后选择充当企业年金、职业年金的托管人。

第三节　养老保险基金投资理财的工具

养老保险基金投资理财工具是养老保险基金借以获得投资收益的媒介，养老保险基金投资理财的工具主要有以下几个方面。

一、债券

债券是发行人依照法定程序发行，并约定在一定期限内还本付息的一种有价证券。按照发行主体，债券可以分为国家债券、地方政府债券、金融债券、公司债券和国际债券。养老保险基金投资于不同的债券，承担的风险也不同。

（一）国家债券

国债是国家信用的基本形式，是一国政府依据有借有还的原则，为筹措资金而发行的债券。国债以国家信誉作担保，投资国债的利息收入固定，本金到期可以收回，投资风险比较低，投资收益稳定。为了鼓励公众购买国债，国家债券的利率往往高于银行同期储蓄利率，因此，养老保险基金购买国家债券是最佳、最可靠的投资渠道之一。但是，如果养老保险基金购买的是不能上市流通的国债，其流动性会受到一定的影响，同时其投资收益率也会降低。目前，我国已发行的国债存在着品种单一、期限结构不合理等劣势，尤其是缺乏长期国债品种，降低了养老保险基金投资于国债的收益率。

（二）地方政府债券

地方政府债券又称地方债券或市政债券，是指地方政府部门或地方财政为了筹措资金而发行的债券。地方政府债券的信誉仅次于国家债券，其发行面额一般比较小，利率比国家债券高，主要是为了吸引更多的中小投资者。与国家债券相同，地方政府债券的投资收益也免缴所得税，这是地方债券和公司债券的主要区别之一。地方政府债券也是养老保险基金投资的重要工具。

（三）金融债券

金融债券是由银行和非银行金融机构为筹集资金向社会公开发行的一种债务凭证。金融债券的利率通常高于国家债券和地方政府债券的利率，通常低于公司债券的利率，这是因为，金融机构的信用度较之国家债券和政府债券的信誉低，较之公司债券的信誉高。养老保险基金投资于金融债券可以获得稳定的投资收益。

（四）公司债券

公司债券是指由股份公司为筹措资金而发行的、向持有人承诺在指定时间还本付息的一种债务凭证。公司债券在我国股份制改造之前也被称为企业债券。[①]根据政府的相关规定，公司每次发行债券必须有明确的目的和用途，并向公众公告，并且发债金额要根据公司的财务状况、资产实力、结构和投资项目资金的需要量等确定。公司债券的利率通常要高于政府债券、金融债券，因为企业的信誉比政府、金融机构等低一些。在我国企业效益不稳定的情况下，养老保险基金投资于公司债券面临着较大的风险，政府管理部门限制养老保险基金投资于公司债券的比例是十分必要的。

（五）国际债券

国际债券是指一国发行人（包括政府、公司、银行等法人）或国际机构在另一国的债券市场上以另一国货币面值发行的债券。国际债券的主要特点是发行者属于某一国家，发行地点则属于另一个国家，发行国际债券的面值不以发行国货币计值，而是以发行地货币或者其他货币计值。例如，加拿大政府经美国政府批准，委托美国银行和金融机构在美国纽约债券市场上发行以美元计价的债券就是国际债券。

二、银行存款

银行是经营货币的企业，企业经营失败就会破产。如果将养老保险基金存入银行，养老保险基金的投资风险略高于政府债券。尽管如此，银行存款仍然是养老保险基金重要的投资工具，银行存款是仅次于国债的投资工具之一。一般来说，只要选择信用等级比较高的银行，养老保险基金的投资风险还是比较低的。存入银行的养老保险基金可以选择多种

---

① 我国企业债券的监管机构是国家发展和改革委员会，公司债券的监管机构是中国证监会。

存期组合，既可以有长期的，也可以有短期的，以增强养老保险基金的可兑现性。目前，在我国银行存款利率固定的条件下，养老保险基金可以获得稳定的利息收入。但是，在银行存款利率固定的条件下，养老保险基金存入银行会面临着由通货膨胀而引起购买力下降的风险。随着利率市场化改革的逐步深入，养老保险基金还会面临利率下降的市场风险。

三、贷款合同

运用贷款合同进行养老保险基金的投资，是比较有效的投资方式。在国家政策允许的情况下，养老保险基金应当有选择地投资于一些建设项目上，特别是符合政策导向的建设项目，如基础设施建设、房地产开发、医疗基础设施建设、社会福利院和老年公寓等。基础设施的建设具有投资周期长、投资收益高等方面的特点，需要长期性的资金支持。养老保险基金是一种长期稳定的资金，如果投资到基础设施的建设上，会获得长期、稳定的投资收益。

（一）基础设施项目

基础设施项目是指借款人对一个城市或几个城市的多个基础设施项目向金融机构提出借款申请，签订借款合同。目前，基础设施项目主要有以下几个。

（1）城市供水项目。

（2）集中供暖、供气（天然气）项目。

（3）城市污水处理项目。

（4）垃圾处理项目。

（5）城市市政干道及立交桥项目。

（6）统借统还贷款借款人提出的其他需要支持的城市基础设施项目。

借款人的还款来源主要有以下几方面。

（1）建设项目自身的效益和各种收费收益。

（2）借款人的综合收益。

（3）各项政府安排的用于偿还城市基础设施项目贷款的财政预算内和预算外资金。

基础设施项目投资的风险通常比较高，养老保险基金投资于这些项目的比重不宜过高。对于抵押贷款未偿本金的估价，抵押贷款的应计利息应当单独列明；对于公用不动产成本的估价，应当对装修、改良和折旧进行的调整；对于自用不动产成本或者市价的估价，应当以低者为准；对于担保贷款用未偿贷款金额或者担保品的市价来估计，以中低者为准。

（二）房地产开发

房地产开发既包括生产资料（如厂房、车间、仓库等）的建设和开发，也包括生活资料（如住宅等）的投资和开发。房地产投资具有规模大、投资期限长、流动性差、分散投资比较困难、对宏观经济形势变化的反映比较敏感等方面的特点。房地产投资是一个连续的过程，房地产投资初期的调查比较困难，难以准确地评估投资风险。一旦评估风险出现偏差，有可能带来养老保险基金投资的损失。

例如，在美国，养老保险基金投资于房地产的形式主要有五种。

（1）拥有并经营房地产。养老保险基金投资于房地产，出售、租赁房地产，可以获得投资收益。

（2）拥有并雇用他人管理房地产。养老保险基金投资于房地产，并委托物业管理公司管理房地产，以此获得房地产租赁的投资收益。

（3）通过购买房地产公司中的股份，使养老保险基金拥有房地产的所有权和管理权，以获得投资房地产的收益。

（4）购买房地产投资信托中的份额，以此来获得房地产投资的收益。

（5）投资于由银行或人寿保险公司经营的房地产综合基金，享受房地产综合基金的分红和价差收益。这样，养老保险基金可以获得投资收益。

四、股票

股票是有价证券的一种主要形式，是股份有限公司签发的证明股东持有股份的凭证。世界各国养老保险基金之所以能够获得高于通货膨胀率、工资增长率的投资收益率，与养老保险基金投资于股票市场密切相关。养老保险基金投资于股票，获得的收益主要来自两个方面：一是定期的股息或红利；二是通过流通市场买卖股票，取得价差收入。这两方面投资收益的大小取决于企业的经营状况和股票市场的状况。养老保险基金进入资本市场购买股票，可以获得较高的投资收益，基金的可兑现性也比较好。但是，股票市场是一个无法预测、波动比较大的市场，购买股票有可能带来养老保险基金较大的损失，一般来说，世界各国大多限制养老保险基金投资于股票市场的比重。例如，全国社会保障基金进入股票市场的比例规定为不超过基金总额的40%。

五、证券投资基金

证券投资基金是指通过发行基金受益凭证募集社会资金，由专门的机构管理操作借以取得收益的一种金融信托产品。证券投资基金作为一种信托投资方式，是通过发行基金单位，集中投资者的资金用于股票、证券投资。证券投资基金的主要特点有：集体投资、专家经营、分散风险、共同分享投资收益。投资人将资金投入基金，以证券投资基金为桥梁，进入证券市场投资，分享证券投资基金在证券市场和其他领域中的投资收益，可以减少投资者由于资金分散、专业知识欠缺、信息不全等问题带来的投资风险。证券投资基金是世界各国养老保险基金投资的重要品种。20世纪90年代，证券投资基金获得长足发展是与世界各国养老保险制度改革、养老保险基金投资运营密切相关的。从国际经验来看，养老保险基金是证券投资基金最大的机构投资者。例如，1998年美国养老保险基金账户持有者的投资占全部证券投资基金资产的1/3。证券投资基金向任何投资于基金的人出售，并且投资收益由投资者自己拥有。随着养老保险基金规模的扩大，证券投资基金成为养老保险基金比较合适的投资工具。同时，随着养老保险基金规模的扩大，证券投资基金也获得了迅速发展。

证券投资基金成为养老保险基金投资工具的原因主要有以下几个方面。

（1）证券投资基金具有专家理财、分散投资风险的优点。证券投资基金因其分散化投资、专业化管理、界定明晰的投资目标和战略，成为养老保险基金较为青睐的投资工具。

（2）证券投资基金具有良好的表现。一般来说，证券投资基金的投资风险低于投资股票，证券投资基金获得的投资收益是养老保险基金投资于其中的重要原因。

（3）证券投资基金管理便捷、低成本。证券投资基金成为养老保险基金投资工具具有管理成本低、简单和快捷等方面的特点，赢得了广大投资者的青睐。同时，证券投资基金还为投资者提供个人账户管理服务，为投资者出具免税证明等，方便投资者在证券投资基金、银行账户间转移。

（4）法律法规和税收优惠激励。证券投资基金在信息披露方面的严格操作，增强了投资者的信心。同时，政府在法律法规层面为证券投资基金的发展提供政策支持。

六、金融衍生投资工具

证券投资工具经过不断的发展，在近二三十年中，又衍生出认股权证、可转换证券、证券期货交易、证券期权交易、股票指数期货交易等形式，金融衍生投资工具也是养老保险基金投资的工具之一。养老保险基金投资于金融衍生工具可以有效地规避风险，这是养老保险基金投资的必然选择。但过度地使用金融衍生工具也会给养老保险基金带来巨大的风险，监管投资管理人过度使用金融衍生工具是政府监管部门、基金受托人的重要职责之一。

（一）认股权证

认股权证，又称为股票认购授权证，是由上市公司发行，表明持有人具有在指定的时间内以事先确定的价格购买一定数量该公司股票的权利凭证。严格地说，认股权证本身并不是股票，其特征与期权很相似，但认股权证与优先股、普通股的联系却比较密切。持有认股权证的投资者不能视为公司的股东，但投资者凭借认股权证可以在有效期限内的任何时间，以协定价格买进普通股股票，即按某一既定比率（换股比率），以某一既定的价格（换股价）换购一定数量的普通股股票，持有认股权证的投资者是上市公司潜在的股东。

养老保险基金持有认股权证可以在远期获得一定的投资收益，也可以规避股票远期价格下跌的风险，增强养老保险基金投资收益的稳定性。

但是应该看到，养老保险基金投资于认股权证是有风险的，其主要表现在以下几个方面。

（1）投资认股权证获得收益的前提条件是，认股权证规定的换股价低于股票市场的价格。如果认股权证规定的换股价高于股票市场的价格，投资者就只能选择不认购，从而造成投资者的损失。

（2）认股权证是有价格的。认股权证的价格会随着股票价格的变化而涨落。

（3）认股权证是有期限的。有些上市公司为了迅速筹集资金，往往规定认股权证的期限只有几个星期或者几天，过期作废。如果投资者持有的认股权证过期作废，就会使认股权的行使受到比较大的限制，从而造成较大的投资损失。目前，我国一些公司发行的认股权证规定的有效期限比较短。如果过期后依然持有，就有可能造成养老保险基金投资的损失。

（二）可转换债券

可转换债券是介于债券和股票之间的金融创新产品，是养老保险基金可以投资的金融工具之一。

1. 可转换债券的概念

公司债券中有一种特殊的投资工具，就是可转换债券。可转换债券又称为转股债券、可兑换债券、可更换债券等，是指发行人依照法定程序发行，持有人在一段时间内依据约定的条件可以转换为一定数量的另一类证券的法律凭证。可转换债券实际上是普通股的长期看涨期权。

2. 可转换债券的经济职能和优势

企业发行可转换债券具有如下经济职能和优势。

（1）便于发行企业筹措资金。可靠的利息收入和可能带来的股票升值，通常不会使债券的发行受阻。在股市低迷的时候，投资者出于安全性和对未来股价攀升的预期，大多会在众多债券和股票中选择集债券与股票于一身的投资品种。

（2）降低发行企业的融资成本。由于可转换公司债券赋予投资者将债券转换成股票的权利，因而投资者愿意接受比其他债券更低的利率，这样发行企业就可以降低借债的成本。由于可转换债券附有一种可转换期权，其利率通常要比不可转换公司债券的利率低，还会比同期银行存款利率低。在债券市场发育成熟的发达国家和地区，可转换债券的利率会比同期银行存款利率低 2% 左右。

（3）有利于发行企业降低负债比例、优化资产结构。可转换债券转变为股票后，借贷资金变成了不需要偿还的资金，有助于发行公司对资产结构进行调整，以降低发行公司的负债比例。可转换债券为企业将债权变为股权提供了有效的负债重组的工具。

（4）便于调节股票的供求关系，实现股票均衡上市。可转换债券具有债券和股票的双重属性，对股票市场的供给具有一定的调节作用。当股票的价格高涨时，可转换债券的投资者可以选择转换为股票上市交易，这样不仅可以增加股票的市场供给，而且还可以获得股息和资本利得；当股票的价格较低时，持有人可以选择继续持有债券，这样不仅不会增加股票的供给，而且可以获得投资债券的利息收入。可转换债券对股票市场所具有的这种调节作用，使其能够适当地增加或减少市场供给，从而达到均衡市场供给和稳定市场价格的作用。

我国养老保险基金持有可转换债券可以提高基金投资收益的稳定性，可以增强投资的灵活性，可以有效地规避远期股价下跌损失的风险，可转换债券也是机构投资者比较青睐的投资工具。在债券可转换期限内，如果公司股票价格持续地下跌，就会造成债券无法转换成股票的利息损失风险，准确地评估上市公司的经营风险是规避可转换债券投资损失风险的前提条件。

（三）利率期货

利率期货是指买卖双方支付一定金额的保证金，以未来的某一约定日为交割日，按照约定的价格卖出或者买进债券的交易方式。利率期货交易实际上是将订立契约的时间和履行契约的时间分离开来，间隔的时间可以是 1 个月、3 个月、6 个月。在利率期货交易中，买卖双方先签订买卖合同，就买卖债券的种类、数量、成交价格、交割时间和交割地点达成协议，等到合同约定的交割日期买卖双方才正式办理交割手续。在达成交易时，卖方并不真正地交付债券，买方也不是当时就付款，只有到了约定的交割日时，卖方才交出债券，买方才支付价款。由于期货交易是按照约定的价格结算的，如果债券价格上涨，买方可以获利；反之，则卖方可以获利。

利率期货交易一般具有以下几个方面的特点。

（1）利率期货合约实行标准化管理。利率期货合约的交易对象是有价债券，交易所在制订期货交易合约时，对每份合约包含的债券品种、期限、数量等都预先确定，实行标准化的管理。利率期货合约实行标准化管理可以简化交易的过程，便于市场流通转让，可以避免发生合同纠纷。

（2）对冲交易比较多，实物交割比较少，具有较强的投机性。在利率期货交易中，合同的卖方不一定拥有债券，合同的买方也不一定真的要买债券，真正需要履约进行现货交割的交易占比较少，绝大多数交易都在合约到期前通过对冲的方法了结交易。投资者只需要进行差额结算，减少或避免了实物交易。

（3）实行保证金制度，交易安全可靠。保证金分为初始保证金和追加保证金。初始保证金是期货交易者初次进入期货市场或者买卖期货合约时，存入交易者保证金账户的款项。在期货交易的过程中，如果交易者账户中的保证金金额低于维持保证金水平，就必须在规定的时间内存入一笔资金，以便其保证金账户上的金额达到一定的水平。[①]期货交易通常采用会员制的管理办法，只有成为交易所的会员，才有资格进场交易。为了防止买卖双方毁约，交易所实行保证金制度，保证金一般按照成交金额的10%缴纳。每日收盘时，需要按照市价重新核算需要缴纳的保证金金额，实行多退少补的管理办法。投资者只需要支付少额的保证金，就可以买卖金额较大的期货合约。

（4）交易者众多，交易活跃，流动性好。参与利率期货交易者不仅有套期保值者，而且有跨期套利者，其交易方便灵活，特别适合大宗债券交易，可以使投资风险得到分散。

利率期货是我国养老保险基金进行投资运营比较好的避险工具，利率期货有效地保护了由于市场价格变动而带来损失的交易者。目前，我国政府限制养老保险基金投资于金融衍生工具。随着有关法律法规的变化，养老保险基金投资利率期货可以规避债券价格下跌的风险，实现资产的套期保值。同样，如果养老保险基金过度投资利率期货，也会带来养老保险基金投资的巨额损失。

（四）证券期权

证券期权是20世纪80年代以后逐步发展起来的一种新型金融投资工具。

1. 证券期权的概念

证券期权又称选择权，是指买卖证券的选择权。证券期权是相对于现货交易而言的，也是一种远期交易的权利，是指证券投资者事先支付一定的费用取得一种按既定价格买卖某种证券的权利。期权交易实际上是一种权利的单方面有偿让渡。购买期权者以支付一定量的期权费为代价，得到该项权利。这种权利只能在规定的期限内行使，可以买进或者卖

---

① 刘利兰. 期货市场交易概论[M]. 北京：当代世界出版社，1998：41.

出证券，也可以在规定的期限内不行使这一权利，过期作废。对于出售期权的证券交易商来说，在收取了一定数量的期权费后，在一段时间内必须无条件地服从买方的选择，履行交易时的允诺，按照合同的约定出售或者购进证券。

2. 证券期权的类型

证券期权因买卖关系不同，可以分为看涨期权和看跌期权。看涨期权是指依据买卖双方签订的契约，买者（持有者）在协定期内有权按照双方协定的价格向卖者（出票人）买进一定数量证券的合约。看跌期权是指依据买卖双方签订的契约，买者（持有者）在协定期内有权按照双方协定的价格向卖者（出票人）卖出一定数量证券的合约。

3. 我国养老保险基金投资证券期权的风险和收益

我国养老保险基金投资证券期权具有以下两个方面的优势。

（1）投资的风险度比较低。由于投资者获得期权的交易费用比较低，可以规避养老保险基金投资的巨额损失风险。如果证券市场价格的变化对养老保险基金的影响不利，养老保险基金可以放弃权利，可以避免投资的进一步损失。

（2）不会错过较大的投资机会。有些证券价格变动的幅度比较大，养老保险基金持有证券期权合同，可以随时行权，可以获得稳定的远期投资收益。

我国养老保险基金投资证券期权具有的劣势是，投资收益依赖于投资者对市场行情变化的准确判断。如果对于证券价格变化的判断失误，而放弃权利，可能会带来养老保险基金投资的损失。

（五）股票指数期货

股票指数期货是指以股票市场的股票价格指数为买卖对象的期货。股票指数期货合约是指买卖双方根据事先约定好的价格同意在未来某一特定时间进行股票指数交易的一种协定。

1. 股票指数期货的特点

股票指数期货的特点主要有以下两个方面。

（1）以现金结算。以现金而不是实物结算是股票指数期货的主要特点，这是股票指数期货不同于其他期货的显著特征。

（2）以小博大。在股票指数期货合约的交易中，投资者可以通过缴纳较少的保证金来进行大宗交易，实现以小博大的作用。

2. 股票指数期货合约价格的确定

股票指数期货合约价格确定的基础是现期股票市场的收盘指数。如果期货到期时，现货指数高于期货合约的价格，则卖者向买者支付现金差额；反之，则买者向卖者支付现金差额。在具体交易时，股票指数期货合约的价值是用指数的点数乘以事先规定的单位金额来计算的，如标准普尔指数规定，每点代表 500 美元；中国香港恒生指数每点为 50 港元；我国股指期货每点为 300 元等。股票指数期货合约交易一般以 3 个月、6 个月、9 个月和 12 个月为循环月份，通常以最后交易日的收盘指数为准进行结算。

3. 我国养老保险基金投资股票指数期货的风险和收益

养老保险基金使用股票指数期货交易的优势主要有以下几个方面。

（1）规避养老保险基金投资损失的风险。股票指数期货的实质是将投资者对股票市场价格预期的风险转移至期货市场，其风险可以通过对股市走势持有不同判断的投资者的买卖操作来相互抵消。股票指数期货的交易风险比股票投资的风险低。当前，我国养老保险基金投资运营迫切需要股票指数期货来规避投资风险，同时也可以获得巨大的投资收益。

（2）投资的成本低。养老保险基金投资于股票指数期货的成本比投资股票的成本低。

（3）获得巨大的投资收益。股票指数期货以小博大的特点使投资者支付较少的保证金就可以签订涉及金额较大的交易，我国养老保险基金投资股票指数期货可以获得巨大的投资收益。

（4）股票指数期货合约的交易手续比较简单。相对于股票交易来说，股票指数期货合约的交易比较简单，可以避免股票的过户和实际交割过程，股票指数期货只需通过对冲或到期以现金结算就可以完成整个交易。

我国养老保险基金使用股票指数期货交易的劣势是，如果使用过度，将会影响其功能的发挥，过度使用这一金融衍生工具也会带来养老保险基金投资的巨额损失。加强对养老保险基金投资运营的监管，是政府管理部门必须面对的问题。

七、人寿保险产品

人寿保险产品也是养老保险基金投资的工具之一。人寿保险是以被保险人生存或者死亡为保险事故的人身保险。人寿保险所承保的风险可以是生存，也可以是死亡，也可以同时承保生存和死亡。在人身保险业务中，人寿保险占绝大部分，因而人寿保险是人身保险的基本险种。人寿保险具有的风险保障、投资手段和经济补偿的功能，正好适应了养老保险基金的投资需求，成为养老保险基金较好的投资工具。人寿保险提供的多样化保险产品，满足了养老保险基金投资者各方面的投资需求（表 7-1）。

表 7-1　养老保险基金投资运营工具与运营原则的关系

各项资金运用	安全性	流动性	收益性
国家债券	高	中	较高
金融债券	较高	中	较高
公司债券	低	中	高
银行存款	较高	高	较低
不动产	中/较高	低	中/较高
股票	低	高	低/中/高
抵押贷款	较高	低	较高
信用贷款	较低	较高	较高
证券投资基金	较低	高	较高
保险产品	较高	较低	中

目前，世界各国养老保险基金的投资结构中，大约有 1/3 的资金投资于人寿保险产品。

年金保险是生存保险的特殊形态，是指被保险人在生存期间每年给付一定金额的生存保险金。年金保险给付的目的是防备员工年老时经济生活的不安全。团体人寿保险产品为养老保险基金投资提供了便捷的服务。团体人寿保险是用一张保单对一个或多个团体的成员以及生活依赖者提供人寿保险的保障。在团体人寿保险中，投保人是团体，是保单持有者，团体作为投保人，可以是机关、社会团体、企事业单位等独立核算的单位。被保险人是用人单位的员工等，每位被保险人持有一张保险证。一般来说，保险证上并不载明全部保险条款，仅载明被保险人姓名、受益人姓名、保险费、保险金额、生日、领取保险金开始的日期。团体人寿保险服务作为员工福利计划的一部分，在为退休人员提供经济安全保障方面发挥着积极的作用。在绝大多数情况下，团体人寿保险合同体现着团体的意愿，保险公司对于投保人通常没有特殊的要求，只要不违反法律法规的规定，保险人应当考虑投保人的要求，并在团体人寿保险合同中体现出来。

延伸阅读 7-3：日本养老保险基金投资的损失

第四节　养老保险基金投资风险的控制

控制养老保险基金的投资风险需要政府有关管理部门加强监管，需要养老保险基金受托人、投资管理人、托管人和基金账户管理人依照有关法律法规和部门规章的规定投资运营养老保险基金。政府作为独立的监管机构，专门负责制定养老保险基金投资运营的有关规定，对各类机构从事养老保险基金投资运营的资格予以认定，对养老保险基金投资运营情况进行监管，对违规操作行为进行调查和处理。政府对于养老保险基金投资风险控制的措施，主要有以下几个方面。

一、规定养老保险基金投资运营机构的市场准入资格

为了确保养老保险基金的安全，防范基金投资运营的风险，必须建立养老保险基金投资运营机构的市场准入机制。许多国家建立了明确的投资管理人资格认定标准，规定这些机构在获得许可证后，才能从事养老保险基金的投资运营业务。一般来说，投资管理人资格审议有一套严格的程序和条件，其中基金投资管理人是否具备投资管理能力、投资管理经验和投资管理业绩等是政府审查的重点。只有符合要求的基金管理公司、信托投资公司、养老金管理公司，才有资格投资、管理养老保险基金。例如，全国社会保障基金投资运营市场准入资格的监管主要由全国社会保障基金理事会来行使，主要对全国社会保障基金入市主体的资格、条件予以审查，审查基金受托人、投资管理人、账户管理人和托管人的资格和条件。监管机关还应当就有关的资本要求、人员资格、组织结构要求、内部制度要求、报表要求等进行审批。只有全国社会保障基金运营主体具备了一定的资格条件后，才允许从事全国社会保障基金投资运营的业务。2002 年 12 月底，全国社会保障基金理事会委托南方、博时、华夏、鹏华、长盛、嘉实六家基金管理公司，作为首批全国社会保障基金的投资管理人。[1]

---

[1] 《中国保险报》，2002 年 12 月 24 日（第三版）.

我国政府发布的《企业年金基金管理办法》规定，投资管理人应当具备下列条件。

（1）经国家金融监管部门批准，在中国境内注册，具有受托投资管理、基金管理或者资产管理资格的独立法人。

（2）具有证券资产管理业务的证券公司注册资本不少于 10 亿元人民币，且在任何时候都维持不少于 10 亿元人民币的净资产；养老金管理公司注册资本不少于 5 亿元人民币，且在任何时候都维持不少于 5 亿元人民币的净资产；信托公司注册资本不少于 3 亿元人民币，且在任何时候都维持不少于 3 亿元人民币的净资产；基金管理公司、保险资产管理公司、证券资产管理公司或者其他专业投资机构注册资本不少于 1 亿元人民币，且在任何时候都维持不少于 1 亿元人民币的净资产。

（3）具有完善的法人治理结构。

（4）取得企业年金基金从业资格的专职人员达到规定人数。

（5）具有符合要求的营业场所、安全防范设施和与企业年金基金投资管理业务有关的其他设施。

（6）具有完善的内部稽核监控制度和风险控制制度。

（7）近 3 年没有重大违法违规行为。

（8）国家规定的其他条件。

同时，《企业年金基金管理办法》对法人受托人、账户管理人、托管人应当具备的条件也作出了明确的规定。

二、规定养老保险基金投资运营机构的职责

规定养老保险基金投资运营机构的职责，是确保养老保险基金安全的制度保证，可以使养老保险基金投资运营管理主体明确工作责任，依法履行职责。例如，《企业年金基金管理办法》明确规定了企业年金受托人、投资管理人、托管人和账户管理人的职责，这些规定本书前面章节中已经讲述，不再赘述。规范养老保险基金投资运营机构职责终止的条件，可以依法维护养老保险基金市场投资的公平性，可以确保养老保险基金的安全。下面以企业年金投资管理人职责为例，分别讲述。

（一）限定养老保险基金投资管理机构禁止的行为

对于养老保险基金投资管理人禁止做出的行为，政府有关管理部门大多会做出明确的规定。例如，我国政府发布的《企业年金基金管理办法》规定，禁止投资管理人有下列行为。

（1）将其固有财产或者他人财产混同于企业年金基金财产。

（2）不公平对待企业年金基金财产与其管理的其他财产。

（3）不公平对待其管理的不同企业年金基金财产。

（4）侵占、挪用企业年金基金财产。

（5）承诺、变相承诺保本或者保证收益。

（6）利用所管理的其他资产为企业年金计划委托人、受益人或者相关管理人谋取不正当利益。

（7）国家规定和合同约定禁止的其他行为。

（二）规定终止养老保险基金投资运营机构职责的条件

依法规定养老保险基金投资运营机构职责终止的条件，可以约束投资管理人的行为，

可以维护养老保险基金的安全。例如,《企业年金基金管理办法》规定,有下列情形之一的,投资管理人职责终止。

（1）违反与受托人合同的约定。受托人与投资管理人之间签订的委托—代理合同是确定当事人之间权利和义务关系的法律文件,是约定相互之间职责的书面文件。如果投资管理人违反合同的约定,受托人有权终止合同,投资管理人的职责终止。

（2）利用企业年金基金财产为其谋利益或者为他人谋取不正当利益。在补充养老保险基金投资运营的过程中,如果投资管理人为自己或者他人谋取利益,必然会损害基金受益人的利益,这种行为违反了受益人利益最大化的原则。如果发生这种行为,受托人有权解除委托—代理合同,投资管理人的职责应当终止。

（3）依法解散、被依法撤销、被依法宣告破产或者被依法接管。投资管理人是依法设立的专业金融机构,具有法人资格。但是,当基金管理公司等投资管理人解散、被撤销时,其具有的法人资格被撤销,其具有履行职责的物质基础和信用基础就会丧失,其职责也会因此终止。

（4）被依法取消企业年金基金投资管理人资格。担任投资管理人,应当依法取得代理补充养老保险基金投资管理业务的资格。这也就是说,只有依法被批准为补充养老保险的投资管理人,才有可能履行投资管理人的职责。如果基金管理公司等机构被依法撤销投资管理人资格,则其投资管理人职责随之终止。

（5）受托人有证据证明更换投资管理人符合受益人的利益。受托人具有同投资管理人解除委托—代理合同的权利。这也就是说,受托人无须向人民法院提出申请,可以根据自己的判断,行使合同解除权。但是,受托人的合同解除权不是不受限制的,需要有证据说明,更换投资管理人符合受益人的利益。

（6）有关监管部门有充分理由和依据证明,更换投资管理人符合基金受益人的利益。为了保护受益人的利益,法律法规规定了政府管理部门对补充养老保险基金具有监管的权利。例如,我国《企业年金基金管理办法》规定,劳动保障部有充分理由和证据认为,可以变更投资管理人,原投资管理人的职责终止。

（7）政府规定和合同约定的其他情形。如果政府发布的其他法律法规及规章另有规定和有关合同另有约定的,还要依照法律法规和部门规章的规定和合同约定终止投资管理人的职责。

（三）养老保险基金投资运营机构职责终止的程序

（1）规定投资管理人产生的程序。当原投资管理人职责终止时,为了使养老保险基金投资管理运营活动能够继续进行,实现投资目的,应该选任新的投资管理人。例如,《企业年金基金管理办法》规定,投资管理人职责终止的,受托人应当在45日内确定新的投资管理人。投资管理人职责终止的,应当妥善保管企业年金基金投资管理资料,在45日内办理完毕投资管理业务移交手续,新投资管理人应当接收并行使相应的职责。

（2）接受会计师事务所的审计。投资管理人职责终止时,需要会计师事务所对投资管理业务进行审计。审计的作用主要有以下几个方面：①离任审计有助于监管部门和受托人全面、准确、真实地了解补充养老保险基金资产状况和原投资管理人的投资管理行为，以便对是否解除投资管理人的责任作出客观的评定。②离任审计有助于新的投资管理人对补充养老保险基金的财产有清晰的了解，便于新的投资管理人接收管理有关业务。③有助于厘清原投资管理人与新投资管理人的责任界限，保护新投资管理人的合法权益。

（3）投资管理业务的移交和接收。养老保险基金的投资管理人发生变更后，新的投资管理人应当担负起投资管理职责，从事投资管理业务。为了保证投资管理业务资料的完整，避免因资料丢失而造成养老保险基金资产和受益人利益的损失，原投资管理人应当及时向新的投资管理人办理移交手续，向新的投资管理人移交投资管理业务和相关资料。同时，新的投资管理人也应当及时接收业务，以保证投资管理业务尽快步入正轨。

（四）防范养老保险基金投资损失的风险

为了达到养老保险基金保值增值的目的，投资管理人对养老保险基金资产进行专业化投资。养老保险基金是员工的"养命钱"，养老保险基金获得实际投资收益率的大小直接影响到养老金给付的水平和给付的安全。因此，在进行养老保险基金的投资时，投资管理人必须将资金的安全放在首位，有效地调节基金的投资运营，寻求养老保险基金投资的最佳组合。

1. 限定养老保险基金的投资范围

限定养老保险基金的投资范围主要是指限定养老保险基金选择的投资工具。养老保险基金选择什么样的投资工具，作为养老保险基金的投资对象，必须根据养老保险基金的投资规模和市场收益率来确定，因为投资工具的选择直接影响到养老保险基金的安全。如果市场规模过小，吸纳能力较弱，市场波动幅度比较大，养老保险基金就没有必要过多地投入；如果市场收益率不是稳定地增长，而是大幅度地剧烈波动，表现出较强的投机性，也会加大养老保险基金的投资风险。例如，《企业年金基金管理办法》规定，企业年金基金财产限于境内投资，投资范围包括银行存款、国债、中央银行票据、债券回购、万能保险产品、投资连结保险产品、证券投资基金、股票，以及信用等级在投资级以上的金融债、企业（公司）债、可转换债（含分离交易可转换债）、短期融资券和中期票据等金融产品。企业年金基金证券交易以现货和国务院规定的其他方式进行，不得用于向他人贷款和提供担保。投资管理人不得从事使企业年金基金财产承担无限责任的投资。

2. 限定养老保险基金投资的比例

为了保证养老保险基金的安全性、流动性，一些国家规定了养老保险基金投资于不同金融工具的最高比例或最低比例（图7-4）。2011年6月，经济合作与发展组织（OECD）公布的30个国家养老基金投资监管调查数据显示，18个国家（占60%）对养老基金投向证券市场的比例没有限制，6个国家对其养老基金投向OECD国家证券市场的比例没有限制，2个国家对其养老基金投向欧盟国家、EEA国家[1]或者评级A–以上的国家证券市场的比例没有限制。

---

① EEA国家通常是指除了瑞士以外的其他欧洲国家。

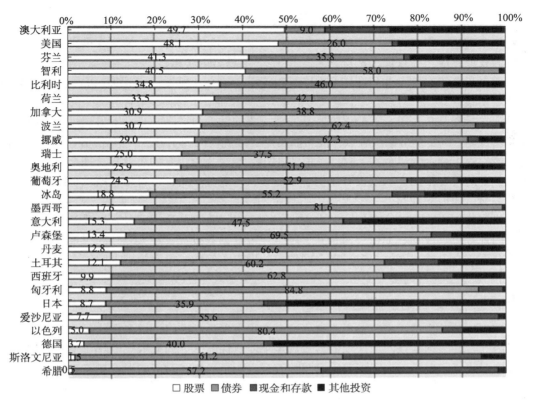

图 7-4　2011 年 OECD 国家养老基金的资产配置比例

资料来源：OECD, Pension Markets in Focus, 2012.

以我国为例，《全国社会保障基金投资管理暂行办法》规定了全国社会保障基金投资于不同项目的比例。全国社会保障基金投资于银行存款和国债的比例不得低于 50%，其中，银行存款的比例不得低于 10%；投资于企业债券、金融债券的比例不得高于 10%；投资于证券投资基金、股票的比例不得高于 40%；委托单个投资管理人管理的社保基金的资产，不得超过年度全国社会保障基金委托资产总值的 20%。

又如，《企业年金基金管理办法》规定，每个投资组合的企业年金基金财产应当由一个投资管理人管理，企业年金基金财产以投资组合为单位按照公允价值计算应当符合下列规定。

（1）投资银行活期存款、中央银行票据、债券回购等流动性产品以及货币市场基金的比例，不得低于投资组合企业年金基金财产净值的 5%；清算备付金、证券清算款以及一级市场证券申购资金视为流动性资产；投资债券正回购的比例不得高于投资组合企业年金基金财产净值的 40%。

（2）投资银行定期存款、协议存款、国债、金融债、企业（公司）债、短期融资券、中期票据、万能保险产品等固定收益类产品以及可转换债（含分离交易可转换债）、债券基金、投资连结保险产品（股票投资比例不高于 30%）的比例，不得高于投资组合企业年金基金财产净值的 95%。

（3）投资股票等权益类产品以及股票基金、混合基金、投资连结保险产品（股票投资比例高于或者等于30%）的比例，不得高于投资组合企业年金基金财产净值的30%。其中，企业年金基金不得直接投资于权证，但因投资股票、分离交易可转换债等投资品种而衍生获得的权证，应当在权证上市交易之日起10个交易日内卖出。

单个投资组合的企业年金基金财产，投资于一家企业所发行的股票，单期发行的同一品种短期融资券、中期票据、金融债、企业（公司）债、可转换债（含分离交易可转换债），单只证券投资基金，单个万能保险产品或者投资连结保险产品，分别不得超过该企业上述证券发行量、该基金份额或者该保险产品资产管理规模的5%；按照公允价值计算，也不得超过该投资组合企业年金基金财产净值的10%。单个投资组合的企业年金基金财产，投资于经备案的符合第四十八条投资比例规定的单只养老金产品，不得超过该投资组合企业年金基金财产净值的30%，不受上述10%规定的限制。

投资管理人管理的企业年金基金财产投资于自己管理的金融产品须经受托人同意。

因证券市场波动、上市公司合并、基金规模变动等投资管理人之外的因素致使企业年金基金不符合上述比例的规定或者合同约定的投资比例的，投资管理人应当在可上市交易之日起10个交易日内调整完毕。

3. 限定养老保险基金投资收益率的下限

养老保险基金的投资收益率直接影响到职工离退休后获得的养老金给付和养老金替代率，因此，许多国家以法律法规的形式规定了养老保险基金的最低投资收益率。目前，世界各国对投资收益率的规定主要采取两种方式：一是采用相对值的形式规定养老保险基金投资收益率的下限，即达到所有养老保险基金投资收益的平均值或某个收益基准的一定比例。例如，智利政府规定，某个养老保险基金的投资收益率必须高于全行业基金平均投资收益率的0.5%。二是采取绝对值的方式规定养老保险基金投资收益率的下限，即规定养老保险基金的投资收益率必须达到某个具体数值（名义值或实际值）。例如，瑞士政府规定，养老基金的名义投资收益率必须高于4%，乌拉圭的实际投资收益率必须高于2%。根据国际劳工组织102号公约规定的最低给付标准要求，养老保险基金30年内实际投资收益率必须达到4%的水平。为了确保我国养老保险基金达到国际劳工组织规定的最低支付标准，本书认为，可以规定投资管理人（基金管理公司、资产管理公司、信托公司等）经营养老保险基金的实际投资收益率最低为2%～4%。我国《企业年金基金管理办法》《职业年金基金管理暂行办法》规定，投资管理人不得承诺、变相承诺保本或者保证收益。

4. 建立养老保险基金投资损失的风险准备金

养老保险基金是员工的"养命钱"，其安全性要求比较高。由此，政府监管部门除了对投资管理人的资格条件和净资产有较严格的要求外，还要设立风险准备金。风险准备金是投资管理人以自有财产为受益人提供的风险补偿。风险准备金从投资管理人的管理费中提取，专项用于弥补基金投资的亏损。例如，《企业年金基金管理办法》规定，投资管理人从当期收取的管理费中，提取20%作为企业年金基金投资管理风险准备金，专项用于弥补合同终止时所管理投资组合的企业年金基金当期委托投资资产的投资亏损。企业年金基金投资管理风险准备金应当存放于投资管理人在托管人处开立的专用存款账户，余额达到投资管理人所管理投资组合基金财产净值的10%时可以不再提取。托管人不得对投资管理风险准备金账户收取费用。

（五）定期向受托人和有关监管部门提交投资管理报告

投资管理报告是受托人和有关监管部门对养老保险基金投资管理进行监督和管理的重要手段，是反映养老保险基金在一定时期内投资管理情况的书面文件，主要包括季度投资组合报告和年度投资管理报告，或依照合同约定的其他报告。投资管理报告的内容应该包括资产配置状况、资产价值明细、资产总值及收益率、业绩评估及标准等。例如，我国《企业年金基金管理办法》规定，投资管理人应当在每季度结束后 15 日内向受托人提交经托管人确认财务管理数据的企业年金基金投资组合季度报告；并应当在年度结束后 45 日内向受托人提交经托管人确认财务管理数据的企业年金基金投资管理年度报告。

法人受托机构、账户管理人、托管人和投资管理人发生下列情形之一的，应当及时向人力资源和社会保障部报告；账户管理人、托管人和投资管理人应当同时抄报受托人。

（1）减资、合并、分立、依法解散、被依法撤销、决定申请破产或者被申请破产的。

（2）涉及重大诉讼或者仲裁的。

（3）董事长、总经理、直接负责企业年金业务的高级管理人员发生变动的。

（4）国家规定的其他情形。

三、妥善管理养老保险基金财产

（1）制定养老保险基金的资产负债表。养老保险基金资产是指由用人单位单独缴费或由用人单位和个人共同缴费所形成的基金以及对基金进行的投资收益组成。养老保险基金负债是指按照约定的条件，养老保险基金应支付退休人员的金额及对其进行投资所形成的各种款项支出和在管理中形成的各项费用。例如，《企业会计准则第 10 号——企业年金基金（2014）》规定，企业年金基金缴费及其运营形成的各项资产包括：货币资金、应收证券清算款、应收利息、买入返售证券、其他应收款、债券投资、基金投资、股票投资、其他投资等。

（2）及时与托管人核对基金会计核算和估值结果。养老保险基金的会计核算和估值是确定基金净值的基础，是委托人和受益人了解基金运营情况的重要参考指标。由于养老保险基金现金流入和流出的不确定性比较大，所投资的各类金融工具变化复杂，所以须由投资管理人按照合同约定的时间和频率及时地对基金的会计核算和估值结果进行复核，以保证基金核算和估值的准确性。

（3）妥善保管养老保险基金财产的会计凭证、会计账簿、年度会计报告和投资记录，这是投资管理人保管资料的要求。基金财产会计凭证、会计账簿、年度会计报告和投资记录是劳动保障部及其他相关监管部门事后监督检查的基础，也是养老保险受托人、受益人了解投资管理人过往业绩、判断其发展前景的重要参考依据，应当妥善保管。同时，由于养老保险基金投资运营的期限比较长，从基金开始运营到终止、解散通常有数十年的时间。

四、监管养老保险基金投资的税收优惠

税收优惠是政府对于养老保险基金投资收益的特殊优惠，其主要表现为，不同的投资项目在政府允许的范围内规定不同的纳税率。例如，我国政府对于全国社会保障基金、基本养老保险基金、补充养老保险基金获得的投资收益通常不纳税，对于商业养老保险基金

延伸阅读 7-4：博时基金管理有限公司成为中央企业年金基金的投资管理人

投资有不同的要求。商业养老保险基金投资于国债、地方政府债券的投资收益一般不需要纳税；而投资其他金融工具或工程项目的收益，纳税比例不同。又如，美国政府为了鼓励用人单位为员工建立补充养老保险计划，对建立补充养老保险计划的企业实行投资收益免税政策。根据美国《税收法》的规定，资助确定供款型养老保险计划的用人单位，为计划参加者所缴纳的缴费额不超过所有计划参加者工资总和的 25%，就可以从公司的当期应税收入中免除纳税义务。如果用人单位向确定受益型养老保险计划缴费，几乎可以没有限制地从当期应税收入中扣除。只要这些缴费额是从精算角度确定的，而不是用人单位、职工故意避税，就可以享受税收优惠。由于税收和政策上的优惠，美国企业年金基金的资产规模已经与企业的资本金规模相当，有些企业的基金规模甚至超过了企业的资本金。规模庞大的企业年金基金资产，不仅有助于企业筹集资金，扩大积累，而且有助于解除职工的后顾之忧。为了避免一些用人单位利用发展补充养老保险而合理避税，我国政府在大力发展补充养老保险的过程中，有必要加强对用人单位获得税收优惠的监管，以防止税收的流失。

 复习思考题

1. 简述养老保险基金投资面临的风险。
2. 简述养老保险基金投资运营的原则。
3. 简述养老保险基金投资运营的管理模式。
4. 简述养老保险基金投资运营管理主体的优势和劣势。
5. 简述养老保险基金投资运营的工具。
6. 简述政府对养老保险基金投资运营机构市场准入的风险控制措施。
7. 简述政府对养老保险基金投资运营机构职责的规定。
8. 简述终止养老保险基金投资管理人职责的条件和程序。

 即测即练

自学自测　扫描此码

第八章

养老保险计划的法律规范和税收政策

完善而明确的法律法规框架体系是规范养老保险计划健康发展的制度保证，是相关当事人的行为准则，是维护员工合法权益的法律保证。本章从养老保险计划的法律法规框架体系出发，介绍养老保险计划的信托制度、合同管理、信息披露和税收优惠等，为用人单位规范管理养老保险计划提供政策依据。

第一节　养老保险计划的法律法规框架体系

养老保险计划的法律法规框架体系是养老保险计划设计的行为准则，了解养老保险计划的法律法规框架体系，需要了解养老保险计划的大致构成。目前，世界各国养老保险计划大致有三个支柱，围绕这三个支柱会有相应的法律法规体系以及体现于立法中的原则和精神。

一、养老保险计划的三个支柱保障理论

20 世纪 90 年代以来，世界银行等国际组织将养老保障体系定位为三支柱保障，即政府主办的基本养老保险、用人单位建立的补充养老保险、个人参加储蓄性养老保险，三支柱保障理论是对多层次养老保障体系的概括。

在三支柱保障理论中，第一支柱的基本养老保险是政府强制实施的。第一支柱的目标是保障职工或者社会成员退休（或达到一定年龄）后的基本生活。第一支柱的特点是依法规定达到某一年龄段人员的待遇水平，其透明度比较高，享受待遇资格条件的要求比较严格，主要保障达到某一年龄段人员的基本生活需求。第二支柱的补充养老保险是用人单位为员工举办的补充养老保险计划，一般与就业相关联。第二支柱的特点是先规定缴费率，待遇水平同缴费年限或缴费资金的投资收益率相联系。缴费越多，投资收益率越高，养老金待遇水平就越高，更多地体现了效率机制。用人单位为员工投保商业保险，也属于第二支柱的范畴，但是不属于企业年金和职业年金的范畴。第三支柱是个人自愿参加商业养老计划安排，一般以自愿储蓄为主，其实现形式是商业年金保险计划或者个人储蓄计划。第三支柱的特点有：①实行个人参加商业保险的方式。②商业保险产品大多实行基金积累制，并对个人缴纳的保险费进行投资，将投资收益与缴费积累作为给付养老金的依据。③个人可以按照自己的意愿安排商业养老待遇的给付水平。保险金额高，商业养老保险待遇给付的水平就高；反之，商业养老保险待遇给付的水平就低。

二、以三支柱保障理论为指导的养老保险立法体系

建立多支柱的养老保障体系是世界各国养老保障制度改革和发展的主要趋势，我国也

基本按照这一思路建立和健全了养老保险方面的立法体系，下面以我国为例，说明养老保险计划的立法体系。

（一）基本养老保险立法

在基本养老保险立法方面，我国政府出台的法律法规和部门规章比较多，这些措施的出台，有效地规范了基本养老保险制度的改革和发展。

1984 年，我国开始实行基本养老保险社会统筹，以改变企业间负担标准不统一的问题。1986 年，国务院发布的《中华人民共和国国民经济和社会发展第七个五年计划》提出，要有步骤地建立具有中国特色的社会保障制度。

在各地改革实验的基础上，国务院于 1991 年 6 月 26 日发布的《国务院关于企业职工养老保险制度改革的决定》规定，建立多层次的养老保险体系，即建立国家强制性基本养老保险、用人单位自愿举办的补充养老保险和个人储蓄式养老保险相结合的保障体系，并规定基本养老保险实行社会统筹，费用由国家、用人单位和职工三方共同负担。

1993 年 11 月 14 日，第十四届中央委员会第三次全体会议通过的《中共中央关于建立社会主义市场经济体制若干问题的决定》规定，城镇职工养老和医疗保险金由单位和个人共同负担，实行社会统筹和个人账户相结合的制度，首次提出了"个人账户"的概念。

1994 年 7 月 5 日，第八届全国人民代表大会常务委员会第八次会议通过的《劳动法》规定，国家发展社会保险事业，建立社会保险制度，设立社会保险基金，使劳动者在年老、患病、工伤、失业、生育等情况下获得帮助和补偿。

1995 年 3 月 1 日，国务院发布《国务院关于深化企业职工养老保险制度改革的通知》，主张实行社会统筹和个人账户相结合的基本保险制度。政府在建立基本养老金保险、保障离退休人员基本生活的同时，鼓励建立企业补充养老保险和个人储蓄性养老保险。

1995 年 6 月 20 日，民政部发布的《民政部关于进一步做好农村社会养老保险工作的意见》规定，逐步建立农村社会养老保险制度，是建立健全农村社会保障体系的重要措施之一。

1997 年 7 月 16 日，国务院发布的《国务院关于建立统一的企业职工基本养老保险制度的决定》规定，决定实施后参加工作的职工、个人缴费年限累计满 15 年的，退休后按月发给基本养老金。基本养老金由基础养老金和个人账户养老金组成。退休时的基础养老金月标准为省、自治区、直辖市或地（市）上年度月平均工资的 20%，个人账户养老金月标准为本人账户存储额除以 120。个人缴费年限累计不满 15 年的，退休后不享受基础养老金待遇，其个人账户储存额一次支付给本人。本决定实施前已经离退休的人员，仍然按照政府原来的规定发给养老金，同时，执行养老金调整办法。本决定实施前参加工作、实施后退休且个人缴费和视同缴费年限累计满 15 年的人员，按照新老办法平衡衔接、待遇水平基本平衡等原则，在发给基础养老金和个人账户养老金的基础上再确定过渡性养老金，过渡性养老金从养老保险基金中解决。

1998 年 8 月 6 日，国务院发布的《国务院关于实行企业职工基本养老保险省级统筹和行业统筹移交地方管理有关问题的通知》决定，对有关政策进一步调整实施，将原来 11 个行业实行的行业内养老保险统筹移交给地方（省、自治区、直辖市）管理；提高基本养老保险统筹层次，实施省级统筹；养老金由原来差额缴拨的方式改为全额缴拨，并实施养老金的社会化发放。

1999年1月14日，国务院发布的《社会保险费征缴暂行条例》确定了我国养老保险费征缴的基本框架。

2001年7月6日，国务院发布的《国务院关于同意辽宁省完善城镇社会保障体系试点实施方案的批复》规定，社会统筹基金和个人账户基金分账管理，不得挤占或挪用。个人账户基金按照参保人缴费工资的8%划入，用人单位缴费不再划入个人账户。

2001年10月18日，劳动和社会保障部办公厅发布的《关于规范企业职工基本养老保险个人账户管理有关问题的通知》对个人账户的建立、记录、对账、接续、清理和转移工作作出了明确的规定，进一步规范了个人账户的管理。

2003年11月10日，劳动和社会保障部发布的《劳动和社会保障部关于认真做好当前农村养老保险工作的通知》规定，被征用土地农民、进城务工农民、乡镇企业职工、小城镇农转非农人员、农村计划生育对象等，应当采取不同的参保方式参加社会保险，这样可以促进劳动力就业和有序流动，维护他们的合法权益。

2005年12月3日，国务院通过的《国务院关于完善企业职工基本养老保险制度的决定》规定，改变养老金计发办法，基本养老金由基础养老金和个人账户养老金组成，职工退休时的基础养老金月标准以当地上年度在岗职工月平均工资和本人指数化月平均缴费工资的平均值为基数，缴费每满1年发给1%。个人账户养老金月标准为个人账户储存额除以计发月数。计发月数根据职工退休时城镇人口平均预期寿命、本人退休年龄、利息等因素确定（表8-1）。

表8-1　个人账户养老金计发月数表

退休年龄/岁	计发月数/月	退休年龄/岁	计发月数/月
40	233	56	164
41	230	57	158
42	226	58	152
43	223	59	145
44	220	60	139
45	216	61	132
46	212	62	125
47	208	63	117
48	204	64	109
49	199	65	101
50	195	66	93
51	190	67	84
52	185	68	75
53	180	69	65
54	175	70	56
55	170		

资料来源：国务院. 国务院关于完善企业职工基本养老保险制度的决定[Z]. 2005.

在总结东北三省试点经验的基础上，2006年9月，做实企业职工基本养老保险个人账户的试点扩大到了上海、天津、山东、河南、山西、湖北、湖南、新疆8个省、自治区和直辖市。与东北三省不同，这8省市做实个人账户的起点标准为缴费工资的3%，并将2006年1月1日作为是否做实划界的时间点。这一天以前已经退休的人员，个人账户不做实；这一天以前已经参保、尚未退休的人员，其2006年1月1日之前没有做实的个人账户不做实，2006年1月1日以后做实；2006年1月1日后申请参保的人员，个人账户做实。

2007年2月5日，劳动和社会保障部、财政部发布的《关于进一步扩大做实企业职工基本养老保险个人账户试点工作有关问题的通知》规定，各省区市要进一步加快和完善养老保险的省级统筹，江苏、浙江、广东等经济发达省市可以根据本地的实际情况，依靠自身能力开展做实个人账户的试点。随着养老保险个人账户的做实，截至2007年底，我国11省市养老保险个人账户基金积累额已达500亿元，每年新增积累额将达到1000亿元。2006年底，天津、山西、吉林、黑龙江、山东、河南、湖北、湖南和新疆9个省（区、市）将个人账户中中央财政补助的资金委托给全国社会保障基金理事会投资运营。首批委托资产的规模每年大约为100亿元，委托期限最短为5年。我国养老保险个人账户经过十几年的发展，经历了从"一本账管理"到"分账管理"，从"空账运行"到"实账运行"，基本养老保险基金投资运营的成果有待实践的证明。

2008年3月14日，国务院发布的《事业单位工作人员养老保险制度改革试点方案》规定，在山西省、上海市、浙江省、广东省、重庆市进行事业单位养老保险制度改革试点，拉开了事业单位养老保险制度改革的序幕。

2009年12月28日，人力资源和社会保障部、财政部发布的《城镇企业职工基本养老保险关系转移接续暂行办法》规定，参保人员跨省流动就业的，由原参保所在地社会保险经办机构开具参保缴费凭证，其基本养老保险关系应随同转移到新参保地。参保人员达到基本养老保险待遇领取条件的，其在各地的参保缴费年限合并计算，个人账户储存额累计；未达到待遇领取前，不得终止基本养老保险关系并办理退休手续。参保人员跨省流动就业转移基本养老保险关系时，按下列办法转移资金。

（1）个人账户储存额。1998年1月1日之前按个人缴费累计本息计算转移，1998年1月1日后按计入个人账户的全部储存额计算转移。

（2）社会统筹基金。以本人1998年1月1日后各年度实际缴费工资为基数，按12%的总和转移，参保缴费不足1年的，按实际缴费月数计算转移。

2010年10月28日，中华人民共和国第十一届全国人民代表大会常务委员会第十七次会议通过的《社会保险法》规定，个人跨统筹地区就业的，其基本养老保险随本人转移，缴费年限累计。个人达到法定退休年龄时，基本养老保险基金分段计算，统一支付。

2011年3月23日，国务院发布的《中共中央 国务院关于分类推进事业单位改革的指导意见》规定，事业单位工作人员基本养老保险实行社会统筹和个人账户相结合，养老保险费由单位和个人共同负担，个人缴费全部记入个人账户。养老保险基金单独建账，实行省级统筹，基本养老金实行社会化发放。

2011年6月29日，人力资源和社会保障部审议通过的《实施〈中华人民共和国社会保险法〉若干规定》规定，参加职工基本养老保险的个人跨省流动就业，达到法定退休年龄时累计缴费不足15年的，按照《国务院办公厅关于转发人力资源社会保障部财政部城镇企业职工基本养老保险关系转移接续暂行办法的通知》执行；参加职工基本养老保险的个人跨省流动就业，达到法定退休年龄时累计缴费不足 15 年的，可以延长缴费至满 15 年。社会保险法实施前参保、延长缴费 5 年后仍不足 15 年的，可以一次性缴费至满 15 年。同时，参加职工基本养老保险的个人跨省流动就业，符合按月领取基本养老金条件时，基本养老金分段计算、统一支付的具体办法，按照《国务院办公厅关于转发人力资源社会保障部财政部城镇企业职工基本养老保险关系转移接续暂行办法的通知》执行。

2014 年 2 月 21 日，国务院发布的《国务院关于建立统一的城乡居民基本养老保险制度的意见》决定，将新型农村基本养老保险和城镇居民基本养老保险两项制度合并实施，在全国范围内建立统一的城乡居民基本医疗保险制度。

2015 年 1 月 14 日，国务院发布的《国务院关于机关事业单位工作人员养老保险制度改革的决定》规定，从 2014 年 10 月 1 日起对机关事业单位养老保险制度进行改革。从此以后，我国基本养老保险结束了城镇企业职工养老保险与行政事业单位养老保险实行两套制度的局面，机关事业单位基本养老保险也实行"统账结合"的制度。

2015 年 3 月 25 日，人力资源和社会保障部发布的《机关事业单位工作人员基本养老保险经办规程》对参保登记、申报核定、个人账户管理、基金管理、统计分析、稽核和内控、档案管理、个人权益记录管理、信息管理等工作作出了具体的规定。

2015 年 8 月 17 日，国务院发布的《基本养老保险基金投资管理办法》规定，各省、自治区、直辖市基本养老保险基金结余额，可按照本办法规定，预留一定支付费用后，确定具体投资额度，委托给国务院授权的机构进行投资运营。

2015 年 11 月 3 日，人力资源和社会保障部办公厅、总后勤部财务部联合发布的《关于军人退役参加机关事业单位养老保险有关问题的通知》对退役军人的基本养老保险、职业年金的转移接续作出了具体的规定。

2015 年 12 月 21 日，人力资源和社会保障部、财政部联合发布的《在京中央国家机关事业单位工作人员养老保险制度改革实施办法》对改革的目标、基本原则、资金的筹集、个人账户、养老金计发办法、养老金调整、基金管理和监管、养老保险关系转移接续等工作作出了明确的规定。

2016 年 6 月 30 日，财政部、人力资源和社会保障部联合发布的《财政部、人力资源和社会保障部关于机关事业单位基本养老保险基金财务管理有关问题的通知》对基金的收入管理、基金的支出管理、基金结余管理、财政专户管理、资产与负债管理、监督与检查等作出了具体的规定。

2016 年 11 月 28 日，人力资源和社会保障部发布的《人力资源和社会保障部关于城镇企业职工基本养老保险关系转移接续若干问题的通知》对视同缴费年限的计算问题、缴费历史信息遗留问题、临时基本养老保险缴费账户的管理、一次性缴纳养老保险费的转移、重复领取基本养老金的处理等问题作出了规定。

2017 年 1 月 18 日，人力资源和社会保障部发布的《机关事业单位基本养老保险关系和职业年金转移接续经办规程（暂行）》对基本养老保险关系转移接续、职业年金转移接续等作出了具体的规定。

2018 年 6 月 13 日，国务院发布的《国务院关于建立企业职工基本养老保险基金中央调剂制度的通知》规定，按照各省份职工平均工资的 90% 和在职职工应参保人数作为计算

延伸阅读 8-1：基本养老金给付需要区分"老人""中人"和"新人"吗

上解额的基数，上解比例从 3% 起步，逐步提高。

2018 年 8 月，人力资源和社会保障部、财政部联合发布的《关于加快城乡居民基本养老保险基金委托投资工作的通知》规定，从 2018 年起，各省（区、市）按年分批启动，到 2020 年年底全面实施城乡居民养老保险基金委托投资工作。

2019 年 3 月 6 日，中共中央办公厅、国务院办公厅联合发布的《关于国有企业退休人员社会化管理的指导意见》规定，2020 年年底前，集中力量将尚未实行社会管理的国有企业已退休人员移交街道和社区实行社会化管理。实行社会化管理后，国有企业新办退休人员管理服务工作与原企业分离。

（二）补充养老保险立法

我国补充养老保险立法的时间比较晚，但是集中出台的措施比较多。尽管如此，我国补充养老保险的立法仍有待进一步完善。我国补充养老保险分为企业年金和职业年金两部分，其发展的历程也不同，以下分别讲述。

1. 企业年金的立法

我国企业年金的立法大致可以分为以下三个阶段。

1）企业年金建立阶段

1991 年 6 月 26 日，国务院发布的《国务院关于企业职工养老保险制度改革的决定》规定，随着经济的发展，各市地要逐步建立基本养老保险与企业补充养老保险和个人储蓄性养老保险相结合的养老保险制度。企业补充养老保险由企业根据自身经济能力，为本企业职工建立，所需费用从企业自有资金中的奖励、福利基金内提取。这个文件的发布，首次提出了企业补充养老保险的概念。

1992 年 2 月 19 日，能源部发布的《电力企业建立补充养老保险暂行办法》对建立补充养老保险资金的性质、保障对象、范围、资金来源、待遇标准、基金管理、支付等作出了规定。

1994 年 7 月 5 日，第八届全国人民代表大会常务委员会第八次会议通过的《劳动法》规定，国家鼓励用人单位根据本单位实际情况为劳动者建立补充保险。

1994 年 7 月 28 日，大连市政府发布《大连市城镇企业职工补充养老保险办法》对补充保险的作用、缴费档次、资金管理等作出了规定。大连市政府发布的这个文件规定，大连市劳动保险管理部门负责补充养老保险资金的管理。

1995 年 12 月 29 日，劳动部发布的《劳动部关于印发〈关于建立企业补充养老保险制度的意见〉的通知》规定，规模较大的企业可以在国家政策指导下单独实行企业补充养老保险制度；中小企业可以联合建立基金管理理事会，实行补充养老保险制度；有条件的行业，也可以实行全行业统一的补充养老保险制度。

1997 年 7 月 16 日，国务院发布的《国务院关于建立统一的企业职工基本养老保险制度的决定》规定，把改革企业职工养老保险制度与建立多层次的社会保障体系紧密结合起来。

2000 年 11 月 12 日，国务院发布的《国务院关于印发完善城镇社会保障体系试点方案的通知》第一次将企业职工补充养老保险更名为企业年金。

2）企业年金规范发展阶段

2000年12月25日，国务院发布的《关于完善城镇社会保障体系的试点方案》规定，有条件的企业可以为职工建立企业年金，并实行市场化运营和管理。企业年金实行基金完全积累，采用个人账户方式进行管理，费用由企业和职工个人缴纳，企业缴费在工资总额4%以内部分可以从成本中列支。

2004年1月6日，劳动和社会保障部发布的《企业年金试行办法》对企业年金的参加人员、资金筹集方式、个人账户管理方式、基金管理方式、计发和支付方式、待遇条件、管理和监管方式、中止缴费的条件等作出了明确的规定。

2004年2月23日，劳动和社会保障部、中国银行业监督管理委员会、中国证券监督管理委员会、中国保险监督管理委员会联合发布的《企业年金基金管理试行办法》规定，设立企业年金的企业及职工作为委托人与企业年金理事会或法人受托机构、受托人与企业年金基金账户管理机构、企业年金基金托管机构和企业年金基金投资管理机构按照国家有关规定建立书面合同关系，书面合同应当报劳动保障行政部门备案。同时，《企业年金基金管理试行办法》规定了基金受托人、账户管理人、投资管理人和中介机构建立的条件和主要职责。

2004年4月13日，劳动和社会保障部发布的《关于开展企业年金清理检查工作的通知》规定，清理检查的对象主要是已经建立企业年金计划的企业。清理的内容包括以下几个方面：①企业年金实施方案和资产来源；②清查企业年金基金总量、财产质量和财务管理情况；③核查企业年金基金投资运营情况；④核实企业年金基金财产的损益，并将有关数据报表报劳动保障管理部门下辖的基金监督司。

2004年9月29日，劳动和社会保障部发布的《关于企业年金基金证券投资有关问题的通知》规定，受托人、托管人、投资管理人要按照中国结算公司制定的《企业年金基金投资登记结算业务指南》的规定，开展企业年金基金涉及的证券账户管理及相关的证券登记、托管、结算等业务，为企业年金入市奠定制度基础。

2004年12月11日，劳动和社会保障部发布了《关于印发〈企业年金基金管理运作流程〉〈企业年金基金账户管理信息系统规范〉和〈企业年金基金管理机构资格认定专家评审规则〉的通知》，这些部门规章的出台，有助于完善企业年金的运营管理和信息管理，有助于防范企业年金基金投资运营的财务风险。

2005年12月19日，劳动和社会保障部发布的《关于企业年金方案和基金管理合同备案有关问题的通知》对企业年金方案和基金管理作出如下规定：①企业应将企业年金计划方案草案报送所在社会保险统筹地区县以上地方人民政府劳动保障行政部门备案。②受托管理合同签订后，受托人应当将受托管理合同及与账户管理人、托管人、投资管理人签订的委托管理合同报劳动保障行政部门备案。③集合企业年金计划应报劳动保障行政部门备案。④法人受托机构兼任账户管理人或投资管理人的，应当报劳动保障行政部门备案。

2004年12月31日，劳动和社会保障部发布的《企业年金基金管理机构资格认定暂行办法》规定，从事企业年金基金管理业务的机构，必须按照规定的程序，取得相应的企业年金基金管理资格。

2006年2月15日，财政部发布的《企业会计准则第10号——企业年金基金》规定，企业年金基金在运营中根据国家规定的投资范围取得的国债、信用等级在投资级别以上的金融债和企业债、可转换债、投资性保险产品、证券投资基金、股票等具有良好流动性的金融产品，其初始取得和后续估值应当以公允价值计量：①初始投资时，应当以交易日支付的成交价款作为其公允价值，发生的交易费用直接计入当期损益；②估值日对投资进行估值时，应当以其公允价值调整原账面价值，公允价值与原账面价值的差额计入当期损益。

2007 年 1 月 31 日，中国人民银行、劳动和社会保障部发布的《关于企业年金基金进入全国银行间债券市场有关事项的通知》规定：①依法设立的企业年金基金可以进入全国银行间债券市场从事债券投资等业务。②企业年金基金直接进行债券交易和结算时，也可以通过结算代理人进行债券的交易和结算。③企业年金基金直接进行债券交易和结算时，其受托人应委托企业年金基金投资管理人和托管人代理，企业年金基金则分别向全国银行间同业拆借中心和中央国债登记结算有限责任公司申请办理债券交易联网手续和开立债券托管账户。

2007 年 4 月 24 日，劳动和社会保障部发布的《关于做好原有企业年金移交工作的意见》规定，社会保险经办机构、原行业管理及其企业自行管理的企业年金应当移交给具备资格的管理机构运营。移交原有企业年金主要包括基金资产、负债、账户记录、相关财务及业务资料等，进一步明确了社会保险经办机构、行业和企业不得管理企业年金基金资产，预防了企业年金基金资产的违规、分散化管理，有助于企业年金基金的规范化管理。

2007 年 9 月 12 日，国有资产监督管理委员会发布的《关于中央企业试行企业年金制度有关问题的通知》规定，财务合并报表亏损以及未实现国有资产保值增值的企业，暂不得实行企业年金制度；企业年金缴费水平要符合人工成本增长低于经济效益增长、人均人工成本增长低于按增加值计算的劳动生产率的要求，进一步规范了企业年金的管理，防止企业年金成为国有资产流失的工具。

2009 年 6 月 2 日，财政部、国家税务总局联合发布的《关于补充养老保险费补充医疗保险费有关企业所得税政策问题的通知》规定，自 2008 年 1 月 1 日起，企业根据国家有关政策规定，为在本企业任职或者受雇的全体员工支付的补充养老保险费、补充医疗保险费，分别在不超过职工工资总额 5%标准内的部分，在计算应纳税所得额时准予扣除；超过的部分，不予扣除。

2009 年 12 月 11 日，国家税务总局发布的《关于补充养老保险个人所得税征收管理有关问题的通知》规定，补充养老保险的个人缴费部分，不得在个人当月工资、薪金计算所得税时扣除；补充养老保险的企业缴费计入个人账户的部分是个人因任职或受雇而取得的所得，属于个人所得税应税收入，在计入个人账户时，应视为一个月的工资、薪金，不扣除任何费用，按照"工资、薪金所得"项目计算当期应纳的个人所得税，并由企业在缴费时代扣代缴。

3）补充养老保险进一步完善阶段

2011 年 2 月 12 日，人力资源和社会保障部、中国银行业监督管理委员会、中国证券监督管理委员会、中国保险监督管理委员会联合发布的《企业年金基金管理办法》规定，一个企业年金计划应当仅有一个受托人、一个账户管理人和一个托管人，可以根据资产规模的大小选择托管人，托管人与投资管理人不得为同一人；建立企业年金计划的企业成立企业年金理事会作为受托人的，该企业与托管人不得为同一人；受托人与托管人、托管人与投资管理人、投资管理人与其他投资管理人的总经理和企业年金从业人员，不得相互兼任。同一企业年金计划中，法人受托机构具备账户管理或投资管理业务资格的，可以兼任账户管理人或者投资管理人。

2011年5月20日，人力资源和社会保障部发布的《关于企业年金集合计划试点有关问题的通知》对企业年金集合计划的设立、变更和终止，计划的管理运营、信息披露，以及计划委托人的市场准入和退出作出了明确的规定，规范了企业年金集合计划产品的设立、运行和监管，通知规定，受托人申请设立企业年金集合计划应当报送人力资源和社会保障部备案。

2013年3月19日，人力资源和社会保障部发布的《关于企业年金养老金产品有关问题的通知》规定，养老金产品是由企业年金投资管理人发行的、面向企业年金基金定向销售的企业年金基金标准的投资组合。《关于企业年金养老金产品有关问题的通知》同时对养老金产品、审批和运营管理作出了明确的规定。

2013年3月19日，人社部、银监会、证监会、保监会联合发布的《关于扩大企业年金基金投资范围的通知》将企业年金基金投资的范围扩大到商业银行理财产品、信托产品、基础设施、债权投资计划、特定资产管理计划、股指期货等。

2013年7月15日，人力资源和社会保障部、民政部联合发布的《人力资源和社会保障部、民政部关于鼓励社会团体、基金会和民办非企业单位建立企业年金有关问题的通知》对社会组织建立企业年金计划作出了规定。

2013年12月6日，财政部、人力资源和社会保障部、国家税务总局联合发布的《关于企业年金、职业年金个人所得税问题的通知》规定，企业和事业单位根据国家有关政策规定的办法和标准，为在本单位任职或者受雇的全体职工缴付的企业年金或职业年金单位缴费部分，在计入个人账户时，个人暂不缴纳个人所得税。个人根据国家有关政策规定缴付的年金个人缴费部分，在不超过本人缴费工资计税基数的4%标准内的部分，暂从个人当期的应纳税所得额中扣除。超过规定的标准缴付的年金单位缴费和个人缴费部分，应并入个人当期的工资、薪金所得，依法计征个人所得税。税款由建立年金的单位代扣代缴，并向主管税务机关申报解缴。

2015年4月6日，国务院办公厅发布的《国务院办公厅关于印发机关事业单位职业年金办法的通知》对职业年金的适用范围、缴费、构成、管理方式、投资运营等作出了明确的规定。

2015年4月30日，人力资源和社会保障部发布的修订的《企业年金基金管理机构资格认定暂行办法》对企业年金法人受托机构、账户管理人、托管人和投资管理人应当具备的条件作出了具体的规定。

2017年12月18日，人力资源和社会保障部、财政部联合发布的《企业年金办法》规定，企业缴费每年不超过本企业职工工资总额的8%，企业和职工缴费合计不超过本企业职工工资总额的12%。具体所需费用，由企业和职工一方协商确定。

2018年2月，《企业年金试行办法》停止实施，《企业年金办法》的实施进一步规范了企业年金的发展。

2. 职业年金的立法

2011年7月24日，国务院办公厅印发《国务院办公厅关于印发分类推进实业单位改革配套文件的通知》，其中，《事业单位职业年金试行办法》对职业年金的参加人员范围、资金筹集和分配方式、职业年金个人账户管理方式、权益归属方式、基金管理方式、计划办法和支付办法、支付职业年金待遇的条件、中止和恢复缴费的条件和程序、修改和终止职业年金方案的条件与程序、组织管理和监管方式等作出了明确的规定。

2015 年 3 月 27 日，国务院办公厅发布的《机关事业单位职业年金办法》规定，职业年金是指机关事业单位及其工作人员在参加机关事业单位基本养老保险的基础上，建立的补充养老保险制度。

2015 年 9 月 30 日，人力资源和社会保障部、财政部、总参谋部、总政治部、总后勤部联合发布的《关于军人职业年金转移接续有关问题的通知》对军人职业年金的转移接续问题作出了具体的规定。

2016 年 9 月 28 日，人力资源和社会保障部和财政部发布的《职业年金基金管理暂行办法》规定，职业年金基金采取集中委托投资运营的方式管理，其中，中央在京国家机关及所属事业单位职业年金基金由中央国家机关养老保险管理中心集中行使委托职责，各地机关事业单位职业年金基金由省级社会保险经办机构集中行使委托职责。代理人可以建立一个或多个职业年金计划，按计划估值和计算收益率，建立多个职业年金计划的，也可以实行统一收益率。一个职业年金计划应当只有一个受托人、一个托管人，可以根据资产规模大小选择适量的投资管理人。职业年金计划的基金财产，可以由投资管理人设立投资组合或由受托人直接投资养老金产品进行投资管理。

2016 年 10 月 31 日，人力资源和社会保障部办公厅发布的《人力资源社会保障部办公厅关于职业年金计划备案和编码规则等有关问题的通知》对职业年金计划的备案、职业年金计划名称、计划登记号的编码规则作出了具体的规定。

2017 年 1 月 18 日，人力资源和社会保障部办公厅发布的《机关事业单位基本养老保险关系和职业年金转移接续经办规程（暂行）》对基本养老保险关系转移接续、职业年金转移接续等作出了具体的规定。

2017 年 8 月 22 日，人力资源和社会保障部办公厅、财政部办公厅联合发布的《人力资源和社会保障部办公厅、财政部办公厅关于印发职业年金基金归集账户管理暂行办法的通知》规定，职业年金基金归集财产托管账户是指归集账户托管银行受社会保险经办机构委托，以职业年金基金归集财产名义开立的、专门用于归集和划转职业年金基金财产的专用存款账户。归集账户的主要用途是：暂存单位和个人缴费收入、转移收入、利息收入以及其他收入，划转归集账户财产。

2017 年 12 月 18 日，人力资源和社会保障部、财政部联合发布的《企业年金办法》规定，企业缴费每年不超过本企业职工工资总额的 8%，企业和职工缴费合计不超过本企业职工工资总额的 12%。具体所需费用，由企业和职工一方协商确定。

（三）商业人身保险的立法

我国政府对商业保险资金经营也作出了一系列规定，规范了保险公司的经营和资金的管理，为养老保险计划的规范发展提供了制度保证。

1979 年 4 月 25 日，中国人民银行发布的《关于恢复国内保险业务和加强保险机构的通知》规定，国内保险业务恢复办理。

1984 年 11 月 3 日，《国务院批转中国人民保险公司关于加快发展我国保险事业的报告的通知》规定："总公司、分公司收入的保险费，扣除赔款、赔款准备金、费用开支和各自应缴纳的税金后，余下的归他们自己运用。"这一规定从政策上赋予了保险公司自主运用资金的权利。

1985 年 3 月，国务院颁布的《保险企业管理暂行条例》规定，由人民银行对保险机构的设立、偿付能力、准备金和再保险等进行监管。从 1987 年起，保险资金投资的范围放宽，保险资金可以投资于货币市场，如流动资金贷款、金融债券等。随着我国经济体制改革的推进，保险资金运用的渠道不断拓宽。

1995 年 6 月 30 日，第八届全国人民代表大会常务委员会第十四次会议通过的《保险法》规定，保险公司的资金运用必须遵循安全性原则，并保证资产的保值、增值。《保险法》对保险资金的运用范围作出了严格的规定，规定保险资金的投资范围包括银行存款、政府债券、金融债券和国务院规定的其他渠道。这样的规定有利于保险资金的保值增值，有效地规范保险资金的投资运用。

中国保险监督管理委员会于 1999 年 5 月 20 日发布的《中国保险监督管理委员会关于印发〈保险公司购买中央企业债券管理办法〉的通知》规定，保险公司可以购买部分中央企业债券。中央企业债券是指经国家部、委一级批准发行，债券信用评级达 AA+以上的铁路、三峡、电力等中央企业债券。

1999 年 8 月 12 日，中国人民银行发布的《关于批准保险公司在全国银行间同业市场办理债券回购业务的通知》规定，批准保险公司在银行间同业市场办理债券回购业务。

1999 年 10 月 18 日，中国人民银行发布的《关于同意商业银行试办保险公司协议存款的复函》规定，同意商业银行为保险公司办理协议存款业务。

1999 年 10 月 29 日，中国保险监督管理委员会发布的《保险公司投资证券投资基金管理暂行办法》规定，保险公司投资证券投资基金应当遵循安全、增值的原则，谨慎投资，自主经营，自担风险。《保险公司投资证券投资基金管理暂行办法》规定，申请从事投资基金业务的保险公司应当具有完善的内部风险管理及财务管理制度；专门的投资管理人员；应当设有专门的资金运用管理部门、稽核部门、投资决策部门；应当具备必要的信息管理和风险分析系统。保险公司投资基金的比例应当符合如下要求：①保险公司投资证券投资基金占总资产的比例不得超过中国保监会核定的比例；②保险公司投资于单一证券投资基金按成本价格计算，不得超过保险公司可投资于证券投资基金的资产的 20%；③保险公司投资于单一证券投资基金的份额，不得超过该基金份额的 10%。

2003 年 1 月，中国保监会发布的《中国保险监督管理委员会关于重新修订〈保险公司投资证券投资基金管理暂行办法〉的通知》规定，保险资金投资基金的额度小于期末总资产的 15%，其余额按成本价格计算；设立投资基金比例为 100%的投资账户只能是经批准开办的投资连结保险，万能寿险投资账户的最高比例限定为 80%。

2004 年 9 月 29 日，中国保险监督管理委员会发布的《保险公司次级定期债务管理暂行办法》对保险公司定向募集、期限 5 年以上（含 5 年）的次级债务进行了规范化管理。

2004 年 10 月 24 日，中国保监会发布的《保险机构投资者股票投资管理暂行办法》放开保险资金直接投资股票的渠道，对保险机构投资者股票投资的比例和范围作出规定。保险机构投资者为投资连结保险设立的投资账户，投资股票的比例可以为 100%；保险机构投资者为万能寿险设立的投资账户，投资股票的比例不得超过 80%；保险机构投资者为其他保险产品设立的独立核算的账户，投资股票的比例，不得超过中国保监会的有关规定。

2004 年 11 月 3 日，中国保险监督管理委员会、中国人民银行联合发布的《保险外汇资金境外运用管理暂行办法》规定了保险公司从事外汇资金运用的条件、投资品种、工具和额度等，以确保保险资金投资运营的安全。

2006 年 3 月 21 日，中国保监会颁布的《保险资金间接投资基础设施项目试点管理办法》允许保险资金间接投资基础设施建设项目，为保险资金借助受托人稳步进入不动产投资（不包括房地产）领域创造了条件。

2007 年 7 月 24 日，中国保险监督管理委员会、中国人民银行和国家外汇管理局联合发布的《保险资金境外投资管理暂行办法》将保险资金境外投资比例由过去的不得超过上年度外汇资金余额的 80%，提升到运用资金总资产的 15%。同时，保险机构境外投资的资金来源，也不再局限于自有外汇，而是扩大到了允许保险机构用人民币购买外汇投资。

2009 年 2 月 28 日，第十一届全国人民代表大会常务委员会第七次会议通过修订的《保险法》对保险资金运用的禁止性规定作出修改，允许保险资金投资不动产领域，进一步扩展了保险资金投资的渠道，增加规定了保险监管机构对保险公司在金融机构投资的查询权。

2009 年 9 月 5 日，保监会发布的《人身保险新型产品信息披露管理办法》规定，新型产品的信息披露，应当采用通俗易懂的语言，准确描述与产品相关的信息。保险公司应当对信息披露的客观性、真实性负责，无重大遗漏，不得对投保人、被保险人、受益人及社会公众进行欺骗、误导和隐瞒。

2009 年 12 月 22 日，财政部发布的《保险合同相关会计处理的规定》对保险混合合同分拆、重大保险风险测试、保险合同准备金计量等作出了规定。

2010 年 7 月 30 日，保监会发布的《保险资金运用管理暂行办法》规定，对保险资金运用形式（范围、投资比例和筹资模式）、决策运行机制、风险控制和监督管理等实行规范化管理。

2010 年 9 月 5 日，保监会发布的《保险资金投资股权暂行办法》和《保险资金投资不动产暂行办法》允许保险资金投资未上市企业股权和不动产，进一步拓宽了保险资金运用的渠道，为保险资金改善资产管理提供了制度保证。《保险资金投资不动产暂行办法》规定，保险资金投资不动产应"建立规范有效的业务流程和风控机制，涵盖项目评审、投资决策、合规审查、投资操作、管理运营、资产估值、财务分析、风险监测等关键环节，形成风险识别、预警、控制和处置的全程管理体系，并定期或者不定期进行压力测试，全面防范和管理不动产投资风险"。

2010 年 11 月 1 日，中国银监会印发《关于进一步加强商业银行保险业务合规销售与风险管理的通知》，通知要求，商业银行在开展代理保险业务时，应当遵守以下规定：①不得将保险产品与储蓄存款、基金、银行理财产品等产品混淆销售，不得将保险产品与上述产品简单类比，不得夸大保险产品的收益；②向客户说明保险产品的经营主体是保险公司，如实提示保险产品的特点和风险；③如实向客户告知保险产品的犹豫期、保险责任、电话回访、费用扣除、退保费用等重要事项。④不得以中奖、抽奖、回扣或者送实物、保险等方式进行误导销售。⑤法律法规和监管机构规定的其他事项。

2012 年 5 月 7 日，中国保监会发布的《关于保险资金运用监管有关事项的通知》对《保险资金运用管理暂行办法》作出解释性规定，规范了保险资金投资的监管。

2012 年 7 月 16 日，中国保监会发布的《保险资金委托投资管理暂行办法》规定，保险公司开展保险资金委托投资，应当建立资产托管机制，并按照本办法规定选择投资管理人。

2012 年 7 月 16 日，保监会发布的《关于保险资金投资股权和不动产有关问题的通知》允许保险资金投资股权和不动产，以获得投资收益。

2012 年 7 月 23 日，中国保监会发布的《保险资金委托投资管理暂行办法》允许保险资金委托证券公司和基金公司进行投资管理，改变了以往仅允许保险资金委托保险资产管理公司投资运营的限制性规定。

2012 年 10 月 12 日，中国保监会发布的《保险资金境外投资管理暂行办法实施细则》规定，保险资金境外投资可以选择规定国家或地区的金融市场，投资货币市场类、固定权益类、权益类、不动产等品种。同时，细则规定，保险资金不得有下列行为：投资实物商品、贵重金属或者代表贵金属的凭证和商品类衍生工具；利用证券经营机构融资，购买证券及参与未持有基础资产的卖空交易；除为交易清算日的拆入资金外，以其他任何形式借入资金。

2012 年 10 月 23 日，中国保监会发布的《保险资金参与金融衍生产品交易暂行办法》以及《保险资金参与股指期货交易规定》允许保险资金参与股指期货交易，规定保险资金仅限于套期保值，不允许过度投机的行为。

2014 年 4 月 15 日，保监会发布的修订的《保险公司股权管理办法》规定，保险公司单个股东（包括关联方）出资或者持股比例不得超过保险公司注册资本的 20%。股东应当以来源合法的自有资金向保险公司投资，不得用银行贷款及其他形式的非自有资金向保险公司投资，中国保监会另有规定的除外。

2015 年 2 月 2 日，中国保监会发布的《关于促进保险健康发展有关问题的通知》对团体保险的概念、团体保险的管理等问题作出了明确的规定。

2015 年 2 月 3 日，中国保监会发布的《关于万能型人身保险费率政策改革有关事项的通知》规定，万能型人身保险的评估利率上限为年复利的 3.5%。

2016 年 1 月 26 日，中国保监会发布的《关于正式实施中国风险导向的偿付能力体系有关事项的通知》对保险公司的定量资本要求、定性监管、报告编制等作出了明确的规定。

2016 年 3 月 7 日，中国保监会发布的《关于规范中短期人身保险产品有关事项的通知》规定，保险公司销售中短存续期产品的，应当保持综合偿付能力充足率不低于 100%，且核心偿付能力充足率不低于 50%。保险公司综合偿付能力充足率低于 100% 或核心偿付能力充足率低于 50% 时，应当立即停止销售中短存续期产品。

2016 年 9 月 2 日，中国保监会发布的《关于强化人身保险产品监管工作的通知》规定，中国保监会经抽查发现并认定保险公司备案产品存在违法违规情形的，将责令保险公司停止使用违规产品、公开披露产品停售信息。保险公司应当加强对备案产品的经营管理，对于消费者认可度不高、销量不佳的产品，应当主动退出市场；对在实际经营过程中发现产品存在违法违规或不公平、不合理等情形的，应当主动退出市场，并向中国保监会报告。

2017 年 4 月 20 日，中国保监会发布的《关于进一步加强保险监管维护保险业稳定健康发展的通知》规定了今后一段时期保险监管的主要任务如下：一是强化监管力度，持续整治市场乱象；二是补齐监管短板，切实堵塞监管制度漏洞；三是坚持底线思维，严密防控风险；四是创新体制机制，提升保险服务实体经济的能力和水平。

2017 年 4 月 23 日，中国保监会发布的《关于进一步加强保险业风险防控工作的通知》规定，保险风险防控工作如下：①完善流动性风险管理体系，切实防范流动性风险；②加强保险资金运用管理，切实防范保险资金运用风险；③完善公司治理管理体系，切实防范战略风险；④密切跟踪关注各类新型保险业务，切实防范新业务风险；⑤加强外部风险摸排和管理，切实防范外部传递性风险；⑥加强消费者权益保护，切实防范群体性事件风险；⑦着力摸清风险底数，切实防范底数不清风险；⑧加强资本管理，切实防范资本不实风险；⑨加强声誉风险防范，切实增强舆情应对能力；⑩健全风险防控工作机制，切实强化责任落实和追究。

2017 年 5 月 11 日，中国保监会发布的《关于规范人身保险产品开发设计行为的通知》规定，保险公司违反监管规定开发设计人身保险产品，或通过产品设计刻意规避监管规定的，中国保监会将依法进行行政处罚，采取一定期限内禁止申报新的产品、责令公司停止接受部分或全部新业务等监管措施，并严肃追究公司总经理、总精算师等责任人的责任。

2018 年 1 月 24 日，中国保监会发布的《保险资金运用管理办法》对资金运用的形式、决策运行机制、风险管控、监督管理等问题作出了规定。

2018 年 4 月 8 日，中国银行保险监督管理委员会正式挂牌成立。

2018 年 5 月 9 日，上海市、江苏省、厦门市财政厅（局）、地方税务局、人力资源社会保障厅（局）、银监局、证监局、保监局联合发布的《关于开展个人税收递延型商业养老保险试点的通知》规定，对试点地区个人通过个人养老资金账户购买符合规定的商业养老产品的支出，允许在一定的标准内税前扣除；计入个人商业养老保险资金账户的投资收益，暂不征收个人所得税；个人领取商业养老保险时再征收个人所得税。试点期限为 1 年。经过一系列的政策规范和调整，我国保险资金运用渠道逐步实现了规范化，多元化配置保险资金的监管格局初步形成，为提高保险资金投资效率提供了法律法规等制度保证。

（四）其他方面的立法

我国在其他方面的立法，对于促进养老保险计划的发展和完善具有积极的促进作用。例如，《劳动法》是用人单位为员工办理参加基本养老保险的法律依据，也是用人单位建立补充养老保险计划的法律依据。《信托法》是明确养老保险计划委托人和代理人关系的法律规范。《信托法》对一般委托代理关系作出的规定适用于养老保险计划的委托代理关系。但是，养老保险计划需要更具体的法律规范。例如，一般信托关系的受益人可以放弃受益财产，而养老保险计划的受益财产是老人的养老钱，不可能放弃，反而需要更加严格的保护。美国在《员工退休收入保障法》中对养老保险计划的信托作出规定，如第 3 条对退休计划受托人的定义如下：为退休金计划提供服务（如投资咨询）、行政管理（对计划资产处置有决定权和控制权）和资金运营（投资咨询和投资经理）的人均为受托人。《民法典》是委托人与受托人建立信托关系并明确双方权利和义务的法律规范。基于委托人和受托人的信托关系，还可以继续发生受托人与账户管理人、托管人、投资管理人及中介机构等其他关系人的再委托关系。此外，《证券投资基金法》等也是规范养老保险基金委托代理行为的法律文件。

三、养老保险计划立法的主要原则

（一）强制性与非强制性原则

强制性原则是指在国家法律法规中，强制用人单位建立某种形式的养老保险计划。一般来说，员工的基本养老保险大多是依据强制性原则建立的。在强制性原则的要求下，制度覆盖范围内的用人单位和员工必须参加，否则即构成违法。这些规定有助于用人单位依法履行职责，有助于维护员工的合法权益。

非强制性原则是指在政府制定的法律法规体系中，不强制用人单位必须建立某种形式的养老保险计划。一般来说，用人单位举办的补充养老保险大多采用非强制性原则。在非强制性原则的要求下，用人单位可以根据自身的经济效益，确定是否建立养老保险计划。为了鼓励用人单位建立养老保险计划，政府可以采取政策引导的方式，鼓励用人单位建立养老保险计划。非强制性原则有助于用人单位灵活地配置各种福利资源，有助于提高用人单位的凝聚力。例如，《国务院关于印发完善城镇社会保障体系试点方案的通知》（国发〔2000〕42号）规定，有条件的企业可以为职工建立补充养老保险。这表明，是否建立补充养老保险计划应当由用人单位自主决定，也表明政府是以非强制性原则作为试点进行补充养老保险制度改革探索的。

（二）调剂性与非调剂性原则

调剂性原则是指其他人缴费用于面临风险员工使用的制度，养老保险资金使用的调剂性原则是法律法规和部门规章规定的。如果法律法规强调这一原则，依法授权的管理机构可以使用别人的缴费。一般来说，基本养老保险资金的使用遵循调剂性原则，通过员工间的互济互助，养老保险资金的使用实现了代际的分配和使用。

非调剂原则是指用人单位或员工缴费只能用于员工个人使用，制度的非调剂性也是法律法规和部门规章规定的。如果强调这一原则，任何人无权使用别人的缴费。一般来说，补充养老保险资金的使用遵循非调剂性原则。用人单位或员工的缴费不具有互助性，养老保险资金的使用不具有代际转移分配功能。例如，我国《企业年金办法》规定，企业缴费应当按照企业年金方案确定的比例和办法计入职工企业年金个人账户，职工个人缴费计入本人企业年金个人账户。这一规定，从法律上赋予了我国企业年金的自我积累性，不具有互济互助的功能。

（三）公平性与激励性原则

公平性原则是指养老保险计划的设计考虑所有员工的利益，公平性原则是基本养老保险必须优先贯彻的原则，这一原则是基于养老保险资源合理分配和社会效益目标而确定的。

激励性原则是指养老保险计划的设计要起到激励员工努力工作的目的，是补充养老保险方案设计时需要考虑的基本原则，这一原则是人力资源管理的重要原则之一。用人单位建立补充养老保险计划应当对用人单位的发展起积极的作用，因而在制订补充养老保险计划的准入、享受条件、待遇水平等多方面，要有利于用人单位的发展。例如，通过补充养老保险计划享受条件的限制，避免职工不必要的频繁流动，有利于职工队伍，特别是具有熟练技术员工的稳定，从而降低员工培训的成本，有利于用人单位的发展。

（四）基本保障性与补充保障性原则

基本保障性原则是指基本养老保险计划提供的养老金待遇能够保障退休人员的基本生活需要，基本养老保险是养老保障体系的重要组成部分，其制度设计应该强调制度的保障性，基本保障性原则考虑的是养老保险计划的社会效益。

延伸阅读 8-2：上海社保基金案挑战我国养老保险基金的管理

补充保障性原则是指补充养老保险计划提供的养老金待遇能够保障退休人员较高水平的生活需要，补充保障性原则是相对于基本养老保险的保障原则而言的，是用人单位制订补充养老保险计划应当遵循的原则，其制度设计强调员工对用人单位的贡献，补充保障性原则考虑的是补充养老保险计划的经济效益。

第二节　养老保险基金投资运营的信托制度

目前，国际上普遍利用信托制度来完善养老保险基金投资运营的管理。无论是基本养老保险基金的管理，还是补充养老保险基金的管理，都采取信托的形式规范。本节主要介绍养老保险基金投资运营管理中的信托制度和我国有关法律法规和部门规章的规定，以实现养老保险基金的保值增值。

一、信托财产的法律特征

（一）信托的定义

信托又称委托所有权、信托财产、信托管理，是指委托人基于对受托人的信任，将其财产委托给受托人，由受托人按照委托人的意愿以自己的名义，为受益人的利益或者特定目的，进行管理或者处分的行为。信托是委托人、受托人和受益人之间基于特定财产的持有、管理和收益分配而发生的社会经济关系。信托关系一经成立，委托人与受托人之间就建立了委托与被委托的关系，这是信托关系成立的基础。信托的实施，必须借助受托人的活动，但是受托人的一切活动都必须建立在委托人对其"委托"的基础之上，"委托"是信托活动的逻辑起点，它和受托人"接受委托"的行为，共同构成了信托活动的基础。受托人接受委托，可以是有偿的，也可以是无偿的。但是，无论是有偿还是无偿的，委托人与受托人之间是法律上的委托与被委托的关系。

（二）信托财产的法律特征

信托财产是存在于信托法律关系中的财产。《信托法》第 14 条规定："受托人因承诺信托而取得的财产是信托财产。受托人因信托财产的管理运用、处分或者其他情形而取得的财产，也归入信托财产。"《信托投资公司管理办法》第 5 条规定："信托财产不属于信托投资公司的自有财产，也不属于信托公司对受益人的负债。信托投资公司终止时，信托财产不属于清算财产。"存在于信托法律关系中的财产，具有如下几个方面的特征。

（1）财产的所有权与收益权分离。受托人以自己的名义管理、使用和处分财产，受托人享有对信托财产的经营管理权；但是信托财产的收益却归受益人，即财产的所有权和收益权相分离。由于信托关系的这种特征，由此产生了信托的三个重要功能：财产转移功能、财产管理功能和融资功能。

（2）信托财产的独立性。信托财产的独立性是指信托财产是独立于委托人、受托人的自有财产，这是信托机制的另一个重要的法律特征，它使信托财产具有了独立的法律地位，从而有力地保障了信托财产的安全。例如，根据《信托法》的规定，信托财产独立于受益人、委托人、受托人，这三方各自的债务不得向信托财产追偿。同时，不同委托人之间的信托财产也是相互独立的。

（3）信托财产的同一性。例如，《信托法》第14条规定，受托人因信托财产的管理、运用、处分或其他情形而取得的财产，也归入信托财产。这就明确规定了信托财产所孳生的相关财产也属于信托财产，即信托财产的收益与信托财产本身具有同一性。

（4）信托财产的追索权。信托财产的追索权是指信托人违反信托的宗旨，随意地处分信托财产时，受益人对信托财产享有追索权。

二、信托当事人的权利和义务

信托当事人主要包括委托人、受托人和受益人。下面分别讲述三方当事人的权利和义务关系。

（一）委托人

委托人是具有完全民事行为能力的自然人、法人或者依法成立的其他组织。为了防止违法行为或者滥用受托权的发生，《信托法》赋予委托人一系列的监督权，主要包括以下几个方面。

（1）知情权。委托人有权要求受托人对管理处分的信托财产情况作出说明。例如，《信托法》规定，受托人有权了解其信托财产的管理运用、处分及收支情况，并有权要求受托人作出说明。委托人有权查阅、抄录或者复制与信托财产有关的信托账目以及处理信托事务的其他文件。

（2）调整权。调整权是指因签订信托合同时未能预见的原因或事由，致使合同的约定有碍信托目的的实现，或者不符合受益人的利益时，委托人有权要求修改、调整信托合同的有关内容。

（3）请求赔偿权。受托人违反信托目的或者违背管理职责，擅自处分信托财产，致使信托财产遭受损失时，委托人有权要求恢复信托财产原状或者予以赔偿。

（4）解任权。当受托人违反信托目的或者管理、运用、处分信托财产有重大过失的，委托人有权依照信托合同的规定或者向法院申请解任受托人，终止原来的委托—代理关系。

（二）受托人

受托人是接受委托管理信托财产的人，是具有完全民事行为能力的自然人、法人。例如，《信托法》规定，受托人应当是具有完全民事行为能力的自然人、法人。法律、行政法规对受托人的条件另有规定的，从其规定。

《信托法》对受托人的权利义务作出了如下几个方面的规定。

（1）受托人应当遵守信托文件的规定，为受益人的最大利益处理信托事务。

（2）受托人管理信托财产，必须恪尽职守，履行诚实、信用、谨慎、有效管理的义务。

（3）受托人除依照《信托法》的规定取得报酬外，不得利用信托财产为自己谋取利益。

（4）受托人不得将信托财产转为其固有财产。受托人将转为固有财产的，必须恢复该信托财产的原状；造成信托财产损失的，应该承担赔偿责任。

（5）受托人不得将其固有财产与信托财产进行交易或者将不同委托人的信托财产相互交易，但信托文件另有规定或者经委托或者受益人同意，并以公平的市场价格进行交易的除外。

（6）受托人必须将信托财产与其固有财产分别管理、分别记账，并将不同委托人的信托财产分别管理、分别记账。

（7）受托人应当自己处理信托事务，但信托文件另有规定或者有不得已事由的，可以委托他人代为处理。受托人依法将信托事务委托他人处理的，应当对他人处理信托事务的行为承担责任。

（8）受托人必须保存处理信托事务的完整记录。受托人应当每年定期将信托财产的管理运用、处分及收支情况，报告委托人和受益人。受托人对委托人、受益人以及处理信托事务的情况和资料负有依法保密的义务。

（三）受益人

受益人是依法享有信托收益权的人。受益人可以是自然人、法人，也可以是依法成立的其他组织。例如，《信托法》规定，委托人可以是受益人，也可以是同一信托的唯一受益人；受托人可以是受益人，但不得是同一信托的唯一受益人。受益人自信托生效之日起享有信托受益权。信托文件另有规定的，从其规定。

三、信托的设立、变更、解除和终止

（一）信托的设立

信托的设立是指委托人和受托人依法建立信托关系的行为。例如，《信托法》对信托关系的设立所规定的条件有以下几个方面。

（1）设立信托必须有合法的目的。

（2）设立信托必须有确定的财产，并且该信托财产必须是委托人合法拥有的财产。

（3）设立信托应当采取书面的形式，书面形式包括信托合同、遗嘱或者法律行政法规规定的其他书面文件等。采取信托合同形式设立信托的，信托合同签订时，信托关系成立。采取其他书面形式设立信托的，受托人承诺信托时，信托关系成立。

（二）信托的变更

信托的变更是指信托当事人就已订立的信托合同条款达成修改、补充协议的法律行为。例如，《信托法》规定，设立信托关系后，有下列情形之一的，委托人可以变更受益人或者处分受益人的信托受益权。

（1）受益人对委托人有重大侵权行为。

（2）受益人对其他共同受益人有重大侵权行为。

（3）经受益人同意。

（4）信托文件规定的其他情形。

（三）信托的解除

信托的解除是指信托合同依法订立后，未履行完毕之前，由于某种原因导致当事人提前终止合同的法律效力，终止双方权利义务关系的法律行为。例如，《信托法》规定，委托人是唯一受益人的，委托人或者其继承人可以解除信托。信托文件另有规定，从其规定。设立信托关系后，有下列情形之一的，委托人可以解除信托合同。

（1）受益人对委托人有重大侵权行为。

（2）经受益人同意。

（3）信托文件规定的其他情形。

（四）信托的终止

信托的终止是指信托合同期满或者当事人约定的合同终止的条件出现，无法继续履行劳动合同时，结束信托关系的行为。例如，《信托法》规定，信托不因委托人或者受托人的死亡、丧失民事行为能力、依法解散、被依法撤销或者被宣告破产而终止，也不因受托人的辞职而终止。有下列情形之一的，信托终止。

（1）信托文件规定的终止事由发生。

（2）信托的存续违反信托目的。

（3）信托目的已经实现或者不能实现。

（4）信托当事人协商同意。

（5）信托被撤销。

（6）信托被解除。

信托终止的，信托财产归属于信托文件规定的人；信托文件未规定的，按下列顺序确定归属：①受益人或者其继承人；②委托人或者其继承人。

第三节　养老保险计划的合同管理

在养老保险计划建立、投资运营和终止的过程中，在缴费人、受益人、经办人之间会发生一系列的财产转移和归属问题，规范养老保险计划管理的重要媒介是契约，加强合同的管理有助于养老保险基金资产的保值增值。

一、养老保险计划合同管理的内容

（一）合同的定义

合同是明确当事人之间权利和义务关系的契约、协议，契约可以是书面的合同，也可以是口头的约定。合同是平等主体的自然人、法人、其他组织之间设立、变更、终止民事权利义务关系的协议。合同是具有特定内容的协议，用来约定特定法律关系当事人之间的权利义务。依法订立的合同是受到法律法规保护的。合同一经订立即对双方当事人发生法律效力。任何一方均不得单方变更或者解除合同。任何一方都要对因自己违反合同给对方造成的经济损失承担法律责任。

（二）合同的内容

合同条款由当事人根据合同标的进行约定，法律法规和部门规章可以看作合同的潜在内容，一般不需要写入合同文本。合同标的主要包括财产交易和法律关系，前者规范交易物产权的确定和转移关系，后者规范当事人之间各类社会关系的产生、变更和消灭。

规范的财产交易合同一般包括以下几个方面的条款：①当事人的名称、地址（如果是个人，须写明姓名、住所、身份证号码）；②合同的标的，即法律行为所要达到的目的，包括物、行为和服务行为产生的收益性后果；③与合同标的相关的条件，如商品购销合同需要说明物品数量、质量要求、价款或者报酬、结算方式等；④履行合同的期限、地点、方式等；⑤违约责任；⑥合同的解除和终止；⑦解决争议的方法。

规范社会关系的合同主要包括以下几个方面的条款：①当事人的名称、地址（如果是个人，须写明姓名、住所、居民身份证号码）；②合同的标的，即法律行为证明的社会关系及其属性，以及该社会关系变更、解除和终止的条件；③双方当事人相互提供服务的事项和各自的权利和义务；④违约责任；⑤解决争议的方法。

（三）订立合同的基本要求

签订合同时，应当注意以下几个方面的问题。

（1）签约主体必须具有合法资格。一般来说，经营单位的性质、种类比较复杂，有关部门管理不到位的现象比较普遍。为了防范欺诈行为，减少交易风险，有必要考察交易对方的主体资格、履行合同的能力、信用等方面的情况。例如，查看对方的营业执照和用人单位参加年检的证明资料等，可以确保对方当事人履行合同的能力。

（2）合同条款必须具有对等性。签订合同的双方当事人具有平等的地位，应当遵循公平的原则确定各方的权利和义务，避免签订只约定义务、不约定权利的不平等合同。

（3）合同条款必须具有明确性。合同是当事人交易的依据，其条款的约定应当明确，应当简单明了，用于应当达到当事人不需要再进一步协商的程度。

（4）约定仲裁机构的名称。约定仲裁机构的名称实际上是约定解决争议的办法。

（5）合同签字、盖章应当同时进行，以避免不必要的纠纷，并注明签约的时间和地点。

二、养老保险计划签订合同的形式

养老保险计划投资运营中，可能会发生以下几类契约关系，如劳动合同、集体协议、保险合同、委托合同、信托合同等，了解相关合同的作用和功能，可以依法维护当事人的权益，避免不必要的争议和诉讼，防止合同不严密带来的经济损失。

（一）劳动合同

劳动合同是用人单位和员工建立劳动关系，明确各自权利和义务的协议。附带补充养老保险计划的劳动合同是劳动合同的重要内容之一。在建立了补充养老保险计划的用人单位就业的员工，其劳动合同应当根据国际劳工标准、集体协议和补充养老保险计划章程的规定，明确职工的缴费义务和受益权利。员工的受益权利主要包括以下几个方面。

（1）对用人单位缴费的受益权。

（2）可以随着劳动关系转移的、可携带的账户资产的受益权。

（3）提前受益权和有关条件，如死亡、病残员工的受益条件和权利。

（4）遗属和供养亲属的受益权。

（5）退休后，养老金的受益权。

（6）额外待遇的受益权。

对于用人单位的高层管理人员来说，有些补充养老保险计划还包括由额外缴费产生的额外待遇。

（二）集体协议

集体协议是代表员工的组织或工会同用人单位或者雇主协会组织，就劳动报酬和劳动条件通过集体谈判达成的集体契约。附带企业年金计划的集体协议是集体协议的内容之一。有些国家的法律法规和部门规章明确规定，必须通过集体谈判建立补充养老保险或者职业年金，如荷兰。通过集体谈判建立的补充养老保险被称为准强制性补充养老保险。行业和用人单位可以依据有关法律法规和部门规章的规定，通过集体谈判的方式就补充养老保险计划的以下内容达成协议。

（1）养老保险计划的覆盖范围。

（2）养老保险计划的缴费率，主要包括用人单位和员工的缴费比例。

（3）员工受益权的规定。

（4）养老金待遇支付的方式。

（5）养老保险计划终止的条件。

（6）企业年金理事会的组成。

（7）养老保险计划信息披露的沟通方式等。

集体协议的订立，有助于用人单位积极履行合同的规定，提供相应的员工福利待遇。

（三）保险合同

保险合同是指投保人与保险人约定保险权利义务关系的协议。保险合同的当事人是投保人和保险人；保险合同的内容是关于保险的权利和义务关系。保险合同可以采取保险协议书、保险单或保险凭证的形式订立。用人单位可以为员工投保商业保险作为补充养老保险的方案。在采取保险单和保险凭证形式时，保险条款已经由保险人事先拟订，当事人的权利和义务已经规定在保险合同条款中，投保人只能作出是否同意的意思表示。投保人可以与保险人协商，增加某些特别约定条款或者对保险责任进行限制或扩大，但是这并不能改变保险条款的基本结构和内容。

（四）委托合同

委托合同是委托人和受托人之间明确委托事项和权限的协议。委托合同以委托人和受托人之间建立的委托—代理关系为前提，其主要法律特征是受托人以委托人的名义在委托权限内办理委托事项，为委托人的利益服务。委托人可以特别委托受托人处理一项或者数项事务，也可以综合委托受托人处理一切事务。委托人对受托人的行为承担法律责任，受托人的越权代理行为除外。例如，企业年金理事会是接受缴费人的委托代为处理补充养老保险投资运营管理业务的受托人。我国企业年金理事会在同托管人、投资管理人和账户管理人订立合同的过程中，应当明确相关的代理权限、责任和义务，尽量避免因为签订合同的内容不适当，损害受益人的利益，尽量避免引发法律责任风险。

（五）信托合同

信托合同是由信托法律关系中作为信托关系当事人的委托人和受托人之间签订的设立、变更、终止和规定当事人权利义务关系的书面协议。信托法律关系属于民事法律关系，适用于《民法典》《信托法》及有关行政法规的规定。

信托合同应当载明下列事项：①信托目的；②委托人、受托人的姓名或者名称、住所；③受益人或者受益人的范围；④信托财产的范围、种类及状况；⑤受益人取得信托利益的形式、方法。除前款所列事项外，也可以载明信托期限、信托财产的管理方法、受托人的报酬、新受托人的选任方式、信托终止事由等事项。

信托合同与委托合同的区别主要有以下几个方面。

（1）法律对合同主体及主体资格的要求不同。委托合同的当事人是委托人和受托人，委托合同的主体十分广泛，法律对受托人没有特别的要求；信托合同的当事人是委托人、受托人、受益人三方，信托合同的受托人在法律上要求得比较严格，是经有关部门批准的专门经营信托业务的法人。

（2）委托事务的性质和范围不同。委托合同是一般合同关系，其所涉及的事务没有特别的限定，除了财产委托事务之外，还可以委托代理其他事务；信托的实质是财产管理关系，信托事务仅限于与财产有关的事务。

（3）合同是否具有有偿性不同。信托合同是有偿的，从事信托事务是经营行为；委托合同可以是有偿的，也可以是无偿的，有些委托合同不属于经营行为。

（4）办理受托事务的名义不同。委托既可以以受托人的名义，也可以以委托人的名义办理事务，在后一种情况下，委托人直接与第三人产生权利义务关系；信托是以委托人的名义办理信托事务，委托人不直接与第三方发生法律上的权利义务关系。受托人违反信托宗旨处分信托财产时，受益人对信托财产享有追索权。

第四节　养老保险计划的信息披露制度

完善的信息披露制度是世界各国养老保险计划运营成功的经验，可以通过市场约束有关当事人的行为，有效地防范违法违规行为的发生，降低管理成本。完善的信息披露制度应当涵盖补充养老保险计划运营的主要环节，使补充养老保险基金信息披露满足养老保险计划委托人、受托人和受益人的需要。

一、养老保险计划信息披露制度的概念

养老保险计划的信息披露制度也称公示制度、公开披露制度，是指养老保险计划管理机构为了保护受益人的利益，接受监管部门的监督，依照法律法规的规定，必须将养老保险计划财务状况等信息定期向监管部门报告，并向受益人公告，使参加者充分了解养老保险计划基金投资运营情况。

养老保险计划信息披露制度的特点主要有以下几个方面。

（1）信息披露是有确定发布时间的披露。信息披露制度在信息公开的时间上是持续的过程，是定期披露和不定期披露的结合。

（2）信息披露是养老保险计划基金受托人、投资管理人法定的义务。公开披露养老保险计划的财务信息是养老保险计划基金管理机构法定的义务，是国家法律法规规定的，相关管理机构不得拒绝披露。

（3）信息披露是审慎人制度的组成部分。通过报告和信息披露的制度安排，可以约束、监督管理者的行为，保护委托人和受益人的权益。信息披露也是受益人了解养老保险计划基金投资运营状况的途径，可以避免信息不对称造成的损失。

二、建立信息披露制度的意义

信息披露是养老保险计划必要信息的书面反映，应当定期公开披露，信息报告和披露制度的意义有以下几个方面。

（1）及时反映养老保险计划基金投资运营的财务和风险状况，避免"暗箱操作"。为了保护受益人的合法权益，各国政府通常规定，养老保险计划的受托人必须定期向委托人和受益人进行信息披露，监管机构通常直接审查信息披露的真实性和完整性。

我国《企业年金基金管理办法》规定，受托人应当在每季度结束后 30 日内向委托人提交企业年金基金管理季度报告，并应当在年度结束后 60 日内向委托人提交企业年金基金管理和财务会计年度报告。账户管理人应当在每季度结束后 15 日内向受托人提交企业年金基金账户管理季度报告，并应当在年度结束后 45 日内向受托人提交企业年金基金账户管理年度报告。托管人应当在每季度结束后 15 日内向受托人提交企业年金基金托管和财务会计季度报告，并应当在年度结束后 45 日内向受托人提交企业年金基金托管和财务会计年度报告。受托人、账户管理人、托管人和投资管理人应当按照规定报告企业年金基金管理情况，并对所报告内容的真实性、完整性负责。

（2）促进养老保险计划受益人知晓养老保险基金投资运营的信息，避免"误导信息损失"。信息的获得能够改变损失的不确定性和风险评价，从而对养老保险计划管理机构的状况作出具有直接意义的评价。政府监管部门要求养老保险计划相关管理机构将所有的信息公之于众，以防止欺诈等问题的发生，可以改变养老保险计划管理中客观存在的不公平竞争状况，实现基金的保值增值。

（3）强化监督作用，促进中介服务和市场竞争的规范化。信息披露制度通常不独立存在，而是渗透在有关法律法规和信息披露的规范文件之中。加强养老保险计划投资运营信息披露的监督作用，可以促进中介服务和市场的规范发展。例如，对于企业年金管理机构来说，如果按照国家有关规定定期披露补充养老保险基金投资运营资产状况、投资收益等方面的信息，就可以接受政府、用人单位和受益人的监督，可以实现市场的优胜劣汰，使不具备资格条件的投资管理人、托管人、账户管理人等管理机构退出补充养老保险基金投资运营的管理，实现市场的良性、有序发展。

三、养老保险计划信息披露的原则

养老保险计划信息披露中应当坚持以下几个方面的原则。

（一）充分性

充分性是指信息披露的内容要公开所有国家法律法规要求披露的信息，不得有所欠缺和遗漏。在披露形式上，要求有适当的信息传递载体和渠道，以保证监管部门、委托人和受益人通过报纸、杂志、互联网、用人单位公告等媒介方便地获得养老保险计划投资的信息。

（二）有效性

有效性是指信息披露报告的内容必须真实地反映养老保险计划投资的情况，不得弄虚作假，不得有误导性的陈述，能够正确地反映客观事实。另外，还应当披露可能对补充养老保险运营及收益产生重大影响的信息，使监管部门、委托人和受益人及时了解披露主体内部和外部出现的重大变化，以及这些变化对补充养老保险运营产生的直接和间接影响。当养老保险计划信息披露主体的情况发生变化，已经披露的信息不能反映披露主体的当前情况时，披露主体应该及时更正或更新有关信息，使信息披露对象了解的信息准确反映披露主体的实际情况。

（三）及时性

及时性是指披露主体应当在规定的时间内按照规定频率及时披露应该披露的信息，使监管部门、委托人和受益人通过不断更新的信息及时分析、评估和监督披露主体对养老保险计划基金投资运营的实际情况和最新情况。

（四）公开性

公开性是指通过指定信息披露的报刊和媒体对养老保险计划基金投资信息进行披露和传递，保证监管部门、委托人、受托人、受益人便利地获得充足和合适的养老保险计划投资收益的信息。

（五）完整性

完整性是指养老保险计划基金财产管理报告的各项文件应当齐全，符合相关法律法规的要求，报告的内容应当完整，不得有所遗漏。养老保险计划的受托人、账户管理人、托管人和投资管理人应当按照规定向养老保险计划参与人、受益人及监管机构报告基金投资运营的情况，并对所报告内容的真实性、完整性负责。

四、养老保险计划信息披露的内容

养老保险计划信息披露的内容是指养老保险计划当事人定期提交、报送能够反映养老保险计划基金投资运营管理情况的信息。例如，企业年金管理机构依据职责不同披露不同的信息。受托人应当按照规定，定期报送企业年金基金管理报告和财务会计报告，账户管理人应当定期报送账户管理报告，托管人应当定期报送托管报告，投资管理人应当定期报送补充养老保险基金投资运营管理报告。具体来说，养老保险计划信息披露的内容主要包括以下几个方面。

（1）人力资源和社会保障部门的信息披露。人力资源和社会保障部门应当对养老保险计划的规模、参加人数、基金投资运营情况、监督情况、违法违规案件等方面的信息定期进行披露。

（2）养老保险计划管理机构向人力资源和社会保障行政部门的信息披露。养老保险计划管理机构应当定期向人力资源和社会保障部门报送养老保险计划基金投资运营方面的信息，以便有关监管部门随时了解养老保险计划基金投资运营的情况和问题，及时了解养老保险计划基金投资运营管理中存在的问题。

（3）养老保险计划管理机构之间的信息披露。养老保险计划管理机构应当及时、准确地披露基金投资运营管理的相关信息。例如，我国《企业年金基金管理试行办法》规定，受托人、托管人和投资管理人的业务监管部门按照各自职责对其经营活动进行监督。

（4）养老保险计划受托人向受益人的信息披露。养老保险计划受托人向受益人依法披露相关信息，可以确保养老保险计划参加者的合法权益，也可以促进养老保险计划参加者监管受托人的行为，防范违法违规行为的发生。例如，目前我国补充养老保险计划参加者对补充养老保险基金的投资方案没有决定权，因此，补充养老保险计划参加者对于信息披露相关事宜的反映并不敏感，但是，这并不是说，补充养老保险的相关信息不需要向参加者披露；相反，需要参加者及时了解补充养老保险基金投资运营的情况，以监督受托人选择的投资管理人是否适当，监督个人账户资金是否及时、准确地到账。

延伸阅读 8-3：信息不对称对安然公司员工养老金的影响

第五节　养老保险计划的税收优惠政策

养老保险计划是在国家法律法规引导下用人单位强制或自愿举办养老保险计划的行为。政府通过立法、税收和监管等手段间接介入养老保险计划的管理，可以促进养老保险计划的发展。

一、养老保险计划税收优惠的概念和种类

养老保险计划的税收优惠是指税务部门对养老保险计划给予免税、减税和延税等税收方面的政策，税收优惠的种类主要有以下几个方面。

（1）免税。免税是指税务部门对养老保险计划的某些环节（缴费或投资收益或养老金给付）不课征税赋的政策。例如，目前我国退休人员领取的基本养老金是免税的，全国社会保障基金投资运营获得的收益是免税的。

（2）减税。减税是指税务部门对养老保险计划的某些环节（缴费或投资收益或养老金给付）征税，但是对于应纳税额给予一定额度或比例的减免。

（3）延税。延税是指税务部门对养老保险计划当期发生的纳税或投资收益不征税，而等到员工退休后领取养老金时征税，这时个人可以获得延期纳税的优惠。

二、养老保险计划的征税模式

养老保险计划是否享受税收优惠，各国政府均有不同的规定。下面分别介绍基本补充

养老保险和补充养老保险的征税模式。

（一）基本养老保险的征税模式

一般来说，政府对于用人单位和员工向基本养老保险计划缴费，各国税法都允许它们作为费用支出在税前扣除，这部分缴费不计入应税所得额，这实际上是对用人单位和员工收入中的缴费部分免征了公司所得税或个人所得税。这是因为，用人单位为员工缴纳的养老保险费与其支付给员工工资一样，是劳动力成本的一部分（通常称其为非工资成本），这部分缴费开支显然应当在用人单位计算应税所得额时准予扣除。员工向基本养老保险计划的缴费，一般也都允许其从当期的应税所得额中扣除，只是各国具体的处理办法有所不同。例如，新加坡、马来西亚等国的公共养老金计划，也需要用人单位和员工缴费筹资，但是这种缴费要记入员工的个人账户，并归员工或其受益人所得。如果政府对养老保险缴费全部给予免税，很容易被人们用作避税的工具，所以，实行基本养老保险计划的国家一般都有缴费税前扣除比例的限制。

同补充养老保险计划不同的是，基本养老保险计划一般不存在投资收益征税的问题。这是因为，基本养老保险计划的投资收益归参保人所有。一般来说，基本养老保险计划是政府举办的，基本养老保险基金的投资运营由政府管理，虽然投资收益要归属到具体的参保人，但是投资收益率在很大程度上是由政府的投资决策决定的。在这种情况下，如果对基本养老保险基金的投资收益征税，是很不恰当的。例如，财政部、国家税务总局于2008年12月2日联合发布的《关于全国社会保障基金有关企业所得税的通知》规定，对社会保障基金银行存款利息收入、从证券市场中取得的收入，包括买卖证券投资基金、股票、债券的价差收入、证券投资基金红利收入、股票的股息和红利收入、债券的收入及产业投资基金收益、信托投资收益等其他投资收入，作为企业所得税不征税收入。

对于基本养老保险计划向老年人发放的退休金如何征税，目前各国的做法并不完全相同。加拿大、芬兰、荷兰、瑞典、英国等国规定，老年人从基本养老保险计划取得的退休金也要同其他收入一样向政府申报缴纳个人所得税。德国、日本、美国、中国等国，则给予基本养老金一定的税收减免。总体上看，发达国家对基本养老保险的给付实行征税的政策，尽管有的国家给予其一定的减免，但并没有完全放弃对基本养老保险金给付的征税权。例如，美国老年人领取的补充养老保险要缴纳联邦所得税，而领取的公共养老金只需就其中的50%～85%的部分缴纳联邦所得税。

（二）补充养老保险的征税模式

1. 补充养老保险计划征税的三个环节

一国政府在对补充养老保险计划征税时，通常要经过以下三个环节。

（1）补充养老保险计划缴费。例如，当用人单位为员工向补充养老保险计划缴费时，是否允许用人单位将这笔缴费支出列入成本，在所得税之前列支，从而对这笔缴费免征所得税；对于员工向补充养老保险计划的缴费是否允许从应纳税所得中扣除，免征个人所得税，是税务部门需要监控的环节。

（2）补充养老保险计划获得投资收益。例如，当补充养老保险计划取得投资收益时，政府是否对投资收益征收所得税也是税务部门需要监控的一个重要环节。

（3）给付养老金。例如，当退休人员从补充养老保险计划领取养老金时，政府是否要对退休人员领取的这笔养老金收入征收个人所得税，也是税务部门需要监控的环节。

2. 补充养老保险计划征税的模式

如表 8-2 所示，在补充养老保险计划中，字母 E（exempt）表示免税，字母 T（tax）表示征税，由于政府对上述三个环节课税的情况不同，可以表述为以下几种征税模式。

表 8-2　补充养老保险征税阶段与征税类型

税制类型	税收征免阶段		
	缴费阶段	累积阶段	领取阶段
EEE	免税	免税	免税
EET	免税	免税	征税
TEE	征税	免税	免税
ETT	免税	征税	征税
TTE	征税	征税	免税
TET	征税	免税	征税
TTT	征税	征税	征税

（1）EET 征税模式。EET 征税模式是税务部门对用人单位和员工向补充养老保险计划缴费免税，对补充养老保险基金投资收益免税，而对退休人员从补充养老保险计划领取的养老金进行征税的管理方式。目前，美国补充养老保险计划就实行 EET 征税模式。

（2）ETT 征税模式。ETT 征税模式是税务部门对用人单位和员工向补充养老保险计划的缴费给予免税待遇，但对补充养老保险计划的投资收益以及退休人员从补充养老保险计划领取的养老金进行征税的管理方式。

（3）TEE 征税模式。TEE 征税模式是税务部门对用人单位和员工向补充养老保险计划的缴费征税，而对补充养老保险计划的投资收益以及退休人员从补充养老保险计划领取的养老金给予免税的管理方式。

（4）TTE 征税模式。TTE 征税模式是税务部门对用人单位和员工向补充养老保险计划的缴费以及补充养老保险计划的投资收益征税，但是对退休人员从补充养老保险计划领取的养老金实行免税的管理方式。

（5）TET 征税模式。TET 征税模式是指税务部门对用人单位和员工向补充养老保险计划缴费、领取养老金征税进行征税，但是对补充养老保险基金的投资收益免税的管理方式。

（6）EEE 征税模式。EEE 征税模式是税务部门对补充养老保险计划的缴费、投资收益和领取养老金三个环节全部给予免税的管理方式。

（7）TTT 征税模式。TTT 征税模式是税务部门对补充养老保险计划的缴费、投资收益和领取养老金三个环节进行给予征税的管理方式。

3. 补充养老保险计划征税模式的优势和劣势

同 TET 征税模式或 TTE 征税模式相比，EET 征税模式和 EEE 征税模式无疑是对补充养老保险计划更多优惠。政府对用人单位和员工向补充养老保险计划的缴费实行免税政策，有利于鼓励用人单位和员工为补充养老保险计划缴费。但是，EET 征税模式也是有缺陷的，主要原因是，这几种征税模式会使政府减少一部分当期的税收收入，会带来即期的财政压力，因此这种征税模式在财政状况不佳的国家难以实行。

与 EET 征税模式相比，TEE 征税或 TTE 征税模式虽然有利于增加政府当期的税收收入，缓解当期的财政压力，但是由于这两种征税模式给用人单位和个人提供的税收优惠幅度比较小，对用人单位举办养老保险计划的刺激作用不大，所以很难调动用人单位和员工参加养老保险计划的积极性。在 TEE 或 TTE 征税模式下，政府放弃了未来的征税权，随着人口老龄化以及补充养老保险计划发展的逐步成熟，政府在以后阶段的税收收入则会因税基的缩小而不断下降，其未来的财政状况很可能出现恶化。

权衡利弊，目前只有少数国家对补充养老保险计划实施 EET 或 EEE 的征税模式。

三、我国养老保险计划的税收优惠政策

（一）我国基本养老保险实行 EEE 征税模式

目前，我国基本养老保险制度实行的是 EEE 征税模式。用人单位和个人向基本养老保险缴费不征税，基本养老保险基金投资收益不征税，退休人员领取养老金时不征税。

（二）我国补充养老保险计划实行 EET 征税模式

（1）缴费阶段不征税。①用人单位缴费暂不征税。财政部、人力资源和社会保障部、国家税务总局于 2013 年 12 月 6 日发布的《关于企业年金 职业年金个人所得税有关问题的通知》规定，企业和事业单位根据国家有关政策规定的办法和标准，为在本单位任职或者受雇的全体职工缴付的企业年金或职业年金单位缴费部分，在计入个人账户时，个人暂不缴纳个人所得税。②个人缴费暂不征税。个人根据国家有关政策规定缴付的年金个人缴费部分，在不超过本人缴费工资计税基数的 4%标准内的部分，暂不从个人当期的应纳税所得额中扣除。

（2）企业年金、职业年金基金投资收益不征税。财政部、人力资源和社会保障部、国家税务总局于 2013 年 12 月 6 日发布的《关于企业年金 职业年金个人所得税有关问题的通知》规定，企业年金、职业年金投资运营收益分配计入个人账户时，个人暂不缴纳个人所得税。

案例分析 8-1：延税优惠下个人账户积累额的计算

（3）领取阶段按照规定纳税。财政部、人力资源和社会保障部、国家税务总局于 2013 年 12 月 6 日发布的《关于企业年金 职业年金个人所得税有关问题的通知》规定，个人达到国家规定的退休年龄，在本通知实施后按月领取的年金，全额按照"工资、薪金所得"项目适用的税率，计征个人所得税；在本通知实施之后按年或按季领取的年金，平均分摊计入各月，每月领取额全额按照"工资、薪金所得"项目适用的税率，计征个人所得税。对单位和个人在本通知实施之前开始缴付年金缴费，个人在本通知实施之后领取年金的，允许其从领取的年金中减除本通知实施之前缴付的年金单

案例分析 8-2：个人养老金制度

位缴费和个人缴费且已经缴纳个人所得税的部分，就其余额按照"工资、薪金所得"项目适用的税率征税。在个人分期领取年金的情况下，可以按照本通知实施之前缴付的年金缴费金额占全部缴费金额的百分比减计当期的应纳税所得额，减计后的余额，按照"工资、薪金所得"项目适用的税率，计征个人所得税。

 复习思考题

1. 简述我国基本养老保险立法的现状。
2. 简述我国补充养老保险立法的现状。
3. 简述我国商业人寿保险立法的现状。
4. 简述基本养老保险立法的原则。
5. 简述补充养老保险立法的原则。
6. 简述信托财产的法律特征。
7. 简述《信托法》对委托人权益的规定。
8. 简述《信托法》对受托人义务的规定。
9. 简述《信托法》对信托终止情形的规定。
10. 简述保险合同的法律特征。
11. 简述建立信息披露制度的意义。
12. 简述养老保险计划信息披露的原则。
13. 简述养老保险计划税收优惠的种类。
14. 简述补充养老保险计划征税的种类及优势。
15. 简述我国补充养老保险计划的征税模式。

 即测即练

自学自测　　扫描此码

第九章

养老保险计划投资运营的监管

法定养老保险计划是社会保障体系的重要组成部分，是实施养老保障"三支柱"战略的制度安排，是保障养老保险计划基金投资安全的重要机制。随着补充养老保险的迅速发展，其投资运营管理涉及银行、保险、证券、基金管理公司、信托投资公司等金融机构。本章讲授的养老保险基金不仅包括基本养老保险基金，而且包括补充养老保险基金。建立养老保险计划投资运营管理的监管机制是养老保险计划发展过程中必须解决的问题，是确保养老保险计划基金安全的制度保证。

第一节　养老保险计划投资运营的监管原则

建立养老保险计划投资运营的监管机制是保障养老保险计划基金安全的需要，也是保护基金受益人利益的需要。确定养老保险计划投资运营的监管原则，可以公正、科学地监督和管理养老保险计划基金的运营，使养老保险计划基金保值增值。一般来说，养老保险计划投资运营监管的原则主要包括以下几个方面。

一、法制性

法制性是指监管机构利用法律手段来管理养老保险计划基金管理机构和基金投资业务。这主要体现在以下三个方面：一是依法确定被监管对象的权利、义务，以及基金收支和投资运营的行为标准，依法监管养老保险计划基金各委托管理机构行使权利、履行义务；二是依法确定监管机构的法律地位、监管权威与监管职责，依法确定监管的行为标准和管理办法，使监管工作的执行有法可依、有法必依；三是依法确定监管机构与其他机构之间的关系，主要涉及政策制定部门、中介机构、国内外相关机构的关系，确定这些机构在养老保险计划基金投资运营监管中的地位、职责，以及权利和义务等法律关系。法制性监管原则的确定，使养老保险计划的监管具有严肃性、强制性和权威性的特点，从而保障监管的有效、顺利执行。

二、安全性

安全性是指必须保证养老保险计划基金投资的本金全部收回，并在确保安全收回养老保险计划基金本金的前提下，取得预期的投资收益。当预期养老保险计划基金亏损的概率大于盈利的概率时，就应当选择不投资，这就可以避免投资损失的风险。基于以上考虑，养老保险计划基金的投资风险应该比较低，并确保取得一定的投资收益，这是养老保险计划基金投资运营必须遵循的一项基本原则。养老保险计划基金担负着特殊的社会政策使命，基金投资的安全不仅影响到几代人的经济利益，而且关系到社会经济、政治的稳定。养老保险计划的监管机构通过监管，维护基金的安全，维持社会的稳定。从微观上讲，保护参保人的合法权益，防止以权谋私，杜绝违规、违纪运营养老保险计划基金，避免基金损失以及由此引发的支付困难。安全稳健是养老保险计划基金投资运营监管当局管理工作的基本目标。如果基金的投资风险过高，不仅无法取得预期的收益，而且可能危及基金的经济基础，引发社会动荡，因而安全性原则是养老保险计划基金投资运营监管的首要原则。

三、公正性

公正性是指养老保险计划基金投资运营监管机构在履行监管职能时，应当以客观事实为依据，以法律法规和各项规章制度为准绳，综合运用行政、经济和法律手段，对相关机构的违规、违纪行为予以监督和检查，对被监管对象采取一视同仁、公平对待的原则。对此，要求养老保险计划的监管人员不得参与经办机构、养老保险计划基金运营机构和中介机构的管理经营活动，监管机构不应该与经营资产业务单位有任何利益上的联系，如有利害关系和亲属关系应当回避，只有这样，才能保证养老保险计划基金投资运营监管的公正、公平。

四、独立性

独立性是指养老保险计划基金投资运营监管机构依照法律法规独立行使监管权力，其监管不受其他机关、单位、社会团体和个人的干预。独立性主要体现在两个方面：一是监管机构与被监管机构、其他机构既要密切合作、配合，又要划清职责界限，互不干涉，不超越权限范围；二是监管机构对经办机构、基金投资运营机构、基金托管机构、基金账户管理机构依法履行监管职责时，不受其他单位、个人的左右，保持监管工作的相对独立性。坚持独立性原则，可以防止权力滥用、以权谋私、独断专行等问题的发生。

五、审慎性

审慎性是指养老保险计划监管机构必须审慎地履行监管职责，其主要包括审慎地批准养老保险计划基金投资管理人的市场准入与退出，审慎地定论和处理问题，监管工作要做到松紧适度，既要给予投资管理人以适当的政策指导，又要防范养老保险计划基金投资运营的各种风险，防患于未然，创造良好的养老保险计划基金投资运营的监管环境，确保基金的保值增值。

六、科学性

科学性是指养老保险计划基金投资运营的监管必须科学、合理，尽量避免基金监管负效应的发生。养老保险计划基金投资运营的监管是一项不断发展和完善的系统工程，是涉及监管组织体系、监管方式、监管法律法规体系、管理运营预警体系和风险监测体系等方面的风险管理系统。对于这样庞杂的监管体系必须以科学性原则为准则，才能达到监管的目标。对此，养老保险计划基金投资运营监管机构必须运用先进的科学技术手段，建立健全法律法规体系和风险预警、监测和评估体系，不断地提高监管的质量、水平和效益。

第二节　养老保险计划基金投资运营监管的特点

养老保险计划基金投资运营的监管是对基金运营风险的管理，是保障养老保险计划基金安全的制度保证。养老保险计划基金投资运营的监管同风险管理一样，需要对基金投资的风险进行识别、衡量、评估，并采取相应的风险处理技术和措施。但是，养老保险计划基金投资运营的监管又具有自己的特点，其特点主要有以下几个方面。

一、连续性

养老保险计划基金投资运营监管的目的是防止影响养老保险计划基金安全的风险事故发生，这样的监管不是一蹴而就的，而是不间断的监管过程。通过系统、连续的监管，可以使养老保险计划基金投资运营监管机构站在一定的高度，对社会保险经办机构、补充养老保险理事会、补充养老保险投资运营机构、账户管理机构、托管机构、用人单位等方面的活动作出公正、客观的评价，发现养老保险计划基金投资运营中存在的各种问题，找出引发问题的根源，使有关管理部门及时解决基金管理中存在的各种问题，确保养老保险计划基金的安全和保值增值。

二、系统性

养老保险计划基金投资运营的风险属于系统的、全面的风险，单独监管某一方面或者某一领域，并不能防止损害养老保险计划基金安全的风险事故发生。特别是随着经济和市场诸多因素的不断变化，养老保险计划基金的投资运营也呈现出复杂、多样的情况。对此，要求养老保险计划基金投资运营监管机构对被监管对象进行整体、系统的监管，对基金运营机构对国家法律法规的执行情况、监管运营机构的内外部环境、监管投资管理人的市场准入和退出、监管基金的投资收益、信息披露等情况进行系统性监管，这样才能及时发现养老保险计划基金管理中存在的各种问题，起到督促养老保险计划管理机构识别风险、衡量风险、评估风险和解决风险的作用，确保养老保险计划基金资产的安全。

三、一致性

养老保险计划基金投资运营监管的主体比较多，为了防止多头管理、政出多门，要求各监管单位的制度和管理必须是一致的。如果养老保险计划基金投资运营的监管中存在政策执行方面的冲突，应当采取适当的措施加以解决，以避免制度的无效和负效应。例如，我国补充养老保险投资运营的监管机构主要有人力资源和社会保障部、证监会、财政部、国家金融监督管理总局、国家税务总局等。在养老保险计划基金投资运营的监管中，各监管单位应当界定各自的职责和权限，保持制度的相对一致性，避免前后矛盾、相互矛盾，避免使被监管单位感到不知所措、无所适从。

四、可操作性

养老保险计划基金投资运营监管过程中，涉及的面比较广泛，管理难度也比较大，这就要求各项监管措施结合养老保险计划管理的实际状况，确定量化指标和操作程序。养老保险计划基金投资运营的监管手段应当便于监管人员掌握，便于监管人员灵活运用。各项监管措施应当具有可操作性和通用性，避免模棱两可，避免使用高深、繁杂的监管方法。这样，不仅可以减少监管人员的工作量，又可以为养老保险计划基金投资运营的监管提供重要依据，尽可能地避免被监管对象规避监管部门的监管从事风险度较高的经营活动。

五、发展性

监管会使被监管机构的投资收益受到一定的限制，进而影响到养老保险计划基金的投资收益。例如，政府对养老保险计划基金投资范围和投资比例的限制，虽然可以防止养老保险计划基金投资涉足风险过高的投资领域，但是也影响了基金进入较高风险领域获得较高的投资收益。正因为如此，被监管单位总是要寻找监管法律法规的漏洞，以避开监管人员的视野，提高基金的投资收益。可见，监管会促进金融投资工具的创新和发展。同时，金融投资工具的创新又要求监管法律法规进一步完善，以便对创新的投资工具实施有效的监管。养老保险计划投资运营的监管不是一成不变的，而是不断发展变化的，其监管具有发展性。

从另一个角度来讲，养老保险计划基金投资运营监管的不同时期，监管的内容也是不同的。随着经济的发展，原有养老保险计划面临的比较高的投资风险，经过一段时间的发展，可能就不再是风险，而随着原有风险的消失，新的影响养老保险计划安全的风险还会不断地产生。随着风险的变化，养老保险计划基金投资运营的监管内容也应当不断地发生变化，养老保险计划基金投资运营的监管具有发展性。

第三节　养老保险计划基金投资运营监管的方式

养老保险计划基金投资运营的监管方式包括法律法规监管、制度监管、财务监管和社会监督等几个方面，加强和完善对养老保险计划投资运营的监管可以减少主观随意投资运营和各种违法违规行为，最大限度地实现养老保险计划基金的保值增值。

一、养老保险计划基金投资运营的法律法规监管

严格、完善的立法为有效监管养老保险计划基金投资风险提供了法律法规依据。为了确保有效地控制投资风险，监管机构要加强对各投资运营机构法律法规执行情况的监管，检查其是否真正履行了法律法规赋予的职责。

1996年6月26日，国务院发布的《关于企业职工养老保险制度改革的决定》规定，每一级政府应该建立一个养老保险基金委员会来管理养老保险基金，这个委员会应该由劳动、财政、计划和审计，以及银行系统和工会的代表组成，管理部门的领导担任委员会主席。

1997 年 7 月 16 日，国务院发布的《国务院关于建立统一的企业职工基本养老保险制度的决定》规定："基本养老保险实现收支两条线管理，要保证专款专用，全部用于职工养老保险，严禁挤占挪用和铺张浪费。基金结余，除预留相当于 2 个月的支付费用外，应全部购买国家债券和存入专户，严格禁止投入其他金融和经营性事业。"

1998 年，国务院在组建劳动和社会保障部时在劳动和社会保障部内设立了基金监督司，专门负责养老保险基金运营管理的行政监督工作。

2001 年 12 月 13 日，经国务院批准，财政部、劳动和社会保障部发布的《全国社会保障基金投资管理暂行办法》（本章以下简称《办法》）于发布之日起施行。《办法》对全国社会保障基金的投资管理作了更为明确的规定。除此之外，《中华人民共和国公司法》《证券法》《证券投资基金管理暂行办法》等法律法规也是法律监管的重要内容。

2004 年 1 月 6 日，劳动和社会保障部发布的《企业年金试行办法》对企业年金的管理作出了规定。

2004 年 2 月 23 日，劳动和社会保障部会同银监会、证监会发布的《企业年金基金投资管理试行办法》对企业年金基金的建立、投资运营管理等作出了规定。

2004 年 9 月 29 日，劳动和社会保障部发布的《关于企业年金基金证券投资有关问题的通知》规定，托管人要根据受托人委托，为补充养老保险基金申请代理开立证券账户。证券账户按补充养老保险基金投资管理人管理的每个组合开立，账户名称为补充养老保险计划和托管人的联名。托管人负责所托管补充养老保险基金的资金清算和交收。投资管理人要确保补充养老保险基金证券交易的正常运营，并承担其投资过程中产生的超买、卖空行为的交收责任。投资管理人要按不同托管人，为补充养老保险基金证券交易租用或安排专用席位。

2005 年 12 月 19 日，劳动和社会保障部发布的《关于企业年金方案和基金管理合同备案的通知》规定，为贯彻落实《企业年金试行办法》《企业年金基金管理试行办法》，建立和规范企业年金制度，对企业年金方案和基金管理合同备案有关问题作出了如下规定：①企业建立企业年金，应根据《企业年金试行办法》《企业年金基金管理试行办法》及国家有关规定，结合自身的经济状况和发展战略拟订《补充养老保险方案（草案）》，并由集体协商双方首席代表签字后，形成拟报备案的补充养老保险方案。②企业应将《企业年金计划方案》报送所在社会保险统筹地区县以上地方人民政府劳动保障行政部门备案。其中，中央企业年金方案，由集团公司统一建立的报送劳动和社会保障部备案，并抄送子公司所在社会保险统筹地区劳动保障行政部门；由子公司单独建立的报送所在社会保险统筹地区县以上地方人民政府劳动保障行政部门备案。③企业可以按补充养老保险方案的规定，代表集体协商双方作为委托人，或由企业及其职工作为委托人，与法人受托机构或补充养老保险理事会签订受托管理合同。④受托管理合同签订后，受托人应将受托管理合同及与账户管理人、托管人和投资管理人签订的委托管理合同报送劳动保障行政部门备案。其中，委托人为中央企业集团公司的，报送劳动和社会保障部备案，并抄送子公司所在省或计划单列市劳动保障行政部门；委托人为其他企业的（包括中央企业子公司），报送补充养老保险方案备案所在地省级或计划单列市劳动保障行政部门备案。⑤集合补充养老保险计划应报送劳动保障行政部门备案，具体办法另行制定。⑥法人受托机构兼任账户管理人或投资管理人的，有关委托管理合同的内容可包括在受托管理合同中，并按第④款规定的办法报送劳动保障行政部门备案。

2011年2月12日，人力资源和社会保障部、银行业监督管理委员会、证券监督管理委员会和保险监督管理委员会联合发布修订的《企业年金基金管理试行办法》规定，受托人、账户管理人、托管人、投资管理人和其他为企业年金基金管理提供服务的自然人、法人或者其他组织必须恪尽职守，履行诚实、信用、谨慎、勤勉的义务。同时规定，企业年金基金缴费必须归集到受托财产托管账户，并在45日内划入投资资产托管账户。企业年金基金财产独立于委托人、受托人、账户管理人、托管人、投资管理人和其他为企业年金基金管理提供服务的自然人、法人或者其他组织的固有财产及其管理的其他财产。企业年金基金财产的管理、运用或者其他情形取得的财产和收益，应当归入基金财产。企业年金委托人、受托人、账户管理人、托管人、投资管理人和其他为企业年金基金管理提供服务的自然人、法人或者其他组织，因依法解散、被依法撤销或者被依法宣告破产等原因进行终止清算的，企业年金基金财产不属于其清算财产。企业年金基金财产的债权，不得与委托人、受托人、账户管理人、托管人、投资管理人和其他为企业年金基金管理提供服务的自然人、法人或者其他组织固有财产的债务相互抵销。不同企业年金计划的企业年金基金的债权债务，不得相互抵销。

2013年3月19日，人力资源和社会保障部、银监会、证监会和保监会联合发布的《关于扩大企业年金基金投资范围的通知》将企业年金基金投资的范围扩大到了商业银行理财产品、信托产品、基础设施债权投资计划、特定资产管理计划和股指期货。

2013年12月6日，财政部、人力资源和社会保障部、国家税务总局发布的《关于企业年金、职业年金个人所得税问题的通知》规定，企业、事业单位和个人根据国家规定缴费时，暂不缴纳个人所得税；企业年金、职业年金投资运营收益分配计入个人账户时，个人暂不缴纳个人所得税；个人达到国家规定的退休年龄，在本通知实施后按月领取的年金，金额按照"工资、薪金所得"项目适用的税率，计征个人所得税。

2015年3月27日，国务院发布的《机关事业单位职业年金办法》规定，职业年金是机关事业单位及其工作人员在参加机关事业单位基本养老保险的基础上，建立的补充养老保险制度。

二、养老保险计划基金投资运营的制度监管

养老保险计划基金投资运营的制度监管是指监管部门依照法律法规的规定监督养老保险计划基金投资管理机构的制度建设，并对被监管单位的制度建设提出建议。例如，国务院三令五申地作出规定的目的，就是要建立健全养老保险计划基金投资运营的制度监管体系，使基金的投资运营纳入法治化的管理轨道。养老保险计划基金投资运营机构在制订投资计划、实施投资计划之前，要先将相关的投资计划送达相应级别的监督委员会审查批准，并在投资实施中随时接受监督委员会的检查，从制度上限制投资管理人涉足投资风险比较高的领域，使养老保险计划基金的安全在有关管理部门的掌控范围之内。

三、养老保险计划基金投资运营的财务监管

通过制定和实施养老保险计划会计制度，对各级养老保险计划基金投资运营的收支、结余、投资收益进行真实的记录和反映，借此可以对养老保险计划基金会计资料进行分析、

评价和考核，有利于政府对养老保险计划政策执行情况、投资运营情况作出合理的判断，并提出合理的对策或者加以修正，促使各单位和各部门加强对养老保险计划基金投资运营管理的自觉性。基金管理公司对所管理的基金应该以养老保险计划基金为会计核算主体，独立建账、独立核算，保证不同基金之间在名册登记、账户设置、资金划拨、账簿记录等方面相互独立，养老保险计划基金会计核算应当独立于公司会计核算。为了维护养老保险计划基金资产的利益，必须较长时期保存基金会计账册、记录，以备检查。同时，要依法查处各类侵占、挪用、贪污、浪费养老保险计划基金的犯罪行为，对违反财经纪律和法律法规的行为进行严惩，确保养老保险计划基金的安全、有效运营，促进养老保险计划基金投资运营事业的健康发展。为了做好养老保险计划基金财务管理，财政部会同劳动和社会保障部制定了统一的社会保险基金会计制度，并于 1999 年 7 月 1 日开始实施，使养老保险计划基金投资运营的财务管理向规范化和制度化迈进。

延伸阅读 9-1：国际社会保障协会对补充养老保险受益人权益的保护

延伸阅读 9-2：我国补充养老保险方案和基金管理合同备案的材料

四、养老保险计划基金投资运营的社会监督

为了完善养老保险计划基金投资运营的社会监管，有关部门应当建立监督、举报制度。从制度上规范监督范围、监督形式、监督程序、监督机构、监督人员的职责。对此，应当设立举报电话和举报箱，接受社会各界、媒体对养老保险计划基金投资运营的监督；对群众反映、举报的问题应当及时调查、处理。发现问题除了追究、有关单位领导的责任外，还要及时处理有关养老保险计划基金投资运营的各种问题，严惩各种违法违规行为，形成社会监督、有效的良性传导机制。

第四节　养老保险计划基金投资运营的监管体系

养老保险计划基金投资运营的监管是多层次的网络状监管体系，养老保险计划基金投资运营的监管体系构架大致有五个层次：一是政府监管，二是行业自律监管，三是社会中介机构的监管，四是投资管理人内部控制监管，五是投资市场的监管。这五个层次的监管相互联系、协调，共同构成了养老保险计划基金投资运营监管体系。在养老保险计划基金投资运营的过程中，这五个层次监管所发挥的作用不同（图 9-1），其作用主要表现在以下几个方面。

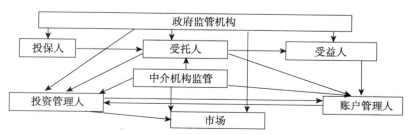

图 9-1　养老保险计划基金投资运营监管体系

一、政府监管

政府监管是养老保险计划基金投资运营监管的主要方面，属于强制性监管，任何违背国家法律法规的行为，都会受到政府监管部门的处理，其目的是维护养老保险计划基金的安全，确保缴费职工的利益。政府监管的对象主要有养老保险计划基金受托人、基金投资管理人、基金账户管理人、基金托管人、投资市场和中介机构的监管，监管各方履行职责。这几个方面相互协调、相互制约，共同履行管理、监管养老保险计划基金投资运营的职责。例如，我国《企业年金基金管理办法》规定，法人受托机构、账户管理人、托管人、投资管理人开展企业年金基金管理相关业务，应当向人力资源和社会保障部提出申请。法人受托机构、账户管理人、投资管理人向人力资源和社会保障部提出申请前应当先经其业务监管部门同意，托管人向人力资源和社会保障部提出申请前应当先向其业务监管部门备案。人力资源和社会保障部收到法人受托机构、账户管理人、托管人、投资管理人的申请后，应当组织专家评审委员会，按照规定进行审慎评审。经评审符合条件的，由人力资源和社会保障部会同有关部门确认公告；经评审不符合条件的，应当书面通知申请人。

（一）中央监管机构

人力资源和社会保障部是综合管理各项养老保险基金工作的职能部门，其管理部门的设置是基金监督司，其监管工作主要包括以下几个方面。

（1）拟定社会保险经办机构的管理规则。

（2）综合协调各项养老保险计划基金投资运营管理的政策。

（3）拟定养老保险计划基金投资运营监管制度，管理养老保险计划基金投资运营监督网络，组织监督各项养老保险计划基金投资运营的管理情况。

（4）拟定养老保险计划基金投资运营内部审计规则和内部审计人员资格认证制度，颁布社会保险管理内部审计检查证。

（5）建立并管理养老保险计划基金投资运营监督举报系统，受理投诉举报，组织查处养老保险计划基金管理的重大违纪案件。

（6）制定养老保险计划基金投资运营机构的资格标准，认定投资机构运营养老保险计划基金的资格，并对其投资运营养老保险计划基金情况实施监督。

（7）拟定补充保险承办机构的资格认定标准，认定有关机构承办补充养老保险、补充医疗保险业务的资格标准，并对其投资运营补充保险基金的情况实施监督。

（8）拟定基本养老保险基金运营监管工作的中长期规划和年度计划。

（9）督促和指导地方人力资源和社会保障部门的基金监管机构开展工作。

（10）掌握基本养老保险基金运营监管的工作动态，及时交流工作信息，推进基本养老保险基金管理工作整体水平的提高。

（二）地方监管机构

各级人力资源和社会保障部门内设的养老保险计划基金监督处是各地综合管理各项养老保险计划基金监管工作的职能部门，其主要职责如下。

（1）行政方面受上级人力资源和社会保障部门的领导。

（2）业务方面受上级基金监管机构的指导。

（3）代表本级人力资源和社会保障行政部门监督检查本级及下一级基金管理部门管理基金的情况，并对其违法违规的问题进行处理。

（4）完成统一部署或交办的工作事项，并按规定报送有关资料，反映养老保险计划基金管理中存在的突出问题，接受工作检查。

（5）办理上级领导交办的事项。

（三）养老保险计划投资运营管理机构的行政监管

养老保险计划投资管理机构的行政监管，主要包括对养老保险计划受托人、账户管理人、托管人和投资管理人的监管。具体来说，主要包括以下几个方面。

1. 养老保险计划受托人的行政监管

（1）养老保险计划受托人资格申请程序。申请养老保险计划受托人必须达到政府规定的资格条件，否则就无法成为养老保险计划的受托人。

（2）养老保险计划受托人更换与退出程序。养老保险计划受托人违反法规或者依法被撤销、被依法宣告破产，应当取消养老保险计划受托人资格。例如，我国《企业年金基金管理办法》规定，有下列情形之一的，法人受托机构职责终止：①违反与委托人合同约定的；②利用企业年金基金财产为其谋取利益，或者为他人谋取不正当利益的；③依法解散、被依法撤销、被依法宣告破产或者被依法接管的；④被依法取消企业年金基金受托管理业务资格的；⑤委托人有证据认为更换受托人符合受益人利益的；⑥有关监管部门有充分理由和依据认为更换受托人符合受益人利益的；⑦国家规定和合同约定的其他情形。受托人职责终止的，委托人应当在45日内委任新的受托人。受托人职责终止的，应当妥善保管企业年金基金受托管理资料，在45日内办理完毕受托管理业务移交手续，新受托人应当接收并行使相应职责。

2. 养老保险计划账户管理人的行政监管

（1）养老保险计划账户管理人资格申请程序。申请养老保险计划账户管理人必须达到政府规定的资格条件，否则就无法成为养老保险计划的账户管理人。例如，我国《企业年金基金管理办法》规定，账户管理人应当具备下列条件：①经国家有关部门批准，在中国境内注册的独立法人；②注册资本不少于5亿元人民币，且在任何时候都维持不少于5亿元人民币的净资产；③具有完善的法人治理结构；④取得企业年金基金从业资格的专职人员达到规定人数；⑤具有相应的企业年金基金账户信息管理系统；⑥具有符合要求的营业场所、安全防范设施和与企业年金基金账户管理业务有关的其他设施；⑦具有完善的内部稽核监控制度和风险控制制度；⑧近3年没有重大违法违规行为；⑨国家规定的其他条件。

（2）养老保险计划基金账户管理人更换与退出程序。养老保险计划账户管理人违反法规或者依法被撤销、被依法宣告破产，应当取消养老保险计划账户管理人资格。例如，我国《企业年金基金管理办法》规定，有下列情形之一的，账户管理人职责终止：①违反与受托人合同约定的；②利用企业年金基金财产为其谋取利益，或者为他人谋取不正当利益的；③依法解散、被依法撤销、被依法宣告破产或者被依法接管的；④被依法取消企业年金基金账户管理业务资格的；⑤受托人有证据认为更换账户管理人符合受益人利益的；

⑥有关监管部门有充分理由和依据认为更换账户管理人符合受益人利益的；⑦国家规定和合同约定的其他情形。账户管理人职责终止的，受托人应当在 45 日内确定新的账户管理人。账户管理人职责终止的，应当妥善保管企业年金基金账户管理资料，在 45 日内办理完毕账户管理业务移交手续，新账户管理人应当接收并行使相应职责。

3. 养老保险计划托管人的行政监管

（1）养老保险计划托管人资格申请程序。申请养老保险计划托管人必须达到政府规定的资格条件，否则就无法成为养老保险计划的托管人。例如，我国《企业年金基金管理办法》规定，托管人应当具备下列条件：①经国家金融监管部门批准，在中国境内注册的独立法人；②注册资本不少于 50 亿元人民币，且在任何时候都维持不少于 50 亿元人民币的净资产；③具有完善的法人治理结构；④设有专门的资产托管部门；⑤取得企业年金基金从业资格的专职人员达到规定人数；⑥具有保管企业年金基金财产的条件；⑦具有安全高效的清算、交割系统；⑧具有符合要求的营业场所、安全防范设施和与企业年金基金托管业务有关的其他设施；⑨具有完善的内部稽核监控制度和风险控制制度；⑩近 3 年没有重大违法违规行为；⑪国家规定的其他条件。

（2）养老保险计划托管人更换与退出程序。养老保险计划托管人违反法律法规，取消养老保险计划托管人资格。例如，我国《企业年金基金管理办法》规定，有下列情形之一的，托管人职责终止：①违反与受托人合同约定的；②利用企业年金基金财产为其谋取利益，或者为他人谋取不正当利益的；③依法解散、被依法撤销、被依法宣告破产或者被依法接管的；④被依法取消企业年金基金托管业务资格的；⑤受托人有证据认为更换托管人符合受益人利益的；⑥有关监管部门有充分理由和依据认为更换托管人符合受益人利益的；⑦国家规定和合同约定的其他情形。托管人职责终止的，受托人应当在 45 日内确定新的托管人。托管人职责终止的，应当妥善保管企业年金基金托管资料，在 45 日内办理完毕托管业务移交手续，新托管人应当接收并行使相应职责。

4. 养老保险计划投资管理人的行政监管

人力资源和社会保障部认可的养老保险计划基金的投资管理人，必须经基金监管机构批准，必须接受投资管理人资格年检制度，必须履行合法的投资管理人更换、退任程序。

（1）投资管理人资格申请程序。基金管理公司要成为养老保险计划基金的投资管理人，必须履行相关的申请程序。申请时必须携带以下几种文件：①公司基本情况介绍。公司基本情况介绍的主要内容包括公司名称、法人代表、注册资本、住所、成立时间、批准机关、组织形式、经营范围及主要股东等。②法人资格及业务资格证明的文件。③公司财务状况报告。公司财务状况报告主要包括从事相关业务资格的会计师事务所及其证券从业资格的注册会计师审计的最近 3 年的财务报告和审计报告；公司管理基金的规模、基金的类型和业务表现审计报告。④遵规守法情况说明。说明最近 3 年内是否受到过重大处罚；如果受到过处罚，需要详细说明。⑤人员情况说明。人员情况说明主要包括法定代表人、董事、监事、经理、其他高级投资管理人的简历、学历证书；具有基金从业人员资格证书的员工占整个员工人数的比例；基金经理的基金从业经历及其业绩表现和声誉等。⑥管理制度。管理制度主要包括内部风险控制、监察预稽核、财务管理和人事管理等制度。⑦投资管理人设计的养老保险计划基金产品资料。⑧养老保险计划基金投资运营监管机构要求提交的其他文件。

政府监管机构在正式受理申请之日起 30 个工作日内，作出是否批准的确认，并以书面形式通知申请人。投资管理人只有在取得资格确认后，才能接收养老保险计划基金投资运营的业务。

（2）投资管理人资格年检制度。政府监管机构必须于第二年第一季度内对养老保险计划基金投资管理人上年度管理基金的情况实行年检制度。年检制度主要审查以下几个方面的内容：①公司及人员变化的情况；②养老保险计划基金投资管理人的活动情况；③公司遵规守法的情况；④公司内部控制落实的情况；⑤养老保险计划委托管理协议及基金契约执行的情况。经年检合格的养老保险计划投资管理人，应当在收到年检结果通知后 30 个工作日内持《养老保险基金投资管理人资格证书》（正、副本）到养老保险计划投资运营监管机构办理年检登记，未经年检登记的资格证书无效。经年检不合格的投资管理人，责令其在规定的时间内进行整改；整改后，仍然不合格的，由监管机构收回《养老保险基金投资管理人资格证书》（正、副本），取消其投资运营养老保险计划业务的资格。

（3）养老保险计划投资管理人更换与退出程序。养老保险计划投资管理人违反国家法律法规或者投资收益率比较低的话，应当更换或者撤销其投资管理人资格。例如，我国《企业年金基金管理办法》规定，符合下列条件之一的，可以向养老保险计划基金投资运营监管机构提出对基金投资管理人更换与撤销委托的书面申请：①投资管理人解散、依法被撤销、破产或者由接管人接管其资产；②受托人有良好而充分的理由说明，转换养老保险计划基金投资管理人符合基金资产所有人的利益；③基金账户管理人有充分的理由说明，变更基金投资管理人符合养老保险计划基金资产的利益；④基金监管机构有充分的理由说明，投资管理人不能继续履行管理职责；⑤投资管理人违背委托资产管理协议或契约规定的其他情形。

二、行业自律监管

行业自律监管是同业公会或行业公会建立的非官方自律组织，是对基金受托人、基金投资管理人、基金托管人和账户管理人行业内部的监管。这主要表现为社会保险经办机构行业内部的监管、基金管理公司（信托投资公司或资产管理公司或证券公司）行业内部的监管和保管基金资产的银行内部监管。行业自律监管是行业内部的监管，行业自律监管属于非强制性的监管，具有政府监管机构所不具有的行业内部的协调作用。行业自律监管的作用主要是代表会员对政府有关管理立法施加影响，协调会员在市场竞争中的行为规范，制定行业会员接纳、共同遵守的行业规则等。

三、社会中介机构的监管

社会中介机构监管是指公开、独立的专业机构对养老保险计划基金投资运营的监督和管理，是独立审计机构、信用评级机构和精算机构等对养老保险计划受托人、投资管理人、基金账户管理人、托管人和投资市场的监督管理。中介机构的监督、社会监督属于外部监督，其作用是从外部监督养老保险计划管理机构的行为，对政府监督具有不可替代的补充监管作用。

（一）审计机构的监管

养老保险计划基金投资运营的受托人、投资管理人、托管人、账户管理人的财务报表通常需要接受独立审计机构的审计；对受托人、投资管理人、托管人和基金账户管理人的内部控制制度进行评价。一般来说，审计机构主要包括财务与会计责任审计、经营管理责任审计和财经法规责任审计等方面，对管理机构的状况进行全面的审计与评价。

（1）财务与会计责任审计。财务与会计责任审计主要审查被审计单位的资产、负债状况的真实性，通过核对和查询，确定被审计单位各项资产的真实性，并分析被审计单位资产的保值和增值情况。通过审查会计资料，向债权人查询确定负债的真实状况。

（2）经营管理责任审计。经营管理责任审计主要审查法人代表和主要领导人重大管理决策的正确性，有无重大失误，有无因为个人利益作出基金投资决策，是否因为投资决策失误造成基金的损失，如挪用补充养老保险计划资产、投资失误等。

（3）财经法规责任审计。财经法规责任审计主要考察法人代表是否执行国家相关法律和政策的规定，是否根据有关政策法规制定适合本单位的具体管理办法。例如，有无将业务经费转移到"小金库"，有无任意支配甚至私分公款的问题，公司的日常支出是否合法等。经审计，发现被审计单位有违反国家财经法律法规的，应该按照有关规定作出处理，下达被审计单位执行。

（二）精算机构的监管

受托人必须聘请精算师对养老保险计划的偿债能力进行评估，对基金的负债水平和基金受益人的未来待遇进行大致的评估。一般来说，精算机构需要根据缴费职工人数、缴费数量、缴费年限、养老金的给付、养老金替代率、退休年龄、死亡率、基金的投资风险和投资回报等因素，综合考虑养老保险计划的偿债能力，并设计收益担保的储备金以及提供这种担保的条件。

（三）信用评级机构的监管

受托人、投资管理人、基金账户管理人的资信等级必须经信用评级机构评定，例如，对银行信用、公司债券、股票、基金等信用状况进行评价。信用评级机构以受评对象过去3~5年的财务数据为基础，通过对公司营利能力、现金流量充足性、资产质量、资产流动性、债务结构和财务弹性等方面的指标定量分析，并结合影响受评对象未来偿付能力等各种因素的定性分析，对受评对象未来的现金流量、其他资金来源和债务结构进行综合评价。例如，美国穆迪公司将公司债券分为九级，从信誉最好到信誉最差的级别依次为 Aaa、Aa、A、Baa、Ba、B、Caa、Ca、C。一般认为被评为五级的公司债券信誉比较差，违约风险比较高，因而在市场上被称为"垃圾债券"。具有权威的信用评级机构对公司债券的评级，可以比较明确地提示投资者投资的风险。信用评级机构对受托人、投资管理人、账户管理人和托管人的评价，可以为养老保险计划选择合适的法人受托机构、投资管理人、账户管理人和托管人提供依据。

四、投资管理人内部控制监管

投资管理人是法人机构，是接受受托人的委托按照签订的资产管理协议审慎地投资运营养老保险计划基金资产的关系人。投资管理人除了要接受监管机构、基金受托人、基金账户管理人、中介机构以及市场的监管外，还要建立投资管理人内部控制机制。投资管理人内部控制监管是资产管理公司或证券公司为完成既定的工作目标和防范各种风险，对内部各职能部门及其工作人员所从事的各类、各项业务活动进行风险控制、制度管理和相互制约的方法、措施和程序的总和。

（一）社会保险经办机构内部控制的监管

社会保险经办机构要建立按照工作顺序递进的监控体系，健全内部控制制度的组织结构，其主要包括以下几个方面。

（1）各级社会保险经办机构对涉及基本养老保险基金收入、支出、基金投资等重要资金业务的办理与管理，必须由两个系统或者两个以上的职能部门共同执掌。从事会计业务和使用自动数据处理系统时，要有适当的程序和措施，保证各部门间职能分工明确，便于相互监督、相互约束，共同负责。

（2）建立一线工作岗位，实行双人、双职、双责为基础的第一道监控防线。属于单人、单岗处理业务的岗位，必须有相应的手续监督机制，主要表现在以下几个方面：①实行对货币、有价证券的保管与账务处理相分离的制度。②实行重要空白凭证的保管与使用相分离的制度。③实行资金收支的授权审批与具体经办相分离，前台办理与后台结算相分离的制度。④实行资金的受理发放与审查相分离的制度。⑤实行资金损失的确认与核销相分离的制度。⑥实行电子数据系统的技术人员与业务经办人员及会计人员相分离的制度。对直接接触客户的业务，必须复核或事后监管把关，重要业务必须实行双签有效的管理办法。

（3）建立相关业务部门、相关岗位之间相互监督、相互制约的第二道监控防线。要建立业务文件在相关部门和相关岗位之间传递的制度和标准，明确文件签字的权限。社会保险经办机构在操作层面上要建立完善的岗位责任制度和规范的岗位管理制度。要建立内部工作的自控管理制度，制定规范的岗位责任制度，制定严格的操作程序和合理的工作标准，其主要包括以下几个方面：①按照不同的岗位，明确工作任务，赋予各岗位相应的责任和职权，建立相互配合、相互监督、相互制约的工作关系。②对重点岗位、重点业务、重要的财务资料等要特别加强监控和管理，特别是对财务会计等重要岗位实行定期或不定期轮换的制度。

（4）建立起社会保险经办机构内部监督部门对各岗位、各部门、各项业务全面实施监督为核心的第三道防线。社会保险经办机构内部监督部门作为对业务的事后监督机构，必须对立地监督各项业务活动，同时，应该及时将对各岗位、各部门检查评价的结果反馈给最高管理层。

（5）社会保险经办机构在建立内部控制制度的同时，要进一步加强和完善检查监督的手段，使已经建立起来的内部控制制度落到实处。稽核部门的职责主要包括以下几个方面：①要建立独立于业务部门以外的稽核部门。内部稽核部门要行使综合性的内部监督职责，对有关监管要责任到人，以保证其独立地履行监督检查的职责。②建立规章制度，保证内部稽核部门的独立性和权威性。对此，有关管理部门可以按照下查一级的要求实行派遣制。③对下属机构的全面稽核应当实行周期制，循环反复地进行，同时安排一定数量的专项稽核，对重大事项应当随时报告。④建立稽核处罚制度和稽核检查制度，督促内部各项管理措施和规章制度的贯彻实施。⑤内部稽核部门和有关检查人员要认真履行职责，真实、及时地反映情况，对隐瞒不报、上报虚假情况、监督检查不力造成重大案件和出现基本养老保险基金损失的，要追究相关责任人的法律责任。

（二）养老保险计划投资管理人内部控制的监管

内部控制是指养老保险计划基金管理机构出于保护基金资产安全的需要，核查会计数据的准确性和可靠性，以提高养老保险计划资金使用的效益，养老保险计划投资管理人的内部控制监管主要包括以下几个方面。

（1）组织机构控制。组织机构控制是内部监管的核心，其最重要的体现是职责分工、相互牵制的原则。各部门有明确的授权分工，这些部门之间相互独立、相互核对、相互牵制，有独立的报告系统。一般来说，基金管理公司内部设有投资决策部门、交易执行部门、结算部门、限额控制部门、交易决策部门、内部审计部门和监察稽核部门等，这些部门的单独设立，有效地规避了养老保险计划基金投资的责任和风险。

（2）投资运营效率控制。基金投资运营效率控制主要有以下几种手段：一是投资限制控制。在委托投资管理人时，养老保险计划基金应当对投资范围、投资策略和投资限制做出规定，同时公司管理部门也会设定基金投资的限额，这些限额的规定是参照国家有关法律法规的规定确定的。二是投资运营标准化控制。投资运营标准化控制主要包括投资运营书面化、程序标准化和岗位责任明晰化等方式来规避投资的风险，提高基金投资运营的效率。投资运营标准化要求各部门间以及部门内部的操作必须有书面文件予以记录，以明确责任归属；程序标准化是指对投资决策、交易执行等各种活动有标准的业务程序流程，执行人员必须经授权后，按照程序执行。岗位责任明晰化是指各岗位人员各司其职，限制越权、穿插、代理等行为。三是业务隔离控制。业务隔离控制主要是指各基金管理人应当将养老保险计划基金资产与公司自有资产严格分离，以防止养老保险计划基金资产弥补公司经营的损失。

（3）报告可靠性控制。在日常交易中，前台、中台、后台必须编制每日交易情况的明细报告，分别向风险管理部门和上级部门报告。风险控制部门对于日常操作中发现的或者认为具有潜在损失可能的问题，应当编制风险报告，向上级报告，这种关于报告可靠性的控制，可以及时规避养老保险计划基金投资运营中损失的风险。

（三）养老保险计划账户管理人内部控制的监管

养老保险计划账户管理人内部控制的监管是指银行内部对基金风险进行控制和管理的一整套制度和方法，目的是保障养老保险计划基金资产安全和信息及时可靠地传递，及时发现和纠正错误的行为，提高经营效率。鼓励员工遵守银行内部授权管理制度，遵守国家法律法规以及其他合理的商业规则。从根本上讲，银行经营管理水平的高低同其内部控制制度有直接或间接的关系。完善内部控制制度是银行业务操作有效性、财政成果可靠性、行为准则规范性的保证。养老保险计划账户管理人内部控制的监管主要包括以下几个方面。

（1）监管决策过程、操作过程的全面性和完整性。在监管决策管理的过程中，所有重要业务、重大事项、重大决策，都必须严格按照规定的程序办理，并保留可以核实的完整记录，禁止个人独断专行。凡是违反规定或者违反程序的行为，都要追究当事人的责任。

（2）健全的岗位责任制。完善的岗位责任制是银行内部控制制度的基础，对此，银行应该制定规范的岗位责任制度，按照不同的岗位，明确工作任务，赋予各岗位相应的责任和职权，建立相互配合、相互督促、相互制约的工作机制。同时，对重要岗位实行定期轮换的制度，以保证继任者对上一任的工作进行考察，发现其中的缺陷和不足。

（3）建立合理的岗位授权分责与岗位分离制度。银行的各项业务是由各级管理人员和在岗人员完成的，赋予工作人员权限是完成任务的保证。在办理业务的过程中，应当实行分级分口管理和授权有限的管理制度，即一项业务不能由一个部门或者一个人员从头到尾完成，而应该相互配合、相互监督，保证各个工作环节的完整和安全。例如，实行货币和有价证券的保管和账务处理相分离的制度；重要空白凭证的保管与使用相分离的制度；资金交易业务的授权审批与具体经办相分离的制度；台前交易与台后结算相分离的制度；信用的受理发放与审查管理相分离的制度；损失的确认与核销相分离的制度；电子数据处理系统的技术人员与业务经办人员以及会计人员相分离的制度等，这一制度的设立有利于养老保险计划基金的安全。

（4）完整的信息资料保全系统。信息资料是对财务活动过程的全面记载，对这些信息资料的安全保管，对某些重要的合同、文件制作副本进行保管，这些是银行各项财务决策、财务控制、财务分析活动的依据。

（5）建立有效的预警预报系统。建立预警预报系统是为了预知或者及时发现基金财务管理中的问题，防患于未然，从而减少失误和损失。因此，银行应当围绕经营行为、业务管理、风险防范、资产安全等建立定期财务分析、信贷资产质量评价、资金运用风险评估制度；建立定期实物盘点、账证账表的核对制度；建立财务活动的事前、事中和事后监督制度；健全内部控制系统评审和反馈制度。建立针对风险的预警预报制度，使养老保险计划基金的风险控制在最小的程度。

（6）建立严格的内部稽核制度。稽核部门是银行内部控制的综合管理部门，其主要职责是，对各项业务提出内部控制的建议，检查和评价各有关部门执行内部控制制度的情况，对内部控制制度的执行情况进行稽核，对违反内部控制的部门和个人提出处理意见。

五、投资市场的监管

养老保险计划基金的投资运营依赖于规范、有序的投资市场，而规范养老保险计划基金投资市场，实际上是规范养老保险计划基金投资于其中的货币市场、资本市场、房地产市场等，这是养老保险计划基金保值增值必备的经济环境。例如，资本市场的监管主要有两方面的内容：一是证券发行市场的监管；二是证券交易市场的监管。

（一）证券发行市场的监管

证券发行市场监管是证券管理部门对证券发行的审核、监督和管理，是加强证券市场监管的重要环节。加强发行市场的监管，是维护市场正常秩序和证券市场公平、公开、公正原则的需要。

1. 证券发行审核制度

证券发行审核制度主要有注册制和核准制两种类型。我国证券发行实行核准制，实行两级审核审批制度。

（1）申请发行股票的审核。按照隶属关系，发行人向省、自治区、直辖市、计划单列市人民政府或者中央企业主管部门提出公开发行股票的申请，由其推荐给中国证监会。一般来说，申请发行股票的企业必须满足以下条件：①企业设立达到一定年限（3年），而且确有维持营业连续性的能力；②企业具有社会效益，能够在同业中具有较高地位，并能够保持经营的稳定性；③上市股数和股票总额达到一定的水平；④股权分散；⑤资产净值或股票净值达到一定数额；⑥净收益或股息达到一定标准，获利能力比较强；⑦无正当理由，不得撤回已经上市的证券等。其次，中国证监会预选后，将核定该发行人的发行额度。

（2）实行股票发行与上市连续进行的管理体制。被批准公开发行的股票，可以同时向上海或者深圳证券交易所提出上市申请：①上市公司接受证券交易所的管理，承担上市契约或交易所自律规章中规定的义务。②上市公司必须于法定期限内向社会公布上市公告书；定期公布经会计师事务所注册会计师鉴证的财务报表；履行持续披露公司信息的义务，主要包括提供年度报告书、中期报告书和临时报告书等。

（3）强调证券中介服务机构在证券发行中的监管作用。证券的发行涉及法律、会计、资产评估及企业股份制改造、发行、承销等诸多问题，需要相应的机构提供专业服务。

2. 证券发行信息披露制度

证券发行信息披露制度的主要内容有以下几方面。

（1）上市公司有义务向投资大众提供充足的财务会计信息。财务会计报告通常包括注册会计师审计的年度资产负债表、收益表、现金流量表以及财务会计报表的附注。

（2）公开有关管理人员和大股东的资料。应该公开的有关管理人员的资料包括：董事会所有成员和高级管理人员的姓名、年龄和工作经验，董事会所有成员和高级管理人员直接或者间接的薪酬，董事或高级管理人员牵涉法律诉讼或者纠纷的有关情形，董事、高级管理人员和大股东的控股情况以及任何其他有关资料。

（3）公司财务状况和业绩的分析。上市公司有责任在招股说明书和年度报告中，提供有关公司状况和业绩的分析。

（4）股票发行的有关资料。发行人有责任向投资者阐明投资于其证券的有关风险和投资因素，有责任对出售证券所筹资金的目的和使用方向加以说明，有责任公布证券发行的市场包销和销售计划等。

（二）证券交易市场的监管

我国于2019年修订的《证券法》对内幕交易、操纵市场、欺诈客户等行为作出了明确的规定，并制定了相应的处罚措施，其监管主要包括以下几个方面。

1. 对内幕交易的监管

证券交易活动中，涉及发行人的经营、财务或者对该发行人证券的市场价格有重大影响的尚未公开的信息，为内幕信息。《证券法》第八十条第二款、第八十一条第二款所列重大事件属于内幕信息。

2. 对操纵市场的监管

禁止任何人以下列手段操纵证券市场。

（1）单独或者通过合谋，集中资金优势、持股优势或者利用信息优势联合或者连续买卖。

（2）与他人串通，以事先约定的时间、价格和方式相互进行证券交易。

（3）在自己实际控制的账户之间进行证券交易。

（4）不以成交为目的，频繁或者大量申报并撤销申报。

（5）利用虚假或者不确定的重大信息，诱导投资者进行证券交易。

（6）对证券、发行人公开作出评价、预测或者投资建议，并进行反向证券交易。

（7）利用在其他相关市场的活动操纵证券市场。

（8）操纵证券市场的其他手段。操纵证券市场行为给投资者造成损失的，行为人应当依法承担赔偿责任。

3. 对欺诈客户的监管

禁止国家工作人员、传播媒介从业人员和有关人员编造、传播虚假信息，扰乱证券市场。禁止证券交易所、证券公司、证券登记结算机构、证券服务机构及其从业人员，证券业协会、证券监督管理机构及其工作人员，在证券交易活动中作出虚假陈述或者信息误导。各种传播媒介传播证券市场信息必须真实、客观，禁止误导。禁止证券公司及其从业人员从事下列损害客户利益的欺诈行为。

延伸阅读 9-3：补充养老保险个人账户管理遵循的原则

（1）违背客户的委托为其买卖证券。

（2）不在规定时间内向客户提供交易的确认文件。

（3）未经客户的委托，擅自为客户买卖证券，或者假借客户的名义买卖证券。

（4）为牟取佣金收入，诱使客户进行不必要的证券买卖。

（5）其他违背客户真实意思表示，损害客户利益的行为。

延伸阅读 9-4：长江养老保险股份有限公司

欺诈客户行为给客户造成损失的，行为人应当依法承担赔偿责任。同时，任何单位和个人不得违反规定，出借自己的证券账户或者借用他人的证券账户从事证券交易。

 复习思考题

1. 简述养老保险计划监管的原则。

2. 简述养老保险计划监管的特点。

3. 简述养老保险计划监管的方式。

4. 简述养老保险计划监管的体系。

5. 简述审计机构的职责。

6. 简述社会保险经办机构内部控制的监管。

7. 简述养老保险计划投资管理人内部控制的监管。

即测即练

自学自测　扫描此码

参 考 文 献

[1] 贾俊玲. 劳动法与社会保障法[M]. 北京：中国劳动社会保障出版社，2005.

[2] 劳动和社会保障部编写组.《补充养老保险基金管理试行办法》释义[M]. 北京：中国财政经济出版社，2004.

[3] 杨燕绥，肇越，于小东. 员工福利与退休计划[M]. 北京：中信出版社，2005.

[4] 刘钧. 社会保障理论与实务[M]. 北京：清华大学出版社，2005.

[5] 刘钧. 社会保障案例评析[M]. 北京：中国劳动社会保障出版社，2007.

[6] 克劳福斯. 人寿与健康保险[M]. 周伏平，金海军，等译. 8 版. 北京：经济科学出版社，2000.

[7] 吴小平，马永伟. 保险原理与实务[M]. 北京：中国金融出版社，2002.

[8] 拜厄斯·鲁.人力资源管理[M]. 李业昆，等译. 6 版. 北京：华夏出版社，2002.

[9] 刘钧. 劳动关系理论与实务[M]. 北京：清华大学出版社，2011.

[10] 法律出版社法规中心. 中华人民共和国劳动和社会保障法律法规全书[M]. 北京：法律出版社，2019.

[11] 庹国柱. 保险学[M]. 6 版. 北京：首都经济贸易大学出版社，2011.

[12] 裴晓梅，房莉杰. 老年长期照护导论[M]. 北京：社会科学文献出版社，2010.

[13] 刘利兰. 期货市场交易概论[M]. 北京：当代世界出版社，1998.